제2판

애착기반상담

마리오 마론 지음 ● 이민희 옮김

Σ 시그마프레스

애착기반상담 제2판

발행일 | 2022년 9월 15일 1쇄 발행

지은이 | 마리오 마론
옮긴이 | 이민희
발행인 | 강학경
발행처 | (주)시그마프레스
디자인 | 이상화, 우주연, 김은경
편 집 | 김은실, 이호선, 윤원진
마케팅 | 문정현, 송치헌, 김인수, 김미래, 김성옥

등록번호 | 제10-2642호
주소 | 서울특별시 영등포구 양평로 22길 21 선유도코오롱디지털타워 A401~402호
전자우편 | sigma@spress.co.kr
홈페이지 | http://www.sigmapress.co.kr
전화 | (02)323-4845, (02)2062-5184~8
팩스 | (02)323-4197

ISBN | 979-11-6226-386-0

Attachment and Interaction: From Bowlby to Current Clinical Theory and Practice, Second Edition

First published in 1998 by Jessica Kingsley Publishers

Second edition published in 2014 by Jessica Kingsley Publishers

Copyright © Mario Marrone, 1998, 2014

This translation of 'Attachment and Interaction: From Bowlby to Current Clinical Theory and Practice Second Edition' is published by arrangement with Jessica Kingsley Publishers Ltd

www.jkp.com

All rights reserved

Korean language edition © 2022 by Sigma Press, Inc. published by arrangement with Jessica Kingsley Publishers Ltd

역자 서문

이 책은 애착기반상담의 역사와 주요 개념을 일목요연하게 잘 정리해 놓
은『Attachment and Interaction』2판을 번역한 것이다. 2006년에 초판이
『애착이론과 심리치료』로 번역된 후 16년의 세월이 흘러 2판은 초판과 많
은 부분이 달라졌는데 그중에서도 특히 눈길을 끄는 것은 애착이론을 토
대로 개발된 다양한 검사 도구를 소개한 부분이다.

저자 마리오 마론은 애착이론의 창시자인 볼비에게 10년 동안 직접 슈
퍼비전을 받았으며 국제애착학회 회장을 역임한 바 있다. 마론은 볼비의
이론을 소개하면서 간간이 생전의 볼비 모습도 들려준다. 이런 면에서 이
책은 볼비의 색채가 강하다. 마론은 영국정신분석학 중에서도 독립파와
포크스 학파의 훈련을 받은 정신분석가이며 집단분석가이기 때문에 이 책
에도 이런 성향이 반영되어 있다.

이 책의 관점은 정신분석학의 충동(drive)이론에서 대상관계이론으로, 그
다음은 자기심리학(self-psychology)으로 이동한다. 또한 이 책은 미국이나 유
럽에 거의 알려지지 않은 라틴 아메리카의 정신분석과 집단분석을 소개하
면서 정신분석과 집단분석과 애착기반상담을 연관지어 설명한다.

이 책의 공동 저자인 니콜라 다이아몬드는 프랑스의 정신분석학과 사
회학을 영어권의 것과 비교하고, 심리학계에서는 생소한 간주관(間主觀:
intersubjectivity)이라는 개념을 소개한다. 고전적 정신분석학의 관점에서 보면

사람은 서로 분리되어 존재한다. 대상관계이론에서는 대상과 대상의 관계로 인간을 설명한다. 간주관 관점에서 보면, 인간은 주관을 지닌 주체와 주체가 상호작용하는 연결된 존재이다.

애착 분야에서 정신건강에 관한 중요한 정보들이 쏟아져 나왔다. 민감한 반응성(sensitive responsiveness), 성찰적 사고(reflective thinking), 상호지지, 깊은 신뢰감, 건강한 관계가 형성되면 개인과 사회는 건강하게 발달할 것이다. 오늘날은 정신병리의 주된 뿌리를 애착장애로 본다. 가장 적은 비용으로 가장 큰 효과를 거두려면 정신건강 분야는 애착에 관심을 기울여야 한다. 건강한 부모 밑에서 건강한 자녀가 나온다는 아이디어는 이제 과학적 사실이 되었다. 부모 역할도 진공 속에서 이루어지는 것이 아니다. 사회적 지원 없다면 부모들은 충분히 좋은 부모(good enough parents)가 될 수 없다. 오늘날 우리 사회에 만연해 있는 불평등, 부조리, 폭력성, 위협, 고용불안, 가정해체 등은 부모 기능을 방해하고 부모와 자식의 관계를 위협한다. 이런 점을 고려하면 가정뿐만 아니라 사회제도도 애착이론을 토대로 변화를 도모해야 한다.

이 책은 심리치료와 심리학뿐만 아니라 육아, 교육, 컨설팅, 복지학, 사회학 등 인간의 삶을 개선하기 위해 노력하는 모든 사람에게 도움이 될 것이다.

2022년 5월
역자

차례

• 제9장 •
전이

• 제10장 •
고통의 대물림

• 제11장 •
애착기반상담의 기본 원리

• 제12장 •
병을 주는 심리치료

존 볼비

도입

애착이론을 소개하는 가장 좋은 방법은 애착이론의 창시자인 볼비에 대한 이야기로 말문을 여는 것이다. 나는 이 책에서 내가 그에게 받은 인상과 그의 자서전적인 모습과 함께 그의 아이디어가 발전해 온 과정을 살펴볼 것이다. 이 책의 주된 주제는 볼비의 유산인 애착이론이 현재까지 (1) 임상 장면에 어떻게 적용되었고, (2) 어떻게 발전해왔는지를 살펴보는 것이다.

　이 책의 초판이 출판된 후, 애착 분야가 비약적으로 발전하였고, 애착에 관한 많은 책이 출판되었다. 빠르게 성장해왔고, 시사점이 풍부하고, 다방면으로 뻗어가고 있는 애착 패러다임을 오류 없이 완벽하게 통합하기란 쉽지 않다. 애착이론에 관한 유용한 정보를 모두 소개하는 것도 불가능하다. 다만 나는 이 책이 독자들에게 생각을 정리할 일관된 틀을 제공할 수 있다면 다행으로 생각한다.

　나는 10년 동안(1980년부터 1990년 볼비가 사망하기 직전까지) 정기적으로 볼비를 만났다. 처음에 우리는 임상 사례와 정신분석 이론을 토론하기 위해 런던의 타비스톡 클리닉에서 일주일에 한 번씩 정기적 만남을 가졌다. 나중에는 내가 그의 집을 자주 방문했다. 이 책에의 뒷부분에 나오겠지만, 나는 집단분석학회에 볼비를 토론자로 초대한 적이 있다. 나는 볼비를 매우 따뜻한 사람으로 기억한다. 내가 타비스톡 클리닉 4층에 있는 그의 방을 노크하면 "들어와 마리오!" 하던 힘 있는 저음의 목소리가 지금도 들리는 듯하다.

그는 키가 크고 체격이 좋았으며 속마음을 잘 드러내지 않았다. 나는 그에게서 자연스러운 호감과 신선함을 느꼈다. 그는 단정하고 편안한 옷을 즐겨 입었다. 내가 그를 만날 때 그는 종종 체크 무늬가 있는 면 남방과 밝은색 계통의 재킷을 입고 있었다.

볼비는 불필요하게 자기를 노출하지 않았고 남의 말에 잘 끼어들지 않았다. 내가 그에게 요청하지 않는 한 그는 나의 개인적인 문제를 입에 올리지 않았다. 또한 그는 가족을 포함한 자신의 사생활에 대한 이야기를 거의 하지 않았다. 그의 부인인 어슐러 볼비는 볼비를 자제력이 강한 사람이라고 했다.

볼비의 어린 시절

볼비는 1907년 2월 26일 런던에서 태어났다. 볼비의 할아버지는 저널리스트였고 볼비의 아버지 앤소니 볼비 경은 성공한 외과의사였다. 볼비의 어머니 메이 모스틴은 헌팅톤셔 마을의 가게 점원의 딸이었다. 존 볼비의 형제자매는 모두 6명이었다.

볼비의 부모님은 애정을 잘 표현하지 않고 삶의 즐거움을 모르는 약간 차가운 분들이었다. 존 볼비는 어려서 집안의 침울한 분위기를 바꿔보려고 무척 노력했다고 한다. 어슐러 볼비에 의하면, 볼비의 약점은 이런 가정에서 만들어진 것이라고 한다. 한때 스코틀랜드에서 볼비의 가족이 긴 휴가를 보냈는데 이때 집안 분위기가 많이 개선되었다고 한다. 어린 볼비에게는 사랑이 넘치는 미니라는 유모가 있었고 더 자란 후에는 난나 프렌

애착기반상담

드라는 총명한 가정교사가 있었다. 존 볼비에게 이들은 제2의 애착인물이었던 것 같다.

콜린 머리 파크스(1995)는 다음과 같이 말했다.

> 볼비의 행동은 침착하고, 마음씨는 따뜻하면서도 강직했다. 또한 그는 그 시대를 대표하는 용기 있고 총명한 지식인이었다. 볼비의 가정은 사랑이 부족했다. 그렇지만 그에게 인지를 포함한 어떠한 측면에서도 결함이 발견되지 않는데 그 이유를 설명하기 어렵다. 이를 설명하기 위해 다양한 영향이 너무나도 훌륭한 그의 성품에 어떻게 통합되었는지 살펴볼 필요가 있다. (p. 247-248)

1914년 볼비가 7세 때 전쟁이 일어났다. 그와 그의 형은 기숙학교로 보내졌다. 볼비는 그 학교의 분위기를 싫어했다. 그러나 그의 지적 발달은 손상되지 않고 공부도 잘했다.

볼비의 아버지는 전쟁 중 대부분의 시간을 프랑스에서 외과 일반의로 근무하였다. 전쟁이 끝났을 때 볼비는 다트마우스 해군사관학교에 들어갔다. 그러나 해군이 맞지 않아 학교를 바꾸기로 결심하고 1925년에 케임브리지대학에 들어가 1928년까지 이 학교를 다녔다. 이 학교에서 그는 자연과학과 심리학을 공부했다. 이때 그는 오늘날 '발달심리학'이라고 하는 학문에 관심을 보였다.

그 후 존 볼비는 1년 동안 그룹홈 형태의 부적응아 발달 학교에 머물렀다. 여기에서 그는 아동의 행동 장애와 가족 역기능의 관계를 발견하였다. 그는 이때부터 생득적인 환상이 아니라 아동기의 실제 경험이 병리적 성격의 뿌리라고 생각하기 시작하였다. 사실상 이 아이디어가 애착이론의 핵심이다.

지금 우리는 갑자기 다른 것들을 건너뛰고 애착이론의 핵심을 논하고 있다. 개인은 태어난 순간부터 죽는 순간까지 대인관계적 혹은 간(間)주관적(intersubjective)¹ 맥락에서 살고 있다. 이런 맥락에서 인간은 부모 혹은 부모 대리인 그리고 점차 친밀해지는 몇몇 사람과 애착관계를 형성한다. 아동이 애착인물들과 함께 한 경험은 (혹은 애착인물이 없이 지낸 경험은) 애착관계의 질이 내면화되는 토대이다. 이런 경험이 내면화된 정신적 표상은² 내부세계의 지휘자가 되어 성격의 적절한 발달 혹은 병리적 발달을 안내한다.

물론 볼비가 일찍부터 목격한 것은 심각한 심리적 문제를 안고 있는 사람은 아동기 때 중요한 타인과의 애착관계가 단절되었거나 손상되었고 역기능적인 가정에서 자랐다는 것이다. 몇 년 후 그는 자신이 목격한 것을 정교하게 이론화하기 시작하였다.

볼비는 부적응아 발달학교에서 나중에 미국의 어느 대학교 예술사학부 학장이 되는 존 알프레드라는 자원봉사자와 가깝게 지냈다. 알프레드도 정신분석 훈련을 받은 사람이었다. 이 사람이 존 볼비에게 '이제 당신이 해야 할 일은 런던으로 가서 의학공부를 마치고 타비스톡 클리닉과 정신분석 연구소 둘 중 한 곳에 가서 정신분석훈련을 받는 일'이라며 의학과 정신분석을 병행하라고 충고하였다. 존 볼비는 알프레드 말이 옳다고 생각하고 그의 말을 따랐다. (어슐러 볼비와의 개인적 대화에 의하면) 알프레드의 충고는 존의 인생에 결정적인 영향을 주었다고 한다.

볼비는 22세가 되던 1922년 가을에 런던으로 가서 의학을 공부하기 시

---

1 간주관은 interpersonality와 같은 말이다. 이 용어는 object와 object의 상호작용이 아니라 각자 주관이 있는 subject와 subject의 상호작용을 의미하기 때문에 object relationships(대상관계)에 대비되는 용어이다. 심리학에서 intersubjectity는 상호주관이라고 번역되고 있으나 사회학과 철학 분야에서는 간주관이라는 용어로 번역되고 있다. 이 책에서는 사람과 사람 사이의 제3의 주체라는 의미로 간주관이라 번역한다. (역자주)
2 밖에 펼쳐진 세상 속에서의 경험이 기억체계로 옮겨진 것을 표상(representation)이라 한다. 동일한 경험도 사람에 따라 다른 표상으로 저장되고, 다시 표상은 세상을 지각하고 상호작용하는 데 영향을 준다. (역자주)

작했다. 이 무렵에 볼비는 조안 리비에르에게 교육분석을 받고, 멜라니 클라인에게 슈퍼비전을 받으며, 정신분석에 입문했다.

콜린 머리 파크스(1995) 다음과 같이 말했다.

> 다른 사람처럼 볼비도 4년 조금 더 걸려 의사 자격증을 땄고, 7년 정도 걸려 정신분석가 자격증을 땄다. 그는 정신분석 훈련을 시작한 초창기부터 슈퍼바이저들의 독선적인 주장을 받아들이지 못했다. 슈퍼바이저의 주장이 새로운 친구들의 생각과도 불일치했고, 케임브리지대학에서 배운 과학과도 불일치했기 때문인 것 같다. (p. 250)

여기에서 파크스가 말한 볼비의 새로운 친구들은 볼비도 가입하여 열심히 활동했던 노동당원을 말한다. 경제학자인 에반 더빈도 그중 한 사람이었다. (존 볼비와 에반 더빈이 함께 『인간의 공격성과 전쟁(Personal Aggressiveness and War)』(1939)이라는 책을 썼다는 점이 흥미롭다. 이 책은 파시즘, 특히 독일 파시즘의 출현을 설명한 책이다. 더빈은 사회경제적 관점에서, 볼비는 심리학적 관점에서 이 책을 썼다.)

콜린 머리 파크스는 이렇게 말을 이어갔다.

> 1935년에 볼비는 멜라니 클라인의 논문에 반론을 제기하였다. 볼비는 우울증 환자들이 최근에 사별을 겪었음을 발견했다. 심리적 트라우마가 실제 사건과 관련이 있다는 그의 관점은 정신병리가 실제 생활사건보다는 무의식적 환상에 원인이 있다고 보는 그 당시의 정설을 벗어난 것이었다. 결과적으로 볼비는 그 당시 정신분석학의 거장이었던 클라인과 대립하게 되었다. (p. 250)

볼비의 공동체 생활

1938년 존 볼비는 어슐러 롱스태프와 결혼하고 사망할 때까지 그녀와 함께 살았다. 볼비 부부는 메리(1939년생), 리처드(1941년생), 피아(1945년생), 로버트(1948년생)라는 4명의 자녀를 두었다. 결혼 전에 볼비는 정신분석 훈련에 전 재산을 투자했고(그는 농담처럼 자주 이런 말을 했다) 그의 수입은 그리 많지 않았다. 그래서 존과 어슐러는 비용을 절약하고 친목을 유지하기 위해 친구들과 한 집에서 살았다. 함께 살았던 친구들은 모두 중도성향의 사회주의자였다. 이들은 사회 정의와 평등을 옹호했지만 극좌파도 극우파만큼이나 나쁘다고 생각했기 때문에 공산주의를 싫어했다.

전쟁이 끝난 후(1946~1947) 볼비는 햄스테드에 집을 샀다. 그는 이 집에서 생을 마쳤고 그의 부인과 다른 친구들은 아직도 이 집에 살고 있다. 볼비는 처음에 조크 서더랜드, 서더랜드의 부인인 몰리 그리고 이들의 아기와 함께 살았다. 서더랜드는 타비스톡 클리닉의 초대 소장을 역임한 바 있는 스코틀랜드 출신의 훌륭한 정신의학자였다. 서더랜드가 소장으로 있을 때 타비스톡 클리닉은 영국국립보건원 산하 기관으로 편입되었다. 서더랜드가 타비스톡 소장으로 있을 때 존 볼비는 부소장이었다. 그리고 타비스톡 클리닉의 아동 치료 프로그램 담당자였던 메티 헤리스(이 사람은 나중에 유명한 분석가인 도널드 멜처와 결혼함)도 볼비와 같은 집에서 살았다.

볼비 부부는 공동체 생활을 좋아했다. 이들의 집에 혹은 근처에는 항상 친구들과 친척들이 살고 있었다. 어슐러 볼비는 다음과 같은 말을 하곤 했다(개인적 대화). "나의 언니들은 우리가 '부족국가'처럼 산다고 한다. 그러니까 이 방식은 일종의 확대가족 — 영국의 전통적인 방식은 아니지만 전 세계에 퍼져 있는 유서 깊은 가족의 한 형태 — 이다."

볼비는 인간에게 일대일 애착과 집단적 애착 모두 필요하고 이 둘은 상호보완적인 효과가 있다고 생각했다. 애착의 주된 생리학적 기능은 안전한 협조이며 궁극적으로 역경에서 살아남는 것이다. 그러므로 사람들이 나이 들어감에 따라 동년배와 어울리거나 집단에 참여하는 것(볼비는 이것을 '친목 관계'라 했다)은 점점 더 중요해진다. 이러한 관계는 서로에게 소중한 의미가 있고 많은 것을 보완해준다. 가까운 관계는 기계적으로 정해지는 것도 아니며 물리적 거리가 가깝다고 해서 가까운 사이가 되는 것도 아니다. 관계의 가깝고 먼 정도는 관계의 의미와 표상 체계로 결정된다.

볼비는 1933년에 의사자격증을 땄다. 그는 그 후 2년 동안 모즐리 병원에서 근무하였다. 그 후 그는 런던아동클리닉으로 옮겼다. 그는 여기에서 전쟁이 일어나기 전까지 소아정신과 의사로 활동했다.

볼비는 1937년 영국정신분석학회 준회원이 되었고 제2차 세계대전이 일어난 직후인 1939년 11월에 로널드 페어베언, 폴라 하이만과 함께 정회원이 되었다. 1939년부터 1960년대 초반까지 볼비는 영국정신분석학회에서 적극적으로 활동하였다. 그는 이 학회의 여러 임원을 역임한 바 있다. 1944년에 그는 이 학회의 수련부 간사가 되었다. 그는 또한 학회 기금을 조성하는 일에도 적극적으로 참여하였다.

볼비의 진로에 결정적인 영향을 준 사람은 고(故) 로널드 하그리브스(볼비는 그를 '나의 지휘자'라고 불렀다)였다. 이 사람은 제네바에 본부를 둔 세계보건기구(WHO) 정신건강 책임자였다. 나중에 하그리브스는 리즈대학의 정신과 교수가 되었다. 안타깝게도 하그리브스는 뇌암으로 젊은 나이에 사망했다. 존 볼비와 하그리브스는 같은 대학에서 의학을 공부했고 이때 이 둘이 친해졌다.

볼비 이론의 발전

아동을 치료하면서 그는 정신병리의 원천은 실제 대인관계 경험이라고 확신했다. 이것은 내적 정신과정과 환상이 정신병리의 원천이라고 하던 클라인의 견해와 상반된 것이었다.

소아정신과 의사로 일하는 동안 그가 접한 실제 사례를 토대로 「신경증과 신경증적 성격의 발달에 미치는 초기 환경의 영향(The Influence of Early Environment in the Development of Neurosis and Neurotic Character)」(1940)이라는 논문을

썼다. 볼비는 신경증이 있는 아동의 엄마는 어린 시절 자기 부모에게 품었던 적대감을 자녀에게 표출하고 부모가 충족시켜주지 않은 욕구를 채우기 위해 자녀에게 부적절하면서도 비정상적인 것을 요구한다는 사실을 발견했다. 이때부터 볼비는 가족 간 상호작용과 애착의 대물림 현상을 주목하기 시작하였다. 그 후 그는 아기가 너무 이른 시기에 엄마와 분리되거나 엄마를 잃거나 엄마의 돌봄이 부족하면 영아에게 질병이 발생한다는 논문을 발표하였다.

볼비의 주된 관심사는 어린 자녀와 양육자 사이에 형성되는 강력하고도 지속적인 애착관계의 질과 추이였다. 볼비는 정신분석학에서 출발했지만, 전통적인 메타심리학[3]을 버리고 발달심리학과 동물행동학을 토대로 한 새로운 패러다임을 채택했다. 그는 고전적 정신분석학이 자신의 관점과 맞지 않을 뿐만 아니라 좀 더 정확한 연구를 위해 새로운 발달 원리가 필요하다고 생각했다.

1944년에 출판된 「44명의 어린 도둑들(Forty-four Juvenile Thieves)」이라는 논문에서 볼비는 미성년의 반사회적 행동은 초기 애착장애에 뿌리를 두고 있다고 제안하였다. 이런 식으로 그는 초기 대인관계를 이후의 정신병리와 체계적으로 연관 짓기 시작했다.

제2차 세계대전 이후 애착이론의 발전

전쟁 이후 볼비는 타비스톡 클리닉의 아동부 책임자가 되었다. 1946~1956년 사이에 그는 아동부라는 명칭을 '아동 및 부모 상담부'로 바꾸고 이 부서의 발전을 위해 많은 시간과 노력을 투자했다. 그는 상담과 연구뿐만 아니라 행정 업무에도 많은 노력을 기울였다. 이런 경험을 거치면서 그는

---

3 메타심리학(Metapsychology)은 정신분석학의 기본 정신을 설명하기 위해 프로이트가 사용한 용어로 신체적 물리적 삶(physical life)의 역동적인 측면에 관한 학문을 일컫는다.

모의 지속적인 돌봄이 아동의 심리적 웰빙의 필요조건이라고 확신하였다.

1948년부터 볼비의 조교였던 조이스 로버트슨과 제임스 로버트슨은 애착인물과 분리된 아동의 심리적 반응에 관한 연구를 내놓았다. 이들 부부의 연구는 볼비의 주장을 지지해주었다. 로버트슨 부부는 1941년에 결혼을 한 후, 런던 폭격으로 인해 고아가 된 아동을 돌보기 위해 안나 프로이트가 운영한 햄스테드 고아원에서 근무한 경력이 있는, 정신분석 훈련을 받은 사회복지사였다. 1948년에 부인 로버트슨이 어린 자녀를 돌보기 위해 집에 머무는 동안 남편 로버트슨이 타비스톡 클리닉의 연구에 합류하여 엄마와 분리된 어린이들의 행동을 관찰하는 일을 맡았다. 1965년에 로버트슨 부부 모두 타비스톡 연구에 합류하여 엄마와의 짧은 분리가 어린이의 심리적 상태와 발달에 어떤 영향을 주는지를 연구하기 시작했다(상세한 설명은 4장 참조). 로버트슨 부부의 장점은 체계적으로 관찰하고 이를 비디오로 찍은 것이다. 이 필름들은 엄마와 분리된 어린이에게 일정한 순서로 분리반응이 나타나고 분리 경험이 장기적인 문제를 일으킨다는 명백한 증거가 되었다(Robertson & Robertson, 1989).

전쟁이 끝난 후, 하그리브스는 부모의 보살핌이 단절되거나 일관성이 없을 때 아동의 성격에 나타나는 부정적인 영향에 세계보건기구(WHO)가 관심을 기울여야 한다고 생각했다. 하그리브스는 볼비에게 이 문제를 연구하는 모임을 만들고 4년마다 제네바에서 학회를 열자고 제안하였다.

하그리브스는 볼비의 요청으로 이 학회에 '콘레드 로렌츠'를 초청하였다. 그렇게 해서 로렌츠는 1953년 이 모임의 초대 학회에 참석하였다. 이 학회는 ―동물행동학을 포함하여― 존 볼비에게 많은 영향을 주었다. 볼비는 「솔로몬의 반지(King Solomon's Ring)」(1952)라는 로렌츠의 논문을 접하고 이때부터 동물행동학[4]에 관심을 기울였다.

---

4 동물행동학(ethology)은 동물들의 행동을 연구하는 학문으로, 특히 자연환경에서의 동물

이 학회 회원 중에 스위스 심리학자인 장 피아제가 있었다. 피아제는 출생 이후부터 청소년기까지의 인지 발달을 연구하고 있었다. 피아제가 참석한 제네바학회는 볼비에게 두 번째로 큰 영향을 주었다. 볼비는 동물행동학에서 개념을 채택하여 본능이론을 수정하고, 피아제의 영향을 받아 내부작동모델(5장 참조)이라는 개념을 만들었다.

하그리브스는 볼비에게 전후 고아에 대한 세계보건기구의 프로젝트를 맡겼고 그 결과물로 「엄마의 보살핌과 정신건강(Maternal Care and Mental Health)」(1951)이라는 제목의 보고서가 나왔다. 이 보고서 덕분에 소아 병원과 보육 시설이 대대적으로 개선될 수 있었다. 이 논문은 『아동 보호와 사랑의 성장(Child Care and the Growth of Love)』(1953)이라는 단행본으로 출판되어 여러 언어로 번역되었고 베스트셀러가 되었다.

제2차 세계대전이 끝난 후 볼비는 아동발달 분야의 저명한 인사들을 만나기 위해 세계 여러 곳을 방문했다. 그는 1950년 1월 세계보건기구의 제안을 수락하고 그해 늦은 겨울부터 초봄까지 미국을 비롯한 유럽의 여러 나라(네덜란드, 스웨덴, 스위스, 영국)를 방문했다. 여러 나라에서 그는 아동 교육자와 아동 치료 전문가를 만나 이들의 활동을 살펴보고 이 분야의 중요한 문헌도 찾아보았다.

이 연구에서 아동이 출생 직후 부모로부터 받은 보살핌의 질이 차후 정신건강의 중요한 요인이라는 사실이 밝혀졌다. 아동이 정상적인 발달 경로를 따라가려면 부모와 따뜻하고 친밀하고 지속적인 관계를 경험해야 한다. 또한 양육자는 기본적으로 엄마이지만 아버지, 다른 식구들 혹은 대리 부모도 양육자가 될 수 있다.

아동이 엄마와의 안전한 애착을 경험하지 못했거나 안전한 애착을 상실한 상태를 모성 박탈이라고 한다. 모성 박탈은 다양한 상황에서의 다양한

행동을 연구한다.

박탈, 즉 지각적, 사회적, 생리적, 정서적 박탈을 지칭하는 일반적인 용어이다(Rutter, 1981).

아동이 주 양육자와 이런저런 이유로 떨어져 있을 때에도 — 앞에서 말했듯이 — 박탈이 발생한다. 그러나 엄마, 아빠 혹은 영속적인 부모 대리인이 아동에게 필요한 애정 어린 반응, 지속적인 보호와 지지를 제공하지 않는다면 양육자와 같이 있어도 박탈이 발생할 수 있다.

최근의 애착 문헌을 보면 박탈이라는 용어가 자주 등장하지는 않는다. 애착관계와 애착표상의 연구자들은 애착을 크게 '안전한(secure)' 애착과 '불안전한(insecure)' 애착으로 구분한다. 일관성 있고 신뢰할 만하고 공감해주는 부모 밑에서 자란 아동에게는 안전한 애착의 표상이 형성된다. 양육과정에서 발생하는 다양한 형태와 다양한 정도의 유기와 거절, 학대, 비일관성을 경험한 아동에게는 불안전한 애착의 표상이 형성된다.

단절된 부모-아동 관계나 시설 양육의 부정적인 결과는 제2차 세계대전 이후 중요한 주제가 되었다. 유럽과 미국의 많은 연구는 이 주제의 중요성을 인식하고, 대서양을 사이에 두고 양 대륙에서 많은 연구가 진행되어 중요한 사실들이 발견되었다.

도로시 벌리엄(1891~1979)과 안나 프로이트(1895~1982)는 전쟁 동안 햄스태드 고아원을 운영하면서 중요한 사실들을 목격하였다. 영국과 유럽에서 공히 발견된 것은 시설 양육에 다양한 후유증이 수반된다는 사실이다. 시설 아동에게서 고통에 대한 방어기제로 해석되는 다양한 반응이 목격되었고 시설 보호가 장기화될 경우 아동에게 발달장애가 나타난다.

분리불안의 방어기제에 관한 연구를 살펴보면, 방어기제는 내부에서 자체적으로 생성되는 것이 아니라 대인관계 사건에 대한 반응이다. 환상은 경험에 대처하는 방법 중 하나일 뿐 환상이 경험에 선행하는 것은 아니다.

박탈 정도에 따라 박탈의 후유증은 다양하다. 부분적인 박탈도 장기적인 불안을 유발하고 경우에 따라 분노, 우울과 같은 정서적 손상과 고통을 유발한다. 완전한 박탈은 관계를 맺고 유지하고 즐기는 능력이나 성격에 광범위하고 영속적인 손상을 가져올 수 있다.

탐색해야 할 또 다른 악조건은 아동이 실제 부모나 영속적 대리 부모와 같이 살고 있을지라도 충분한 보호와 반응과 지지를 제공받지 못하는 조건이다. 이런 조건은 역기능적 가정에서 흔하고 아동의 성격 발달에 부정적인 영향을 준다.

볼비는 아동의 건강한 발달에 필요한 많은 중요한 사실들을 발견하였다. 이를 토대로 우리는 아동 보육에 관한 일반적인 원칙을 세우고, 소아병동의 입원 절차 같은 다양한 제도를 개선할 수 있었다.

정신분석학의 패러다임

볼비는 아동을 관찰하면서 정신분석학의 기본 가정에 문제가 있다고 생각했다. 1950년대까지 정신분석가들은 아동이 배고픔 같은 본능적 욕구를 해소해주는 사람이 엄마이기 때문에 엄마에게 매달린다는 관점에서 애착의 기원과 본질을 설명하였다. 이 관점은 아동이 구순 욕구 때문에 엄마와 특수한 관계를 맺는다고 보았다. 그러나 이 관점은 아동이 왜 단 한 사람의 엄마와 특수한 관계를 맺는지를 만족스럽게 설명하지 못했다.

볼비는 이런 문제를 놓고 콘레드 로렌츠, 로버트 하인드, 줄리앙 헉슬리와 토론하면서 동물행동학이 필요하다고 생각하였다. 각인[5] ─ 특히 어버이 각인 ─ 과 각인의 생리적 기능(보호와 생존)에 대한 연구가 이들의 주목을 끌었다. 1954년부터 로버트 하인드는 볼비가 주재한 타비스톡 클리닉 정기 모임에 참석하기 시작했다. 이 무렵에 볼비는 하인드를 통하여 붉은털

---

5 각인은 출생 직후 새끼 동물이 자기종의 식구들이나 양육자를 인식하고 쫓아다니는 현상으로 학습을 통해 발달한다.
새끼가 어미를 따라다니는 조류의 행위를 각인(imprinting)이라 하고, 포유류의 행위를 애착(attachment)이라 한다. (역자주)

　　　　　　　애착기반상담

원숭이에 관한 할로우의 연구(Harlow et al., 1959; 1966)를 접할 수 있었다. 할로우의 연구에서 새끼 원숭이는 주로 어미젖이 없는 모조 어미(대리모)에게 매달려 있음을 보여주었다.

볼비는 엄마에게 매달리는 아동의 강력하고도 근본적인 경향성은 구순 욕구나 젖과 무관한, 종의 생존을 위한 진화의 산물(진화과정에 환경 속에서 약탈자로부터 새끼가 보호되어 생존에 유리함)이라고 결론을 내렸다.

동료 정신분석가들은 볼비가 동물행동학에 관심을 기울이는 이유를 이해하지 못했다. 어떤 분석가는 볼비가 인간을 동물 취급한다고 비난했다(Grosskurth, 1987, 런던에서 선배 분석가와 나눈 대화). 그 당시의 정신분석가들은 정신분석학과 동물행동학의 연관성을 찾으려는 볼비의 노력을 이해하지 못했다. 실제로 볼비는 전통적인 메타심리학을 동물행동학 개념으로 수정하였으나 단지 동물 차원에서 인간을 이해한 것은 아니었다.

1960년대에 볼비는 여러 개의 애착 연구 모임을 만들고 세미나를 열었다. 이러한 모임에 그 당시에 전통적인 정신치료에 의문을 제기하면서 유명해진 스웨덴의 정신분석가이며 정신과 의사이며 작가인 로널드 D. 랭(1927~1989)이 참석했다. 랭은 정신병자가 나오는 가정의 소통 방식을 연구하고 이를 이 모임에서 발표하였다(좀 더 자세한 것은 이 책의 8장 참조).

그즈음 볼비는 영국정신분석회에서도 열심히 활동하였다. 1956~1961년에 도널드 위니컷이 영국정신분석학회 회장이었고 볼비가 부회장이었다. 1957년에 볼비는 이 학회에서 「엄마와 아동을 연결해주는 고리의 본질(The Nature of the Child's Tie to His Mother)」이라는 논란이 많았던 논문을 발표하고 그다음 해에 출판하였다. 이렇게 하여 새로운 이론이 모습을 드러내기 시작하였다. 볼비의 논문은 분명히 생물학과 진화론의 색채가 농후했다. 그는 생후 1년 동안 빨기, 울기, 따라다니기, 미소 짓기와 같은 본능적인 반응이 성숙해지고 이 반응이 생후 6~12개월경에 엄마를 향한다고 주장하였다. 볼비는 그 당시 가깝게 지낸 동물행동학자와 피아제의 연구에서 자신의 관점을 뒷받침할 만한 증거를 제시하였다. 볼비의 이러한 논문은 정신분석학회에서 커다란 논쟁거리가 되었다. 조안 리비에르, 안나 프로이트뿐만 아니라 심지어 위니컷도 볼비를 비판했다(Bretherton, 1991).

1956년에 볼비는 애착이론의 근간이 된『애착과 상실(Attachment and Loss)』을 집필하기 시작하여 1969년, 1973년, 1980년에 한 권씩 출판하였다. 1959년에 볼비는 영국정신분석학회에서「분리불안(Separation Anxiety)」이라는 논문(Bowlby, 1960a)을 발표했다. 이 논문에서 그는 영아가 엄마에게 강력하게 매달리는 이유와 엄마에게서 떨어질 때 나타나는 강렬한 반응을 전통적인 정신분석학으로 설명할 수 없다고 주장하였다. 그는 아동과 엄마의 특수한 고리를 설명하지 않고 분리불안을 이해할 수 없다고 생각하였다. 다른 정신분석가와 달리, 그는 강렬한 분리불안은 대체로 가정에서 애착행위를 하거나 소통을 할 때 아동이 느꼈던 불안감이나 위협감에 의해 촉진된다고 보았다. 그는 또한 분리불안이 거의 없거나 완전히 없는 것처럼 보이는 아동을 연구하고 이 현상을 분리불안에 대한 무의식적 방어로 설명하였다.

1959년에 열린 영국정신분석학회에서 그는 애착이론에 관한 세 번째 논문인「영유아기의 사별과 비탄(Grief and Mourning in Infancy and Early Childhood)」을 발표했다(1년 후인 1960b에 출판됨). 이 논문의 내용은 멜라니 클라인과 안나 프로이트의 주요 개념과 상반되었다. 그는 이 논문에서 아기가 일정 기간이 지나도록 엄마를 만나지 못하면 독특한 감정이 유발되는데 이것을 특수한 애착고리의 증거로 보았다.

볼비가「엄마와 아동을 연결해주는 고리의 본질(The Nature of the Child's Tie to His other)」이라는 논문을 발표한 이후 1960년대 영국 정신분석학회의 많은 회원이 볼비를 외면하였다. 또한「동물행동학과 대상관계의 발달(Ethology and the Development of Object Relations)」이라는 논문도 새로운 아이디어를 받아들일 준비가 안 된 사람들에게 반발을 샀다. 이러한 논문에서 모습을 드러내기 시작한 볼비의 사상은 프로이트나 클라인의 본능적 충동(drive)과는 조화를 이룰 수 없었다.

그때 유럽의 정신분석학회에서는 그 유명한 논쟁이 벌어졌다(King & Steiner, 1991). 몇 년 후에 볼비는 그 당시 상황을 영국의 정신분석학에 불어닥친 폭풍으로 회고하였다. 그 논쟁은 제2차 세계대전이 있었던 1941~1945년에 영국정신분석학회에서 있었으며, 주된 쟁점은 정신분석의 이론과 기법에 관한 것이었다. 그 당시 학계의 분열 양상은 영국정신분석학회뿐만 아니라 정신분석에 큰 위협으로 다가왔었다. 이 논쟁에서 클라인 학파를 반대하는 쪽에는 안나 프로이트, 도로시 벌링엄, 에드워드 글로버, 멜리타, 월터 슈미트버그 등이었고, 클라인 학파를 지지하는 쪽에는 폴라 하이만, 수잔 아이작스, 조안 리비에르, 도널드 위니컷 등이 있었다. 그리고 어느 쪽에도 가담하지 않는 중도파가 있었다. 중도파는 학회의 분열을 막고 대화 가능성을 모색하면서 프로이트 학파와 클라인 학파가 타협하기를 바랐다. 볼비, 마이클 밸린트, 윌리엄 길스파이, 어니스트 존스, 실비아 페인, 제임스 스트래치 등이 중도파에 속했다.

격렬한 논쟁 끝에 타협점을 찾았으나 결국 영국정신분석학회는 프로이트파, 클라인파, 중도파(나중에 중도파는 스스로를 독립파라고 불렀다)로 분리되었다. 합의에 따라 학회의 간사 자리도 학파별로 공정하게 배분하였다. 폴라 하이만과 도널드 위니컷은 나중에 독립파에 합류했다.

독립파는 정신분석학의 기본적인 철학이 유지되는 가운데 이론과 기법이 자유롭게 발전하기를 바라는 사람들의 모임이었다. 독립파의 회원들은 자신들의 모임을 '독립파'가 아니라 '독립적인 사람들의 모임'이라고 주장했다. 볼비도 그중 한 사람이었다.

현재는 학파 간의 경계가 약간은 모호해졌다. 2005년에 영국정신분석학회의 파벌 논쟁은 공식적으로 폐기되었다. 독립파의 어떤 사람들은 클라인 쪽으로 완전히 기울였고 또 다른 학파의 분석가들은 최신 애착이론에 관심을 갖고 그중 일부는 매우 적극적으로 애착을 연구하였다. 그러나 독립파에게 공통적으로 나타나는 고유한 특징 중 하나는—클라인파와 달리—정신병리가 실제 대인관계 사건에 원인이 있다고 보는 것이다. 밸린트, 볼비, 페어베언, 위니컷은 확실히 이런 관점을 가지고 있었다. E. 레이너(1990)에 의하면, 독립파는 생애 최초로 경험한 대인관계가[6] 정신병리의 결정적인 원천이라고 생각하는 경향이 있다. 그러나 멜라니 클라인은 생의 본능과 죽음의 본능 간의 갈등에서 비롯된 충동을 정신병리의 뿌리로 보았다. 생의 본능과 죽음의 본능의 갈등의 정신적 표상이 바로 환상이다. 클라인의 관점에서 보면 타인과의 관계는 사람과 사람의 상호작용을 통해 발달하는 것이 아니라 순수한 내적 과정의 자동적인 부산물이다. 어쨌든지 간에 독립파의 정신분석적 사상이 애착이론과 같은 것은 아니다. 이 둘은 엄연히 다른 학파이다.

격렬한 논쟁이 있은 후 65년이 지난 현재의 클라인 학파는 환경적 요인을 무시하거나 배제하지 않는다. 클라인파의 이런 변화는 '그릇'으로서의 엄마라는 비온의 개념에서 발견된다. 그러나 독립파와 클라인파 이 두 학파 모두 대인관계 경험이 심리적 기능과 발달에 어떤 역할을 한다고 보지만 충동과 실제 경험 중 어느 쪽을 강조하는지는 큰 차이가 있다. 클라인 학파든 다른 학파든 오늘날의 임상 분야 전문가들은 환자의 애착사를 완전히 배제하거나 무시하지는 않지만, 아직도 대부분의 논문에는 애착 관련 사건에 대한 상세한 설명이 없다. 그러나 최근에 애착이론을 지지해주는 명확한 증거들이 넘쳐나고 있다. 이러한 추세에 비추어 볼 때 학계는 분명히 변화하고 있다.

정신분석학 저널을 살펴보면 아직도 애착을 소홀히 대하거나 전혀 고려

---

6 오리는 태어나서 처음 본 움직이는 물체에 각인이 되고, 갈매기는 태어나서 처음 들은 소리에 각인이 되고, 인간은 출생 직후 자기 욕구를 가장 잘 알아차리고 신속하게 반응해 준 대상을 부모로 선택하고 매달린다. (역자주)

하지 않는 논문으로 가득 차 있다. 그렇지만 많은 임상가들은 신경생리학적 발달이나 영아 연구를 정신분석과 접목하고 있다. 이 책의 뒷부분에서 살펴보겠지만 영아기의 관계 경험은 분명히 뇌의 발달에 영향을 준다. 이러한 증거들을 연구자들이 무시하기 어려울 것이다. 점차 볼비의 애착이론은 중요한 패러다임으로 자리를 잡아가고 있다.

이 책에 프랑스 정신분석학 ―특히 자크 라깡(1901~1981)의 연구에 대해―에 대한 논의가 수록되어 있는데 이것은 전적으로 영국의 맥락에서 프랑스 정신분석학의 작은 한 분파를 바라본 것이다. 아르헨티나, 프랑스, 스페인 같은 라틴계 국가에서 라깡의 영향력은 그리 크지 않다. 이런 이유 때문에, 이 책의 9장에서 니콜라 다이아몬드와 내가 전이에 대해 논의하면서 라깡의 사상과 볼비의 사상을 비교한 부분이 있지만, 다른 곳에서는 라깡을 많이 다루지 않았다. 그러나 영국에서 스위스의 분석가인 융(1875~1961)의 영향력은 매우 크다. 융학파의 학자들은 애착이론과 융의 이론을 접목한 많은 연구를 내놓았다.

나는 애착이론이 부분적으로 정신분석학임을 강조한다. 더욱이 볼비도 정신분석가였고 나도 정신분석가이다. 나는 애착이론이 임상 장면에서의 분석에 매우 중요한 시사점을 던져줄 것으로 확신한다. 또한 흥미로운 점은 애착이론이 체계적 가족치료나 집단상담 같은 다른 심리치료에도 적용될 수 있다는 사실이다. 볼비는 내담자의 정서적 지지와 통찰에 도움이 된다면 어떠한 학파의 어떠한 기법도 받아들였다. 또한 애착이론은 교육, 시회복지, 포렌식 정신의학, 정신건강 분야에도 적용될 수 있다.

역사를 되돌아보면 제2차 세계대전 당시에 볼비는 (그리고 그 당시 격렬한 논쟁이 벌어진 영국정신분석학회는) 이론이나 사상이나 학파보다는 정신분석의 대상 혹은 연구 대상을 가지고 정신분석학을 정의해야 한다고 주장하였다. 볼비는 그 대상을 독립적으로 존재하는 개인의 본능적인 내적 세계가 아니라 대인관계나 사회적 맥락 속에 존재하는 개인의 심리적 세계(즉, 간주관)

로 보았다.

볼비는 슈퍼비전을 할 때 항상 위니컷의 연구를 높이 평가하였다. 볼비는 위니컷과 자신의 이론과 일치하는 부분이 많다고 했다. 그러나 위니컷은 볼비의 연구에 이런 식으로 반응하지 않았다. 제니퍼 존스(개인적 대화)는 1970년 맨스필드 하우스(정신분석학회 런던지부)에서 위니컷을 마지막으로 보았다고 한다. 그때 거기에서 존 볼비의 발표가 있었다.

제니퍼가 건물에 들어섰을 때 엘리베이터를 기다리고 있던 위니컷을 보았다. 그때 엘리베이터가 꼭대기 층에서 내려오지 않고 있었다. 제니퍼가 달려 올라가 엘리베이터를 조종하여 아래로 끌고 왔다. 엘리베이터 안에서 제니퍼는 "존 볼비의 강연에서 당신을 만나다니 뜻밖이군요."라고 말했다. 그러자 위니컷은 한숨을 지으며 "이봐, 제니퍼, 나는 볼비의 발표를 마지막으로 한 번만 더 들어보려고 온 거야!"라고 말했다.

주디스 이스로프(2005)는 볼비의 이론적 임상적 특징을 비교한 흥미로운 책을 출간하였다. 이 책을 인용하면 볼비와 위니컷에 반대하는 정신분석가의 눈에 위니컷과 볼비는 성격과 사상에서 중요한 차이가 있을지라도 많은 부분이 비슷하다. 환경의 역할을 강조하는 것이 바로 볼비와 위니컷의 공통점이다(Issoroff, 2005, Reeves를 재인용함).

정신분석학에 조예가 깊은, 오스트리아의 저널리스트인 피터 엘링슨은 정신분석학회가 볼비를 배척한 이유를 알고 싶었다. 1997년에 그는 이 문제를 조사하기 위해 런던의 여러 정신분석가를 탐방하고 인터뷰했다. 엘링슨은 볼비의 이론을 반대한 많은 이들이 볼비의 논문을 읽어보지 않았기 때문에 애착이론에 대한 의견을 피력할 수 없다고 하였다. 엘링슨은 이 사실을 알고는 충격을 받았다고 한다. 엘링슨은 나에게 그들이 왜 볼비의 논문을 읽어보지도 않고 볼비를 배척했는지 이해할 수 없다고 말했다. 그 당시 정신분석가들이 볼비를 배척한 여러 이유가 있겠지만 가장 분명한 것은 그 당시 학계가 볼비의 애착이론을 깎아내리는 분위기였기 때문에 이들은 자신이 불이익을 당할까 걱정했던 것 같다.

처음에는 심리학계도 볼비의 아이디어를 쉽게 받아들이지 않았다. 그러나 마이클 러터(1995)의 말대로, 사람들은 점진적으로 볼비의 연구를 이해하기 시작했고, 오늘날 애착이론의 핵심 요소들은 대체로 경험적 지지를 받고 있다. 볼비가 겪은 어려움은 쿤이 말한 패러다임의 변화에 대한 저항으로 설명할 수 있다(Juri, 1999; Kuhn, 1962). 쿤에 의하면, 과학의 발달과정에서 널리 유포된 최초의 패러다임은 근본적인 설명으로 자리를 잡는다. 그러나 과학의 진보에는 주기적인 패러다임의 교체가 필요하다. 누군가 최초의 패러다임을 바꾸려고 시도하면 과학사회는 상당히 저항한다. 더욱이 과학자도 정치적 존재이기 때문에 이론적 · 방법적 변화에 대한 저항을 정치적 행동으로 표출하기도 한다.

실례로 아이작 뉴턴은 물리학의 한 분야를 창시하였다. 그리고 모든 과학은 물리학에 종속되었다. 물론 뉴턴도 다른 사람의 연구를 토대로 현대 과학의 길잡이가 된, 세 가지 운동 법칙과 만류인력의 법칙을 발표하였다. 뉴턴의 법칙이 발표된 이후 뉴턴 물리학(현재는 고전 물리학이라 부름)은 200년 동안 과학을 지배했고, 과학자들은 뉴턴의 아이디어와 불일치하는 어떠한 것도 심각한 도발로 간주하였다. 그러나 나중에 과학이 더욱 발전하면서 빛에 관한 뉴턴의 이론이 잘못되었다는 증거가 나왔다(Gribbin, 1985).

어쨌든 볼비가 동료 정신분석가에게 받은 적대적 대우의 정도는 단순한 학자들 간의 견해차로 보기는 어렵다. 나는 학계가 볼비를 배척한 데는 또 다른 이유가 있다고 생각한다. 기존 학계와 볼비의 불편한 관계는 정신분석학의 이론적 토대 때문이었다. 볼비는 전통적인 정신분석학의 메타심리학을 반대했을 뿐만 아니라 성욕과 오이디푸스 콤플렉스를 격하시켰고, 무의식적 환상의 개념에 의문을 던졌으며, 상징을 다루지 않았다. 더욱이 그 당시 대부분의 정신분석은 주당 5회기 분석이 원칙이었고 이런 훈련을 받은 사람만이 전문적인 분석가가 되었다. 그런데 볼비는 이런 원칙을 지키지 않는 분석가로 알려졌었다.

빅토리아 해밀턴(1985)에 의하면, 수련 중인 정신분석가 중에 애착이론에 포함된 인간관계가 발달에 미치는 영향을 이해하는 사람은 거의 없었다고 한다. 여러 복잡한 이유 때문에 1985년에도, 현재도 많은 정신분석가는 여전히 애착이론에서 말하는 인간관계가 발달에 미치는 영향을 이해하지 못한다. 이런 상황을 부분적으로나마 설명해주는 것은 연구자의 무의식적 저항이다. 볼비는 실제로 벌어지고 있는 상실과 박탈과 트라우마를 인정하라고 연구자에게 압력을 가했고 연구자들은 이런 고통스러운 인간사에 의미를 부여하지 않으려고 무의식적으로 저항한 것이다.

볼비는 특정한 이론이나 특정한 방식이 정신분석학을 지배하면 안 된다고 주장하였다. 볼비는 정신분석학의 다양한 흐름에 어떤 한 사람의 이름을 붙이는 것을 반대하였다. 그는 어느 한 사람의 패러다임을 가지고 과학을 정의하는 것은 과학의 발달을 가로막는 일이라 했다. 그는 어떤 학문체계에 어떤 사람의 이름을 붙이면 그 사람의 저서가 성서가 되는 것을 목격하였다. 이런 이유로 그는 '볼비학파'의 출현을 강력하게 반대하였다.

애착과 상실

볼비는 15년에 걸쳐 『애착과 상실(Attachment and Loss)』이라는 제목으로 된 애착 3부작을 집필하였다. 애착 3부작(여러 언어로 번역되었고 세계 여러 나라에서 출판되었음)은 지난 11년 동안 애착 분야의 등대 역할을 하였다. 이 책들은 애착이론의 핵심이 정리된 기념비적인 책으로서 관련 분야의 많은 연구자에게 영감을 주었다. 애착 3부작에서 볼비는 자신의 사상을 소개하고 자신의 이론과 개념이 정신분석이론, 발달심리학, 정신병리학, 정신의학, 심리치료에 어떻게 적용될 수 있는지를 포괄적으로 설명하였다.

말년의 볼비

1972년 60세의 나이로 볼비는 국립건강연구소를 은퇴하였으나 타비스톡 클리닉의 명예 이사로 남아 여기에서 많은 학술적 연구를 하고 환자를 치료하고 많은 임상가에게 슈퍼비전을 해주었다. 내가 매주 그를 만나 슈퍼비전을 받은 것도 이 무렵이었다.

1980~1985년 동안 나는 집단분석학회 과학적 프로그램부의 대표를 맡고 있었다. 나는 대표 자격으로 매년 이 학회 세미나에 볼비를 초청했다. 볼비는 이 학회를 편안하게 생각하였고 많은 집단분석가와 활발하게 아이디어를 교환하였다. 간혹 이 세미나에서 열띤 논쟁이 벌어졌고 애착이론과 집단분석의 기본 원칙이 같다는 데는 이견이 없었다. 존 볼비는 문제가 있다고 생각하더라도 다른 사람의 의견에 귀를 기울였으나 때로는 단호했다.

1984년에 얼 호퍼는 집단분석학회의 한 분파인 정신분석학의 사회문화 학파에서 『사회적 역동성: 인간의 통제력과 불안정성에 대한 연구』(1981)[7]라는 자신의 책을 토대로 한 논문 하나를 발표했다. 사회문화학파의 핵심 인물들(에리히 프롬, 프리다 프롬-라이히만, 카렌 호니, 해리 스택 설리번, 칼 탐슨 등)은 성격발달에 사회와 문화와 대인관계가 어떤 영향을 주는지를 연구하였다. 이 학파는 어린 시절에 실제로 경험한 사회적 사실[8]이 초기 발달뿐만 아니라 일생 동안 정신기능에 영향을 준다고 보았다. 그러므로 개인의 내부세계는 사람과 사람 사이에서 혹은 사회적 네트워크 속에서 경험한 상호작용이 내면화된 것(즉, 표상)이다. 더욱이 개인이 환경과 상호작용하는 방식은 다양한 요인으로부터 영향을 받는다. 타고난 성향, 접근 기회, 사회적 요구도 개인의 행동을 제한한다. 이와 반대로 어떤 정신분석 학파는 내면화된 표상보

---

7 이 책의 원서는 『Social Mobility: A Study of Social Control and Instability』이다. (역자주)
8 여기에서 말하는, '실제로 있었던 초기의 사회적 사실'은 어린 시절에 경험한 양육자와의 관계를 말한다. (역자주)

다 투사를 강조한다. 투사의 관점에서 본다면 사람들이 지각하는 세상은 실제로 존재하는 현실 자체라기보다 처음부터 투사가 반영된 세상이다.

얼 호퍼의 논문에 대한 공식적인 토론자였던 존 볼비는 사회문화학파와 애착이론의 공통점을 간단히 언급했다. 그런 다음에 그는 직접 호퍼 박사를 향해 다음과 같이 말했다. "당신의 논문은 너무나도 훌륭해서 할 말을 잃었어요. 내가 덧붙일 것은 하나도 없어요. 우리는 더 많은 청중을 불러다 놓고 이 논문을 다시 들려주어야 할 것 같아요." 이 말에서 우리는 학문을 대하는 볼비의 태도를 엿볼 수 있다. 학문에 대해 확고한 소신이 있었지만 그는 항상 다른 사람의 말을 들을 준비를 하고 가치 있는 연구를 기꺼이 받아들였다.

말년에 볼비는 영국과 미국의 학계에서 존경받는 인물이 되었다. 1982년에 그는 런던에 있는 한 대학교의 프로이트 메모리얼 정신분석학 교수가 되었다. 1987년 6월에 타비스톡 클리닉은 볼비의 80세 생일을 기념하기 위해 '애착이론의 결실: 전 생애에 걸친 애착'이라는 제목으로 국제 학술대회를 개최하였다. 이 학술대회에 많은 사람이 참석하였고 다양한 주제가 논의되었다.

몇 주 후 볼비는 심장부정맥으로 쓰러져 중환자실에서 치료를 받았다. 그는 회복되어 찰스 다윈의 자서전을 완성하였다. 1990년 봄에 타비스톡 클리닉에서 이 책의 출판기념회가 있었다. 그때 그에게 또 다른 병이 찾아와 치료를 받고 있었으며 그는 휠체어를 타고 있었다. 이것이 내가 그를 본 마지막이었다.

존 볼비는 그 후 연속적으로 두 번 더 쓰러졌고 1990년 9월에 사망했다. 사망할 당시 그는 여름마다 그랬듯이 스카이에서 가족들과 휴가를 보내고 있었다. 현재 그의 시신은 아르모아 반도의 워터니시 절벽이 보이는 경관이 수려한 장소에 묻혀 있다.

존 볼비에게는 사망 직전까지 39년간 그를 도와준 도로시 서던이라는 비서가 있었다. 도로시는 1994년 1월에 사망했다. 어슐러 볼비(개인적 대화)는 도로시에 대해 다음과 같이 말했다. "볼비의 인생에서 도로시는 특히 중요한 사람이었다. 그녀는 볼비의 모든 악필을 활자로 옮겨주었을 뿐만 아니라 볼비의 안전기지였다!"

어슐라 볼비에게 병마가 찾아왔고 그녀는 잠시 병석에 누워있다가 가족들이 지켜보는 가운데 2000년 2월 3일에 런던에서 사망했다.

이 장에 실린 볼비에 관한 많은 자서전적인 정보는 대부분 그의 부인에게 얻은 것이다. 1998년 이 책의 초판이 출판되었다. 비슷한 시기에 수잔 반 디이에켄(네덜란드 리약스대학교 사회행동과학부 아동가족학과 연구원)이 『존 볼비의 어린 시절(John Bowlby: His Early Life)』(1998)이라는 책을 출판했다. 이 책에 애착이론을 만드는 데 영향을 준 볼비의 개인사와 가족사가 상세하게 묘사되어 있다.

볼비의 아들인 리처드 볼비는 영국국립병원에서 의료 영상 기사로 일했다. 리처드는 유능했고 달변가였다. 그는 런던에 있는 왕립무료병원을 끝으로 그 일을 그만두고 남은 인생은 애착이론을 주제로 강의하고 글을 쓰는 데 바쳤다. 그는 전 세계 아동발달과 정신건강 분야의 기관과 연구자, 의사, 심리치료사와 교류하고 국제회의를 개최하였다. 그는 또한 애착기반상담 기법을 비디오테이프로 만들어 아동과 가족을 연구하는 전문가들에게 보급하였다.

02

애착이론

도입

1977년에 볼비는 다음과 같이 말했다.

> 인간은 특정한 사람과 정서적으로 연결되어 있고, 그 사람과 이별하거
> 나 그 사람을 잃으면 불안, 분노, 우울, 외로움 같은 강한 고통을 느끼고,
> 심리적 장애가 발생하기도 한다. 편의상 애착이론이라고 이름을 붙인
> 이론은 인간의 이러한 경향성을 개념화한 것이다.

윗글은 애착이론에 대한 볼비의 정의이다. 더욱이 윗글에 담겨 있는, 애
착이론의 핵심은 다음과 같다. 첫째, 인간이 강력하고 선택적이며 지속적
인 연결고리를 만드는 이유는 무엇인가? 둘째, 연결고리가 끊어지거나 끊
어질 위험성이 있을 때 인간은 왜 고통스러워하고 최종적으로 정신병리가
발생하는가?

초창기 볼비의 주된 관심사는 다음 세 가지였다. 첫째, 새로운 발견을 토

대로 정신분석이론을 수정한다. 둘째, 정신병리를 발달의 맥락에서 바라본
다. 셋째, 심리적 발달의 중심에 친밀한 관계를 놓는다.

볼비는 다음과 같이 덧붙였다.

> "애착이론을 옹호하는 사람들은 애착행동이 정상을 이탈하거나 방해를
> 받거나 드문 경우이기는 하지만 전혀 발달하지 않았을 때 다양한 정신장
> 애가 발생할 수 있다고 주장한다. 또한 이들은 애착이론이 정신장애의
> 기원을 규명하고 치료법도 내놓을 수 있다고 생각한다."

왜 애착이론을 새로운 이론이라 하는가?

애착이론은 관찰을 통해 반복적으로 발견된 사실들을 설명하기 위해 구
성된 이론이다. 우리는 일상 생활 속에서 어떤 사람과 정서적 고리를 만든
다. 우리는 이 고리로 연결된 사람과 분리되기도 하고 그 사람을 잃기도
한다. 이런 사건이 발생했을 때 우리에게는 강력한 감정이 유발된다. 애착
이론의 관찰 대상은 바로 인간의 이러한 모습이다.

그동안 심리학자나 정신의학자, 정신분석가도 이런 현상을 목격하였고
이를 설명하였다. 그러나 볼비는 기존의 학계가 이러한 현상을 정확하게
설명하지 못한다고 생각했다. '삶의 본능'과 가설적인 '죽음의 본능'을 인
간의 핵심 동기로 보는 이론은 매우 중요한 일차 애착관계를 과소평가했
는데 이것이 정신분석학의 중요한 오류였다.

실제로 많은 정신분석가가 '죽음의 본능'을 버리고 애착, 유대감, 특히
초기 발달을 중시하기 시작했다. 그러나 이들 중 관계에 대한 이론을 펼치
기 전에 인간에 대한 기본가정부터 수정해야 한다고 주장한 사람은 아무
도 없었다.

이러한 문제 때문에 정신분석학은 좀 더 모호해졌다. 정신분석학은 특
수한 관계 속에서 안전감을 느끼고자 하는 인간의 근본적인 욕구를 여전

히 성욕과 수유로 설명하였다. 수유와 성욕이 심리사회적으로 중요한 역할을 할지라도 수유와 성욕만으로 인간의 행동과 초기 발달을 이끌어가는 애착반응과 애착감정을 설명할 수 없었다.

실제로 모든 인간은 비교적 영속적인[1] 친밀한 관계 속에서 존재하고 이러한 관계는 인간의 가장 진화된 모습이다. 친밀한 관계의 특징은 다음과 같다. (1) 애착 관련 사건이 진행되는 동안에 기쁨이나 고통 같은 강렬한 정서가 수반된다. (2) 최초로[2] 맺은 관계의 질과 이 관계의 변화는 성격의 발달과 정신건강에 결정적인 영향을 준다. (3) 관계에 대한 과거 경험은 이후 사람들이 관계를 맺고 유지하고 해석하는 방식에 영향을 준다.

애착이 발달에 중요한 역동적인 동력이라면 애착관계는 오랜 시간에 걸쳐 복잡한 결과를 만들어낼 것이다. 애착의 쟁점들(특히 발달적·임상적 시사점)을 이해하려면 애착이론과 양립할 수 없는 이론은 버려야 한다.

볼비에 의하면, 1950년대 중반까지는 정서적 고리의 기원과 본질을 설명하는 단 하나의 관점이 학계를 지배했다. 그 관점은 정신분석적 관점에 새로운 관점을 첨가한 것이었다. 이 관점은 사람들이 어떤 욕구를 충족하기 위해 다른 사람과 관계를 맺는다고 가정하였다. 예를 들어 어린아이라면 배고픔을 해소하고, 성인이라면 성적 욕구를 해소하기 위해 다른 사람이 필요한 것이다. 이 이론에서는 일차 욕구와 이차 욕구를 가정하였다. 이 이론은 성욕과 식욕을 일차 욕구 혹은 리비도가 향하는 욕구로, 다른 사람과의 관계 욕구는 이차 욕구로 구분하였다. 애착이론의 고민거리는 애착의 의미와 애착에 수반된 고통과 기쁨을 이차 욕구로 설명될 수 없다는 것이었다.

정신분석학은 내면에 우리가 자각할 수 없는 압력이 있고 이것이 행동

---

1 '오랫동안 유지되는 친밀한 관계'란 대체로 가족을 의미한다. 이웃관계, 연인관계, 진솔한 친구관계도 포함될 수 있다. (역자주)
2 최초 혹은 초기의 관계란 대체로 출생 후 2~3년간 양육자와의 관계를 말한다. (역자주)

을 지시한다고 가정했다. 이러한 압력 중 어떤 것은 무의식적 수준에서 작동하는 동기나 욕구에 뿌리를 두고 있다. 기존의 정신분석학은 무의식을 우리가 알아차리지 못하는 감정이나 생각, 충동, 기억의 저장고로 보았다. 무의식에 저장된 것 중 많은 부분은 고통, 불안, 갈등처럼 불쾌하고 용납하기 어려운 것들이다. 우리는 부정적인 것들을 회피하기 위해 무의식에 저장한다. 프로이트에 따르면 우리가 무의식의 영향을 자각하지 못하더라도 무의식은 계속 우리의 행동과 경험에 영향을 준다.

초기 프로이트 이론은 처음부터 존재하는 원시적인 대상관계를 가정했는데 이 이론에 반대하여 다른 대안이 나왔다. 대안 이론 중 가장 주목받은 것은 1926년에 오스트리아에서 영국으로 이주한 멜라니 클라인(1882~1960)의 지지를 받았다. 이 이론은 아기가 관계를 맺은 첫 번째 대상이 엄마의 젖가슴이라고 주장하였다. 초기 발달에 가장 중요한 것이 입과 음식이기 때문이다. 더욱이 이 이론은 죽음의 본능을 특히 중요시하였다. 죽음의 본능은 원시적인 질투심, 투사, 중요한 타인에 대한 왜곡된 지각의 원천이기 때문이다. 이러한 맥락에서 대부분의 정신 과정은 자연발생적(주로 개인의 내부에서 나오는)이며, 사람과 사람 사이에서 벌어지는 일도 독특한 실체가 있는 것이 아니라 내부에서 생성된 심리적 현상이 외부로 발현된 것이다. 이 설명에는 애착의 질과 대인관계 맥락이 빠져 있다.

볼비는 새로운 동기이론을 내놓을 수 있는 임상적 · 경험적 근거가 충분하다고 판단했다. 이렇게 탄생한 개념적 틀은 프로이트가 주목한 모든 현상—예를 들어, 사랑하는 관계, 분리불안, 엄마 잃은 슬픔, 방어, 분노, 질투, 우울, 외상, 초연, 초기 민감기 등—을 포괄하였다.

애착이론은 프로이트 전통에서 벗어난 부분도 있지만, 프로이트의 아이디어 중 많은 부분을 발전시켰다. 독립적인 사상가인 볼비는 기존의 이론을 보완한 새로운 패러다임을 내놓았다. 볼비는 임상장면에서 관찰한 것을 과학적 이론으로 만들려고 노력했다. 1982년에 볼비는 다음과 같이 말했다.

연구를 안내하는 좋은 이론이 없다면 연구는 계획하기도 어렵고 생산성도 떨어지며 발견된 것을 해석하기도 어렵다. 타당성이 입증된 정신병리학이 없다면 치료기법은 모호하고 치료 효과도 불확실할 것이다. 타당성이 입증된 병인론이 없다면 체계적이고 일관된 예방은 어려울 것이다. 나는 장기적인 차원에서 내가 제안한 애착이론을 토대로 건강한 발달을 촉진하는 조건이 규명되기를 바란다. 이런 조건이 확실하게 규명되었을 때 부모가 자녀에게 해야 할 최선의 행동이 무엇이고 사회가 부모에게 어떤 도움을 주어야 하는지를 알 수 있을 것이다.

정신분석적 메타심리학

메타심리학은 프로이트가 만들어낸 용어로서 정신분석학의 토대가 되는 핵심 가정을 정의하고 규정해주는 틀이다. 『애착과 상실(Attachment and Loss)』 (Vol. 1, 1969)(애착 3부작 중 제1권) 1권 1장에서 볼비는 정신분석학의 메타심리학의 자리에 애착이론을 놓았다. 나의 생각에 이것이 애착이론의 근간을 이해하는 출발점이다.

볼비는 정신분석적 메타심리학을 구성하는 가정들을 라파포트(1960) 방식으로 분류하였다. 정신분석학의 다섯 가지 관점과 각 관점이 주장하는 명제는 다음과 같다.

- **역동적 관점** : 어떤 현상을 유발한 심리적 힘은 역동적이다.
- **에너지 관점** : 어떤 현상의 발현에 심리적 에너지가 관여한다.
- **구조적 관점** : 어떤 현상의 저변에는 심리적 구조가 있다.
- **발생학적 관점** : 어떤 현상에는 심리적 기원에서 시작하여 어떤 현상으로 발달한다.
- **적응적 관점** : 어떤 현상은 환경에 적응하는 과정에 출현한다.

볼비는 다른 책에도 자주 등장하는 정신분석의 구조적 · 발생학적 · 적응적 관점을 수용하는 데는 어려움이 없었다고 한다. 그러나 그는 정신분석학의 역동적 관점과 에너지 관점을 채택하지 않았다. 그는 이 두 관점과 관련된 모든 것을 버렸다.

볼비의 이론에 와서 크게 달라진 것은 다음의 두 가지이다. (1) 새로운 동기이론을 가정하였다. 애착관계를 맺고 유지하려는 욕구를 성욕이나 식욕과 구분된 일차 욕구로 보았다. (2) 심리적 발달과정을 설명하기 위해 현대 생리학에서 통제이론과 사이버네틱 모델을 도입하였다.

본능

해밀턴(1985)의 말대로, 인간의 행동을 연구한다면 (인간의 행동이 학습과 조건형성이라는 극단적인 이론을 제외한) 대부분의 연구는 본능을 가정할 것이다. 영국 정신분석학도 본능을 가정하였다. 본능의 본질에 대한 견해차가 있을지라도 환경과는 거의 무관하게 종의 모든 구성원에게 나타나는 행동을 본능이라고 정의하는 데는 이견이 없다.

정신분석학에서 본능(instinct)은 프로이트의 *trieb*(충동)을 스트래치가 본능으로 번역한 것이다. 어떤 정신분석가는 독일어에 '본능(instinkt)'이 따로 있고 이것이 *trieb*과 다르기 때문에 독일어의 *trieb*을 충동(drive)으로 번역해야 한다고 지적하였다. 프로이트는 본능이란 용어를 선택적으로 사용하였다. 프로이트가 사용한 본능은 이미 정확하게 결정된 활동을 말한다. 프로이트의 충동은 밀물처럼 밀려오는 미분화된 욕구를 의미한다. 빅토리아 해밀턴이 지적한 대로 영어권에서 사용하는 본능적인 행동과 본능적인 감정에 대한 정신분석적 개념은 번역상의 오류 때문에 더욱 혼란스러워졌다. 다른 언어권에서는 프로이트의 *trieb*을 충동(drive)으로 번역하였고 이 충동은 영어권의 본능(instinct)을 정의할 때도 사용한다. 여러 나라에서 충동은 본능을 포함하는 넓은 의미로 사용되고 있다. 엄밀하게 말한다면 이것은 오류이다.

볼비는 현대 생물학에서 개념을 도입하여 본능을 정확하게 정의하였다. 이 점은 어떤 측면에서는 프로이트와 비슷하다. 볼비가 말한 본능은 종의 모든 구성원(모든 암컷에게 혹은 모든 수컷에게)에게 발견되는 비슷한 혹은 정확하게 동일한 관찰 가능한 행동패턴이다. 본능은 특수한 조건에서 활성화되고 특수한 조건에서 중지된다. 본능은 대체로 예측 가능한 순서대로 진행된다. 본능의 기본적인 기능은 개체보존과 종족보존이다. 본능은 학습 과정을 거치지 않고 발달한다. 더욱이 볼비가 말한 본능에는 적응적인 요소(적자생존의 원리)가 포함되어 있다. 이 모델은 본능—강력한 적응적 요소를 갖고 있음—이 환경과 상호작용할 가능성을 열어두었다.

애착이 일종의 본능이라면 다음과 같은 조건을 충족시켜야 한다.

- 애착행동은 모든 인간에게 나타나며 예측가능하고 관찰 가능한 일정한 패턴이 있다.
- 애착행동은 대체로 특정 조건에서 활성화되고 또 다른 특정 조건에서 종료된다. 예를 들어, 아동의 애착행동은 낯선 그 무엇이 출현하거나 애착인물과 갑작스럽게 분리되거나, 갑작스럽게 어두워지거나, 큰 소리가 들리거나, 피곤해지거나, 배가 고프거나, 고통스럽거나, 몸이 아플 때 활성화된다.
- 애착행동은 생존을 위한 장치이다. 예컨대 한 개인이 (자녀가 부모와 관계를 맺고 살 듯이) 자기보다 강하고, 현명하고, 세상에 대한 대처 기술이 뛰어난 타인의 도움을 받는다면 역경을 헤치고 살아남을 가능성이 증가한다.
- 애착행동은 적응적인 속성[3] 때문에 사회적 시스템[4] 속에서만 효과적

---

3 '적응적'이란 말은 환경에 적응하는 과정에 발달한다는 의미이다. 아동이 양육 환경에 적응한 모습이 애착 패턴이 된다. (역자주)
4 사회적 시스템은 가족, 부부, 연인, 친구, 친목 단체 같은 인간관계를 말한다. 애착은 관

으로 기능한다.

본능의 또 다른 특징은 서로 맞물려 작동한다는 것이다. 즉 여러 본능이 협력하여 어떤 행동을 만들어낸다. 예를 들어, 성욕과 애착은 서로 협력하면서 작동한다.

아기가 주양육자에게 매달리는 행위는 볼비의 본능이론에서 매우 중요한 개념이다. 볼비는 인간에게는 인간에게 매달리고 접촉하고자 하는 본능적인 욕구가 있고, 이 욕구를 통하여 먹을 것과 온기에[5] 대한 욕구가 해소된다고 가정하였다. 이 관점은 부다페스트에서 임머 헤르만이 제안하고 알리스와 미카엘 발린트가 채택한 개념이다(Hamilton, 1985). 볼비(1958)에 따르면, 젖 빨기, 매달리기, 따라다니기, 울기, 미소짓기라는 영아의 다섯 가지 반응이 (1) 엄마에게 아기를 단단하게 묶어주고 (2) 아기에게 엄마를 묶어주어 역동적인 상호작용을 증진한다.

행동 시스템

애착이론은 유기체에게 조직화된 행동 시스템 혹은 반응 시스템이 발달한다고 가정한다. 행동 시스템에는 애착 시스템, 무리짓기 시스템, 수유 시스템, 성 시스템, 탐색 시스템이 포함된다. 각 시스템에는 독특한 생물학적 기능이 있다. 애착 시스템은 생존을 보장해주기 때문에 기본적인 시스템이다.

볼비와 프로이트의 모델은 세 가지 측면에서 차이가 있다.

1. 프로이트 모델에서는 구순 욕구와 리비도 해소가 일차적인 욕구이

계 속에서만 효과적으로 작동한다. (역자주)
5 원시 상황에서는 갓난아기가 고립되면 굶어 죽거나 얼어 죽을 수 있다. 볼비는 애착을 갓난아기가 온기를 얻고 굶주림을 피할 수 있는 생존 장치로 보았다. (역자주)

고, 애착욕구는 이차적인 욕구이다. 볼비의 모델에서 애착은 고유한 장치가 담당하는 일차적 욕구이다.

2. 프로이트 모델에서 아동은 주로 '알 속의 새처럼 외부세계와 차단된 나르시즘의 상태'에 있다(Freud, 1911). 볼비의 모델에서 개인은 처음부터 대인관계 맥락이나 간주관적 맥락에서 능동적으로 상호작용한다.

3. 프로이트 모델에서 본능적 행동은 방출이 필요한 수준까지 — 에너지가 축적되어 — 에너지가 과부하되면 활성화된다. 볼비의 모델에서 본능적 행동은 특정한 내적·외적 조건에 의해 필요할 때 활성화된다.

엄마가 공원에 앉아 잡지를 읽고, 어린 아동은 엄마 곁을 벗어나 놀고 있다. 이때 이 아동은 탐색 시스템의 영향을 받으며 활동하고 있다. 갑자기 아동이 넘어져서 다쳤다. 고통과 놀람 때문에 애착 시스템이 가동되고 아동은 안전과 도움을 찾아 울면서 엄마에게 다가간다. 아동이 넘어진 사건이 탐색활동을 불활성 상태로 만들고 애착행동을 활성 상태로 만든다. 이와 같이 행동 시스템이 목표를 조정함에 따라 일시적인 사건이 발생하기도 하고 지속적인 사건이 발생하기도 한다. 일시적이든 지속적이든 모든 애착 활동은 특수한 조건에 의해 유발된다.

볼비(1969)가 지적하였듯이, 볼비 이전의 본능이론은 일정한 순서대로 진행되는 오르가즘 같은 일시적이고 극적 결과에 초점을 맞춘 반면에 오랫동안 지속되는 관계를 무시하였다. 프로이트 학파가 관계를 소홀히 한 주된 원인은 에너지 방출과 충동의 개념으로 관계를 성명할 수 없었기 때문이다. 장기간에 걸쳐 사람 간 거리를 조절하는 시스템은 관계를 좀 더 정교하게 설명해준다. 애착 시스템은 최소한 두 개의 작은 시스템이 통합된 것이다. 하나는 장기적인 관계를 담당하는 시스템이고, 다른 하나는 순간적인 접근 행동을 담당하는 시스템이다. 예를 들어, 장기적인 시스템은 연인들이 정기적으로 만나거나 전화를 하는 등 접촉을 유지하는 행동을 담당하고, 즉각적인 시스템은 갑자기 힘든 일이 생겼을 때 파트너를 찾아가 도움을 요청하는 행동을 담당한다.

행동 시스템은 종류도 다양하고 작동 방식도 다양하다. 행동 시스템은 서로 보완관계에 있을 수도 있고 주종관계에 있을 수도 있다. 애착행동은 관계에 대한 정신적 표상을 사용한다. 애착은 특수한 사람과 맺은 특수한 관계이다. **특수한 관계에 대한 표상은 대개 일생 동안 영속적으로** 유지된다. 심지어 실제 관계가 끝났을지라도 마음속에서 그 관계가 유지될 수 있다. 영속적인 표상에는 강력한 정서가 내장되어 있다. 간혹 표상은 상징으로 표현된다. 표상에는 의미도 내장되어 있다. 즉, 어떤 관계의 표상에는 특별한 의미가 내장되어 있다.

애착이론은 초기의 성격발달에 가장 중요한 영향을 주는 **아동-부모의 관계**에 초점을 맞춘다. 아동-부모의 관계는 어린것이 자신보다 더 강하고 더 지혜롭고 세상에 잘 대처하는 사람과 맺은 관계이다.

그러나 아동이 성장함에 따라 부모와의 관계보다 형제 간의 관계 같은 또 다른 관계가 더 중요해진다. 영향력 있는 교사나 또래와의 관계도 아동에게는 중요한 관계이다. 성인기에 부모와의 관계도 계속 중요하겠지만 동료들(특히 성적 파트너)과의 관계나 자식에 대한 부모의 사랑이 특히 중요해진다. 어쨌든 한 개인이 맺고 있는 여러 유형의 관계는 중요도의 차이가 있다. 더 중요한 관계는 좀 더 가치 있는 관계이며 정서적인 색채가 강하다.

애착과 동물행동학

볼비는 본능적 행동을 이해하는 데 중요한 토대가 되는 동물행동학에 많은 관심을 기울였다. 로렌츠의 각인 연구(1935년에 처음 발표되었고, 1950년대에 널리 알려졌음)는 볼비에게 매우 유용한 모델이었다. 로렌츠는 조류의 경우, 부화 후 며칠간 새끼에게 어떤 대상을 보여줌으로써 친숙하게 만들면 먹이와 무관하게 그 대상과 새끼 사이에 강력한 연결고리가 형성되어 새끼들이 그 대상을 어미로 알고 쫓아다니는 것을 목격하였다.

이러한 결과는 갓 태어난 붉은털원숭이의 우리에 모조 어미를 넣어 주고 관찰한 해리 할로우(1958)의 첫 번째 연구에서도 재현되었다. 할로우의 동물행동학적 연구는 정신분석가인 스피츠의 선구적인 연구를 참조한 것이다. 스피츠(1950)는 모성박탈 조건에서 자란 영아에게 불안과 발달장애를 목격하였다. 할로우는 갓 태어난 새끼 원숭이들을 친어미에게서 떼어 두 개의 대리모가 있는 우리에서 키웠다. 하나의 대리모는 철사로 만들어졌고, 다른 하나는 부드러운 천으로 감싼 대리모였다. 둘 중 어느 한쪽 대리모에게만 젖이 나오는 젖병을 달았다. 연구자는 다양한 상황을 설정하였다. 그중에 한 조건은 철사로 된 어미에게 젖이 나오는 젖병을 달았다. 다른 한 조건은 천으로 된 어미에게 젖병을 달지 않았다. 새끼 원숭이는 주로 천으로 된 어미에게 머물렀으며 혼자 놀다가 겁이 날 때 천으로 된 어미에게 달려가 껴안고 탐색기지로 활용하였다. 새끼 원숭이는 배고플 때만 우유병이 달린 철사 어미에게 갔다. 이 실험을 통하여 수유가 애착행동의 원천이라는 가설은 기각되었다. 적어도 붉은털원숭이에게 더 중요한 것은 따뜻한 접촉이었다.

1966년 해리 할로우와 마가렛 할로우는 이 연구를 「사랑의 학습(Learning to Love)」이라는 논문으로 발표했다. 이 논문에서 연구자들은 원숭이 자료를 토대로 인간을 이해하는 데는 한계가 있음을 강조하였다. 그러나 이 연구에서 인간, 원숭이, 유인원 같은 모든 영장류에게 중요한 발달 요인이 위안임이 밝혀졌다.

이 실험은 동물에게 고통을 주었다며 비난을 받았다. 그렇지만 우리는 이 실험을 통하여 원숭이의 발달단계 중 일부 혹은 전부를 실험적으로 방해하고 그 결과를 연구할 수 있었다.

할로우는 원숭이 새끼가 선택적으로 어미에게 매달리는 것을 목격하였다. 어미의 첫 번째 기능은 어린것들에게 영양분을 공급하고, 온기를 제공하고, 욕구를 채워주는 것이며, 어미의 두 번째 기능은 버팀목이 되어주고 접촉을 제공하는 것이며(두 번째 기능이 아동의 안전감의 발달에 중요하다), 세 번째 기능은 위험(아무것도 모르는 어린것들이 주변을 탐색할 때 부지불식간에 만날 수 있는 위험을 포함하여)으로부터 어린것들을 보호하는 것이다.

이 연구는 영장류 새끼-어미의 관계의 질은 영속적으로 유지되며 이 관계가 단절되면 새끼들은 심리적 고통을 겪고 단절이 영속적이라면 심각한 손상이 유발된다는 사실을 입증하였다. 아동의 애착은 눈으로 혹은 행동으로 엄마를 따라다니고, 젖을 빨고, 매달리고, 모방하는 등의 근접추구 행동으로 표현된다. 따라다니는 아기에게 엄마가 충분히 반응해주어야 안전한 느낌이 발달한다.

새끼 원숭이가 진짜 어미 밑에서 자랄 때 강력한 안전감이 발달하고 안전한 느낌이 발달해야 사회성이 발달한다. 원숭이 새끼에게 실제 어미가 없다면 어미 부재 상황이나 모조 원숭이보다는 다른 원숭이라도 어미 역할을 해주는 것이 낫다. 다른 어미든 실제 어미든 어미가 있을 때 어린것들은 수시로 어미에게 돌아와 몸을 접촉하여 위안과 자신감을 얻고 어미를 벗어나 무생물 세계를 탐색할 수 있다. 호기심은 안전한 어미에게 매달린 새끼에게만 발달하는 것 같다. 안전한 어미에게 매달린 새끼 원숭이는 점차 자라면서 어미로부터 독립하고 자율적으로 행동하고 동시에 또래 관계도 발달한다.

어미의 보살핌을 박탈하면 발달 전반에 극적인 결과가 발생한다. 어미 없이 새끼들끼리만 모여서 사는 원숭이들은 서로 매달려 있기만 하고 다른 행동을 거의 하지 않았다. 먹이가 공급되지만 고립된 채 혼자 자란 새끼 원숭이는 자기 몸을 웅크리고 가만히 앉아 있기만 하였다.

어미에게서 떼어놓을 때 새끼원숭이들이 보이는 반응은 엄마와 떨어져야 하는 아동의 모습과 비슷하다. 분리되면 원숭이들은 즉시 어미를 찾아다니고 소리를 지르며 분리에 저항한다. 그다음에 절망(우울한 모습으로 웅크리고 앉아 있음)의 단계가 뒤따른다.

후속 연구(Hinde, 1982)는 동물 연구를 토대로 인간의 행동을 이해하는 데는 한계가 있다고 지적했다. 그러나 동물행동학적 연구는 애착이론의 발전에 중요한 영향을 주었다. 특히 애착이론은 동물 연구 덕분에 본능에 대한 정신분석적 관점에서 벗어나 다른 방식으로 동기를 이해할 수 있었다.

볼비는 구순욕구와 먹이를 애착관계의 중요한 요인으로 보지 않았다. 이에 대해 하인드(1982)는 다음과 같이 말했다.

> 볼비가 동물의 어미-새끼 관계가 영아-엄마의 관계와 같다고 주장한 것은 아니다. 그는 다양한 동물의 어미-새끼 관계를 검토하고 공통점을 찾아내어 인간에게 중요한 것을 제안한 것이다. 진화과정 중 적응과 생존에 유리한 장치는 자연선택된다. 볼비는 아기가 엄마에게 매달리는 것도 자연선택으로 보았다.

『애착과 상실』 1권(1969)의 II부에서 볼비는 이러한 관점을 분명하게 밝힌 바 있다. 그는 다음과 같이 말했다. "인간이나 영장류나 행동에 필요한 기본적인 장치는 비슷하다. 그러나 진화는 다양한 경로를 거쳐 인간에게만 고유한 모습을 만들었다."

통제이론

볼비가 정신과정을 설명하기 위해 동물행동학에서 따온 또 하나의 개념은 통제이론이다. 통제이론은 사이버네틱 모델이라고도 한다.[6] 이 모델은 뇌,

---

6 사이버네틱 모델은 자동으로 조절되는 기계장치를 의미한다. 예를 들어, 보일러의 온도를 섭씨 25도로 설정하면 바깥 날씨와 상관없이 실내온도는 자동으로 25도로 조절된다. 신체의 염분 농도, 당분 농도, 체온 등은 일정한 수준으로 유지된다. 볼비는 심리상태도 일정

컴퓨터 혹은 유기체를 설명할 때 유용하다. 컴퓨터나 유기체는 여러 경로를 거치더라도 정해진 목표에 도달할 수 있는 데 이런 일은 피드백 체계 때문에 가능하다. 이 방식은 개체가 다양한 조건에서 처음에 설정한 목표를 향해 나아갈 수 있도록 개체의 각 부분이 중앙 통제소와 계속 교신을 주고받으며 일을 하는 것이다. 다시 말해, 유기체의 각 부분 사이에 그리고 유기체와 환경 사이에 상호작용이 있다. 이러한 상호작용을 만드는 장치는 항상성을 유지하는 시스템이며, 시스템의 형태는 진화과정에 적응해온 환경에 의해 결정된다. 볼비는 이런 환경을 역사적 환경이라고 불렀다.

요약하면, 애착이론은 다음을 강조한다.

- 중추신경계에 위치한 사이버네틱 시스템이 개체와 개체를 정서적으로 이어주는 애착 고리(특히 일생 동안 유지되는 부모-아동 관계)를 만들어 고리의 질과 생물학적 기능을 만들고, 유지하고, 통제한다.
- 초기 애착관계는 성격발달에 강력한 영향을 주고, 경우에 따라 정신병리의 원인이 되기도 한다.

애착이론의 또 다른 측면

애착이론은 (1) 정상적인 발달과 병리적인 발달 둘 다에 관한 발달이론, (2) 민감한 반응성이 발달의 지휘자라는 이론, (3) 표상화와 내면화 이론, (4) 불안 이론, (5) 성찰기능 이론 (6) 정서조절 이론, (7) 애착 패턴의 대물림 이론으로 구성된다. 이제 각 이론을 하나씩 살펴보자.

발달이론

볼비는 애착을 연구하면서 새로운 발달 모델이 필요하다고 생각했다. 기

한 수준으로 유지하려는 경향성이 있다고 보았다. (역자주)

존의 발달이론에는 리비도의 이동이라는 프로이트의 개념이 포함되어 있었다. 기존의 이론은 성적 본능에 뿌리를 둔 에너지가 향하는 대상(에너지 집중)과 성적으로 흥분하는 성감대의 변화를 기준으로 발달단계를 전개하였다. 이러한 발달과정은 정지될 수도 있고(고착) 거꾸로 갈 수도 있는데(퇴행), 이 과정에 정신병리가 출현한다.

그 당시 영향력 있는 또 하나의 발달이론은 멜라니 클라인의 이론이었다. 이 이론에서 초기 정신적 삶은 편집증적 관점과 우울증적 관점의 지배를 받는다.[7] 맨 처음에 영아는 의심이 많은 눈으로 세상을 바라보고 그다음에 우울한 눈으로 세상을 바라본다. 의심은 생후 4개월간 대상과 관계를 맺는 영아의 특수한 방식이며 그 후에도 이 관점이 다시 출현할 수 있다. 의심은 공격 본능(죽음의 본능)이 표출된 것이다. 아동은 '나쁜 대상'에게 ― 투사에 의해 ― 공격당하는 것 같은 위협감을 느끼고 공격본능을 표출한 것이다. '부분 대상'(주로 엄마의 젖가슴)이 '좋은' 대상과 '나쁜' 대상으로 분열된 결과물 중 하나가 나쁜 대상이다. 아동의 우울한 관점은 편집증적 관점이 사라진 이후에 대상과 관계를 맺는 방식이다. 우울한 자리로 이동한 아동은 엄마를 좋은 측면과 나쁜 측면이 공존하는 전체 대상으로 바라볼 수 있다.

클라인의 모델은 다음과 같은 문제점을 안고 있다. (1) 논란이 많은 가설적인 죽음의 본능이라는 공격 충동을 가정하고 있다. (2) 정상적인 발달을 병리적 용어로 기술하고 있다. (3) 영아가 엄마를 전체 대상으로 보지 못한

---

7 출생 시 아기는 두려움에 사로잡혀 있다. 이 시기에 클라인은 '편집-분열 자리(paranoid-schizoid position)'라는 용어를 사용하였다. 아기가 더 자라면 엄마가 항상 자신의 욕구를 채워주는 것이 아님을 깨닫고 좌절한다. 이 시기에 클라인은 '우울한 자리(depressive position)'라는 명칭을 사용하였다. 아기는 자신의 욕구를 채워주는 엄마는 좋은 엄마이고 채워주지 못하는 엄마는 나쁜 엄마라고 생각한다. 처음에 아기는 이 두 엄마가 서로 다른 엄마인 줄 알지만 성장하면서 점차 하나의 엄마로 통합된다. 나쁜 엄마와 좋은 엄마의 격차가 커서 통합되지 못한 채 엄마가 내면화되면 경계선 성격장애의 특징이 나타날 수 있다. (역자주)

다는 가정은 현대 발달연구와 일치하지 않는다. (4) 고통과 불안에 대응하는 방어기제(박탈, 외상, 위험의 상황에서 흔히 사용되는 분열과 투사라는 방어기제)와 정상적인 발달단계를 혼동하고 있다.

발달 경로

볼비는 생물학자 C. H. 워딩턴(1957)이 제안한 '발달경로' 개념을 사용하였다. 이 관점에서 본다면 성격은 처음에 여러 갈래 중 어느 하나를 선택하고 그다음에 여러 갈래 중 또 하나를 선택하고… 계속 이런 식으로 어느 하나의 길을 선택하면서 발달한다. 출발점에서 여러 갈래의 길은 촘촘하게 붙어 있고 잉태 시 개체가 선택할 수 있는 길은 매우 광범위하다. 어느 길을 선택할지는 개체와 환경의 상호작용에 의해 결정된다. 그러므로 이런 식의 발달은 상호작용 모델이다.

출생부터 아동의 주된 상호작용 맥락은 부모의 양육 방식이다. 물론 아동의 기질도 상호작용에 중요한 역할을 한다. 다시 말해 아동은 자신만의 독특한 반응으로 부모와 상호작용한다. 볼비는 아동의 건강이나 병리를 결정하는 것은 기본적으로 부모 스타일(일반적으로 부모 스타일은 부모의 부모로부터 물려받은 것이다)이라고 보았다. 안전하고 안정적인 환경에서 자란 아동은 최적 경로를 따라 발달하겠지만 위협적인 환경에서 자란 아동은 최적의 경로를 따라가지는 못할 것이다. 다시 말해 볼비(1985a)가 지적했듯이, 영아기뿐만 아니라 아동기와 청소년기도 아동이 어떤 발달 경로를 선택할지는 대체로 부모가 아동을 대하는 태도에 따라 달라진다.

어떤 아동은 회복력으로 역경을 극복한다. 그러나 이런 회복력은 (1) 초기에 확고하면서도 만족스러운 애착이 형성되었거나 (2) 멀리서 지지와 안정감을 제공한 제2의 애착인물이 있었던 두 가지 조건에서만 발달한다.

이런 관점에서 볼 때 정신병리는 고착이나 퇴행의 결과물이 아니라 처음부터 혹은 아동기나 청소년기의 어느 시점에 최적 경로를 벗어나 (박탈,

애착기반상담

학대, 외상, 상실의 결과로서) 다른 경로를 선택한 결과물이다.

환경 조건의 변화에 따라 인생의 어떠한 시점(영아기부터 늦은 청소년기까지)이라도 정상적인 경로나 비정상적인 경로를 선택할 수 있다. 그러나 그 이전에 걸어온 여러 경로 중에서 하나를 그다음 경로로 선택하므로 경로 선택은 이전의 것의 제약을 받는다. 따라서 정상에서 이탈한 경로를 오래 걸어왔다면 정상 경로로 돌아가기란 쉽지 않다.

발달을 안내하는 민감한 반응성

애착이론에서 중요한 개념 중 하나는 부모의 '민감한 반응성(sensitive responsiveness)'이 심리적 발달을 지휘한다는 것이다. 매리 애인스워스(볼비와 절친했던 공동연구자, 4장 참조)는 발달 경로를 결정하는 가장 중요한 요인을 양육자의 민감한 반응성으로 보았다. 민감한 반응성은 부모가 아기의 신호를 주목하고 그 신호를 정확하게 해석하고 즉시 적절한 반응을 해주는 것이다. 반면에 부모의 둔감성은 양육자 쪽에서 보면 자녀를 싫어하거나 불쾌하게 대하는 것은 아니다. 부모의 둔감성은 부모가 아기의 심리상태나 아기가 원하는 것을 알아차리지 못하거나, 아기가 긍정적인 상태에 도달하거나 목표를 달성하려고 노력하는 것을 도와주지 못하는 것이다.

전 생애에 걸쳐 부모의 민감한 반응성은 사랑하고 협력하고 상호작용하는 능력과 자아개념과 자존감의 발달에 매우 중요하다. 아동기와 청소년기 자녀에게 민감하게 반응해주는 부모의 주된 특징은 자녀를 독특한 욕구를 지닌 독립체로 대하는 것이다. 이러한 맥락에서 아동이 애착행동을 보이면 부모는 기쁜 마음으로 받아주고, 부모를 벗어나 세상을 탐색하려고 할 때에도 아동에게 자유를 허락하고 지지한다.

둔감한 양육자는 부모란 도움을 청해보았자 아무 소용이 없고 오히려 방해가 된다는 사실을 자녀에게 가르쳐준다. 예컨대, 둔감한 부모 밑에서 자란 자녀는 부모의 도움과 위안이 필요할 때에도 부모에게 도움을 청하는 것은 나쁜 짓이라고 생각할 수 있다(7장 참조). 부모 쪽에서 민감한 반응성을 발휘하려면 최소한 다음의 두 가지 활동이 필요하다. 첫째, 자녀의 심리상태를 파악하고, 둘째, 그 상태에 의미를 부여한다. 두 번째 활동은 부모 자신의 내부작동모델을 토대로 자녀의 심리상태를 이해하고 공감해 주는 매우 복잡한 인지적 · 정서적 과정이다.

민감한 반응성은 공감과 유사하다. 그러나 '공감'이라는 단어는 상대방과 같은 감정을 느낀다는 의미를 함축하고 있다. 반면에 민감한 반응성은 자녀와 같은 감정을 느끼는 상태와 자녀를 독립된 존재로 대하는 능력 사이에서 조화를 이루는 것이다.

표상화와 내면화 이론

애착이론의 관점에서 보면, 부모-자녀 상호작용(사회적 맥락에서 발생하는) 패턴은 자녀의 패턴이 된다. 정신분석학에도 이런 개념이 있다. 애착이론의 장점은 이 아이디어를 새로운 메타심리학으로 포장한 것이다. 애착이론은 자기와 타인에 대한 '내부작동모델(internal working model)'로 정의되는 표상(representation)이라는 개념을 도입하여 부모와 자녀의 상호작용 패턴이 자녀의 패턴이 된다고 설명한다. 아동의 내면에 주양육자(대체로 부모)에 관한 작동모델이 형성된다. 여기에는 아동을 대하던 부모의 행동과 소통방식이 저장되어 있다. 자기에 대한 작동모델도 있다. 여기에는 부모와 상호작용하던 자신의 모습이 저장된다. 작동모델은 처음 몇 년 동안에 시작하여 미성숙기를 거쳐 일생 동안 만들어지는 영향력 있는 강력한 인지구조이다(이에 대한 상세한 내용은 5장 참조).

볼비(1988a)는 부모와 날마다 주고받은 아동의 경험이 내부작동모델의 형태를 결정한다는 강력한 증거가 있다고 주장하였다.

부모의 내면에 있는 자녀 모습은 부모가 자녀에게 하는 말이나 자녀를 대하는 방식을 통해 자녀에게 전달되므로 자녀의 자기에 대한 작동모델에 영향을 준다. 그런 다음에 아동은 이 작동모델을 토대로 부모와 자기를 느끼고, 부모의 행동을 기대하고, 자신이 부모에게 어떻게 할지를 계획한다. 이 작동모델은 아동의 백일몽에 표현되는 두려움과 소망도 만들어 낸다.

이러한 맥락에서 볼 때 내부작동모델은 정신분석학에서 말하는 내면화(internalization)를 거쳐 형성된다. 대인관계 세계가 표상의 세계로 '이동'한 것을 가리키는 용어로 여기에서 잠시 내면화라는 용어를 사용하기로 하자.

애착이론은 '내면화' 개념에서 출발하고, 클라인의 이론은 투사에서 출발한다. 클라인은 죽음의 본능에서 파생된 파괴적 충동(개인의 내면에서 자생적으로 만들어지고 주로 내면을 향하고 있음)을 강조하였다. 클라인의 이론에서는 처음부터 개인은 내부의 파괴적 충동을 외부 대상에게 방어적으로 투사한다. 투사는 현실에 대한 지각을 왜곡시킨다. 그러므로 '클라인의 관점에서 볼 때' 타인과의 상호작용은 투사에서 출발하기 때문에 개인과 타인의 상호작용에 대한 설명은 불필요하다. 이 점이 클라인의 사상과 애착이론이 다른 점이다.

볼비(1988b)는 한때 관계에 대한 내부작동모델이 형성되는 과정을 내면화로 설명하였다(pp. 129-133). 그러나 볼비는 내면화라는 용어를 자주 사용하지 않았다. 나도 이 점에 동의한다. 내면화라는 용어가 부적절한 개념이기 때문이다. '내면화'는 밖의 것이 안으로 이동한 기계적 속성을 지닌다. 이제부터 내면화라는 말 대신에 우리는 전체가 밖에 있는 것도 아니고 안에 있는 것도 아닌 그 사람의 마음속에 그 무엇이 담겨 있는 상태인 표상화(representing)라는 용어를 사용할 것이다. 개인이 마음속으로 옮겨놓은 것은 기본적으로 관계—스턴(1995)의 용어를 사용하면 '함께 한 경험'—이다. 아동-부모 관계에서 중요한 측면은 부모가 자녀를 대하는 방식이다. 그러나 아동의 마음속에 표상화된 부모는 분리된 개체로서의 부모가 아닌 관계를 맺고 있는 부모이다(그리고 나도 이 점을 강조한다). 니콜라 다이아몬드(개인적 대화)의 말을 빌자면, "표상화는 밖의 것이 장소만 내면으로 이동한 것이 아니라 밖의 것이 언어와 의미체계로 옮겨진 것이다."

그러므로 내면화보다 표상화가 더 적절한 개념이다. 루스 로빈슨(개인적 대화)은 다음과 같이 말했다. "이것은 매우 중요하다. 내면화를 표상화로 수정함으로써 애착이론은 그 무엇이 '내부에서' 오는가, '외부에서' 오는가라는 단순한 사고를 벗어날 수 있었다."

애착이론이 주로 관심을 기울이는 것은 일차 애착대상의 표상이다. 그 이유는 일차 애착관계가 성격발달에 매우 중요하기 때문이다. 그러나 사회, 문화, 정치적 맥락 속에서의 관계표상도 애착이론의 관심사이다. 이 책의 1장에 볼비가 정신분석학의 사회문화 학파의 일원인 얼 호퍼의 논문에 찬사를 보낸 일화가 소개되어 있다. 볼비가 찬사를 보낸 얼 호퍼의 논문은 사회문화 속에서의 표상화에 관한 것이다.

불안 이론

정신분석 문헌은 불안, 분리불안, 위험신호로서의 불안, 불안신경증, 불안의 기원에 대한 연구로 가득 차 있다. 나는 여기에서 불안의 개념을 수정하기보다는 중요한 것들을 요약하겠다.

1926년에 나온 『억제, 증상 및 불안(Inhibitions, Symptoms and Anxiety)』이라는 책에서 프로이트는 다음과 같이 말했다.

어쨌든 우리는 불안에 대한 한두 가지 사실을 주목해야 한다. 불안은 불쾌하다. 그러나 불쾌감은 모호하기 때문에 무엇 때문에 불쾌한지를 증명하기 어렵다. 그밖에도 불안할 때 우리는 신체의 특정 부위에 독특한 감각이 동반되는 것을 주목할 수 있다. (스트래치가 번역한 『프로이트 심리학 완

프로이트는 계속해서 다음과 같이 말했다. "일반적인 관점에서 볼 때, 불안의 토대는 불쾌한 흥분이다. 이 흥분이 증가하면 우리는 한편에서는 불쾌감을 방출하고 다른 한편에서는 안도감을 느낀다."(같은 책, p. 133)

프로이트가 다른 곳에서도 말했듯이, 그는 불안의 뿌리를 메타심리학으로 설명하였다. 에너지가 차오르면 방출되어야 하는 것이 기본이다. 이 설명은 억압된 리비도의 결과물이 불안이라는 프로이트의 초기 가정과도 일치한다. 그러나 애착이론뿐만 아니라 오늘날의 대부분의 정신분석가도 이 말에 동의하지 않는다.

그러나 프로이트의 같은 책에 몇 단락을 건너뛰면 다음과 같은 말이 나온다.

> 아동이 불안해지는 상황은 우리도 알 수 있다. 우리는 이런 상황을 주목해야 한다. 예를 들어, 아동은 혼자 있을 때, 어두운 곳에 있을 때, 엄마 같은 낯익은 사람 대신에 낯선 사람과 함께 있을 때 불안해진다. 아동이 불안해지는 세 가지 상황을 한 가지 조건으로 요약하면 아동이 사랑하고 갈망하는 누군가가 사라진 조건이다. (같은 책, p. 136)

같은 책을 더 내려가다 보면 프로이트는 불안은 위험이 예상되는 상황에서 그 상황을 피하기 위해 구조신호를 보내는 것이라 했다. 이것이 불안의 신호 모델이다. 위험한 상황은—프로이트의 관점에서 볼 때—초기 아동기에는 대상의 상실이고[8], 남근기에는 거세이며, 잠복기에는 초자아의 위협이다. 프로이트에 따르면, 사랑의 상실도 위험이 예상되는 상황이며, 누

8　초기 대상은 주양육자를 말한다. (역자주)

군가에게 피해를 주면 보복이 예상되기 때문에 가학적인 상상도 불안을 유발한다.

볼비는 대상이 사라질 가능성이 있는 상황에서 아동이 불안해진다고 생각했다. 볼비는 앞으로 발생할 상실과 현재 벌어지고 있는 상실의 정서적 결과를 구분하였다. 볼비가 설명한 것도 프로이트가 많은 가설을 세우고 수정하고 매달렸던 것들이다. 다른 선배 분석가들도 동일한 문제에 매달렸었다. 그러나 어떤 가설이 옳은지 검증할 방법이 없었기 때문에 여기에서 정신분석학의 다양한 학파가 갈라져 나왔다. 그러나 불안에 대한 정신분석학의 논란은 동물행동학이 도입된 후 사라졌다. 왜냐하면 분명히 인간도 동물처럼 생존이 위협받는 상황에서 불안해지기 때문이다. 다시 말해 볼비는 상실의 위협과 불안전한 애착이 불안을 유발한다고 보았다. 이와 관련하여 정신분석학에서 말하는 불안의 원천은 생물학적 생존에 대한 위협이 아닌, 심리적 생존에 대한('자아'에 대한) 위협이다. 아동이 암시적·명시적으로 중요한 타인의 눈에 아무것도 아닌 존재임을 깨달았을 때 아동은 종종 심리적 생존에 대한 위협을 느낀다.

성찰기능 이론

피터 포내기 등은 자기와 타인을 있는 그대로 보는 능력과 건강한 애착 사이에 밀접한 관계가 있음을 발견하였다. 이 능력을 **성찰기능**(reflective function)[9] 혹은 **정신화**(mentalization)라고 한다. 성찰기능은 행동을 정신적으로 생각해 보는 능력으로서 초기 애착 경험을 토대로 발달하며 건강한 자아의 핵심이다. 부모와 아동의 반영적 상호작용과 애착의 질 사이에 밀접한 관계가 있다는 많은 증거가 있다. 포내기 등은 부모가 아동의 의도를 잘 이해하고

---

9 애착이론에서 사용하는 성찰기능 혹은 성찰적 대화는 상담에서 흔히 사용하는 반영(reflection)과 유사하다. (역자주)

이를 아동에게 언어로 표현해줄 때 아동의 자아가 건강하게 발달한다고 보았다.

다이아몬드와 나(2003)는 성찰기능은 적절하지만 정신화는 부적절한 용어로서 삭제하는 것이 옳다고 생각한다. 주의 깊게 사용하지 않으면 정신화는 마음과 몸이 분리되어 있다는 의미로 들릴 수 있기 때문이다. 오늘날의 신경생리학은 몸과 마음이 하나로 작동하여 (감정을 조절하는 등의) 정신작용을 만든다고 본다.

다이아몬드와 나는 성찰기능은 함께 생각하는 능력이라고 생각한다. 우리는 또한 성찰적 대화라는 용어를 사용하기도 한다. 성찰적 대화는 가족을 포함하여 친밀한 사람들끼리 함께 했던 사건에 대해 함께 이야기를 나누는 것으로 아동의 발달에 매우 중요하다. 각 가정의 질적 차이는 성찰적 대화의 차이이다.

정서 조절 이론

정신분석학과 심리학에서 정서(affect)와 감정(emotion)은 동의어이다. 정서 조절은 고통스러운 감정을 처리하는 능력을 말한다. 애착이론은 이 능력이 아동을 받아주고 민감하게 반응해주고 공감해주고 반영해주는 타인과 상호작용하는 맥락에서 발달한다고 본다. 우리에게는 일생 동안 어려운 고비를 지날 때마다 우리를 안아주는 타인의 품이 필요하다. 그러나 어린 시절에 적절한 애착을 경험한 성인은 힘이 들 때 외부의 타인에게 덜 의존하고 스스로 감정을 조절한다.

부정적 감정을 스스로 조절하는 능력은 건강한 정신의 핵심이다. 지속적으로 감정을 조절하지 못하는 사람은 성격장애나 우울장애, 양극성 장애 같은 정신장애 가능성이 있다. 감정을 잘 조절하는 사람은 목표지향적이고 부정적 사건과 스트레스에 잘 대처한다.

애착 패턴의 대물림 이론

부모의 애착사와 자녀의 발달 사이에 밀접한 관계가 있다는 많은 증거가
있다. 10장에서 살펴보겠지만 아동기 애착 경험은 나중에 부모가 되었을
때 자식을 대하는 태도에 영향을 준다. 어려서 공감을 받으며 자란 부모는
자녀를 공감할 것이다. 어려서 성찰적 대화를 나누며 자란 부모는 자식과
도 성찰적 대화를 나눌 것이다. 이와 반대로 어린 시절에 학대를 당하거
나 방치되었던 부모는 자식을 학대할 가능성이 있다. 부모와 자식이 상호
작용하는 패턴은 대를 이어 반복되고, 가문의 주제가 되고, 각본이 된다.

애착기반상담

03

임상장면에서의
관찰을 통한 경험적 연구

애착이론의 경험적 연구

애착이론의 특징 중 하나는 현장에서 관찰된 사실과 경험적 연구를 통합한 것이다. 볼비는 정신분석학도 실험적 방법을 도입해야 한다고 주장하였다. 그는 발달학과 동물행동학에서 나온 자료와 상담실에서 목격한 사실을 자유롭게 사용하고, 조합하고, 통합하였다. 그는 정신분석학에 가족관계 연구와 사회학과 사회인류학도 필요하다고 생각하였다. 그는 이 관점에서 저 관점으로 자유롭게 이동하였다. 그러나 그는 항상 여러 관점을 논리적이고 일관성 있게 통합하였다. 그는 항상 임상 현장에서 관찰한 것을 어떻게 경험적으로 검증하고 기술할지를 고심하였다. 그는 경험적 연구를 매우 중요시하였고 후반으로 갈수록 더욱 그러하였다.

대집단에서 발견된 특수한 현상을 통계적으로 점증하는 방법은 치료실에서 개인을 관찰하고 이론화하는 연구를 보완하는 좋은 방법이다. 그러나 이것이 정신분석을 연구하는 방법의 전부는 아니다. 정신분석은 다음과 같은 특징이 있다. 정신분석의 장점은 환자의 심층에 접근하는 것이다. 심층적인 내면에 접근하기 위해 분석가는 개인 치료실에서 규칙적으로 환자를 만나, 주제를 제한하지 않고 환자의 자유연상을 유도하고, 환자는 분석가를 신뢰하는 가운데 솔직하게 마음을 개방하고, 분석가는 역전이를 사용하여 환자가 말한 것을 이해하려고 노력한다. 이러한 독특한 과정을 대신할 수 있는 다른 방법은 없다. 분석가이며 연구자인 피터 포내기(1996)의 말처럼 정신분석적 치료는 분석가가 제멋대로 하는 시시한 작업이 아니라 오랜 수련이 필요한 전문적인 영역이다. 정신분석에서 발견된 것들은 오랫동안 때로는 고통스러울 정도로 몰입하여 경청한 결과물이다. 우리는 과학적인 증거와 주관적 경험이라는 대형 모자이크를 통합해야 한다.

볼비(1988)는 정신분석을 일컬어 자연과학이며 예술이라 했다. 치료실에서 이루어지는 정신분석적 심리치료는 예술이다. 방대한 지식이 축적되었고 이를 연구할 과학적인 방법이 있다는 점에서 정신분석학은 자연과학이다. 볼비는 다음과 같이 말했다.

> 자연과학이며 예술이라는 말이 정신분석학에만 국한된 것은 아니다. 많은 훈련을 거쳐 과학적인 사실을 내놓는 모든 전문 분야는 자연과학이며 예술이다. 대장장이는 금속학의, 토목기사는 토목공학의, 농부는 식물학의, 의사는 의학의 전문가이다. 이러한 각 분야에는 독특한 전문가의 역할이 있다. 정신분석 분야에는 한편에 치료사가 있고 다른 한편에는 과학자가 있다. 물론 어떤 치료사는 치료사와 과학자를 겸한다. 그러나 역사가 말해주듯이, 독특한 전문 분야가 새로 탄생하는 과정은 난산의 과정이며 때로는 서로 오해하고 반목한다. (pp. 39-40)

볼비는 다음과 같이 말했다.

> 치료사는 내담자의 모든 주호소 문제를 염두에 두고 치료를 시행한다.

이를 위해 치료사는 필요한 과학적 지식뿐만 아니라 자신의 개인적 경험을 활용해야 하며, 특히 각 환자의 독특한 증상을 주목해야 한다. (p. 40)

이런 맥락에서 볼비는 "각 요인에 가중치를 부여하면서 모든 요인을 고려하는 임상적 판단은 예술이다."라고 말했다. 그러나 그는 다음과 같은 말을 덧붙였다.

과학자의 관점은 다르다. 과학자는 일반적 패턴을 찾기 위해 개인의 독특성을 무시하고 위험할 정도로 단순화시킨다. 과학자의 역할에 충실한 과학자라면 제한된 문제의 제한된 측면을 주목할 것이다. 그의 선택이 탁월했거나 운이 좋았다면, 그는 자신이 선택한 문제를 명확하게 규명하고, 더 나아가 연구 결과를 더 넓은 영역에 적용하기 위해 연구를 확장할 것이다. (p. 40)

볼비는 과학적 연구란 측정 가능한 제한된 문제를 선택하고 적합한 방법으로 그 문제의 답을 찾는 것이라 했다. 낡은 가설을 낡은 방법으로 연구한 결과를 새로운 방법으로 교차 검증하지 않는다면 어떠한 과학도 번창할 수 없다. 오래된 가설을 새로운 방법으로 교차 검증할 때는 과학자의 역할이 중요하다.

볼비는 애착이론을 과학적인 이론이라 했다. 그가 그렇게 말한 것은 애착표상과 정신건강의 관계를 실증적으로 검증한 발달연구와 사회심리학적 연구 때문이다. 애착 연구에 포함된 주제는 (1) 중요한 타인과의 애착 경험, (2) 발달과정의 문제, (3) 과거 관계에 대한 기억, (4) 과거의 경험을 토대로 한 기대와 예측, (5) 타인의 반응을 지각하는 방식 등이다. 이 모든 것은 정신분석학의 기본 쟁점이기도 하다.

볼비는 갓난아기와 초기 발달에 주로 초점을 맞추었지만, 그는 영아기부터 늦은 청소년기까지 전체 미성숙기를 성격 형성의 중요한 시기로 보았다. 더욱이 '발달'이라는 용어는 전생애 발달을 의미한다. 그가 이 말을 한 이유는 아직도 애착이론을 영유아기 발달이론으로 생각하는 문외한들이 있기 때문이다.

애착 연구의 특징

오늘날까지 발전을 거듭한 애착 연구의 공통점은 다음과 같다. 첫째, 애착 연구는 그동안 정신분석학의 변방으로 밀려난 쟁점과 문제에 초점을 맞춘다. 둘째, 애착 연구는 (특히 특정한 시기에) 정상적인 발달 혹은 비정상적인 발달에 영향을 주는 관계 요인에 초점을 맞춘다. 셋째, 유기체와 환경은 분리 불가능한 것이므로 애착행동을 내적 심리와 관련된 개념이 아니라 외적 관계와 관련된 개념으로 본다.[1]

어떤 사람은 애착 연구를 영아 연구로 알고 있다. 영아 연구가 애착이론에 포함되어 있기는 하지만 애착 분야는 전 생애를 연구한다.

낯선상황절차 같은 영아-양육자의 애착 검사는 기본적으로 개인이 아닌 관계를 평가한다. 오늘날에는 (1) 부 혹은 모와의 애착 패턴은 서로 다를 수 있고, (2) 생활환경이 바뀌면 부(혹은 모)와 맺은 아동의 애착 패턴도 변화한다는 사실은 잘 알려져 있다.

애착 연구는 안전과 불안전에도 관심을 기울인다. 아동기의 불안한 혹은 불안전한 애착은 정신병리를 일으킬 수 있지만 그 자체가 반드시 병리로 이어지는 것은 아니다. 도움을 요청하는 아동의 신호에 양육자가 일관성 있게 반응해주면 아동에게는 도움, 지지, 보호가 필요할 때 언제든지 도움을 받을 수 있다는 기본적인 신뢰감이 생긴다. 그러므로 신뢰는 안전한

---

1 아동의 애착행동에 대해 클라인은 '내면의 외현화'로 설명하고, 볼비는 애착대상과의 실제 경험이 기억된 것이라고 한다. (역자주)

애착과 정확하게 같은 말이다. 양육자와 안전하게 상호작용한 아동에게 건강한 자존감과 자아개념이 발달한다. 이와 반대로 부모가 아동에게 일관성 없이 반응하거나 반응해주지 않았다면 안전감이 발달하지 않기 때문에 아동은 세상을 안전한 곳으로 생각하지 않는다.

이런 맥락에서 볼 때 정신병리는 불안정한 것들이 연속적으로 이어진 결과물이다. 물론 불안정한 것 중에는 초기의 불안전한 애착이 항상 포함된다. 불안전한 애착에는 불안이 수반되고 불안은 방어기제를 필요로 한다. 지속적으로 방어기제를 사용하면 병리적 성격이 될 수 있다. 불안전한 애착과 이후 장애의 상관관계는 앞으로 연구해야 할 가장 중요한 주제 중 하나이다.

정신분석학을 바라보는 관점

정신병리와 발달의 연결고리는 심리치료의 관심사이면서 동시에 정신분석의 오랜 주제 중 하나이다. 그러나 정신분석학이 발달을 토대로 병인론을 연구하기에는 한계가 있다. 그 이유는 정신분석학은 실제 환자에게서 나온 임상적 자료를 토대로 하기 때문이다. 분석을 받으러 오는 대부분의 환자들은 초기 불안전한 애착 이후 정신병리로 이어지는 경로를 걸어왔다. 그러나 임상가들은 역경을 극복하고 건강하게 발달한 사람들에게 작용한 회복력의 요인을 아직 잘 모르고 있다. 정신분석학에서 나온 자료는 대체로 표본이 작기 때문에 인과관계를 예측하기에는 자료가 빈약하다.

볼비는 "한편에 임상가가 있고 다른 한편에 과학자가 있다."라는 극단적인 말을 한 적이 있다. 그러나 이 말은 정신분석학에 기여한 임상가의 공로를 과소평가하는 것이 아니라 정신분석학이 임상가의 공으로만 이루어진 것이 아니라는 의미이다. 볼비는 인생의 후반부로 갈수록 경험적 연구를 중시하였다. 정신분석학계가 볼비의 연구를 무시하는 동안 많은 과학적인 연구들은 볼비의 틀을 핵심 패러다임으로 채택하였다. 그중 한 사람이 볼비와 절친했던 매리 애인스워스(4장 참조)이다. 그녀는 볼비를 강력하게 지지했을 뿐만 아니라 애착이론의 한 축을 완성하였다. 그녀의 선구적인 연구가 없었다면 애착이론은 오늘날 같은 인기를 누릴 수 없었을 것이다.

임상적 정신분석학과 과학적인 정신분석학을 통합하려는 시도는 오늘날에도 계속되고 있다. 같은 맥락에서 오늘날 정신분석학은 어떤 학문인가? 이것은 이 책에서 깊이 논의하기 어려운 복잡한 문제이다. 우리는 정신분석학에 커다란 딜레마가 있음을 인정해야 한다.

어떤 학파가 과학으로 인정받으려면 표준화된 연구방법과 절차가 필수요건이다. 이런 차원에서 정신분석학은 설명력과 예측력을 입증해주는 도구를 개발하든가 과학이 아니라고 주장해야 한다.

다른 한편에서는 법학이나 사학처럼 정신분석학도 원래는 실증적인 과학이 아니라 해석학이라는 주장이 나왔다. 이런 관점에서 보면 정신분석학을 과학적인 방법으로 연구하려는 시도는, 불가능한 것은 아니지만 정신분석학을 왜곡할 수 있다. 정신분석학을 과학적으로 연구할 때의 또 다른 문제점은 공리에 의해 타당성이 입증된 것처럼 정신분석학의 가정을 정당화하는 것이다. 안타깝게도 정신분석학 문헌들은 이런 연구로 가득 차 있다. 정신분석학은 신뢰도와 타당도가 떨어지는 방법론 때문에 명성이 추락하고 있으며 아직도 방법론에 대한 논란은 계속되고 있다.

정신분석의 특징 중 하나는 분석가와 피분석자가 서로 영향을 준다는 것이다. 정신분석적 방법에 '상호-유도(inter-induction)'라는 용어를 사용하는 것이 더 적절할 듯하다. 분석이 적절하다면 분석이 진행되는 동안 분석가와 피분석자는 친밀한 관계를 유지하며 서로에게 영향을 미치는 가운데 생각을 탐색하고, 촉진하고, 확인하고, 비교하고, 반박하고, 사실을 인지한다. 어떤 분석가는 분석을 분석가와 환자가 협력하여 무엇인가를 발견하는 특수한 대인관계 과정이라기보다 분석가가 환자를 해석하는 과정이라고 생각한다. 여기에서 어떤 분석이 더 '적절한 분석'인지는 말하기 어렵다(12장에서 이 문제가 논의됨). 그러나 정신분석도 일종의 대인관계인 것은 틀림없는 사실이다. 그러므로 정신분석학은 특수한 대인관계 학문이다.

과학적 연구자는 특수한 절차에 따라 피험자를 관찰하고, 그런 다음에 연구자는 연구실로 가서 관찰한 것을 혼자 분석한다. 이때 피험자는 연구자의 해석과 분석에 관여하지 않는다.

볼비의 극단적 입장(타당성을 인정받으려면 정신분석이 실증적 연구에 의존해야 한다는 주장)은 과학적 연구에 무관심한 정신분석학을 질타한 것이지 해석적인 연구를 무분별하게 비판한 것은 아니다.

정신분석학의 방법론에 타당성, 설명력, 예언력이 부족하다면 경험 과학은 정신분석학을 경멸하며 배척할 것이다. 이런 상황을 막기 위해 정신분석학에 다음 두 가지가 필요하다. (1) 경험적 연구(측정 도구, 구체적 발견, 분류, 표, 수치를 제시하는 연구)를 위한 좀 더 과학적인 방법과 포괄적인 이론이 필요하다. (2) 임상적 응용과 순수 연구를 이어주는 다리가 필요하다. 서로 다른 것을 연결하기 위해서라기보다 상호보완이 지식을 습득하는 좋은 방법이다. 임상적 연구와 순수 과학은 둘 다 강점과 약점이 있다.

애착이론이 나온 이후 많은 세월이 흘렀지만, 치료사와 과학자는 아직도 소통하지 않는다. 아직도 상대편을 경멸하고 배척하고 서로를 이해하지 못한다. 경험적인 저널은 임상 현장에서 나온 자료를 배척하고, 임상적인 저널은 실증적으로 검증된 자료를 싣지 않는 일이 빈번하다.

더욱이 심리치료는 정신분석보다 더 광범위한 분야이다. 정신분석적 개념은 역동치료(사이코드라마, 체계적 가족치료, 게슈탈트치료, 에너지치료)를 사용하는 대부분의 학파에 스며들어 있다. 애착이론은 정신분석적 심리치료의 모든 학파에 유용하다.

04

애착이론의 진화

도입

애착이론은 초기 발달단계에서 형성되는 아동과 부모(혹은 주양육자)의 연결 고리를 과학적으로 연구하였다. 더욱이 애착이론은 애착장애가 정신병 리로 이어지는 과정을 명쾌하게 규명하였다(그리고 이러한 연구는 아직도 진행 중 이다).

세상—아무리 험난할지라도—에 대한 신뢰감과 자신감을 심어주는 필 요조건은 심리학과 정신분석학의 오래된 주제였다. 이에 대해 베네덱(1938) 은 '확신에 찬 기대'라는 개념으로 설명하였고 그 이전의 많은 분석가들(안 나 프로이트를 포함하여)도 비슷한 용어로 설명하였다.

오랫동안 정신분석가들은 아동기 때 어떤 경험을 통하여 세상을 신뢰하 고, 위험을 알아차리고 위험을 피하고, 그 결과 안전한 상황과 위험한 상 황을 구분하고 예측할 수 있는지를 연구해왔다.

엄마는 애착 형성에 어떤 역할을 하는가? 애착인물이 없을 때 엄마 상징으로 무생물을 사용한 경험은 애착 발달에 어떤 영향을 주는가?[1] 아동이 엄마와 신체적으로 접촉하고 엄마의 표정에 반응한 경험은 애착 발달에 어떤 의미가 있고 어떤 효과가 있는가? 어떠한 애착관계가 심리적 안정과 건강한 자아상의 발달에 도움이 되는가? 이러한 주제는 초기 발달에 초점을 맞춘 많은 정신분석가가 연구해 온 주제이지 결코 새로운 것들이 아니다.

아동이 정상적으로 발달하려면 아동은 양질의 보살핌을 받아야 하며 아동이 자라는 사회적 환경(예, 가정)은 안전한 느낌을 주어야 한다. 이러한 조건들이 아동의 건강한 발달을 어떻게 촉진하는지는 애착이론에서 많이 밝혀졌다. 오늘날 학계를 선도하는 많은 정신분석적 발달심리학자(Eagle, 1984, 1995; Stern, 1985)도 이 점을 인정하고 있다.

볼비와 로버트슨

1장에서 언급했듯이 타비스톡 클리닉에서 활동하던 볼비는 1948년에 제임스 로버트슨을 채용하였다. 로버트슨의 임무는 병원에 입원한 아동을 관찰하는 것이었다. 로버트슨은 안나 프로이트, 도로시 벌링엄과 함께 전쟁고아를 수용한 햄스태드 고아원에서 일을 한 적이 있었기 때문에 그는 자신에게 주어진 임무를 잘 수행하였다. 그 당시 로버트슨은 사회복지사 자격증을 갖고 있었고 정신분석 훈련을 받는 중이었다.

로버트슨이 할 일은 병원에 입원한 어린 아동들을 관찰하는 것이었다. 그 당시 소아병원의 방문시간은 제한되어 있었고 부모도 자녀를 거의 만날 수 없었다. 로버트슨은 중앙소아병원에 입원한 아이들의 심각한 고통을 목격하였다. 병원 스태프들은 이러한 문제를 인식하지 못했고 이런 문

---

1 아동이 엄마가 없을 때 담요를 끌고 다니는 것은 엄마 상징물로 물건을 사용하는 한 예이다. (역자주)

제에 대한 책임감도 없었다. 사회적·정치적 사명감이 투철한 제임스 로버트슨은 자신이 목격한 문제를 공론화하려고 노력하였다. 그러나 타비스톡의 볼비 팀 이외에 다른 전문가들은 로버트슨의 말에 귀를 기울이지 않았다. 그래서 로버트슨은 16mm 카메라를 들고 영상기록물을 만들었다.

〈병원에 입원한 두 살배기의 모습(A Two-Year-Old Goes to Hospital)〉(Robertson, 1953)이라는 필름은 어떤 수술을 받기 위해 8일간 병원에 입원한 로라라는 어린 여자아이의 힘겨운 상황을 영상에 담은 것이다. 로라의 엄마도 병실에 들어갈 수 없었고 간호사들은 수시로 바뀌었다. 따라서 이 힘든 기간 동안 로라의 주변에는 위안이 되거나 안심이 될 만한 낯익은 사람이 없었다. 입원한 첫날 로라는 목욕 후 발가벗은 채로 문 쪽으로 달려가 도망치려고 하였다. 로라는 직장에 마취 주사를 놓으려고 하자 겁에 질려 격렬하게 저항하였다. 점차 그녀의 표정은 정상적으로 밝아지는 듯했지만 반응은 점차 둔해지고 슬픈 표정을 한 채 곰 인형을 꼭 껴안고 있었다. 마침내 로라는 조용해졌지만, 그녀의 표정에는 순종과 분노가 뒤섞여 있었다. 퇴원할 무렵에 로라는 엄마를 찾지 않았다. 엄마를 만날 수 있다는 믿음이 흔들렸고 잠을 이루지 못했으며 더러운 바닥을 뒹굴며 심하게 떼를 쓰기도 하였다. 이 필름은 낯익은 사람과 떨어져 병원에 입원한 어린아이들에게 어떤 순서로 정서적 퇴행이 일어나는지를 보여주었다. 이 필름이 강조하는 것은 이와 같은 상황이 장차 아이들의 정신건강에 위험요소가 된다는 것이었다(Quinton & Rutter, 1976).

로버트슨의 필름을 정신분석가들에게 보여주었더니 이들의 반응은 다양했다. 엄마와의 분리가 아동에게 고통을 준다는 아이디어를 안나 프로이트는 지지했으나 클라인 학파는 동의하지 않았다. 비언(Bion)은 로라의 심리적 고통이 엄마의 임신과 관련이 있다고 주장했다(Grosskurth, 1987; Karen, 1994). 오늘날에는 이런 일이 있을 수 있는지 믿기지 않을 것이다.

1953년에 로버트슨은 세계보건기구(WHO)와 단기 계약을 맺고 이 필름을 보여주기 위해 미국을 순회하였다. 사람들은 로버트슨의 필름에 공감하였다. 로버트슨은 부모들이 소아 병동에 들어갈 수 있어야 한다는 인식이 확산되기를 바랐으나 사람들은 절박한 문제로 생각하지 않았다.

　1967~1973년에 로버트슨 부부는 추가로 〈부모와 잠시 떨어져 있는 어린아이들(the young children in brief separation series)〉이라는 5개의 영상 시리즈물을 만들었다. 로버트슨 부부는 둘째 아이를 출산하기 위해 병원에 입원한 엄마와 떨어진 17~30개월경의 첫째 아이들을 관찰하였다. 이 중 4명의 아동을 로버트슨 부부가 자기 집으로 데리고 와서 돌봐주었다. 그러나 이들 부부가 아무리 노력해도 부모의 부재를 채울 수 없었다. 다섯 번째 필름에 나오는 아이는 엄마가 출산하러 병원에 간 동안 보육원에 맡겨진 첫째 아이였다. 이 아이들의 이름은 존(17개월), 제인(17개월), 루시(21개월), 토머스(28개월), 케이트(29개월)였다. 이 아이들은 전에 부모와 분리된 경험이 없었고 부모와 아동 사이에 안전애착이 형성되어 있었다.

　이 영상물을 보면, 분리 기간, 분리 시의 발달단계, 대리 부모가 제공하는 보살핌의 질에 따라 엄마 부재에 대처하는 아동의 능력은 달라지는 것을 알 수 있다. 아동들은 분리불안에 방어기제를 사용하였다. 종종 아동들은 부모를 찾다가 어느 단계에 이르면 완전히 체념했다. 이때부터 아이들은 부모를 찾는 노력을 포기하고 구석에 조용히 웅크리고 앉아 있었다. 아동이 퇴각 반응을 보이면 무지한 스태프들은 '이제 진정되었다'고 기뻐하였다. 이 영상물에서 어떤 아동은 다시 만난 엄마에게 몹시 화를 냈고 엄마에게 다가가는 것에 양가감정을 보였다. 그리고 분리 동안에 아동이 보여준 저항, 절망, 초연이라는 분리반응의 순서도 이 영상물에 잘 나타나 있다.

　로버트슨 부부는 대리 부모가 아무리 잘 돌봐주어도 분리에는 항상 치명적인 문제가 수반된다고 보았다. 그리고 이들은 분리가 불가피할 때 대리 부모가 분리된 아동을 잘 돌봐준다면 분리의 파국적인 결과를 예방할 수 있다고 결론을 내렸다.

그후 로버트슨 부부와 볼비의 공동 연구가 계속 이어지지는 않았다. 그러나 볼비는 이들의 공로에 찬사를 보냈으며 항상 자신의 저작물에 로버트슨 부부의 이름을 올렸다.

볼비와 애인스워스

존 볼비와 매리 애인스워스의 협력은 매우 중요한 결실을 거두었다. 오늘날 애착이론의 중요한 한 축은 볼비보다 매리 애인스워스의 업적이다. 미국에는 2대에 걸쳐 애착을 연구하는 두 명의 애인스워스가 있다. 한 사람은 할머니가 된 매리 애인스워스이고 다른 한 사람은 그녀의 딸이다.

볼비보다 7살 아래인 매리 애인스워스(결혼 전의 이름은 매리 설터)는 1929년 16세의 나이에 토론토대학에 입학했다. 이 대학에서 그녀는 첫 번째 지도교수인 윌리엄 블래츠를 만났다. 블래츠는 인간의 안전감에 관심을 기울인 심리학자였다. 아동과 부모 사이에 만족스러운 애착관계가 형성되어야 세상 속에 존재하는 것이 안전하다는 느낌이 발달한다고 제안한 사람은 바로 블래츠였다(Karen, 1994). 그로부터 몇 년 후인 1966년에 블래츠는『인간의 안전에 대한 몇 가지 고찰(Human security: Some Reflections)』이라는 책을 내놓았다.

블래츠는 아동이 밖으로 나가 세상을 탐색하고 이 과정에 만나는 문제를 극복할 수 있다는 자신감이 발달하는 것은 안전감 때문이라 했다. 이것은 역사적으로 중요한 말이다. 왜냐하면 이 말은 애착 시스템이 낮은 강도로 작동하고 있을 때 아동이 환경 속에서 신기한 자극을 만나면 탐색 시스템이 강하게 활성화된다는 매리 애인스워스의 아이디어가 원래는 블래츠의 것임을 의미하기 때문이다. 이것은 매리 애인스워스와 동료들(1978)이 말한 '탐색을 위한 안전기지로서의 엄마'와 같은 개념이다. 다시 말해, 애착인물을 언제든지 만날 수 있다고 확신할 때 우리는 더 멀리 세상을 탐험하러 나갈 수 있다. 복귀를 결정할 때마다(특히 불확실하거나 스트레스를 느끼거나 피곤해졌을 때) 애착인물이 항상 거기에 있기 때문이다. 정신병리학에서 애착관계가 불안하면 탐색 시스템이 애착 시스템을 완전히 억제하지 못하여 광장공포증이 나타날 수 있다고 한다.

걸음마기에 영아가 스스로 걷고 상징적 표상(언어를 포함하여)을 사용하는 능력은 거의 동시에 출현한다. 이제 영아는 탐색 활동이 가능하다. 이때부터 애착과 탐색이라는 두 가지 일차적 동기 시스템은 긴밀하게 협력하면서 상호작용한다. 그리고 이 두 시스템의 상호작용은 평생 동안 지속된다.

상황에 따라 조절되는 이 두 시스템의 균형은 걸음마기 영아의 안전애착을 결정하는 기본적인 요인이다. 부모들이 배워야 할 것은 상보적인 두 양육 행동, 즉 보호 행동(지지와 안전을 제공하는 행동)과 놀아주는 행동(두려움 없이 세상을 배우고 탐색하도록 격려하는 행동) 사이에서 균형을 이루는 것이다.

이 아이디어는 블래츠가 처음 제안하고, 볼비가 발전시키고, 애인스워스가 체계적으로 연구한 것이다. 앞으로 살펴보겠지만, 이 아이디어는 애인스워스와 볼비의 긴밀한 협력관계 속에서 더욱 발전해왔다(Karen, 1990). 매리 설터는 블래츠의 안전이론에 관한 논문으로 박사학위를 받았으며, 1939년에 같은 대학의 강의 교수가 되었다. 1946년 매리 설터와 블래츠는 성인기의 안전감을 연구하기 위해 공동 프로젝트를 계획하였다. 1950년에 매리 설터는 심리학자인 렌 애인스워스와 결혼하였다. 그 무렵에 렌이 런던대학교 박사과정에 들어갔고 이들 부부는 영국으로 떠났다.

매리 애인스워스는 타비스톡 클리닉의 볼비 팀에 합류했다. 매리 애인스워스와 볼비는 첫 만남에서 관심사와 아이디어가 비슷한 것을 알았다. 그 후 이들은 4년 동안 함께 연구했다. 이 기간 동안 이들은 출생 후 5년 동안 발생하는 부모-자식 관계의 분리와 손상을 연구했다. 또한 이들은 다방면의 연구자가 참석하는 애착 연구 모임을 만들었다.

1954년에 애인스워스와 그녀의 남편은 우간다(남편의 일 때문에)로 떠났다. 거기에서 매리 애인스워스는 재정적 · 제도적 지원이 거의 없는 상태에서 어떤 연구를 시작했다. 그녀는 캄팔라 인근의 젖먹이가 있는 28가구를 방문하고 관찰하였다. 그녀는 모아 애착관계에서 질적 차이를 발견하였고, 이런 차이를 분류하고 측정하는 것이 가능하다고 생각했다. 그녀는 또한 생후 몇 개월간 자녀를 대하는 엄마의 행동이 차후 모아관계를 예측해주는 예언인이라는 사실도 발견하였다. 애인스워스는 28명의 아기를 안전한 애착, 불안전한 애착, 비애착(비애착은 나중에 삭제됨)으로 분류하였다. 몇 년 후(1967년에) 이 연구의 결과는 『우간다의 영아기: 육아와 사랑의 성장(Infancy in Uganda: Infant Care and the Growth of Love)』이라는 제목으로 출판되었다.

얼마 후 애인스워스는 볼티모어로 이사를 갔다. 그즈음 이들 부부는 이혼을 했고 매리는 존스홉킨스대학의 연구교수가 되었다. 그녀는 또한 자신에 대한 개인 분석을 시작했다. 그녀는 볼비와 계속 접촉하고 있었다. 볼티모어에서 그녀는 인적, 재정적, 기술적으로 충분한 후원을 받으며 우간다 연구를 재현하기 위한 새로운 프로젝트를 시작하였다.

매리 애인스워스는 엄마-아동의 관계를 안전하게 매달린, 두려워하며 매달리거나 불안해하며 매달린이라는 포괄적인 두 범주로 구분하였다. 이 분류는 오늘날 애착이론의 핵심이기도 하다.

안전한 애착과 불안전한 애착의 개념은 아동이 실제로 경험한 엄마와의 관계뿐만 아니라 아동의 마음속에 들어있는 엄마와의 관계, 즉 엄마와의 관계에 대한 내부작동모델 혹은 표상과도 관련이 있다. 나중에 살펴보겠지만, 이 분류는 아버지-아동의 관계에도 적용된다.

낯선상황절차

'낯선 상황(Strange Situation)'은 애인스워스를 중심으로 한 볼티모어팀이 개발한 표준화된 실험 절차이다. 이 절차는 1964년에 처음으로 개발되었다. 그 당시의 목적은 생후 1년간 모아 애착관계를 종단적으로 추적하는 것이었다. 이 절차는 아동, 엄마, 그리고 '낯선 사람(연구자가 이 역할을 맡음)'이 등장하는 몇 가지 에피소드로 구성된다. 이 절차는 아동이 가지고 놀 수 있는 다양한 장난감과 두 개의 의자가 있는 특수한 방에서 일어난다. 낯선상황(낯선 사람은 친숙하지 않은 사람을 의미함)절차의 에피소드는 영아의 애착행동을 활성화하거나 강화하기 위한 것이다.

아동이 엄마와 함께 방으로 들어온다. 이 방에는 탐색 행동을 유도하기 위한 많은 장난감이 있다. 그다음에는 다정해 보이는 낯선 어른이 그 방으로 들어온다. 그다음에 엄마가 아동을 남겨두고 그 방을 떠난다. 이제 아동은 낯선 어른과 함께 그 방에 남아있다. 엄마는 대략 3분 후에 돌아오고 아동이 엄마와 재회한다.

그다음 엄마가 다시 그 방을 나가고 곧이어 낯선 사람도 나간다. 이제 아동은 그 방에 혼자 남아있다. 엄마보다 먼저 낯선 사람이 그 방으로 돌아온다. 그다음에 엄마가 돌아와 아동과 엄마의 두 번째 재회가 있고 이 절차는 종료된다. 낯선 상황 실험이 끝난 후 연구자는 얼마 동안 엄마와 아기와 유쾌한 시간을 보내며 일어났던 일에 대해 이야기를 나눈다.

밖에서 연구자는 참가자의 모든 반응을 관찰하고 비디오로 녹화하였다. 그러나 가장 주의를 끈 것은 엄마와 재회하는 아동의 반응이었다. 애착 문헌을 보면 모든 연구는 아동의 재회 반응을 분리 그 자체에 대한 반응이 아니라 애착관계가 반영된 반응으로 본다. 낯선상황절차에서 보여준 아동의 패턴에도 엄마와 아동의 애착관계가 반영되어 있다. 어떤 사람은 낯선상황절차가 아동에게 스트레스를 준다고 비난하지만 어떤 사람은 일상적으로 흔히 발생하는 사건의 모델이라고 주장한다. 실제로 엄마가 보모 같은 낯선 사람에게 아이를 맡겨놓고 잠깐씩 어디를 다녀오는 일은 다양한 상황에서 종종 일어난다.

안전하게 애착이 형성된 아동은 장난감을 가지고 놀다가 엄마가 방을 떠나면 깜짝 놀라 놀이와 탐색 행동을 중단하고 엄마를 찾는다. 엄마가 돌아왔을 때 안전형 영아는 쉽게 진정이 되고 다시 놀이로 돌아간다. 통계적으로 영아의 절반 정도는 이런 식으로 반응한다. 안전형 영아는 즐거움, 자신감, 호기심을 갖고 환경을 탐색하며 놀이를 하고, 분리되었을 때는 적절한 반응으로 고통을 표현하고 쉽게 진정된다. 엄마에 대한 안전한 내부작동모델을 가지고 있는 영아는 이런 식으로 반응할 것이다.

매리 애인스워스의 표본에서 어떤 아동은 다른 식으로 행동했다. 대략 4분의 1 정도의 영아는 엄마와의 친밀한 접촉을 회피하고 엄마가 방을 떠났을 때 놀라거나 울지 않았다. 엄마가 돌아왔을 때 이 영아들은 엄마와의 접촉을 적극적으로 회피했다. 이 영아들은 낯선상황절차가 진행되는 동안 내내 사람보다는 무생물 대상에 더 많은 관심을 보였다. 방어기제 때문에 이렇게 행동한다고 해석할 수 있다. 이 아동들은 사람 대신에 사물에 의지하고, 분리의 고통을 숨기며, 엄마를 필요로 하지만 엄마가 이를 충족시켜주지 못할 것으로 기대하고 엄마와의 접촉을 회피함으로써 엄마에 대한 욕구를 조절하는 것 같다. 이런 아동은 **불안전-회피형**(insecure-avoidant)으로 분류된다.

영아의 10% 정도를 차지하는 세 번째 집단은 분리에 대해 강력한 반응을 보인다. 이 영아들은 엄마가 돌아왔을 때 엄마에게 달려갔고 엄마에게 위안을 얻는 것 같지만 엄마에게 화를 내기도 하고 마지못해 안겨 있는 듯한 수동적인 자세를 취하기도 한다. 엄마가 돌아온 후에 이들은 쉽게 진정되지 않고 서럽게 우는 경향이 있으며 놀이로 돌아가지 못한다. 이 아이들은 **불안전-양가형**(insecure-ambivalent) 혹은 **양가-집착형**(ambivalent-preoccupied)으로 분류된다.

각 패턴으로 날마다 엄마와 아동 사이에 벌어질 상호작용을 예측할 수 있다. 또한 실험이 끝난 이후에 가정을 방문하여 관찰한 결과, 가정에서도 같은 패턴이 발견되었다. 좀 더 구체적으로 엄마의 행동은 낯선 상황에서 나타날 아동의 반응을 예측해주는 가장 확실한 예언인이었다. 만1세 된 영아의 안전한 애착을 예언해주는 가장 좋은 변인은 처음 1년간 엄마의 일관된 '민감한 반응성'이었다(Bretherton 1985; Smith & Pederson, 1988).

자녀와 거리를 두거나 자녀를 거절하는 엄마는 자녀의 회피형 애착을 예측해주었다(Ainsworth et al., 1978; Main & Stadtman, 1981).

일관성 없고 자녀의 자율성과 독립성을 보장해주지 않는 엄마의 영아들은 양가형이 된다는 분명한 증거가 있다. 영아의 양가성은 내부작동모델에 모순된 부모의 모습이 담겨 있기 때문인 것 같다. 불안전한 애착과 정신병리의 결정인인 역기능적 양육을 평가하는 방법에 대해서는 더 많은 연구가 필요하다. 이에 대해서는 7장에서 좀 더 자세히 살펴볼 것이다.

매리 애인스워스가 세 가지 애착 패턴(안전, 불안전-회피, 불안전-양가)을 분류한 이후 매리 메인, 쥬디스 솔로몬, 도나 웨스턴이 주축이 된 버클리팀은 와해-혼란형(disorganized-disoriented)이라는 네 번째 패턴을 발견하였다(Main & Weston, 1981; Main & Solomon, 1990). 이 범주에 속하는 영아들은 엄마와의 재회 시 어찌할 줄을 몰라 당황하는 반응을 보였다.

부모가 아동을 이런저런 방식으로 학대하여 아동을 겁에 질리게 하면 아동의 애착 패턴이 와해-혼란형이 된다는 많은 증거가 있다(Carlson et al., 1989; Lyons et al., 1987; O'Connor, Sigman & Brill, 1987; Spreker & Booth, 1988). 메인과 헤세(1990)는 와해형 영아의 엄마는 예측 불가능한 방식으로 아동을 위협하므로 와해는 엄마의 비일관성과 위협에 대한 반응이라고 해석하였다. 부모의 중요한 역할 중 하나는 아동이 놀라거나 겁에 질려 있을 때 진정시켜주는 것이다. 아동을 지지해주어야 하는 사람이 아동을 놀라게 하고 위협하는 것은 비극이 아닐 수 없다.

그후 아버지-아동 관계, 그리고 더 큰 아동을 위한 낯선 상황의 수정판이 개발되었다. 이런 연구로 찾아낸 애착 패턴은 이후의 발달, 예를 들어 또래관계의 질, 새로운 상황에서의 적응력, 자아탄력성을 예측해주었다(Sroufe, 1988).

안전형과 불안전형의 분류

낯선 상황은 애착행동, 탐색행동, 친목행동을 평가하는 반표준화된 실험 절차이다. 이 실험 절차를 이용하여 어린 아동의 애착표상을 추론할 수 있다. 낯선 상황에서 발견된 패턴은 애인스워스 등(1978)의 범주나 메인과 솔로몬(1986, 1990)의 범주 중 하나로 분류할 수 있다.

- 'A' 범주 : 회피애착형
- 'B' 범주 : 안전애착형
- 'C' 범주 : 양가애착형(이 범주는 '저항형'이라고도 함)(Colin, 1996 참조)
- 'D' 범주 : 와해-혼란형

A, B, C의 범주는 아형으로 다시 분류된다(Colin, 1996 참조). 그러나 이러한 아형에 대한 상세한 기술은 이 책의 영역을 벗어난 것이다.

미네소타 연구

존스홉킨스대학의 교수와 학부 학생들은 매리 애인스워스의 연구에 많은 관심을 보였다. 잉 브리더톤(지금은 위스콘신대학교 교수이며 학계를 리드하는 학자임)과 에버렛 워터스(현재 스토니 브룩에 있는 뉴욕주립대학 교수임) 같은 사람은 애착 분야의 중요한 인물이다. 1972년경에 워터스는 미네소타 대학원에 들어가 알렌 스로우프를 만났고 워터스는 스로우프에게 애인스워스의 연구를 소개하였다. 그 후 스로우프는 이 분야의 유명한 연구자가 되었다. 1977년에 워터스와 함께 쓴 「구성개념으로서의 애착」이라는 스로우프의 논문은 북미 발달심리학계의 주목을 끌었다. 매리 애인스워스의 초기 제자였던 매리 메인는 전 세계적으로 이름이 알려진 애착이론가가 되었다. 여기에 애인스워스의 제자 모두가 거론된 것은 아니다. 이들 대부분은 정신분석가나 심리치료사가 아니었다. 애인스워스의 제자들은 자주 미국을 방문한

존 볼비와 접촉했다.

1963년부터 진행된 볼티모어 프로젝트의 연구 결과는 1969년까지 출판되지 않았다(Ainsworth, 2013). 메리 C. 블레어, 에버렛 워터스, 셀리 월과 함께 쓴 『애착의 패턴(Patterns of Attachment)』이라는 애인스워스의 책은 1978년에 출판되었다.

애착 연구가 출판되기 전까지는 아동을 냉정하고 엄격하게 양육해야 자율성과 자신감이 발달한다는 것이 육아 상식이었다. 그러나 애인스워스의 논문과 책이 발표되자 그런 육아가 잘못된 것으로 판명되었다. 사실상 육아 상식이 정반대로 바뀐 것이다. 아동을 따뜻하게 대해주고, 공감해주고, 존중해주고, 믿음을 주면서 일관된 보살핌을 제공할 때 자립심이 발달하고 유능해진다. 안전한 애착을 경험한 아동은 도움이 필요할 때 자신의 고통을 드러내 보이고 (완전히 좌절하지 않으면서) 도움이 필요한 자신의 상태를 잘 표현한다. 그러므로 여기에서는 분리 혹은 갑작스러운 정서적 박탈의 상황에서 정서적 반응을 보이지 않는 아동을 자립심이 강한 아동으로 오해할 수 있기 때문에 자립심이라는 용어를 사용하지 않겠다. 안전형의 아동은 불안전형의 아동보다 심리적 자원이 많고, 융통성이 있고, 좌절에 대한 인내력도 강하다. 안전형 아동은 엄마에게 지나치게 의존하지 않으면서 엄마의 도움을 이용할 줄 안다. 미네소타대학의 알렌 스로우프는 이에 대한 경험적 증거를 내놓았다(Karen, 1994). 스로우프의 발견은 미국을 비롯한 여러 나라에서 계속해서 재현되었다.

무수히 많은 경험적 연구에서 처음 2년간 안전한 애착을 경험한 아동은 어른이든 또래든 타인과 잘 지내고 학교에 들어가기 전부터 자신의 감정을 스스로 조절한다는 연구 결과가 보고되었다. 안전형 아동은 불안전형보다 상징놀이에 잘 참여하는데, 특히 협력적인 상호작용이 필요한 상징놀이에 잘 참여한다. 불안전형 영아는 사교성이 부족하고, 화를 잘 내고, 또래관계가 나쁘고, 충동을 통제하지 못하는 사람이 되었다.

말러, 파인 및 버그만(1975)은 아이가 자기 품을 떠나는 것을 참지 못하는 엄마도 있고 아이가 뭔가를 해달라고 하면 무섭게 거절하는 엄마도 있다는 사실을 발견하였다. 알렌 스로우프가 주축이 된 미네소타 팀은 그 유명한 정신분석가인 마가렛 말러의 연구 결과가 옳다는 것을 입증하였다. 이런 엄마 중 일부는 자녀의 일에 사사건건 참견하고, 일부는 자녀를 멀리하며 자녀를 지원하거나 도와주지 않는다.

　　안전형 아동의 부모는 심리적 자원이 풍부하므로 아동이 도움과 관심을 요구할 때뿐만 아니라 독립을 요구할 때도 자녀와 협상할 수 있다. 영아기와 걸음마기 동안 아동이 부모와 주고받은 상호작용의 질은 아동의 성격과 조절력의 발달에 영향을 주는 핵심 요인이다. 그러므로 부모-아동의 상호작용의 질이 안전형과 불안전형을 결정한다.

　　미네소타 연구는 영아기부터 취학 전까지 수십 년간 아동 피험자를 추적하였다. 미네소타대학에 부설 유치원을 만들고 여기에서 피험자를 관찰하였다(Sroufe, 1977; Karen, 1994, pp. 181-194). 미네소타 연구는 1975년에 종단연구를 시작하여 30년간 계속되었다. 이 연구는 부모와 아동의 관계에 초점을 맞추었다. 이 연구의 관심사는 다음과 같다. 사람들은 자신의 경험을 어떻게 생각하는가? 발달의 위험요인과 보호요인은 무엇인가? 발달하는 동안 유지되는 것은 무엇이고 변화하는 것은 무엇인가? 이 프로젝트의 포괄적인 목표는 개인의 발달과정을 추적하고 좋은 결과나 나쁜 결과에 영향을 주는 요인을 규명하는 것이었다. 이를 위해 연구자들은 다양한 시기와 다양한 환경(예: 집, 학교, 관계)에서 피험자를 관찰하였다. 처음에 이 연구는 미네소타 대학병원과 주립병원에서 임신 6개월이 된 임산부를 267명 표집하였다. 이 엄마들에게 성격, 환경, 부모와의 관계, 출산 전 부모의 도움에 관한 광범위한 평가를 실시하였다. 그리고 출산 후에는 아이와 아이 엄마를 같이 평가하였다. 영아기에는 정기적으로 아이의 기질과 부모를 평가하고, 부모-아동 관계도 평가하였다. 출생 시에 평가를 한 후 정기적으로 평가하였다. 초기 성인기에도 평가를 하였다. 스로우프(2005)는 이 연구의 결과를 논문으로 발표하였다.

출생부터 성인기까지의 미네소타 종단연구에서 이론적으로나 임상적으로 중요한 사실들이 발견되었다. 이 연구는 이론과 실제 현장의 빈틈을 채워주었다. 이 연구에서 발견된 것들은 다음과 같다.

- 초기 관계에 대한 경험은 일생에 걸쳐 영향을 준다. 심지어 초기가 아닌 좀 더 자란 아동의 경험과 환경도 영향력이 크다.
- 경험은 누적 효과가 있고 누적된 경험이 현재 상황에 대한 반응에 영향을 준다.
- 부모의 성숙도는 부모의 역할에 영향을 준다.
- 경험과 표상과 적응력은 상호작용한다.[2]

이러한 발견이 시사하는 바는 다음과 같다. 부모-아동 관계에 일찍 개입하고 여러 분야가 협력해야 한다. 부모의 부부치료가 필요하고 아동의 내면에 형성된 표상을 수정해야 한다. 정상 궤도를 이탈한 부적응아에 대한 관심과 함께 이탈에 영향을 준 요인을 이해해야 한다.

바이런 이글랜드와 스로우프가 주도한 일련의 연구에 의하면, 1세경에 안전형으로 분류된 아동은 5세, 9세 심지어 14세가 되어도 또래들과 잘 어울리는 경향이 있다(Urban et al., 1991). 이 연구에서 흥미로운 점은 초기 부모-아동 관계와 아이가 자랐을 때의 또래관계 사이에서 상관관계가 발견된 것이다(Tory & Sroufe, 1987).

안전형 아동은 고통스러워하는 다른 아이를 공감해주고 다른 친구들로

---

2 특정 상황과 사건은 아동에게 직접 영향을 주는 것이 아니다. 같은 사건도 아동의 해석에 따라 적응적이거나 부적응적인 영향을 줄 수 있다. (역자주)

부터 존경을 받는 경향이 있다. 그러므로 너무 동화되지 않으면서 타인에게 관심을 보이고 타인을 공감하는 능력은 안전한 애착과 밀접한 관계가 있는 것 같다.

1세경에 회피형으로 분류된 아동은 학령기 때 다른 아이들을 괴롭히는 경향이 있었다. 이들의 공격성을 해석해본다면 이들은 인정할 수 없는 자신의 취약성을 피해자에게 투사하고 조롱한 것이다. 또 다른 해석은 회피형 아동은 어느 한쪽 혹은 부모 모두에게 적대적인 대우를 받은 경험이 있고 이들은 공격자 동일시를 통하여 부모를 내면화하고 자신이 대우받은 대로 다른 사람을 대하는 것이다.

양가형으로 분류된 아동은 희생양이 될 가능성이 크다. 양가형은 정서적으로 불안정하고 쉽게 당황하고 쉽게 무너지는 경향이 있다. '심리적 혈우병'에 걸린 것처럼 이들은 상처를 받으면 계속 피를 흘린다. 그러므로 이들은 공격적인 아동에게 손쉬운 공격대상이 된다.

스로우프는 취학 전의 회피형 아동을 다음과 같은 세 가지 아(⑤)형으로 구분하였다. 첫째 부류는 다른 사람에게 책임을 떠넘기고 거짓말을 하고 남을 괴롭히는 말썽꾸러기이고, 둘째 부류는 감정이 없고 수줍어하는 외톨이이고, 셋째는 주변 환경에 관심이 없고 혼자서 딴생각을 하거나 몸을 계속 긁적이거나 틱 증상을 보이는 등의 명백한 문제가 있다. 어떤 연구자들은 마지막의 집단을 '와해-혼란형'으로 분류한다(Karen, 1994).

학령기에 이르렀을 때 회피형은 상처를 받고 좌절한 상황에서도 고통을 표현하거나 남에게 도움을 청하지 않고 의존하지도 않는다. 이런 모습은 위니컷이 말한 '거짓자기(false self)'와 유사하다. 부모가 너무 일찍부터 아동에게 독립심을 요구하거나 아동의 욕구를 무시하고 복종하도록 압력을 넣었다면 자녀에게는 거짓자기가 발달한다. 이런 아동은 종종 ─경직된 방어기제 때문에─ 적대적이고, 고집을 부리고, 자아탄력성이 강한 것처럼 보이며 때로는 정서적으로 성숙하고 안정된 듯한 인상을 준다. 그러나 이것은 거짓된 모습이다. 이들은 안전형과 달리, 다른 사람들과 친해지는 것을 좋아하지 않는다. 청소년기 전까지 이런 패턴은 어떤 식으로든 유지된다. 안전형 아동은 어떤 아이가 놀리면 개의치 않고 또 다른 친구와 사이 좋게 지내고 서로 의지한다. 나의 임상적 경험에 비추어보면, 애착 패턴은 전 생애 동안 유지되고 성인기에는 행동의 이면에 숨어있다.

아버지의 역할

애착이론이 나온 초창기에 볼비와 애인스워스는 엄마 역할을 강조하였다. 그러나 1970년대 중반부터 다른 연구들이 아버지와 아동의 관계에 관심을 기울이기 시작했다. 애인스워스의 초기 제자인 마이클 램은 아버지와 아동의 관계를 연구한 선구자 중 한 사람이다. 램은 가정에서 아동을 관찰한 결과, 아동이 엄마에게 하는 방식으로 아버지에게도 신호를 보낸다는 사실을 발견했다(Karen, 1994). 이것은 어린아이 가정을 연구하는 사람과 어린아이를 키우는 많은 사람이 인정하는 너무나도 명백한 사실이다. 아버지와 아동의 애착관계를 측정한 첫 번째 연구는 매리 메인과 도나 웨스톤에게서 나왔다(1981). 이들은 엄마에 대한 애착과 아버지에 대한 애착의 질적차이를 발견했다. 자녀는 부모 모두와 안전한 애착관계이거나 어느 한쪽과는 안전한 애착관계이고 다른 한쪽과는 불안전한 애착관계이거나 부모모두와 불안전한 애착관계일 수 있다. 부모 모두와 안전한 애착관계인 아동은 자신감과 타인에 대한 공감력이 우수하다.

치료실에서 오랫동안 아버지와의 관계(현재 그리고 과거의 관계)를 이야기하는 환자들이 많다. 아버지와의 관계에 대한 이러한 발견이 새삼스러운 것은 아니다. 그리고 이러한 연구는 인간(영아기부터 사망할 때까지)이 여러 사람과 애착관계를 형성하지만 다가가고 싶은 순서가 인물별로 정해져 있다는 볼비의 가정과도 일치한다.

안전기지로서의 가족

영아, 아동, 청소년은 일반적으로 부모-자식의 이자 관계 혹은 엄마-아버지-자녀의 삼자 관계를 넘어서 가족, 집단 혹은 대인관계 시스템 속에서 살고 있다. 시스템 속에서 발생한 일은 시스템의 구성원 중 어느 누군가에게는 반드시 영향을 준다. 애착이론가라면 초기 발달 시스템 중 하나인 가족을 반드시 고려해야 한다.

볼비와도 절친했고 타비스톡 클리닉의 가족치료사였던 존 바잉-홀은 가족에 대한 흥미로운 연구를 내놓았다. 그는 '가족 각본'이라는 개념을 고안하였다(Byng-Hall 1985, 1986, 1988, 1991, 1995). 어떤 상황에서 가족 간의 상호작용 패턴을 관찰해보면 분명히 가족 각본이 있다. 가족 각본은 여러 사람 사이에서 이루어지는 상호작용에 관한 표상이다. 각 가정에 비슷한 시나리오가 반복되면서 가족 각본이 형성된다. 물론 연령에 따라 가족 시나리오는 저마다 다르게 해석될 것이다. 그러나 한 가족의 일원은 독특한 애착 패턴의 표상(즉 내부작동모델)을 공유하고 있다.

부부관계의 질이 자녀의 발달에 영향을 준다는 사실은 잘 알려져 있다. 부부간의 만성적인 갈등은 부모의 민감성을 방해하고, 그 결과 아동에게 불안전한 애착표상이 형성된다는 많은 연구가 보고되었다(P. & C. Cowan, 개인적 대화; Owens & Cox, 1997). 아동의 발달에 전반적으로 부정적인 영향을 주는 요인 중 하나는 아동이 목격한 만성적인 부부갈등이다(Cummings & Davies, 1994; Davies, Woitach & Winter, 2008). 나의 임상적 경험에 비추어보면, 폭력이 없는 가정, 아버지가 있는 가정, 부부갈등이 적고 부부가 서로 지지하는 가정에서 자란 아동은 안전형이 되는 경향이 있다. 홀어머니 밑에서 자란 아동은 불안전형이 될 수도 있고 그렇지 않을 수도 있다.

아동기 때 형제나 또래에게 거절당하거나 이들과 갈등을 겪은 경험은 발달에 나쁜 영향을 주며 간혹 장기적으로 나쁜 영향을 준다는 사실은 이제 기정사실이 되었다. 여러 연구에서 또래관계 경험과 사회적 적응력 사이의 상관관계가 발견되었다. 이를 계기로 근래 들어 애착 연구자들은 또래 관계를 주목한다(Cicchetti & Bukowski, 1995). 한 연구에서 아동기 때 또래에게 거절당한 경험은 청소년기 때의 공격성을 예측해주었다(Coie et al., 1995). 나는 주당 5회기씩 5년간 한 젊은 여성을 분석한 적이 있다. 성인이 된 이 여성의 낮은 자존감은 아동기 때 동네 또래들에게 따돌림 당한 경험과 관련이 있었다. 또 한 가지 기억할 것은 학대 가정의 가족사를 보면 형제끼리 피해자 되고 가해자가 된다는 점이다.

획득된 안전감

여러 연구에서 어린 시절에 부모와 힘든 관계였음에도 성인기에 안전형으로 분류된 사람들이 발견되었다. 이들은 살아오는 과정에 제2의 애착인물(다른 친척, 교사, 또래)에게 안전의 자원을 획득한 것 같다. 리사 크렌델(개인적 대화)은 사랑이 부족한 부모 밑에서 고통스러운 어린 시절을 보냈을지라도 성인기에 안전형으로 분류된 엄마들은 아동기 때 다른 애착인물이 있었고 이들을 통하여 안전한 애착을 경험했다는 몇 가지 증거를 내놓았다. 이런 엄마들은 성인이 되었을 때 적극적으로 개인 상담을 받는 경향이 있다.

애착에서 안전과 불안전의 의미

나와 다이아몬드(2003)는 안전한 애착의 의미가 광범위하므로 좀 더 명확하게 정의할 필요가 있다고 생각했다. 어떤 아동은 엄마와는 안전한 애착관계이지만 아버지와는 불안전한 애착관계일 수 있다. 그 반대도 있을 수 있다. 혹은 부모 모두와 안전한 애착관계이거나 불안전한 애착관계일 수도 있다. 부모와는 불안전한 애착관계이지만 할머니 같은 제2의 양육자와는 안전한 애착관계일 수 있다.

더욱이 안전한 애착 혹은 불안전한 애착에는 성격적 특성, 관계를 맺는 방식, 심리적 기능도 포함된다. 이런 것들은 애착에 간접적인 영향을 줄지라도 고려해야 하는 중요한 변인들이다.

사별 연구

우리는 누군가와의 애착고리가 끊어지면 극심한 슬픔에 빠진다. 애착 분야에서 사별의 정상적 혹은 병리적 슬픔을 연구하는 것은 지극히 자연스러운 일이다. 사별 분야의 개척자인 콜린 머리 파크스는 존 볼비와 가깝게 지내던 영국의 정신의학자였다. 파크스 연구는 몇 가지 측면에서 중요하다. 첫째, 파크스는 동기와 정신기능에 가장 중요한 요인을 애착관계로 보는 애착이론의 관점을 지지하였다. 둘째, 파크스는 사별을 독특한 단계가 일정한 순서로 진행되는 과정으로 보았다. 셋째, 파크스는 비전형적인 유족의 모습을 설명해주는 의학적 · 정신의학적 증후군을 발견하였다.

콜린 머리 파크스는 1962년에 타비스톡 클리닉의 연구에 합류하였다. 이때부터 파크스는 볼비가 사망한 1990년까지 그와 긴밀한 협력관계를 유지하였다. 애착이론의 많은 부분은 이들의 협력에 의해 이루어졌다. 파크스의 아이디어는 많은 후속 연구를 자극하였고 그의 영향을 받은 사별 분야는 이제 방대한 분야가 되었다. 오늘날에는 성인들의 사별 반응에 영향을 주는 요인이 밝혀졌다. (1) 유족이 망자와 맺었던 관계의 질, (2) 유족의 초기 애착과 애착사, (3) 상실과 박탈이 발생했을 때 유족이 사용하는 방어기제, (4) 유족을 위한 사회적 지원과 현재 상태가 사별 반응의 개인차에 영향을 준다.

사별이 발생하기 전의 상황에 따라 유족에게 정신과 치료나 심리치료가 필요할 수도 있고 그렇지 않을 수도 있다. 관련 연구에서 아동기 애착 패턴이 성인기 애착관계에 영향을 주고 다시 이것은 상실에 대한 반응이나 사별 패턴에 영향을 준다는 강력한 증거가 나왔다(Parkes, 1991).

아동기 때 겪은 (부모 사별이나 부모의 이혼 같은) 부모 상실은 성인기 정신장애의 중요한 원인이라는 사실은 이제 상식이 되었다(Harris, Brown & Bifulco, 1990). 그러나 부모를 잃은 후 아동이 받은 부적절한 대우가 아동에게 더 큰 영향을 준다.

또한 애착이론은 아동기 때 경험한 부모 이혼이나 부모 사별이 장성한 자녀에게 어떤 영향을 주는지를 연구할 때에도 유용하다. 예컨대 어떤 애착 연구에서 아동기 부모 상실은 성인기 결혼 실패(예 : 이혼)에 대한 정서적 반응에 영향을 준다는 사실을 발견하였다(Weiss, 1975).

존 볼비는 런던의 학제 간 연구 모임을 주도했다. 의료사회학자이며 심리치료사인 티릴 헤리스도 이 모임의 회원이었다. 헤리스는 성인기 위기 발생 시 심리적 붕괴를 예방해주는 지지행동을 연구하였다. 헤리스 등은 방치나 학대 같은 비지지적 관계 속에서 자란 아동이 성인기에 다른 사람들과 잘 어울리지 못한다는 전 생애 모델을 토대로 임상적 우울증을 다각적 측면에서 연구하였다(Bifulco et al., 2002; Bifulco & Thomas, 2013; Harris & Thomas, 1991). 예컨대 힘든 아동기를 보낸 사람은 성인기에 만성적 우울증(Brown & Moran, 1994; Brown et al., 1994)에 걸릴 확률과 불안과 혼합된 우울증에 걸릴 확률이 상대적으로 높다(Brown & Harris, 1993).

사회적 지지는 정신분석 치료에서 논란이 많은 주제이다. 정신분석학에서 심층분석을 위해 지지는 배척해야 할 기법은 아닐지라도 부적절한 기법으로 보기 때문이다. 종종 정신분석가는 '지지치료'를 경멸하며 환자가 지지를 기대하면 이를 저항으로 해석한다. 그러나 치료 상황에서 지지는 필요하다. 이런 말을 하면서도 나는 '지지'라는 말이 옳은 용어인지 확신할 수 없다. 지지라는 말에 치료사가 환자를 어떻게 지지하고 환자가 이를 어떻게 받아들이는지에 대한 정의가 모호하기 때문이다. 지지라는 개념은 약간 기계적이다. 이보다 더 좋은 용어는 '공감'이다.

사람(아동뿐만 아니라 성인도)은 일생 동안 원치 않는 라이프스타일의 변화와 업무 스트레스, 경제적 어려움, 상실, 자존감의 손상, 질병 같은 난관을 만난다. 난관을 극복하는 능력은 내적·외적 취약점을 포함한 여러 요인에 달려 있다. 최악의 경우, 살아가면서 만나는 난관이 정신장애의 원인이 될 수도 있다. 오랜 악조건을 견디며 산 사람에게 주로 나타나는 증상은 우울증, 전반적 무망감 등이다.

특정 사건이 원인이 된 무망감이—특정 조건에서—삶의 전반에 확산되면 미래를 전부 부정적으로 예측할 수 있다. 이런 일반화가 치명적이다. 삶 전반에 확산된 무망감은 종종 자존감을 무너뜨린다. 그러나 문제는 이보다 더 복잡할 수 있다. 인생의 어떠한 사건도 그 사건만 경험하지는 않는다. 사건은 경쟁심, 양가감정, 질투심, 수치심, 죄의식 등이 복잡하게 얽혀 있는 맥락 속에서 발생하며 그 당시 그 사람의 심리적 상태도 그 사건에 대한 반응에 영향을 준다.

티릴 헤리스 팀의 다양한 연구에 의하면 가깝고도 중요한 타인의 지지 혹은 비지지에 따라 위기를 당한 사람은 다르게 행동한다. 이러한 연구를 검토하면서 나는 흥미로운 사실을 발견했다. 다시 말해, '비지지 행동'은 힘든 사람을 지원하지 않는 것이 아니라 힘든 사람을 더 힘들게 하는 그 무엇이다. 주변의 반응은 위기에 처한 사람의 민감성과 난관을 극복할 수 있다는 자신감뿐만 아니라 좀 더 구체적으로 자존감에 상처를 줄 수 있다. 예를 들어, 고통을 겪고 있는 사람에게 가장 나쁜 반응은 본인의 잘못이라는 메시지(즉, '네가 네 무덤을 팠다. 그러니 이제 그 무덤에 들어가 누워라')를 보내는 것이다. 또 다른 형태의 비지지적 언행은 사건의 의미를 축소하고 그렇게 괴로워할 필요가 없다고 말하는 것이다.

나는 비지지 행동에 대한 연구가 치료사에게도 중요한 시사점이 있다고 생각한다. 이런 연구를 참조하면 치료사가 해석의 형태로 내담자에게 비지지적 암시를 주는 문제를 예방할 수 있다. 실례로 어떤 치료사는 환자에게 환자 스스로 의식적·무의식적으로 어려운 상황을 자초한다는 생각을 심어준다. 이런 해석이 사실일지라도 치료사는 항상 다양한 요인을 고려해야 한다. 또한 환자의 문제에 대한 환자의 책임이 어디까지인지를 구분해야 한다. 환자가 분석가에게 야단맞거나 공격당하는 기분을 느꼈다면 이것도 탐색해야 한다. 환자의 그런 기분은 전이 때문일 수도 있다. 루스 로빈슨(개인적 대화)에 의하면, "험난한 어린 시절을 보낸 사람은 지지받고 싶은 욕구를 (방어적으로) 부정하거나 기댈 곳이 없다며 남 탓을 하거나 상황 탓을 하는 경향이 있다." 그렇지만 내가 여기에서 지적하고 싶은 것은 치료사가 암시적으로 환자의 모든 문제를 환자 탓으로 돌리는 상황이다.

위기의 상황에서 가장 효과적인 것은 애착인물의 도움이나 매우 가까운 누군가와의 깊은 접촉이다. 지속적으로 접촉하고 공감해주는 것이 중요하다. 티릴 헤리스(1992, p. 171-189)는 이러한 지원을 비유적으로 '우유 배달차 지원'이라 했다. 영국에서는 전통적으로 천천히 달리는 전기 자동차에 실려 매일 집집마다 문 앞까지 우유가 배달된다. 또 다른 형태의 지원은 '소방차' 모델이다. 이 모델에서는 낯선 전문가가 위기를 해결해주기 위해 달려간다. 위기 발생 시 종종 소방차가 필요하지만 때로는 우유 배달차가 소방차보다 더 효율적이다.

더 넓은 지지체계

애착이론은 인간의 사회적 측면과 심리적 측면이 연결되어 있다고 생각하기 때문에 사회 정책과 정치에도 관심을 기울인다. 이 분야에 가장 큰 공을 세운 사람은 캘리포니아 대학 도시공학대학원 사회설계학 교수인 피터 메리스이다.

메리스는 '충분히 좋은 사회'라는 개념을 만들었다. 충분히 좋은 사회란 최대한 인간적이고, 파괴적인 사건을 최소화하고, 상호 지원을 통해 다양한 역경으로부터 서로를 보호하는 사회이다. 메리스(1991)는 다음과 같이 말했다.

좋은 사회적 관계와 좋은 애착관계의 특징은 근본적으로 같다. 다시 말해, 좋은 관계란 예측 가능하고, 민감하게 반응해주고, 지지해주고, 잘 이해해주고, 서로에게 관심을 보이는 것이다. 이를 위해 우리가 항상 경계해야 할 것은 자신의 안전을 위해 다른 사람을 지배하거나 변방으로 몰아내려는 강자의 성향이다. (p. 89)

애착이론이 정치에 관심을 기울이는 것은 상호 지지와 사회적 정의를 증진하기 위해서이다. 여성을 육아의 감옥에 가두고 여성의 권리를 무시했다며 볼비를 비난한 많은 패미니스트들은 애착이론의 이러한 측면을 주목하지 못했다. 파트릭 드 마레(개인적 대화)는 애착이론이 추구하는 사회는 '동무'(공산주의 사회에서 대중적으로 사용하는 친구라는 의미의 용어)라는 개념과 어울린다고 했다(de Maré et al., 1991; Piper & Thompson, 1991).

영국의 정신분석적 심리치료사인 게르하르트는 『이기적인 사회(The Selfish Society)』(2010)라는 책에서 불안전한 애착이 무자비한 정치인을 만들고, 다시 무자비한 정치와 정책은 (무자비한 정치인이 만든 정책과 경제를 통제하는 사람들 때문에) 불안전한 애착을 만든다고 말했다. 그녀는 애착이론과 발달심리학과 신경과학을 토대로 아기들이 섬세한 보살핌을 받지 못할 때 국민의 공감력과 책임감이 손상되는 과정을 보여주었다. 게르하르트는 일생 중 가장 중요한 발달단계에 관심을 기울임으로써 타인을 배려하는 보다 나은 사회를 만들 수 있다고 주장한다. 게르하르트는 국가사회의 역기능은 정치적·경제적 강자에게서 사회 전반으로 확산되고 대물림되는 불안전한 애착의 결과물이라고 주장하였다.

이런 문제를 되돌리는 유일한 방법은 우리의 생각을 바꾸는 것이다. 행동하는 것은 어렵지만 생각을 바꾸는 것은 어렵지 않다. 내 안에 이기적인 행동과 결점이 있음을 인정하는 것은 타인에게서 그런 것을 찾는 것보다 수천 배는 어렵다. 오늘날의 부모들은 자식에게 정서적으로는 너무 무관심하고 물질적으로는 너무 많은 것을 준다. 이것이 문제이다. 이러한 문제는 모든 사회 모든 계층의 모든 부모가 풀어야 할 숙제이다.

손상된 애착 패턴의 대물림

볼비의 애착이론은 대물림을 연구하는 좋은 이론적 방법론적 토대이다. 관련 연구는 진단 도구를 개발하고, 이 도구를 이용하여 부모의 내부작동모델과 자녀의 애착 사이에서 강력한 상관관계를 발견하였다. 이러한 연구는 매리 메인이 이끈 버클리팀의 성인애착면접법이 나온 후 더욱 가속화되었다(6장 참조).

불안전한 애착은 다음과 같은 방식으로 대물림된다.

1. 아동기와 청소년기 때 부모가 겪은 애착 경험은 '내부작동모델'의 형태로 부모의 머릿속에 저장된다.
2. 부모의 작동모델은 자녀의 표상체계에 영향을 준다.
3. 부모의 머릿속에 들어있는 자녀 표상은 자녀를 대하는 방식과 도움이 필요한 자녀에 대한 민감한 반응성에 영향을 준다.
4. 부모 쪽에서 보여주는 민감한 반응성은 자녀의 애착의 질을 결정하는 주된 요인이다.

그동안의 애착연구와 나의 임상 경험을 종합하면 아동의 안전감에 영향을 주는 부모 요인은 (1) 공감해주거나 민감하게 반응해주는 능력과 (2) 자녀와 유의미한 대화를 나누는 능력이다. 부모와 자녀 사이에 의미 있는 대화가 오가려면 부모가 사람과 사람 사이에서 일어나는 일을 민감하게 감지할 수 있어야 한다.

부모는 자신의 정서적 고통과 약점에 방어기제를 사용할 때 민감성을 발휘하기 어렵다. 성찰기능이 좋은 부모는 자신이 어려운 환경에서 자랐을지라도 자녀에게 안전한 애착을 제공한다. 사려 깊은 부모와 상호작용하면서 자란 자녀에게는 성찰기능이 발달한다. 이런 아동은 다른 사람도 각자 마음과 정신을 갖고 있다고 생각한다. 역경을 극복하는 회복력을 성찰기능으로 설명할 수 있다. 성찰기능이 발달하면 심리적 면역체계가 강해진다.

애착의 정신생리학적 연구

오늘날에는 애착 사건이 발생하면 신경화학적, 생리학적, 정신생리학적 변화가 일어난다는 사실은 잘 알려져 있다(Hoffer, 1984; Weiner, 1984). 관련 연구는 많지만, 여기에서는 중요한 연구만 소개하겠다.

사별의 정신생리학적 반응

상실(loss)과 사별(bereavement)은 수면, 각성, 식욕, 성욕의 주기에 영향을 주고 면역체계에도 영향을 준다(Bartrop et al., 1977; Pettingale, Hussein & Tee, 1994; Schleifer et al., 1983; Spratt & Denney, 1991). 사별을 겪은 노인들은 감염에 취약하다. 특히 바이러스 감염이나 암에 취약하다. 가족과 친구의 방문이 드문 시설에 수용된 노인에게 이런 취약성은 더욱 증가한다. 이들이 사회적 고립을 벗어나면 정신생리학적 증상도 완화된다.

사별을 겪은 성인이 오랫동안 병적 수준의 슬픔에 빠져 있으면 루마티스 관절염, 거대세포동맥염, 전신 홍반성 난창, 다발성 근육통, 쇼그렌 증후군, 자가면역성 갑상선 질환 같은 다양한 자가면역질환에 걸릴 가능성이 증가한다(Paulley, 1982).

동물 실험 연구

어떤 연구는 어미를 잃거나 무리를 이탈한 채 자란 새끼의 생리적 상태를 연구하였다(Weiner, 1984). 관련 연구에 의하면 어미와 새끼의 관계가 안정적

일 때 새끼의 신체 기능도 안정적으로 발달한다. 그러나 갓 태어난 새끼와 어미의 관계를 방해하면 새끼의 중추신경계에 신경화학적 변화가 일어나고 더 나아가 새끼가 병에 걸릴 확률도 증가한다(Kraemer, 1985).

어미에게 떼어놓은 갓 태어난 새끼와 불안한 상태에서 어미에게 매달린 새끼에게 생리적 취약성이 증가한다는 많은 연구 결과가 보고되었다. 이런 새끼들은 모든 신체 기관이 손상되었고, 특히 혈압, 맥박, 수면, 체온의 주기, 위의 기능과 조직, 면역기능, 효소량(효소는 심장과 뇌를 포함한 여러 장기의 정상적인 발달에 매우 중요함)이 변화하였다(Weiner, 1984).

회피전략의 정신생리학적 증상

다른 사람이 자신의 감정을 공감하거나 자기 이야기를 들어주지 않을 것이라고 생각하는 사람은 자신의 감정과 생각을 숨긴다. 이런 사람에게 특수한 정신생리학적 증상이 나타난다는 임상적 증거가 있다. 이들은 친밀감뿐만 아니라 갈등도 회피한다. 정상집단보다 암 환자 집단에 이런 사람이 더 많다.

집단상담 참가자 중 고혈압 환자는 사소한 감정에 예민하게 반응하고 애착 관련 사건이 떠오르면 (실증적인 방법으로 검증된 것은 아니지만) 갑자기 혈압이 높아지는 경향이 있다. 자신의 감정을 잘 표현하는 사람은 같은 상황에서 혈압이 높아지지 않는다(Dozier & Kobak, 1992).

부모와의 애착에 관한 질문에서 회피형으로 응답한 사람은 피부전도 검사에서 역치가 더 높았다(Dozier & Kobak, 1992).[3]

---

3 피부전도 검사에서 역치가 높다는 말은 외부자극에 대한 반응이 둔감한 것을 의미한다. (역자주)

정서 발달의 신경생리학

많은 연구가 초기 발달단계에서 사회적 정서적 정보를 무의식적으로 처리하는 중추신경계에 초점을 맞추었다. 이러한 연구들은 신경생리학뿐만 아니라 애착이론과 정신분석학에도 중요하다. 특히 중요한 것은 뇌(구조와 기능)와 환경의 상호작용에 관한 연구이다(Shore, 1884, 2000a). 최근에는 뇌 안에 초점을 맞추지 않고, 사람과 사람이 정서적으로 소통할 때 이 사람의 뇌와 저 사람의 뇌가 어떻게 교신하는지를 연구한다. 일생 동안 인지와 정서를 조절하는 뇌가 초기에 발달하는 것으로 알려졌다. 특히 초기 애착관계가 결정적인 역할을 하는 것으로 알려졌다. 정서에 관한 정신분석적 이론도 같은 말을 한다. 이러한 연구를 통하여 우리는 초기 경험이 전체 인생을 어떻게 좌지우지하는지를 알 수 있었다. 여기에서 이러한 연구를 깊이 살펴보기는 어렵지만, 다음은 꼭 언급하고 싶다. 초기 애착관계와 정서(조절과 발달)의 연관성을 설명한 애착 모델이 신경생리학의 지지를 받았고, 어린 시절이 일생을 좌우한다는 것은 정신분석학의 기본 이념이기도 하다.

05

표상 모델

도입

애착이론의 핵심은 볼비(1969)가 개발하고 피터프러인트(1983)가 임상 장면에 적용한 **작동모델**(working models, 혹은 '내부작동모델')이다. 작동모델은 자기(예, 신체적 특징과 정신적 정체성)와 환경에 대한 인지적 지도, 표상, 도식 혹은 각본이다. 이러한 지도에는 간단한 것부터 복잡한 것까지 어떤 것은 정교하게 어떤 것은 대충대충 그려져 있다. 작동모델은 선택적 표상이다. 이 표상은 지식의 대상인 그 무엇 — 어떤 사람의 어떤 모습 혹은 세상의 어떤 모습 — 을 그려놓은 지도이다.

작동모델에는 적응적 행동, 주관적 경험, 인지적 경험이 저장된다. 이 모델들의 기능은 자기와 외부 세계에 관한 정보를 취사선택하는 것이다. 기존의 작동모델이 작동한 결과로써 사람들은 특정 정보를 주목하고 목적에 맞는 정보를 선택한다.

동일한 것(특히 자기 혹은 타인)에 관한 작동모델이 여러 개 공존할 수 있다. 공존하는 모델들은 분열되어 있을 수도 있고, 통합과 종합의 과정을 거쳐

한데 묶일 수도 있다.

볼비의 내부작동모델은 피아제(1954)의 도식과 유사하다. 또한 크레이크 (1943)도 볼비의 작동모델에 영향을 주었다. 크레이크가 볼비에게 영향을 준 것은 과거 경험을 통해 얻은 지식을 토대로 모든 발달이 이루어진다는 것이다.

브리더톤(1985)의 말대로 '내부작동모델'이라는 은유적인 용어에는 몇 가지 이점이 있다. 첫째, '작동 중(working)'이라는 형용사는 정신적 표상의 역동적 측면을 가리킨다. 정신적 모델이 작동함으로써 우리는 현재를 해석하고 여러 대안을 평가하고 미래 행동을 선택할 수 있다. 둘째, '모델'이라는 용어에는 '건설되고 그러므로 발달하고 나중에는 좀 더 복잡해진다'라는 의미를 담고 있다. 이렇게 되면 초기의 간단한 모델은 나중에 좀 더 복잡한 모델로 대치될 것이다.

피터프러인트(1983)는 인생의 다양한 경험과 환경을 정신세계에 옮겨놓은 것이 내부작동모델이라고 설명한다. 그러나 애착이론에서의 이 용어는 좀 더 구체적으로 중요한 타인과 관계를 맺고 있는 사람들에 대한 표상체계를 의미한다. 이런 맥락에서 작동모델의 질을 평가하는 기준은 다음의 두 가지이다. (1) 아동이 지지와 보호를 요청했을 때 주로 반응해준 사람이 애착인물인가 아닌가? (2) 아동은 자신이 다른 사람 특히 애착인물로부터 지지적인 대우를 받았다고 생각하는가? 이 두 가지는 독립적인 질문 같지만 실제로는 연관성이 많다(Pearson et al., 1994).

내부작동모델의 정의

'내부작동모델'과 (대상과 자기의) 표상은 거의 동의어이다. 대상은 전통적인 정신분석학 문헌에 자주 등장한다. 애착이론가는 자신들이 표현하고자 하는 것을 표현하지 못한다며 대상이라는 용어를 기피하는 경향이 있다. 대상에 관한 정신분석적 연구는 매우 방대하지만 이 책에서는 논의하지 않겠다. 그렇지만 내부 대상이 작동모델이 된 이유를 살펴보자(Diamond & Marrone, 2003).

'작동모델'은 경험이 내면화된 우리 자신과 환경에 관한 표상이다. 여기에는 사람, 장소, 아이디어, 문화적 패턴, 사회적 구조가 포함된다. 그러나 앞에서 설명했듯이 작동모델 중 자기에 관한 것과 중요한 타인에 관한 것이 매우 중요하다. 이 모델들은 한 인간으로서의 자기와 자신의 인생에 중요한 타인에 관한 의식적·무의식적 생각의 집합체이다.

이것은 인도의 삼스카라(Samskara)[1]라는 용어와 유사하다. 전생의 경험이 무의식 속에 각인되어 있다가 우리의 지각과 반응과 심리상태 등에 영향을 준다. 삼스카라는 일단 축적되면 세상을 보는 렌즈가 된다. 우리는 이 렌즈를 통해 주관적 세계를 만들고 경험한다.

우리가 보통 '자존감'이라고 하는 것, 즉 자신은 사랑의 대상이며 사랑받을 만하다는 생각은 자기에 관한 작동모델에 들어 있다. 또한 자신이 환경과 구분되어 있다는 느낌인 분리감, 언제든지 같은 사람이라는 자기 동일성과 자기 연속성, 그 외의 자기에 대한 정보는 자기 모델에 들어있다.

자기 혹은 타인에 관한 내부작동모델에는 애착 사건의 경과와 양육자에게 도움을 요청했을 때의 결과가 저장된다. 이러한 모델에는 애착인물이 있을 때 경험한 사건만 저장되는 것이 아니다. 예를 들어, 중요한 타인이 없어졌을 때 이 사람을 찾으려고 노력했던 결과도 저장된다.

내부작동모델은 생후 몇 개월이면 만들어지기 시작한다. 그러나 작동모델은 그 후에도 계속 만들어지고 수정된다. 최초의 모델이 중요한 이유는 이것이 이후 아동이 세상을 경험하는 방식에 영향을 주기 때문이다. 또한 최초의 모델은 나중에 생긴 모델의 형태에도 영향을 준다.

---

1 삼스카라는 정리되지 않은 에너지 혹은 막힌 에너지 패턴을 말한다. 이것은 '각인' 혹은 '인상'으로 번역된다. 인도 철학에서는 우리의 삶에 영향을 주는 가장 큰 힘을 삼스카라로 본다. 따라서 치료란 에너지를 정리하고 흐르게 하는 것이다. (역자주)

물론 애착에 기반을 둔 발달연구(예를 들어, 낯선상황절차를 이용한 연구)는 최초의 내부작동모델을 중시한다. 그러나 볼비(개인적 대화)는 ― 볼비의 관점에서 볼 때 ― 오랜 미성숙기 동안(영아기, 아동기, 청소년기)에 만들어지는 모든 작동모델이 임상적 가치가 있다고 보았다.

작동모델의 역동성

작동모델은 정적 구조물이 아니다. 작동모델은 매우 안정적이지만 변화한다. 어떤 상황에서 활성상태가 되었다가 또 어떤 상황에서는 불활성상태가 된다. 작동모델을 역동적인 구조물로 설명하기에 가장 좋은 방법은 사이버네틱 모델과 비교하는 것이다. 사이버네틱 모델은 기계적인 모델인 것 같지만 고차원적인 상징(언어)이 포함된 생물학적 모델이다.

과거에 경험한 뭔가의 작동모델은 현재 지각된 현실과 불일치할 수 있다. 이때 새로운 현실을 설명하기 위해 기존의 작동모델이 수정된다. 그렇지 않으면 현재의 현실지각에 왜곡이 발생한다.

예를 들어, 7세 아동이 어떤 집에서 살고 있다. 이 아동의 내면에 이 집에 대한 작동모델이 있다. 그 후 20년 동안 이 집을 떠나 있다가 나중에 돌아와 보니 생각했던 것보다 그 집이 작았다. 이렇게 되면 이 사람은 그 집에 대한 작동모델을 수정해야 한다.

피터프러인트의 말대로, 아동기부터 성인기까지 우리는 항시 변화하는 작동모델을 통하여 세상을 이해한다. 우리는 자기 방식으로 기존의 정보를 해석한다. 우리는 자기 방식으로 정보를 선택하고, 처리하여 자신의 독특한 세계관, 즉 개인적 '현실'을 만든다. 중립적인 정보가 의미 있는 정보가 되는 것은 자신의 해석을 통해서이다. 작동모델은 우리가 알고 있는 세상을 재구성한다. 우리는 작동모델을 이용하여 새로운 가능성을 상상한다. 우리는 작동모델을 이용하여 다양한 상황에서 발생할 일을 상상하고 행동을 선택하고 행동의 결과를 예측한다. 작동모델을 이용한 예측이 잘 맞았다면 이 모델은 확장되어 이미 경험한 것뿐만 아니라 가능성을 처리한다. 그러므로 작동모델은 현재의 생각을 시험하고 평가하는 정거장이다. 우리는 과거 경험의 영향을 받지 않은 채 완전히 공정한 눈으로 어떠한 상황이나 사실을 이해할 수 없다. 우리는 항상 편파적인 관찰자이다. 그러나 편향이 너무 심하거나 편향이 경험을 통해 수정되지 않는다면 문제를 일으킨다.

내부작동모델은 매우 안정적이고 보수적인 경향이 있다. 그러나 고정된 틀은 아니다. 내부작동모델은 타인을 혹은 대인관계 사건을 그대로 복사하거나 '사진'으로 찍어둔 것이 아니다.

애착관계에 관한 모델

볼비(1973)는 다음과 같이 말했다.

> 각 개인은 자기와 세계에 대한 내부작동모델을 구축한다. 이런 모델의 도움으로 각 개인은 사건을 지각하고 미래를 예측하고 계획을 세운다. 내면에 형성된 작동모델 중 가장 중요한 것은 애착인물에 관한 것이다. 이 모델에는 누가 애착인물이고, 이 사람은 어디에 있고, 이 사람이 어떻게 반응한다는 정보가 담겨 있다. 이런 정보는 모두 본인이 생각한 것이다. 마찬가지로 자기에 대한 작동모델에도 애착인물이 자신을 받아주었는지 거절했는지에 대한 정보가 저장되어 있는데 이런 정보도 본인이 생각한 것이다. (p. 203)

이러한 모델을 토대로 애착인물에게 지원을 요청하면 그가 어떻게, 얼마나 수용해주고, 민감하게 반응해줄지를 예측한다. 앞에서 언급했듯이, 애착인물과 관계를 맺고 있는 자기에 관한 내부작동모델에 영향을 준 사건을 애착 사건이라 한다.

일단 만들어진 내부작동모델은 의식의 바깥쪽(무의식)에 존재한다. 볼비 (1973)는 다음과 같이 말했다.

흔히 두 가지(혹은 그 이상) 자기 모델과 두 가지(혹은 그 이상) 애착인물 모델이 동시에 작동한다. 한 사람에 관한 복수 모델은 기원, 영향력, 의식되는 정도가 각기 다르다. 정서적 고통을 겪고 있는 사람은 원시적인 초기(미성숙한) 모델을 가지고 있다. 이러한 모델은 지각, 예측, 느낌, 행동, 즉 삶의 전반을 지배한다. 그러나 당사자는 이런 모델이 있는지를 거의 혹은 완전히 모른다. 또한 이 사람은 초기 모델과 상반된 제2 모델도 가지고 있다. 제2 모델은 뒤에 만들어졌고 초기의 것보다 정교하고 인식이 용이하다. 이런 경우에 사람들은 자신을 지배하는 모델은 초기 모델이 아닌 제2 모델이라고 착각할 수 있다. (p. 205)

애착분야는 애착인물의 모델이 여럿이고 이 여럿이 서로 모순될 수 있음을 발견하였고 내부작동모델이 대물림되는 과정을 설명하였다.

애착기반 심리치료를 정의한다면 '내부작동모델을 끄집어내어 탐색하고 통합하고 수정하는 과정'이다. 7년 동안 주 1회씩 상담했던 Y 여사의 사례를 인용하겠다.

Y 여사(지금은 고인이 되었음)는 73세의 나이에 갑자기 뚜렷한 이유 없이 우울증이 나타나 나를 찾아왔다. 그녀는 군대 카운슬러였으며 심리학을 잘 아는 지식인이었다. 치료 과정에 그녀는 어려서 부모에게 종종 무시당하고 거절당했다고 보고했다. 그녀의 형제자매는 6명이었으며, 작은 마을에서 살았다고 한다. 그녀의 아버지는 낮에는 일을 하느라 바빴고 밤에는 친구들과 술을 마시러 나갔다. 그녀의 어머니는 혼자 자녀들을 돌보느라 지쳐 있었다.

회기가 진행되면서 Y 여사는 눈물을 흘리면서 아버지에게 무시당하고 어머니에게 거절당했던 일화를 생생하게 회상하였다. Y 여사는 힘든 청소년기를 보냈으나 21세 때 따뜻하고 헌신적이며 직업적으로도 성공한 젊은 의사와 결혼했다. 몇 년 전에 남편이 사망했다. 그 후 그녀는 남편과 함께 행복하고 편안했던 지난날을 회상하며 살았다.

남편이 사망한 몇 년 후 친한 여자 친구가 갑자기 병원에 입원했다. Y 여사는 그 친구가 완전히 의식을 잃기 전날 밤에 문병을 갔다가 문병을 거절당했다. 그 사건 직후 그녀에게 우울증이 나타났고, 여러 달 동안 그 상태로 지내다가 상담을 찾았다.

상담 과정에 분명해진 것은 Y 여사가 아동기 때 부모와 불안전한 애착 관계였다는 것이다. 그러므로 그녀는 자기를 사랑하지 않은 부모와 사랑받을 자격이 없는 자기에 대한 내부작동모델을 가지고 있었다. 그러나 그녀는 완전히 나쁜 아동기를 보낸 것은 아니었다. 그녀의 집 근처에 미혼의 고모가 살았다. 그녀는 집에서 있었던 일을 이 고모에게 이야기했고, 고모는 일상적으로 일어나는 일을 성찰할 수 있도록 도와주었다.

그녀는 19세 때 나중에 남편이 되는 한 남자를 만나 1930년대 말에 결혼하고 두 자녀를 두었다. 전쟁이 일어나자 남편은 군의관이 되어 최전방에 배치되었다. 그녀는 어린 두 자녀와 함께 집에 남아 우울한 나날을 보냈다. 그녀는 상담을 오기 전까지 이때가 우울증에 걸린 유일한 시기였다고 회고했다. 남편이 돌아와 병원의 높은 직책을 맡았고, 그녀의 가족은 다시 즐겁고 안정된 생활을 이어갔다. Y 여사의 결혼생활은 35년 동안 이어졌고, 남편에 대한 좋은 기억이 있었다. 그녀는 남편은 믿음직스럽고 사랑이 넘치는 사람이라는 모델과 자신은 사랑스러운 사람이라는 모델(어린 시절 고모와의 관계도 이런 모델이 발달하는 데 부분적으로 영향을 주었음)을 오랫동안 가지고 있었다.

남편이 사망한 후 Y 여사의 두 자녀는 결혼 후 런던에서 멀리 떨어진 곳으로 이사했다. 이 두 자녀는 유능했지만 Y 여사와 정서적 거리감이 있었고 어머니에게 무관심했다. Y 여사는 자녀가 어렸을 때 자신의 우울증이 자녀에게 결핍감을 주었고 이로 인하여 자녀들의 성격이 회피적인 성격이 되었다고 해석하였다. 그녀는 자식들이 보고 싶었으나 자식들이 잘 지내고 가끔 찾아왔기 때문에 불만이 없었다.

얼마 동안 Y 여사의 정신적 삶은 만족스러운 결혼의 산물인 안전한 애착의 지배를 받고 있었다. 그러나 그녀는 자신의 내면에 전혀 다른 모델이 작동하고 있음을 인식하지 못했다. 병원에서 임종을 앞둔 여자 친구로부터의 거절이라는 특수한 사건에 의해 갑작스럽게 잠복하고 있던 초기 모델이 활성화된 것이다.

나는 이 환자를 상담하면서 볼비(1973)가 강조한 다음의 원칙을 지키려고 노력하였다.

애착이론의 차원에서 정서적 문제를 치료하는 작업은 첫째, 환자가 부분적으로 혹은 전혀 인식하지 못했지만, 환자에게 영향을 주고 있는 모델을 탐지하고, 둘째, 모습을 드러낸 모델을 환자가 스스로 조사하고 지금도 필요한 것인지를 생각해보도록 도와주는 것이다. (p. 205)

나는 종종 이 과정을 컴퓨터의 하드디스크에 비유한다. 하드디스크에 설치한 프로그램은 화면에 나오지 않지만 어딘가에 존재한다. 하드디스크에 설치된 프로그램을 실행시키기 위해 정확한 키보드를 누르기만 하면 된다. 잠자고 있던 작동모델이 다시 활성화되는 것은 이와 유사하다. 이 모델에서 저 모델로 갑자기 스위치가 변경되면 숨어 있던 모델이 일시적으로 작동된다. 이해를 돕기 위해 또 다른 임상 사례를 인용해보겠다. 사생활을 보호하기 위해 핵심 사항을 유지하면서 세세한 부분을 약간 수정하였다.

얼마 동안 나에게 주 5회기 분석을 받았던 30대 중반의 A 씨가 있었다.

이 사람은 어렸을 때 부모의 무관심 속에서 자랐다. 그가 10세 때 부모들은 이혼하고 그를 기숙사로 보냈다. A 씨는 업무 능력이 탁월하고 어느 제조 회사에서 높은 직책을 맡고 있다. 그는 인간관계보다 무생물을 취급하는 일에 몰두하는 경향이 있었다. 그는 사업차 수시로 해외여행을 다녔다. 그는 잠깐씩 여성을 사귄 적이 여러 번 있었다. A 씨는 지금 제시카라는 새로운 여인을 사귀는 중이다.

나는 어느 월요일 오후에 있었던 그와의 상담을 언급하고자 한다. 그는 자신의 승진을 축하하기 위해 제시카와 함께 바르셀로나로 주말여행을 떠났다. 이로 인해 그는 그 전주 금요일 상담을 건너뛰었다. 그가 돌아와서 다음과 같은 말을 하였다. "나에게 무엇이 잘못되었는지 모르겠어요. 제시카와 바르셀로나에서 아주 좋은 주말을 보냈어요. 나의 승진을 축하하기에 그 여행은 제격이었어요. 우리는 정말로 서로에게 만족했고 즐거웠어요. 그런데 오늘 아침에 우울했어요. 내가 지금 왜 우울한지를 모르겠어요!"

이 말을 듣고 나는 "주말은 즐거웠고, 이성적으로 판단해보면, 오늘 아침 당신이 우울할 이유가 없다는 거죠."라고 말했다.

그는 "예"라고 말했다.

나는 그에게 "그렇다면 오늘 아침에 어떤 일이 있었는지 궁금한데요. 당신은 모를 수 있지만, 혹시 그 일이 당신을 우울하게 만든 것이 아닌지 모르겠네요."라고 말했다.

A 씨는 다음과 같이 말했다. "생각나는 것은 오늘 아침 회사에 와 보니 여비서가 안 보였어요. 그녀는 금요일에 몸이 아파 못 나온다고 전화를 했고 그때부터 그녀 대신에 임시직원이 나왔던가 봐요. 오늘 아침 나는 다른 사람이 와 있는 것을 보고 뭔가를 잃어버린 것 같았어요."

나는 "그래요. 바로 그 일이 문제였군요. 여비서에게 버림받은 듯한 느낌을 받은 것은 아닌지요?"라고 물었다.

A 씨는 "예, 맞아요!"라며 나의 가설에 동의했다.

그때 나는 "그녀를 생각하면 당신의 마음속에 어떤 생각이 떠오르나요?"라고 물었다.

A 씨는 "나를 돌보아주는 사람"이라고 말하고는 잠시 말을 멈추었다. 그런 다음 "바보 같지만 해외 출장을 갈 때 나를 공항까지 실어다 주고 다시 공항으로 마중 나오는 사람이라는 생각이 떠오르는군요."라고 말했다.

그는 잠시 멈추었다가 말을 이어갔다. "지금 내 마음속에 떠오르는 것을 말해야겠군요… 내가 기숙사에 있었을 때 부모님은 이혼을 했고 나는 아버지를 거의 만나지 못했어요. 아마 10살이나 11살 때였을 거예요. 학교는 엄마가 살던 집에서 5마일 정도 떨어져 있었어요. 주말에 엄마를 찾아갔죠. 버스를 타고 보통은 빨랫감이 가득한 가방을 들고 갔어요. 그 가방이 나에게는 너무 무거웠어요. 엄마는 차가 있었지만 버스 정류장에 나와서 나를 데려간 적이 한 번도 없었어요. 엄마의 집까지는 버스정류장에서 15~20분 정도 걸어가야 했어요. 엄마는 항상 우울한 모습이었어요. 엄마는 종일 TV만 보았어요. 엄마는 나에게 거의 말을 걸지 않았어요. 일요일 오후가 되면 엄마는 "얘, 버스 시간 됐다. 얼른 가라!"하고 소리쳤어요. 엄마가 나를 버스 정류장까지 태워준 적이 한 번도 없었어요. 나는 세탁한 옷이 가득 찬 가방을 메고 그 길을 걸어 다녔어요. 그 길을 걸어갈 때 속이 울렁거리는 역겨운 느낌이 들었으나 그 느낌을 뭐라고 말로 표현하기 어렵군요…" 이 시점에서 이 내담자는 눈물을 흘렸다.

이 회기가 진행되면서 여비서의 결근에 의해 어린 시절 자신에게 무관심했던 엄마와의 관계에 대한 작동모델이 활성화된 것이 분명해졌다.

볼비는 애착기반 분석가는 환자와 함께 복수 모델이 환자의 감정과 행동과 기대에 어떤 영향을 주는지를 이해하려고 노력해야 한다고 했다. 나는 볼비의 말에 따라 위 환자를 분석한 것이다. 또한 분석가는 숨어 있던 모델이 어떻게 활성화되었는지를 조사해야 한다. 볼비는 다음과 같이 말했다.

치료가 진행되면 내면에 여전히 작동하고 있지만 지금은 쓸모없는 모델들이 종종 발견된다. 미성숙기 동안에 애착인물과의 사이에 있었던 일을 떠올리면 환자는 숨어 있는 쓸모없는 모델들을 이성적으로 혹은 완전히 알아차릴 수 있다. 그다음 내면화된 자기모델과 타인모델에 실제 경험이 어느 정도 반영되고 있는지를 논의해야 한다. (Bowlby, 1973, p. 207)

저변의 작동모델을 탐색하는 과정에 발생하는 흥미로운 일은, 어떤 모델이 발견되면 A 씨처럼 분석가와 피분석자 모두 깜짝 놀란다는 것이다. 이때 환자들은 종종 그 모델과 연결된 강한 정서를 표출한다. 이런 정서는 참자기에서 우러나오는 진실한 감정인 것 같다.

작동모델의 정서적 측면

작동모델은 정서적 색채가 강하다. 다시 말해, 작동모델이라는 인지 시스템에 정서적 요소가 들어있다. 작동모델은 애착 사건이 진행되는 동안에 만들어지고 그때의 독특한 정서도 저장된다. 애착 사건은 항상 정서를 동반하기 때문에 애착표상도 정서적 색채를 띤다. 따라서 고통스러운 표상은 방어기제에 의해 의식에서 제거한다. 이런 식으로 고통스러운 정서를 제거할 수 있지만 대가를 치러야 한다. 무의식에 갇힌 작동모델(혹은 표상)은 현실에 맞지 않는 모델을 사용하도록 의식적 수준에서 압력을 가하고, 그 결과 부적절하게 더 나아가 병리적으로 행동한다(Bretherton, 1985). 나와 다이아몬드(2003)는 자기에 관한 모델과 타인에 관한 모델과 여기에 저장된 감정을 총칭하는 용어로 표상 군상(representational constellation)이라는 용어를 제안한다.

나의 임상 경험에 비추어보면 환자가 공감을 잘하는 친절한 치료사를 만나 안전감을 느낄 때 고통스러운 감정이 저장된 모델이 의식적·무의식적으로 모습을 드러낸다. 협력적인 치료 관계 속에서 환자들은 치료사에게 고통스러운 감정을 드러내고 이를 계기로 다시 치료동맹관계는 더욱 강화된다.

다니엘 N. 스턴(1988)은 정서적인 사건이 정서적 기억이 되고 정서적 기억이 표상이 되는 과정을 연구하였다. 경험은 다음의 과정을 거쳐 표상이 된다. (1) 지금 현재의 감정적인 경험, (2) 그 사건에 대한 기억, (3) 그 사건 혹은 그와 비슷한 사건에 대한 표상 형성.

작동모델의 일관성

관계에 관한 내부작동모델은 주의 할당 규칙[2]의 지배를 받는다(Bretherton, 1985). 이 규칙은 자기, 애착인물, 애착인물과의 관계에 대한 기억이 떠오르는 것을 막기도 하고 떠오르는 것을 촉진하기도 한다. 의식적 · 무의식적으로 애착과 연결된 생각과 언어에는 주의가 할당되기도 하고 그렇지 않기도 한다. 다시 말해, 표상에 따라 애착사와 애착관계에 대한 생각과 진술이 명료할 수도 있고 명료하지 않을 수도 있다.

무의식적 표상은 관찰 불가하고 따라서 추론할 수밖에 없다. 낯선상황절차는 영아의 애착표상을 추론하는 도구이다. 낯선상황절차는 애착인물과 분리나 재회가 일어나는 결정적인 순간에 아동의 행동을 관찰함으로써 애착표상을 추론하는 것이다. 아동을 분석할 때 치료사는 아동과 놀이를 하면서 아동의 애착표상을 추론한다. 성인을 분석할 때 치료자는 자유연상과 전이 상황에서 환자가 사용하는 언어를 통하여 환자의 표상을 추론한다.

애착표상을 탐색하는 성인애착면접법(6장 참조)에서 성인이 어린 시절의 사건(힘든 환경이었든 그렇지 않았든)을 이야기할 때 이야기의 일관성은 표상의

---

2 주의가 많이 할당된 모델은 그 모델에 집중하기 때문에 기억이 잘되고, 주의가 적게 할당된 모델은 흐릿한 기억이 되고 나중에는 기억에서 사라진다. (역자주)

구조와 관련이 있다.

상호작용 맥락에 대하여

최근 수십 년 동안 경험이 표상화되는 과정에 대한 많은 연구가 이루어졌다. 영아를 대상으로 한 중요한 연구가 나왔다. 이 연구에 참여한 사람은 루이스 샌더, 칼린 라이온스-루스, 다니엘 N. 스턴, 에드워드 Z. 트로니크이다. 이 연구의 요점은 인생의 첫 출발부터 심리적 경험은 상호작용하는 맥락에서 발생한다는 것이다. 나는 나와 타인을 기억할 뿐만 아니라 상호작용할 때 느껴지는 비언어적 메시지도 기억한다. 관계가 발달함에 따라 좀 더 새로운 상호작용 방식에 주의가 더 많이 할당된다.

발달 과정에 아동은 상징이나 상징 이전의 방법을 이용하여 대상에 대한 표상을 만든다. 우리는 **상징적 표상화**를 구체적인 대상(혹은 타인)이 없는 상태에서도 그 대상을 떠올릴 수 있는 능력으로 정의하고자 한다.

초기 발달단계의 내부작동모델(혹은 표상)은 상징을 사용하기 이전의 모호한 패턴이다.[3] 아동에게는 배고픔, 고통, 피로, 불안, 장난감이 가득한 곳에서 탐색하고 싶은 욕구, 호기심 같은 해소해야 할 욕구가 있다. 이 시기에 아동은 누가 어떻게 자신의 욕구를 채워주었는지에 대한 경험을 저장하고 이 표상을 토대로 사람들과의 상호작용을 기대한다. 이 표상 때문에 아동은 낯선이와 애착인물을 구분하기 시작한다. 더욱이 아동은 불안과 심리적 고통에 대처하는 방어기제를 사용하기 시작하고 심지어는 방어기제가 안정적인 패턴(예 : 자기-조절 전략)으로 자리를 잡는다. 이러한 모든 특징은 매리 애인스워스가 만든 낯선상황절차에서 탐지된다.

---

3 여기에서 상징은 언어를 말한다. 상징 이전의 표상이란 언어를 사용하기 이전의 비언어적 메시지에 대한 기억을 말한다. 주로 신체적 반응과 감정에 대한 기억이 상징 이전의 표상이다. 심리치료 장면에서 신체적 자각과 감정표현을 중시하는 것은 어린 시절에 만들어진 상징 이전의 표상을 활성화하기 위함이다. (역자주)

스턴(1985)은 일반적인 상호작용 표상(RIG : representation of interaction that have been generalized)이라는 개념을 고안하였다. 스턴이 RIG를 가지고 말하려고 한 것은 '함께 도식(schemes of being-with)'이다(Stern, 1985; Music, 2010). 분명히 상담을 받으러 오는 환자들은 상담사와 자신 사이에 매 순간의 불협화음을 기대한다. 비비와 락맨(2002)에 의하면, 상징 이전의 표상은 이러한 환자와 치료적 관계를 맺고 이들이 매 순간 사용하는 방어기제(예 : 자기-조절 전략)을 탐지하는 데 도움이 된다.

임상적 · 발달적 경험에 비추어보면, 어린아이도 친숙한 사람과 상호작용하는 방법을 알고 있다. 출생 이후 계속되는 상호작용은 절차기억으로 저장된다. 우리는 이것을 '암묵적 관계 지식'이라 한다(Lyons-Luth, 1998).[4] 이러한 지식은 의식적 수준에서 말로 표현 가능한 지식과는 다르고, 말로 표현하기 어려운 역동적인 무의식적 지식이다. 환자와 치료사는 관계에 대한 암묵적 지식을 이용하여 간주관적 영역을 만든다. 이 영역에서 환자와 치료사는 상대방의 상호작용 방식을 알아차린다. 환자가 성인이라면 회기를 거듭할수록 간주관적 영역이 좀 더 확장되고 복잡해지고 언어적 표현이 증가한다. 이렇게 되면 상호작용은 점점 원활해지고 불협화음은 줄고 순간순간 상호작용에 대한 기대가 변화하고, 서로에게 새로운 모습을 허용하고, 좀 더 정교하게 감정을 표현하고, 표현한 것을 공유한다.

라이온스-루스(1998)의 관계에 대한 암묵적 지식은 영아와 성인을 연구하는 모든 연구자에게 좋은 영감을 주었다. 이 개념은 보스턴 변화연구소

---

4 기억을 암묵적 기억(내현적 기억)과 명시적 기억(선언적 기억)으로 구분하기도 한다. 암묵적 기억은 알고 있는 것을 말로 표현할 수 없지만 분명히 알고 있는 기억이다. 명시적 기억(예 : 수학 공식, 영어단어)은 자신이 무엇을 알고 있는지를 말로 표현할 수 있다. 자전거 타는 것은 자전거 타는 방법을 말로 설명하기보다는 자전거에 올라타 페달을 밟으면 알고 있는지를 알 수 있다. 더 많이 자전거를 타면 더 잘 탈 수 있는데 증가한 기억을 말로 표현하기는 어렵다. 이런 것을 암묵적 기억이라 한다. 절차기억은 무엇을 하는 방법에 대한 지식이다. 절차기억의 대부분은 암묵적 기억에 속한다. (역자주)

가 탄생하는 데 기여하였다. 이 개념이 시사하는 바는 성인 치료를 위해서는 해석 너머의 그 무엇이 필요하다는 것이다.

이것은 볼비가 말한 치료이다. 1980년 런던에서 개최된 집단분석학회에서 볼비는 심리치료 작업 중 우리가 해야 할 가장 중요한 일은 내부작동모델을 끄집어내어 탐색하는 것이라고 했다. 그러나 그는 인지적 수준에서만 그렇게 해서는 안 된다고 했다. 우리는 내부작동모델과 연결된 감정을 끄집어내어 생생하게 느껴야 한다. 우리가 공감의 기술로 그 일을 할수 있다면 변화의 가능성이 열리는 것이다. 과거 경험을 회상하고 말로 옮기는 것이 중요한 치료 도구이지만 그 경험은 언어, 상징, 인지를 사용하기 이전에 입력된 것이다. 치료적 관계 속에서 감정을 활성화하는 것이 치료의 핵심이다.

물론 내부작동모델의 형성과 회상 모두 기억과정에 속한다. 뮤직(2010)의 말처럼, 기억은 복잡하고 부정확하다. 그러나 기억이 옳든 그르든 감정과 함께 기억을 인출하는 것이 치료의 기본이다.

믿을 만하고, 항시 그 자리에 있고, 비판단적이고, 유쾌하고, 창의적인 치료사의 경험을 받아들일 때 환자의 표상체계는 조화롭게 통합된다. 영아의 정신구조는 양육자와의 상호 조율 경험을 토대로 발달한다. 물론 일시적으로 조율되지 않는 상황이라면 다시 조율하고 다시 조정한다. 이 과정은 일생 동안 계속되고 치료실에서도 중요한 작업이다.

같은 맥락에서 애착이론이 영아기를 강조하지만 ― 볼비와 스로우프의 연구에서 입증되었듯이 ― 발달은 미성숙한 기간(아동기와 청소년기) 내내 혹은 그 이후에도 계속된다는 점을 기억하기 바란다.

06

애착표상의 평가

도입

앞에서 살펴보았듯이, 연구자들은 아동과 성인의 애착과 애착표상을 평가하는 도구를 개발하였다. 연구는 두 축으로 이루어졌다(shaver & Milkuliner, 2002). 한 축은 영아와 부모의 상호작용을 관찰한 발달심리학자(Ainsworth et al., 1978)의 연구이다. 이 연구는 나중에 애착에 관한 내면을 탐색하는 면접법으로 발전한다. 두 번째 축은 커플 관계를 탐색하기 위해 자기 보고식 질문지법과 실험법을 사용한 사회심리학자들(Hazan & Shaver, 1987; Feeny, 1999)의 연구이다. 세이버와 밀크라이너(2002)가 말했듯이 이러한 연구의 핵심 쟁점은 (정신분석학의 영향을 받아) 방어와 무의식이 애착의 중요한 부분이라는 점이다.

애착 패턴과 애착 유형은 같은 말이다. 애착 패턴은 아동이나 성인이 가까운 사람과 상호작용하는 방식을 분류한 것이다. 애착 패턴은 내부작동모델과 여기에 얽힌 감정을 드러내고 애착 사건이 발생했을 때 감정과 불안을 처리하는 방식을 보여준다. 애착 패턴은 영유아가 체험한 돌봄에 대한 반응으로 만들어진다. 세이버와 밀크라이너는 애착 패턴(2002)을 기대, 욕구, 감정, 감정조절 전략, 사회적 행동이 조직화된 틀이라고 정의하였다.

애착 패턴은 가까운 사람들과 상호작용할 때 광범위하게 나타나는 방식이다. 어린 영아들은 어떤 양육자와는 이 방식을 사용하고 다른 양육자와는 저 방식을 사용할 수 있다. 그러나 3~5세 사이에 거의 모든 관계에서 사용되는 하나의 일반적인 패턴으로 굳어진다. 이것이 사람들이 타인과 관계를 맺고 친밀감의 정도를 조절하면서 접촉하고, 공감하고, 소통하는 방식이다.

대부분의 검사는 아동을 안전형, 불안-양가형, 회피형, 와해/혼란형이라는 네 가지 범주로 분류한다. 어떤 검사는 안전형(B 집단), 불안-저항형(C 집단), 회피형(A 집단), 와해/통제형(D 집단)이라는 명칭을 사용한다. 과거 몇 년 동안 이론적 · 경험적 관점에서 성인애착에 관심이 증가하였다.

볼비의 애착이론을 토대로 한 연구는 몇 가지 방향으로 발전하였는데 중요한 주제는 다음과 같다.

- 아동기의 애착 경험은 아동이 부모가 되었을 때의 양육행동과 상관이 있고 애착 패턴은 대물림된다.
- 아동기의 애착 경험은 성인기의 성인과 성인(특히 커플)의 관계에도 영향을 준다.
- 애착표상과 내부작동모델이 사고, 느낌, 행동에 큰 영향을 주는데, 특히 부모역할과 연인관계에 많은 영향을 준다.
- 애착 경험의 표상과 성찰기능은 상관관계가 있다.
- 타인으로 인한 트라우마와 트라우마의 영향을 수검자가 어떻게 생각하는지가 수검자의 진술 방식에 영향을 준다.

성인애착면접법(AAI)

성인의 애착을 평가할 때는 흔히 성인애착면접법(AAI : Adult Attachment Interview), 성인용 애착투사그림검사[1], 자기보고식 질문지 등이 사용된다. 성인의 애착 유형도 아동의 것과 유사하다. 성인의 애착을 탐색하기 위한 몇 가지 반구조화된 면접법이 개발되었다. 그중 가장 잘 알려진 것은 AAI 이다. 이 면접법은 애착사에 대한 기억과 이 기억에 대한 현재의 생각에 초점을 맞춘다(George, Kaplan & Main, 1985; Main & Goldwyn, 1985). 이것은 1985년 에 버클리대학에서 개발되었다. 무관한 이야기 같지만 나는 1986년에 볼 비가 AAI의 면접법과 코딩법, 분류법에 관한 육필 원고를 건네주어 읽어 보았다.

AAI는 전 세계에서 오랫동안 사용되었다. 현재는 AAI를 사용했다고 밝 힌 문헌이 매우 많다(Colin, 1996). AAI를 사용하려면 면접자 코딩에 대한 공 인된 훈련을 받아야 한다. 훈련을 받지 않고 사용하는 사람은 AAI를 오용 할 수 있다.

AAI는 일정한 순서로 질문을 한다. 기본질문에 수검자가 대답하지 못한 경우는 구체적인 보조 질문으로 다시 탐색한다. 면접자는 수검자가 말한 것의 의미를 이해하고 진술의 일관성을 평가하기 위해 수검자의 말을 따 라간다. 면접은 자연스럽게 대화하고 공감해주는 방식으로 진행된다.

AAI 과정을 녹음하고 면접이 끝난 후 전체 녹음내용을 면밀하게 분석한 다. 이 면접법은 수검자의 자서전적 기억에 대한 수검자의 전반적인 평가 도 질문한다.

질문 문항

처음 질문은 출생 직후의 가족관계와 가정환경에 대해 질문하고 그다음에

---

1 이 검사의 영어 명칭은 Adult Attachment Projective Figure System이다. (역자주)

조부모와의 관계와 형제관계를 질문하고 조부모와 형제가 자신에게 어떤 영향을 주었는지도 질문한다. 수검자의 긴장이 풀리면 본격적인 면접으로 들어가 초기에 각 부모와 맺었던 관계의 질에 대한 수검자의 관점을 질문하기 시작한다.

그런 다음에 면접자는 부모 중 어느 쪽과 더 가까웠고 왜 그랬는지를 질문한다. 점차 대화는 초기 애착관계에 대한 내부작동모델을 탐색하는 쪽으로 이동한다. 예를 들어, 자신에게 힘든 일이 발생했을 때 부모가 공감하며 지원해주었다고 어느 정도 확신하는지를 질문한다.

그다음에 초기 분리에 대한 기억과 그때의 감정을 질문한다. 그런 다음에 사춘기까지 주애착인물에게 거절당한 경험이 있는지 그리고 그런 경험이 있다면 부모가 어떻게 어느 정도 거절했는지를 질문한다. 부모의 거절을 수검자가 어떻게 해석하는지는 분석의 중요한 주제이다.

그다음에 다음과 같이 질문한다. "부모는 교육을 위해 혹은 장난으로라도 당신을 협박한 적이 있습니까?" 이 질문은 '갖다 버린다', '야단맞는다'와 같은 반복적인 부모의 협박(보통 부모는 겁을 주며 자녀를 훈육함)이 불안전한 애착의 원인이 될 수 있다는 볼비의 아이디어를 토대로 한 것이다(7장 참조). 더욱이 아동이 부모에게 학대당한 경험이 있다면 이런 협박은 아동에게 다른 의미로 들릴 수 있다.

그다음에 수검자가 초기와 현재의 대인관계 사이에 관련이 있다고 생각하는지 그리고 그 연관성을 어떻게 생각하는지를 질문한다. 이 지점에서 아동기 때 부모나 사랑하던 누군가(형제 혹은 다른 중요한 타인)를 잃은 적이 있는지 질문한다. 상실을 겪은 나이와 상황도 물어본다. 중요한 애착인물이 사망했다면 수검자가 장례식에 참석했는지 그리고 그 장례식이 어떠했는지도 알아본다. 면접자는 오래전이든 최근이든 형제자매, 조부모, 부모 대리인, 애인, 혹은 배우자가 사망한 적이 있는지를 질문하고, 그런 일이 있었다면 그의 사망에 대한 수검자의 반응을 알아보기 위해 앞의 질문들을 반복한다. 면접자는 사망에 대한 사실적인 정보뿐만 아니라 그때의 사건을 이야기하는 수검자의 태도와 그 상처가 아문 정도도 파악해야 한다. AAI의 이 부분은, 의심할 것 없이, 아동기 사별경험에 관한 볼비(1960b, 1980)의 논문을 토대로 한 것이다.

면접이 진행되는 어느 시점에서든 부모에게 반항한 적이 있었는지, 부모가 당신의 잘못을 용서해주었는지를 질문한다. 그다음 "성인이 된 지금 당신과 부모는 어떤 사이인가요?"라고 질문한다.

수검자가 어린 자녀를 둔 부모라면 자녀와 떨어져 있어야 할 때 어떤 기분인지, 어린 자녀를 걱정한 적이 있는지를 질문한다. 이러한 질문은 부모와 자녀 사이의 역할전도를 알아보기 위한 것이다. 원래 AAI는 애착 패턴의 대물림 현상 혹은 부모가 회상한 어린 시절과 자녀를 대하는 방식의 연관성을 규명하기 위한 연구였다는 점을 기억해야 한다.

마지막으로 수검자가 자녀의 미래를 걱정하고 불안해하는지를 질문한다. 특히 자녀의 앞날에 정치적, 사회적, 환경적 재앙이 발생했을 때 자녀가 이런 상황에 어떻게 대처할지를 질문한다.

면접 과정

매리 메인은 여러 강연에서 AAI의 주된 목적은 애착에 관한 수검자의 심리상태를 활성화하고 이를 분류하는 것이라고 말했다. 이 검사의 주된 관심사 두 가지는 (1) 아동기 경험과 현재의 진술이 일치하는가, (2) 수검자의 진술에 일관성이 있는가이다.

그밖에도 평가자는 다음을 살펴보아야 한다.

- 부모 둘 다 혹은 어느 한쪽을 이상적인 부모라고 말하는가?
- 부모 둘 다 혹은 어느 한쪽에 대한 만성적인 혹은 미해결된 분노가 있는가?

- 아동기 때 경험이 기억나지 않는다고 주장하는가? (생각나지 않는다면 방어를 암시한다.)
- 중요한 사람을 상실한 슬픔이 아직도 가시지 않았는가?

AAI가 평가하는 것은 다음과 같다.

- 수검자가 모 혹은 부로부터 어느 정도 사랑받거나 사랑받지 못했는가? (자신이 잘못했을 때 부모가 야단치기보다는 안아주거나 위로해준 기억은 부모에게 사랑받았음을 의미한다.)
- 부모가 미숙한 자녀에게 미리부터 어느 정도 독립심을 강요하거나 자녀를 거절하였는가? (부모가 화가 나면 자녀를 야단치고 비난하고 야유하고 조롱하고 쌀쌀맞게 대하거나 모욕적으로 대한 기억은 거절당한 것을 의미한다.)
- 부모와 아동 사이에 어느 정도 '역할전도'가 있었는가? 다시 말해, 수검자가 어렸을 때 어느 정도 부모의 심리적·신체적 안녕을 돌보고 책임져야 한다고 생각하였는가? (특히 집에 도와줄 다른 어른이 없는 상태에서 어린 자녀가 무능력하거나 병든 부모를 수발한 기억은 역할전도에 해당되며 부모를 돌본 일은 없을지라도 과민한 부모가 화낼까 봐 자녀가 감정표현을 자제하면서 조심스럽게 부모를 대하던 기억도 역할전도에 해당한다.)
- AAI는 트라우마에 대한 기억을 탐색한다. 트라우마가 추정되는 수검자에게는 트라우마에 관한 질문을 한다. 볼비에 따르면 개인의 과거사에 대한 일반적인 정보만 가지고는 개인의 다양한 측면을 이해할 수 없다. AAI는 가족 간 상호작용 패턴(7장 참조)의 역기능성 혹은 정상 여부를 기준으로 임상가가 질문의 방향과 큰 틀을 결정한다. 이 방법을 볼비는 '예상질문(informed inquiry)'이라는 용어를 사용하였다.

나는 볼비와 함께 '엄마가 너무 많은 것을 요구하고, 지배적이고, 비판적이고, 야단치고, 모욕을 주었다'고 한 줄리아라는 환자의 임상 기록을 놓고 이야기를 나눈 적이 있다. 볼비(1980, p. 220)는 다음과 같이 말했다.

> 대부분의 기록이 그렇듯이, 줄리아의 엄마를 폭군으로 기록하고 있지만 그 엄마가 했던 말의 구체적인 내용은 빠져 있다…. 우리에게 필요한 것은 이 엄마가 요구하고 비난할 때 실제로 어떤 단어와 어떤 문장을 사용하였고, 어떤 어조로 야단치고 모욕감을 주었는가이다.

AAI에서 면접자는 다음과 같은 질문을 한다. "당신이 어렸을 때 깜짝 놀라면 어떻게 했습니까? 이와 관련된 구체적인 예를 들어 좀 더 자세히 설명할 수 있습니까?", "어렸을 때 몸에 작은 상처라도 생기면 어떻게 했습니까? 그리고 이와 관련된 구체적인 사건을 기억할 수 있습니까?", "어렸을 때 아팠던 적이 있습니까? 그리고 그때 어떤 일이 있었는지 생각납니까?" 이런 식으로 면접자는 (1) 수검자가 어린 시절의 구체적인 일화를 기억할 수 있는지, (2) 기억할 수 있다면 그 내용이 무엇이고, (3) 어린 시절의 이러한 상황과 부모를 수검자가 어떻게 생각하는지를 탐색한다.

일관성 평가

AAI의 혁신적 측면은 부모와의 애착관계가 기억 속에 저장되고 이를 꺼내 이야기하는 방식을 측정한 것이다. 이것이 소위 이야기의 '일관성'이다. 여기에서 말하는 '일관성'은 상식적인 수준에서 사건의 인과관계와 생각과 느낌을 연결하고, 이야기를 설득력 있고 이해하기 쉽게 전달하는 능력을 말한다. 문장이 서로 모순되거나 문장의 연결이 불합리하면 일관성이 부족한 것이다. 일관성이 없는 수검자는 주제와 벗어난 부적절한 이야기를 장황하게 늘어놓고 상황에 부적절한 이상한 용어를 사용하고 불필요한 은어나 부적절한 은유 등을 사용한다.

매리 메인 팀이 발견한 중요한 사실은 일관성이 애착사를 기억 속에 저장하고 회상하는 능력과 상관관계가 있다는 것이다. 이 능력은 안전한 애착과도 상관이 있다. 이러한 능력을 '메타인지(metacognitive knowledge)'라고도 한다(Main, 1991). 볼비(1980)는 내부작동모델이 자기와 타인을 입력하는 방식에 영향을 주기 때문에 인지적·지각적 왜곡을 일으킬 수 있다고 가정하였다. 메타인지 연구도 부분적으로 볼비의 이러한 관점으로부터 영향을 받은 것이다.

AAI는 무의식적 방어기제가 애착과 관련된 심리상태의 중요한 요소라는 가정을 토대로 한 것이다. 이러한 맥락에서 이 검사를 사용하려면 기본적으로 무의식 과정을 이해해야 한다. 더욱이 AAI는 무의식적 과정을 정확하게 측정할 수 있다.

AAI의 신뢰도, 타당도, 실용성은 명백하게 입증되었다. 예컨대, 베이커만스-크라넨부르크 및 반 이젠도른(1993)은 AAI를 다각적으로 분석한 후 타당도가 매우 높다고 평가했다.

AAI 반응의 분류

AAI는 애착에 관한 성인의 심리상태를 안전형(secure), 배척형(dismissing), 집착형(preoccupied), 미해결형(unresolved)이라는 네 가지 범주로 분류하였다. 가장 바람직한 안전형은 '자율형(autonomous)' 혹은 '조화형(balanced)'이라는 명칭을 사용하기도 한다. D라고 표기되는 배척형은 '초연형(detached)', '회피형(avoidant)'이라고도 한다. E라고 표기되는 집착형은 융합형(enmeshed), 양가형, 혹은 저항형이라고도 한다. 미해결형은 종종 대문자 U로 표기한다.

안전형

안전형으로 분류된 성인들은 대화와 성찰을 통해 애착의 과거사를 쉽게 기억해내고 쉽게 탐색한다. 이들은 특히 먼 과거의 구체적인 일화를 묘사할 때 편안한 마음으로 이야기한다. 이런 맥락에서 이들은 자서전적 기억을 비교적 객관적인 관점에서 전체적인 그림을 회상한다. 이들의 기억은 대체로 긍정적이고, 이들은 역경을 만나면 (이상화, 분열, 일탈 같은 방어기제를 사용하지 않고) 건강한 내적 자원을 가지고 있기 때문에 비교적 건강하게 대처하는 것 같다. 이들은 애착 경험이 자신의 정신건강에 영향을 준다는 사실을 분명히 알고 있다. 이들은 또한 도움이 필요할 때 기꺼이 도움을 찾고 창의적인 방법으로 문제를 해결한다.

안전형은 (1) 지지적이며 안정된 가정에서 자란 사람과 (2) 아동기를 힘들게 보냈지만 복원력이 강해 현재는 사려 깊은 사람으로 성장한 사람들 (두 번째 유형을 흔히 '획득된 안전형'이라는 명칭을 사용하고 기본적인 안전형과 구분한다)이 여기에 속한다.

배척형

볼비(1980, p. 224-228)는 사랑의 굴레를 벗어났다고 주장하는 사람들이 이 유형에 속한다고 보았다. 준비가 미흡할지라도 타인의 도움이 필요 없다고 생각하는 사람에서부터 확실하게 준비되었기 때문에 그렇게 생각하는 사람까지 배척형은 연속선상에 있다.

볼비의 애착 모델을 사용하면, 우리는 배척형의 애착 시스템은 낮은 수준에서 자기를 방어하기 위해 작동한다고 말할 수 있다. 이것은 배척형은 안전형에 비하면 애착인물에게 위안과 친밀감을 덜 찾는 것을 의미한다. 배척형의 무의식적 방어기제는 지속적인 방치, 거절, 정서적 거리감에서 오는 고통을 차단하여 자아를 보호하고 있다.

볼비(1980)에 의하면, 배척형은 다음과 같은 두 종류의 어린 시절을 보낸 경향이 있다.

한 부류는 아동기 때 어느 한쪽 부모를 잃고 그 후 자기를 스스로 돌보며 살아온 사람들이다. 다른 부류는 사랑받고 주목받고 지지받고 싶은 자연스러운 아동의 욕구를 부모가 비난하거나 공감해주지 않은 경우이다. 흔치는 않을지라도 사랑의 굴레를 벗어났다고 주장하는 사람 중에는 이 둘을 모두 경험한 사람들이 있다. (p. 224)

병원에서 입원한 채(부모와 접촉이 차단되어 부모에게 지속적인 위안을 받지 못한 채) 아동기를 보낸 사람과 간섭이 심한 부모 밑에서 자란 사람도 배척형이 될 수 있다.

AAI에서 배척형은 자신의 어린 시절을 거의 기억하지 못한다. 이들은 자신의 부모를 이상적인 부모라고 말하기도 한다. 힘들었던 일이 자세히 생각나는 경우도 있다. 그러나 그때의 감정이 삭제되어 있거나 그 일의 의미를 과소평가한다.

성인이 된 지금도 이들은 친밀한 관계를 의도적으로 과소평가하고 중요시하지 않는다. 이들은 초기 경험이 자기 인생에 중요한 영향을 주었다고 말은 하지만 대체로 머리로만 그렇게 생각한다.

이들은 정서적으로 인지적으로 행동적으로 고통의 원천과 거리를 두는 경향이 있다. 이들은 과거 기억을 회피하기 위해 주의를 다른 곳으로 돌리거나 관련 사건을 깊이 생각하려 하지 않는다. 특히 애착 사건이 슬프거나 불안한 일이었다면 더욱 회피한다. 벨스키(2002)는 이들이 강한 적대감을 보고하고 고통의 생리적 증상이 강하게 나타났을 때도 자신의 분노를 자각하지 못하는 것을 발견했다. 이들은 흥분된 감정만 차단하는 것이 아니라 차분한 감정도 차단한다. 이들은 심지어 긍정적인 감정도 차단한다. 이 것은 이들의 창의적 문제해결을 방해한다.

집착형

이 유형의 애착 시스템은 약하게 작동하는 배척형과 달리 너무 강하게 작동한다. 이들은 너무 쉽게 관계를 맺고 한번 관계를 맺으면 양가감정을 느끼고 집착하는 경향이 있다. 이 범주에 속한 사람들은 볼비(1980, p. 218-222)의 말대로 불안한 관계 혹은 양가적인 관계를 맺는 경향이 있다.

볼비(1980)는 다음과 같이 말했다.

> 양가적인 혹은 불안한 애착관계를 경험한 아동은 부모에게 보살핌을 받지 못하고 거절당한 경험이 있을지라도 이런 경험은 간헐적이고 부분적이다. 그 결과, 성인이 된 지금도 이들은 부모의 사랑과 보살핌을 갈구하고, 부모에게 버림받거나 거절당할까 봐 불안해하고, 부모에게 더 많은 관심과 애정을 요구하고, 혼자 있어야 할 때 화를 내며 저항하고 혼자 있기를 거부한다. (p. 219)

이들은 자신의 고통에 초점을 맞추고, 부정적인 생각을 곱씹고, 대인관계 갈등과 문제에 감정적으로 대응하여 문제를 더 키운다.

집착형의 부모는 부모 중에서도 주로 엄마가 허약한 경우가 있다. 허약한 엄마는 지지적 역할을 수행할 수 없으며 자녀와 엄마의 역할이 뒤바뀔 수 있다. 이런 엄마는 겉으로 아동을 거절하는 것은 아니지만 아동의 불안을 받아줄 수 없다. 이런 엄마들은 위급한 상황에서 공황장애 증상이 나타나기도 한다. 집착형의 부모는 불평불만이 많고, 죄책감을 느끼게 하고, 지속적으로 비난한다.

AAI의 반응에서 집착형에 속한 사람은 부모와의 관계 및 부모의 영향력을 평가할 때 객관성과 일관성이 없고 어떻게 평가해야 할지 혼란스러워한다. 이들의 면접은 어렵고 시간이 오래 걸리고 이 관점에서 저 관점으로 왔다갔다 하기 때문에 말을 따라가기 어렵다. 이들의 기억은 선명하지만 쓸데없는 것이 많다. 어떤 경우에 이들은 자기 분석이 옳은지를 확신하지 못한다. 이들은 종종 초기 융합된 관계에 얽매여 지금도 벗어나지 못하고 과거 관계에 몰두한다. 이들은 성인이 된 지금도 어린 시절의 가족에 속해 있고, 아직도 부모를 기쁘게 하려고 고군분투하며, 부모에 대한 반항과 의존 사이에서 갈등하고 있다. 이들에게는 과거의 관계로부터 자유로운 자기가 발달하지 않은 것 같다.

미해결형

제4 유형은 '미해결형'이다. 이 유형에 속한 사람은 상실, 학대 혹은 다른 트라우마를 경험한 적이 있다. 이들은 트라우마에 대한 이야기를 할 때 몹시 혼란스러워한다. 이야기는 일관성이 없고 이야기가 엉뚱한 방향으로 흐르기도 한다. 이들은 부정적 관점과 긍정적 관점 사이에서 왔다갔다 하고 생각과 이야기가 이상하게 흘러가도 이를 잘 알아차리지 못하고 면접의 주제에 머물지 못하고 면접자가 방금 한 질문을 놓치기도 한다.

주의할 점

AAI에서 분류된 것은 AAI에 대한 반응일 뿐이다. AAI가 분류한 것은 면접 내용일 뿐 수검자가 아니다. 더욱이 연구자는 AAI 반응의 안정성에 관심을 기울여야 한다. 최근의 연구들을 살펴보면 적어도 1년 동안의 AAI 반응은 안정적이다(Howard Steele, 개인적 대화). 그러나 AAI의 범주는 자녀 양육방식과 정신병리를 예측해준다. 뒤에서 살펴보겠지만 많은 연구에서 애착 패턴의 대물림과 정신병리가 AAI로 분류한 범주와 상관관계가 있는 것으로 밝혀졌다.

AAI를 토대로 많은 애착연구가 이루어졌다. 이러한 연구가 내놓은 가장 놀라운 결과는 애착손상의 대물림이다. AAI에서 안전-자율형으로 분류된 부모는 다른 범주보다 자녀에게 심리적으로 안전한 환경을 제공한다.

런던에서 임산부에게 AAI를 실시하고 출산 후 자녀와의 관계를 비교한 연구(Fonagy, 1991)가 있었다. 이 연구에서 생후 12개월 된 자녀의 낯선 상황

반응을 출산 전 임산부의 AAI가 예측해주었다. 안전형 엄마의 75%는 자녀와 안전한 애착관계였다. 반면에 '배척형' 또는 '집착형'으로 분류된 엄마의 73%는 자녀와 불안전한 애착관계였다.

AAI를 실시하고 분류하는 지식과 기술을 배우려면 많은 비용과 노력이 필요하다. 특히 AAI를 이용하여 두 세대 이상을 비교하는 연구는 이런 문제가 있다. 수검자가 말한 것을 풀어쓰고 코딩하고 분류하는 일은 매우 수고스러운 과정이다. 훈련을 받지 않은 사람이 실시한 면접과 분류는 신뢰하기 어렵고 더 나아가 잘못된 결과가 나오기도 한다. 좀 더 간단한 Q-분류법(Ozer, 1993) 같은 새로운 도구가 개발되었다. 이런 도구를 이용하면 면접을 좀 더 간편하게 실시할 수 있다.

요약

AAI가 측정하는 것은 다음과 같다.

- 성인의 애착관계에 대한 내부작동모델
- 내부작동모델을 탐색하는 메타인지 과정과 이것이 말로 표현되는 방식
- 일화기억과 의미기억의 일치 상태
- 불안전한 애착과 여기에 연합된 불안에 대응하는 방어 전략
- (위의 방어 전략과 비슷한 것으로) 위협적인 상황에서 자기를 보호하고 중요한 타인과의 연결을 유지하기 위해 사용하는 전략
- 분노 혹은 사별의 상처가 해결된 정도

성찰기능척도(AAI-RF)

피터 포내기 등(1995)은 자신의 문제나 대인관계 문제를 곰곰이 생각해보고, 사람을 각자 마음이 있는 존재로 보는 능력은 어린 시절에 발달한다고

주장하였다. 대체로 이 능력은 안전한 애착이 형성되는 과정에 출현하는 것 같다.

성찰기능이 뛰어난 사람은 독립된 개체로서의 사람은 누구나 다 각자 자기 마음에 따라 행동하고, 느끼고, 생각하며 어떤 행동에는 반드시 어떤 원인이 있다고 생각한다(13장 참조).

이 개념은 메타인지라는 매리 메인의 개념과 정신분석학으로부터 영향을 받은 것이다. 정신분석학은 오래전부터 마음이 연결된 상태에서 개인적 사건이나 대인관계 사건을 생각하는 인간의 능력에 많은 관심을 기울여 왔다. 예컨대 비온(1962a, 1962b)은 원재료('베타상태')로서의 심리상태가 견딜 수 있고 반추할 수 있는 경험('알파상태')으로 변형되는 과정을 연구하였다.[2] 페어베언(1952)과 코헛(1977)은 타인의 마음속에 들어 있는 '나'를 알아차리고 생각해봄으로써 자아[3]가 성숙해진다고 보았다.[4]

처음에 피터 포내기와 동료들은 '자기-성찰(self-reflective function)'이라는 용어를 사용하였다. 그러나 이들은 이 용어를 삭제하고 '성찰기능(reflective function)'으로 바꾸었다(Howard Steele, 개인적 대화). 자기-성찰은 개인 내부에서 일어나는 자기에 관한 것을 생각하는 것이고 성찰기능은 사람과 사람 사이에서 상호작용하는 자기 방식을 생각하는 것이다.

포내기 팀은 성찰기능을 측정하기 위해 AAI의 녹음내용을 분석하였다. 이들은 또한 성찰기능의 개인차가 안전한 애착과 불안전한 애착의 차이임

---

2 곡식에 비유하면, 날것은 소화가 잘 안 되는 '베타상태'이고 익힌 것은 소화가 잘되는 '알파상태'이다. 정신적으로 건강한 사람은 과거에 얽매이거나 회피하지 않고 과거를 알파상태로 만들어 발전의 밑거름으로 삼는다. (역자주)
3 이 책에서 self(자아)는 '나 전체'를 말하고, ego(자기)는 현실과 접촉하고 나의 여러 영역을 조절하는 의식적인 나를 말한다. 이 책에서 자아와 자기를 구분하지 않고 맥락에 따라 사용하였다. (역자주)
4 코헛과 페어베언에 따르면, 고통스러운 사건을 다양한 관점에서 객관적으로 바라보면 고통이 완화된다. 이러한 능력이 성찰기능이다. (역자주)

을 입증하였다(Fonagy et al. 1991, 1996, 1997).

성찰기능은 세상과 자기를 바라보는 특수한 사고력으로 자아 기능과 관련이 있다(Bellak, Hurvich & Gediman, 1973 참조). 예를 들어, 현실검증력, 판단력, 자기와 세계에 대한 현실감(sense of reality), 정서와 충동에 대한 통제력과 조절력, 사고력, 종합력 등을 담당하는 자아 기능은 성찰기능과 밀접한 관계가 있다. 임상 경험에 비추어보면, 성찰기능은 초기에 부모와의 안전한 애착관계 속에서 발달하고 다시 부모가 되었을 때 자녀를 대하는 방식에 영향을 주는 것 같다. 부모 쪽에서 보여주는 행동의 일관성, 예측 가능성, 정서적 안정성, 좋은 판단뿐만 아니라 자녀의 정서와 동기와 욕구를 왜곡 없이 지각하는 능력은 건강한 자아 기능과 관련이 있다.

성찰기능은 어떤 일을 정신적으로 생각해보는 정신화(mentalize) 능력이다. 이 능력은 수검자의 말로 표현되므로 측정가능하다. 앞에서 언급했듯이, 양육자가 어린 자녀에게 맞추고 자녀의 마음을 읽어줄 때 아동에게도 정산화 능력이 발달한다. 이 능력의 핵심은 아동이 자신을 양육자와 분리된 독립된 개체로 보는 것이다. 이 능력이 발달한 아동은 양육자와 다른, 자신만의 독특한 소망과 느낌과 생각이 있다고 생각한다. 즉 자신의 내면을 이해하는 아동의 능력은 부모의 성찰기능에 달려 있다.

부모의 성찰기능은 일반적인 정신화 과정과는 분명히 다르다(Slade, 2005). 애착의 대물림에 중요한 역할을 하는 것은 바로 부모의 성찰기능이다(Fonagy, et al., 1995). 양육자에게 좋은 돌봄을 받은 아동에게는 정서 조절력이 발달한다. 이런 아동이 성인이 되면 감정에 압도되거나 이성을 잃을지 모른다는 두려움 없이 감정을 대할 수 있다.

성찰기능이 부족하거나 손상된 부모는 초기 영아와 상호작용할 때 자녀에게 맞추지 못하고 적대적으로 대하거나 자녀와 상호작용을 하지 않는다. 초기에 이런 경험을 한 아동에게는 자아감이 발달하지 않고, 아동은 자신을 타인과 상호작용하는 주체로 생각하지 않는다. 이런 아동은 대화를 통해 상호작용하기보다는 혼자 지내거나 자기주장을 앞세우는 이상한 사람이 될 수 있다. 타인과 건강한 상호작용이 가능하려면 타인을 독립적이고 자율적이면서도 안전한 사람으로 바라보아야 한다.

원래 성찰기능척도(AAI-RF : AAI-Reflective Function Scale)는 AAI의 자료를 토대로 개발된 것이다(George, Kaplan & Main, 1985). AAI-RF는 나중에 PDI(부모발달면접) 혹은 PI(임산부면접)와[5] 같이 사용되었다.

PDI(Slade, 2003)는 45문항으로 된 반구조화된 면접법으로 자녀, 부모로서의 자기, 자녀와의 관계를 평가한다. AAI처럼 PDI도 자녀와의 관계에 대한 내부작동모델을 측정하는 도구이다. 그러나 AAI와 달리 PDI는, 아직도 발달하고 있는 생생한, 부모와 아동의 현재 관계를 측정한다. PDI는 다양한 상황에서 아동이 보이는 행동과 느낌과 생각뿐만 아니라 다양한 상황에서 부모가 아동을 대하는 방식을 질문한다. 또한 부모에게 자신이 어떤 부모인지를 묘사해보라고 하고 이 말을 하는 동안에 올라오는 감정에 대해 이야기를 나눈다.

AAI-RF는 자기와 타인의 마음을 생각해보는 능력을 측정한다. 이를 위해 대인관계 맥락에서 상호작용하는 자기와 타인의 모습을 묘사한 면접내용을 분석한다.

안나프로이드연구소(런던에 있음)에 AAI를 토대로 한 AAI-RF 훈련과정이 있다. 이 과정(AAI의 일부인 RF를 훈련하는 과정이기는 하지만)은 AAI를 실시하고 코딩하는 방법을 몰라도 참석할 수 있다.

성인들의 현재관계척도

성인들의 현재관계면접법(CRI : Current Relationship Interview)은 성인 커플의 애

---

5 PDI는 'Parent development Interwiew'의 줄임말이고, PI는 'Pregnancy Interwiew'의 줄임말이다. (역자주)

착표상을 탐색한다. 이 검사는 AAI와 비슷한 방식으로 파트너의 행동과 관계를 질문하고, 그 내용과 진술 방식을 분석한다. CRI의 채점 체계도 AAI와 마찬가지로 파트너와의 경험, 진술 방식, 진술의 일관성/신뢰성을 다각적으로 분석한다. CRI는 (1) 파트너의 행동과 (2) 수검자의 행동과 (3) 수검자의 진술 방식을 평가한다. 커플들이 상대방에게 분노하는지, 모욕감을 주는지, 우상화하는지, 대화할 때 수동적인 자세를 취하는지, 상실의 두려움이 있는지, 마지막으로 수검자의 전반적인 진술에 일관성이 있는지를 구체적으로 평가한다.

바솔로뮤와 호로비츠(1991)는 성인의 현재 애착관계를 평가하는 척도를 고안하였다. 이 검사는 수검자가 파트너를 신뢰하는 정도, 파트너가 수검자를 바라보는 인상, 커플 관계에서 바뀌기 바라는 것을 질문한다. 면접 내용은 모두 녹음된다. 평가자는 녹음내용을 듣고 수검자가 네 가지 애착유형 중 어느 것과 어느 정도 가까운지를 9점 척도 문항으로 평가한다. 최종적으로 수검자는 안전형, 배척형, 집착형, 공포형 중 하나로 분류된다.

전형적인 공포형은 파트너를 신뢰할 수 없고, 둘 사이의 관계가 편안하지 않고, 파트너가 자신을 거절할지 모른다는 두려움 때문에 파트너와 가까워지는 것을 회피한다.[6]

애착 검사 외에 자존감 검사도 실시한다. 또한 가족, 개인 활동, 교우관

6　CRI에서 사용하는 나머지 세 가지 애착은 다음과 같다.
① 안전형(secure) : 둘의 관계를 중시하지만, 개인적 자율성을 유지한 채 관계를 유지하고, 진술에 일관성이 있고, 이야기할 때 자기와 상대방에 대해 사려 깊은 태도를 보인다.
② 배척형(dismissive) : 둘의 관계를 그다지 중시하지 않고 서로에 대한 감정이 깊지 않고, 독립심과 자립심을 강조하고, 진술의 신뢰성이 부족하다. 갈등이 발생하면 상대방에게 더 많은 책임을 전가하여 자기를 방어한다.
③ 집착형(preoccupied) : 둘의 관계에 지나치게 몰두하고 자신의 행복은 상대방에게 달려 있다고 생각하고 상대방을 우상처럼 생각하는 경향이 있다. 진술에는 일관성이 부족하고 상대방에 대한 감정은 과장되어 있다. 갈등이나 상대방의 거절을 자신의 책임으로 돌리기 때문에 상대방에 대한 긍정적인 관점이 유지된다. (역자주)

계, 사교성, 대인관계 문제에 관한 사실적인 정보도 참조한다. 이렇게 하여 바솔로뮤 등이 만든 검사가 궁극적으로 측정하는 것은 (1) 커플과 관련된 감정이나 경험이 어느 정도 통합되어 있는가(일관성), (2) 일반적 기억을 뒷받침해주는 구체적인 사건을 어느 정도 제시하는가(정교성), (3) 상대방에게 적절할 때 적절하게 감정을 어느 정도 표현하고 조절하는가(정서적 표현), (4) 어려움이 있을 때 상대방을 어느 정도 이용하는가(상호 의지), (5) 상대방을 어느 정도 돌봐주는가(돌봄)이다.

그러나 누구라도 어떤 범주에 딱 들어맞을 수는 없고 시간에 따라 혹은 상대방에 따라 유형이 다양하게 조합되어 나타난다.

이러한 성인 애착검사를 이용한 연구가 시사하는 바는 다음과 같다.

- 아동과 부모의 초기 관계는 성인기의 커플 관계에 영향을 준다.[7]
- 사회적 정보를 처리하는 과정에 사람들은 상대방에게 특수한 반응을 유도하고, 이런 상호작용을 자기와 타인에 대한 내부작동모델의 증거로 해석한다.[8]
- 우리는 자기 내면에서 작동하고 있는 모델과 일치하는 방식으로 상호작용할 수 있는 파트너에게 접근하는 경향이 있다.[9]

AAI의 임상적 적용

임상 장면에서 평가와 진단을 위해 AAI가 체계적으로 사용되고 있다. 하워드 부부(2008)는 임상 장면에서 사용되는 AAI를 광범위하게 조사하고 책으로 출판하였다. 이 책의 내용을 요약하면 다음과 같다. 첫째, 접수 면접

---

7 이것을 전이(transference)라 한다. (역자주)
8 이것을 투사적 동일시라 한다. (역자주)
9 이 메커니즘 때문에 우리는 부모와 비슷한 사람을 배우자로 선택하고 부모처럼 살아가는 경향이 있다. (역자주)

시 환자에게 필요한 정보를 구할 때 유용하다. 둘째, 환자의 주호소 문제를 탐색하고 치료동맹 관계를 강화하고 치료 경과를 모니터링할 때 유용하다. 셋째, 치료를 계획할 때도 유용하다.

애착유형면접법(ASI)

성인의 애착 유형을 측정하는 또 다른 면접법은 ASI(Attachment Style Interview)이다. ASI 사용법은 런던에서 훈련을 받을 수 있다(Bifulco, Lillie & Brown, 1994). ASI는 다른 반구조화된 면접법의 일부로 개발되었다. ASI는 성인 수검자에게 인생 사건, 역경, 아동기의 돌봄과 학대 경험을 질문한다. 면접자는 원가족과의 관계뿐만 아니라 친구와의 관계나 자녀와의 관계, 심지어는 동물과의 관계를 질문하여 타인에게 받은 지원과 이에 대한 수검자의 태도를 비교한다.

ASI는 기본질문과 보조질문으로 구성되어 있고 면접 시간은 30분 정도 소요된다. 면접자는 동물, 자녀, 파트너, 가족, 친구와의 관계를 어떻게 생각하는지 자유롭게 이야기하도록 격려한다. ASI는 애착 범주를 크게 표준형(혹은 안전형)과 비표준형(불안전형)으로 구분하고 비표준형을 몇 가지 아형으로 구분한다. ASI는 AAI와 바솔로뮤 검사에서 사용하는 집착형/융합형을 그대로 사용하고, 배척형은 공포회피형과 단순회피형으로 구분하여 사용한다.

최종적으로 어떤 유형인지 결론을 내리기 위해 면접자는 상대방을 어느 정도 불신하는지, 도움을 요청하면 상대방이 도와줄 것이라고 어느 정도 확신하는지, 파트너와 떨어져 있는 것을 참지 못하는지, 상대방에 대해 분노를 느끼는지, 친밀감과 성행위를 두려워하는지(친밀감의 회피는 함입의 두려움이 아닌 거절의 두려움 때문임), 같이 있거나 같이 뭔가 하는 것을 과도하게 요구하는지, 자립심은 어느 정도인지, 관계를 맺고 유지하는 능력은 어느 정도인지를 측정한다. 관계를 맺고 유지하는 능력이 우수한 사람은 가족 이외의 다른 사람과도 관계를 잘 맺고 서로 우호적으로 교류하는 경향이 있다. 표준 애착(또는 안전형)의 낮은 점수는 이후 우울증을 예측해주었고(Bifulco et al., 1997), 치료가 잘 안 되는 우울증과 상관이 있었다(Harris, Brown & Robinson, 1997). 티릴 헤리스(개인적 대화)에 따르면, ASI를 이용하여 병의 경과를 예측할 수 있을 뿐만 아니라 환자의 커플관계 전반을 검토함으로써 치료의 초점이 되어야 하는 부분을 치료사에게 제안할 수 있다. 그러므로 ASI는 임상 장면에서 진단과 치료에 매우 유용한 도구이다.

아동애착면접법(CAI)

아동에게 면접법으로 애착을 검사하는 한 가지 방법은 분리불안검사나 인형놀이검사 같은 투사 검사를 이용하는 방법이 있고, 또 하나는 AAI 같은 기존의 검사를 이용하는 방법이 있다. CAI(Child Attachment Interwiew)는 이 둘을 절충한 것이다. AAI와 달리 CAI는 현재의 기억에 초점을 맞추고 아동이 애착인물을 어떻게 지각하는지를 평가한다. 이를 위해 CAI는 아동의 내부작동모델이 드러나도록 유도하고 애착인물의 민감한 반응성과 접근성을 측정한다.

CAI(Shmueli-Goetz et al., 2008)는 아동기 발달에 관한 질문으로 구성되어 있다. 특히 아동이 다치거나 놀라거나 몸이 아픈 적이 있는지, 분리와 상실의 경험이 있는지, 그때 부모가 어떻게 했는지를 질문한다. CAI는 언어적 방법뿐만 아니라 비언어적 방법도 사용하고 면접자와 아동이 나눈 이야기를 분석한다. 면접 과정을 녹음하고 이를 코딩한다. 코딩과 분류는 영아와 부모의 상호작용을 분석할 때와 같다.

치료관계에 적용된 AAI

경계선 성격장애가 있는 환자의 증상과 애착의 변화를 종단적으로 추적하는 한 연구에서 AAI를 수정한 면접법이 사용되었다. 이 연구에서 치료자

-환자의 애착관계와 이 관계와 관련된 성찰기능을 평가하였다. 새로운 이 검사의 이름은 PT-AAI(Patient-Therapist Interview)이다(Diamond et al., 1999). PT-AAI는 진행순서와 큰 틀은 AAI와 비슷하지만 환자와 치료사에게 맞게 용어를 수정하였다.

예컨대 AAI에서 "당신이 어렸을 때 부모가 당신에게 왜 그렇게 행동했다고 생각하는가?"라고 물었던 질문을 PT-AAI에서는 "당신의 치료사(혹은 환자)가 왜 그렇게 행동한다고 생각하는가?"라고 글로 제시하고 글로 답하게 한다. AAI의 "당신은 어렸을 때 부모와의 관계에서 어떤 교훈을 얻었는가?"라고 말로 하던 질문은 "치료관계에서 당신은 어떤 교훈을 얻었는가?"라고 글로 제시한다.

AAI에 한쪽 부모와의 관계를 묻는 문항이 있다. "과거의 엄마(혹은 아버지)와의 관계를 묘사해주는 단어나 형용사를 5개만 골라보세요. 가능한 한 오래된 기억을 거슬러 올라가 보세요. 5~12세 정도의 기억이면 괜찮습니다. 기억을 더듬어보려면 생각할 시간이 필요할 거예요. 천천히 생각해보세요. … 그런데 당신은 왜 이러한 기억을 선택했나요?"라는 문항을 PT-AAI에서는 "전반적인 치료관계를 묘사하는 형용사를 5개를 쓰고 이런 형용사를 선택하게 된 구체적인 사건을 예로 들어 보세요."라는 지시문으로 수정하였다.

"당신이 어렸을 때 깜짝 놀란 적이 있습니까? 어떤 일로 놀랐습니까?"라는 AAI의 매우 중요한 질문이 PT-AAI에서는 치료자의 공감능력을 평가하기 위해 "상담 중에 당신(내담자)이 당황하거나 힘들어하면 치료사는 어떻게 했습니까?"라는 질문으로 수정하였다.

다음 3개의 질문도 PT-AAI에서는 수정하여 사용한다.

- 어렸을 때 부모에게 거절당한 경험이 있습니까?
- 어렸을 때 부모에게 거절당한 경험이 있습니까? 그렇지만 지금 되돌

아보면 그때 부모가 정말로 당신을 거절한 것은 아니었다고 생각하는 거죠? 그러나 제가 지금 궁금한 것은 당신이 어렸을 때 거절당한 일을 기억하는가입니다.

- 당신의 부모가 어떤 식으로든—훈육을 위해서든 장난으로라도—당신을 위협한 적이 있습니까?

PT-AAI에서 위 질문은 "상담 중에 상대방이 내담자(혹은 치료사)를 거절하거나 위협한 일이 있습니까?"라고 질문한다.

AAI처럼 PT-AAI도 수검자의 무의식을 탐색하기 위해 설계된 것이다. 이를 위해 수검자가 자신의 진술을 뒷받침할 만한 구체적인 예를 들지 못하거나 모순된 말을 하거나 모호하게 말하는 장면에서 순간적으로 활성화된 무의식을 탐색한다.

다이아몬드와 동료들은 치료적 관계의 특징을 탐색하기 위해 PT-AAI에 12개의 질문을 추가하였다. 추가된 질문은 내담자와 치료사의 치료적 관계에 대한 경험과 표상과 성찰 능력을 평가하기 위해 만들어진 것이다. "치료자(혹은 내담자)는 당신을 어떻게 생각할까요?" 혹은 "당신은 치료실 밖에서도 치료사(혹은 내담자)를 생각하는지요?"는 추가된 질문의 예이다.

PT-AAI는 치료실에 난무하는 전이에도 불구하고 치료사와 내담자 사이에 관심과 돌봄과 온정이 어느 정도 유지되는지를 측정한다. 또한 PT-AAI는 치료사와 내담자가 치료적 관계 외에 또 다른 방식으로 서로를 돌보고 관심을 기울여주는 정도를 측정하기도 한다.

내담자가 치료적 관계를 중시하고 치료사와의 애착 경험이 자신에게 많은 영향을 주었다고 진술한다면 그의 애착 유형은 안전형(자율형)이다. 안전형(자율형) 내담자는 치료 과정에 치료사가 안전기지를 제공했다고 보고하고, 치료사가 안전기지를 제공하지 못한 경우에도 어느 정도 안전기지가 되었다고 말한다. 그러므로 안전형 내담자가 묘사하는 치료사의 그림은 일관성이 있고 신뢰할 만하다.

치료사가 역전이를 포함하여 내담자와의 관계에서 발생하는 문제를 깊이 생각하고 치료적 관계를 묘사하는 진술이 일관되고 믿을 만하면 그의 애착 유형을 안전형이라고 한다. 안전형 치료자는 자신이 내담자에게 안전기지 역할을 할 수 있다는 자신감이 있다.

내담자(혹은 치료자)가 치료 관계에서 감정을 억제하려고 노력한다면 그의 애착 유형은 배척형이다. 이런 내담자는 치료적 관계를 모욕하거나 평가절하하거나 이와 반대로 우상화함으로써 치료자에 대한 감정을 차단한다. 이들은 일반적인 심리치료도 모욕하고 치료적 관계를 비난하고 자신의 진술과 모순된 증거가 나오면 모순을 인정하지 않으려고 노력한다. 이런 내담자들은 종종 독립심을 강조하고 치료사와 거리를 두려고 노력한다.

배척형 내담자는 치료사를 약간 혹은 매우 심하게 우상화하기도 한다. 이 유형의 내담자는 치료가 전반적으로 좋았다고 말을 하지만 구체적으로 이 말을 뒷받침해줄 만한 긍정적인(위안, 지지, 관심 등) 기억을 떠올리지 못한다. 마찬가지로 배척형 치료사는 내담자와의 관계가 전반적으로 좋았다고 평가하지만 이 평가를 뒷받침해주는 구체적인 예를 제시하지 못한다. 배척형 내담자(혹은 치료사)가 치료적 관계를 나쁘게 보고했다면 이들은 치료 경험을 금방 잊고, 치료사에게 연연하지 않고, 치료에 대해 별 감정이 없다.

집착형으로 분류된 치료사와 내담자는 심리치료의 규정을 어기면서까지 치료적 관계에 집착하고 몰두한다. 집착형 내담자의 말은 혼란스럽고 일관성이 없고 치료적 관계에 너무 매달린다. 심지어는 종결된 치료적 관계에도 집착한다. 이들은 자기 정체성이 약하거나 정체성에 혼란을 겪는다. 치료와 치료적 상호작용이 이들의 삶의 중심이 된다. 극단적인 경우, 치료적 관계에 집착하는 내담자는 치료사의 돌봄과 관심을 끌거나 치료자를 벌하기 위해 자기파괴적인 행동을 연출하기도 한다. 집착형의 치료사는 내담자와 내담자의 변화를 위해 지나칠 정도로 신경을 쓴다. 상담 규칙에 대한 이론적 교육을 받았음에도 불구하고 이런 치료사는 내담자의 정서적 삶 속으로 뛰어든 것 같다. 집착형 치료사는 전문가로서의 명성이 내담자의 변화에 달려 있다고 생각하고 내담자에게 지나칠 정도로 신경을 쓴다.

내담자(혹은 치료사)가 (배척형과 집착형 같은) 두 가지 이상의 전략을 사용하거나 면접 중 갑자기 이야기를 전혀 다른 방향으로 바꾼다면 미분류(CC : Cannot Classify)라고 범주화한다.[10]

---

10 미분류(CC) 유형은 와해형(혼란형)과 유사하다. (역자주)

07

병리적인 부모

도입

부모의 양육 방식이 자녀의 발달에 중요한 영향을 준다는 가정은 매우 오랫동안 회자되었다. 이것은 많은 책과 논문의 주제이기도 하다. 좀 더 과거로 거슬러 올라가면 로크(1693)와 루소(1762)의 교육법도 이와 관련이 있다. 정신분석학에서는 이 주제가 부모의 병리가 아동의 발달에 영향을 준다는 주제로 논의되었다. 볼비의 애착이론에서 이 주제를 좀 더 체계적으로 연구하기 시작하였다. 애착이론에서는 영아와 부모의 역기능적 관계가 정상 발달을 이탈하게 만들어 아동에게 불안한 애착과 정신병리가 나타날 수 있다고 가정하였다(Perris, 1994). 일단 부모와 아동의 상호작용 방식이 형성되면 잘 변하지 않는 경향이 있다. 그 이유는 부모의 태도가 자녀에게 도움이 되는 말든 잘 변하지 않는 경향이 있기 때문이다. 자녀를 대하는 양육자의 태도는 성격의 영향을 받기 때문에 양육자가 집중적으로 심리치료를 받지 않는다면 거의 변하지 않는다. 부모와 아동의 상호작용이 병리적이라면 자녀가 2세, 5세, 10세 … 심지어 50세가 되어도 그 패턴은 유지된다.

　많은 애착기반 심리치료(attachment-oriented psychotherapy)는 장기간에 걸쳐 발달에 영향을 준 요인을 탐색한다. 애착 유형이 안전형인 아동은 불안형보다 더 행복하고 아동이 돌봄을 요청할 때 더 좋은 대우를 받고 덜 보채는 경향이 있다. 부모에게 양가감정을 느끼며 불안한 애착을 경험하는 아동은 부모에게 더 매달리고 더 보채는 경향이 있다. 회피형 아동은 부모와 거리를 두고 부모와 같이 뭔가를 하려 하지 않는다. 회피형과 불안형(양가형) 아동은 부모의 부정적인 반응을 유도하는 경향이 있고, 그 결과 아동은 부모에게 부정적인 대우를 받는 악순환 고리가 형성된다.

　4장에서 언급했듯이, 아버지의 역할이 매우 중요하다는 연구 결과들이 계속 나오고 있다(Phares & Compas, 1992). 임상 경험에 비추어보면, 부모의 성격은 아동이나 청소년의 병리와 밀접한 관계가 있다. 대부분의 경우에 아버지의 문제가 아동에게 영향을 준다면 아동의 문제의 심각도는 엄마의 문제와 비례한다.

부모 요인

많은 연구는 부모의 행동과 자녀의 심리적 기능 사이에 상관관계가 있음을 보여주었다(Winefield, Tiggemann & Winefield, 1994). 이런 상관은 애착이론이 오래전에 예측한 것이다. 지지적이고, 거절하지 않고, 지나치게 간섭하지 않는 부모 밑에서 자란 사람은 덜 우울하고, 덜 소외되며, 자신의 삶에 더 만족한다. 아동을 정상에서 이탈하게 만드는 가장 큰 요인은 아동을 구박하거나 학대하거나 과잉보호하거나 약물중독, 우울증 등의 정신장애를 앓고 있는 부모 요인이다. 반면에 따뜻하고, 사랑이 많고, 잘 놀아주고, 지지적이고, 자녀의 주도성과 탐색욕구를 존중해주는 부모는 자녀를 정신적으로 건강하고, 심리사회적으로 성숙하고, 창의적인 사람으로 키우는 경향이 있다(Franz et al., 1994).

병리적인 커뮤니케이션

민감한 반응성이 부족하고 비지지적인 소통 방식은 무수히 많다. 이제 이러한 소통을 논의할 것이다. 부모의 이러한 소통은 가끔 있는 일이 아니라 끊임없이 반복되기 때문에 아동을 위협한다. 이러한 소통 방식을 모두 나열하는 것이 이 장의 목적은 아니다. 나는 슈퍼비전을 통해 존 볼비에게 배운 것과 내가 치료실에서 목격한 병리적 소통의 결과에 대해 논하고자 한다. 나는 병원에서 정신과 의사로 일하는 동안 어린 자녀를 둔 많은 가정을 관찰하고 면담하면서 병리적인 소통을 발견하였다.

아동이 위안을 요청하면 비난한다

어린 자녀가 무섭다고 할 때 부모가 보여주는 반응은 자녀의 내면에 형성되는 자기와 타인에 관한 내부작동모델(혹은 의미기억)에 많은 영향을 준다. 예를 들어, 겁에 질린 아이가 애착인물을 찾으며 도움을 요청하면 어떤 부모는 아이를 안아주며 따뜻한 목소리로 "오, 혼자 있어서 무서웠지? 걱정마, 엄마 이제는 어디 안 갈게."라고 한다. 또 어떤 엄마는 비슷한 상황에서 아이를 떠밀며 "이런 겁쟁이! 뭐가 무섭다고 그래!"라고 한다. 엄마에게 야단맞은 아동의 내면에 엄마는 도와달라고 요청해보았자 받아주지 않는 사람이라는 엄마표상과 자신은 '겁쟁이'라는 자기표상이 형성될 것이다 (Crittenden, 1992, p. 583).

크리튼덴(1992)은 다음과 같이 말했다.

> 발달 중인 아이의 성격에 이름표를 붙이면 그 영향력은 막강하다. 자녀를 학대하는 아버지가 된 팀에게서 나는 이름표의 힘을 실감할 수 있었다. 나는 팀에게 어려서 '좋은 아이'였는지를 물었다. 팀은 자신이 '나쁜 아이'였다고 대답했다. 좀 더 대화가 진행되면서 팀은 엄마가 계속해서 그렇게 말했기 때문에 자신을 그런 아이라고 생각한 것이 드러났다. '엄

마가 자녀에게 말한 것은 얼마 후 자녀의 일부가 된다.' (p. 583)

나의 한 여자 환자는 치료 회기에 들어와서 할 말이 별로 없다고 하였다. 그녀는 자신을 바보 같고 어리석은 사람으로 보았다. 치료 중 어떤 사건으로 인해 그녀의 심기가 불편해졌다. 이때 그녀는 치료자에게 자신의 불쾌감을 이야기하지 않았다. 그녀는 그럴 필요가 없다고 생각한 것이다. 감정을 묻어두는 것은 그녀의 오래된 패턴(실제로 초기 아동기에 만들어짐)이었다. 그녀는 어렸을 때 학교에서 문제가 발생하면 아무에게도 이야기하지 않았다. 언젠가 학교에서 속상한 일이 있어 엄마에게 말하면 항상 엄마는 '바보'라며 그녀를 밀어냈다고 한다.

위로받고 싶은 아동을 야단치는 부모는 아동의 요구를 들어주면 자아개념이나 자존감이 손상된다고 해석하기도 한다. 예를 들어, 울며 보채는 아이에게 "너는 너밖에 모르는구나. 내 인생을 모두 너에게 바쳐야 하니?"라고 말하는 엄마도 이런 경우에 해당한다.

아동이 목격한 현실을 부정한다

미성숙기 동안 부모 혹은 중요한 타인과의 힘든 관계가 정신장애의 중요한 원인이 된다는 많은 연구 결과가 있다. 그러나 자녀에게 부정적인 영향을 준 부모들은 자신의 책임이 아닌 것처럼 보이려고 노력한다. 이들은 자신의 부정적 측면을 축소하고, 긍정적 측면을 과장하려고 노력한다. 이들은 자녀에게 자신들이 ─ 부모로서 ─ 보이는 것보다 훨씬 더 좋은 사람이라는 생각을 심어주려고 노력한다. 이러한 주입은 자녀에게 공연한 죄책감을 심어주고, 인지 왜곡의 원인이 된다. '너는 이렇게 헌신적인 부모를 둔 것에 감사해야 한다'는 말은 자녀에게 죄책감을 심어주고 심리적 갈등을 유발할 뿐만 아니라 인지적·지각적 발달을 방해한다.

볼비(1988b)는 이렇게 말했다.

자녀들은 종종 부모가 숨기려던 장면을 목격한다. 아이들이 생각하는 부모는 부모가 심어주려던 모습과 다르다. 이런 경우, 아이들은 부모가 바라는 부모를 자기 부모라고 생각하고 실제로 그 모습을 믿는다. 이런 아동 중 많은 아동은 부모의 의중을 파악하고 부모가 원하는 대로 자신이 목격한 정보를 의식에서 삭제하여 부모에게 동조한다는 증거가 있다. 이렇게 되면 아동은 전에 목격했을지라도 부모가 숨기고 싶어 하는 장면과 인상과 경험을 기억하지 못한다. (p. 101-102)

대부분의 아동은 자기 부모의 좋은 면은 보고 나쁜 면은 보지 못한다. 경험이 부족한 아동들은 비교적 건강한 다른 부모와 자기 부모를 비교하지 못한다. 그러나 자녀들이 모두 부모가 원하는 대로 부모의 좋은 면을 보고 부모에게 좋은 감정을 갖는 것은 아니다. 부모는 이를 확실히 하기 위해 자녀에게 압력을 넣는다. 이런 압력은 주로 부모의 말을 통해 자녀에게 전달된다.

　나의 한 환자는 치료 중에 아동기 때 사건을 떠올렸다. 어느 날 밤 부모 둘이 침실에서 심하게 싸우는 소리를 들었다. 다음 날 용기를 내어 엄마에게 무슨 일이 있었느냐고 물어보았다. 엄마는 "네가 착각한 모양이구나! 그 사람들은 옆집 사람들이었어!"라고 대답했다.

죄책감을 자극한다

부모들은 훈육을 위해 죄책감을 유도하고 이 방법은 종종 효과적이다. 그러나 자녀를 지나치게 통제하거나 역할이 전도된 부모들은 자녀를 멀리 가지 못하게 하고 탐색활동을 억제하기 위해 이런 방법을 사용한다. 부모가 이런 방식을 자주 사용하면 자녀에게는 죄책감에 사로잡힌 초자아가 발달한다.

아동이 느끼는 감정을 부정한다

부모는 자녀가 보는 현실을 보지 못하게 하려고 자녀가 느끼는 감정을 부정한다. 특히 부모가 부정하고 싶은 현실을 자녀가 직시하고 부모에게 부정적인 감정을 느낄 때 더욱 그렇게 한다. 그 결과, 아동은 항상 행복한 표정을 하고 부모에게 항상 감사해야 한다. 이런 아동은 슬픔과 외로움, 분노를 표현하는 것이 허용되지 않는다. 볼비(1988b)는 한 환자의 말을 인용하며 이렇게 말했다. 이 환자는 치료가 상당히 진행된 어느 날 "이제 생각해 보니 나는 어렸을 때 무지하게 외로웠어요. 그런데 이런 생각을 하는 것이 나에게는 금기였어요."라고 말했다.

내가 정신과 의사로 종합병원에 근무할 때 심한 정신장애에서 서서히 벗어나던 매리라는 청소년과 그 가족을 면담한 일이 있다. 매리는 병원에 3주 동안 입원했고 1주일간 귀가했다 병원으로 돌아왔다. 나는 재입원 시 매리와 부모님을 재평가하였다. 나는 매리에게 어떻게 지냈는지 물었다. 매리는 "지긋지긋했어요!"라고 대답했다. 그러자 그녀의 어머니는 즉시 "그렇지 않아요! 매리는 아주 잘 지냈어요."라고 끼어들었다. 그런 다음 엄마는 매리를 돌아보며 "매리야! 행복하게 지냈지! 안 그랬니?"라고 물었다.

이것이 일반적인 중산층 가정의 모습이다. 두 부모 모두 40대 후반의 전문직 종사자였다. 엄마는 대학교수였다. 가족과의 면담이 진행되면서 매리 엄마는 사춘기 때 고아가 되어 청소년기를 엄격한 복지시설에서 보낸 사실이 드러났다. 분명히 이런 엄마는 생각하기도 싫은 고통스러웠던 과거가 떠오를까 두려워 가정의 불행을 부정하고 싶었을 것이다. 흥미롭게도 몇 회기 후—가족 상담 시 소극적이었던—매리 아버지는 나에게 개인 면담을 신청하였다. 개인 면담이 진행되면서 정상적인 직업인이며 가장이었던 그가 '딴 살림을 차렸다'고 말했다. 그는 일주일에 3~4회 정도 정기적으로 그 집을 방문하였다. 그의 본부인은 이 사실을 전혀 몰랐다. 그는 개인치료를 받고 싶다고 했고 나는 그에게 다른 분석가를 소개했다.

　매리의 치료는 가족 모두에게 효과가 있었고 가정의 더 큰 손상을 예방할 수 있었다. 나의 환자는 아니었지만 몇 년간의 분석이 진행된 50대의 한 환자는 어느 날 큰 소리로 울며 "나에게도 분노와 불행을 느낄 권리가 있다고 생각해요. 내가 10대였을 때 우리 가족 모두에게 가족치료가 필요했어요!"라고 말했다.

위협한다

볼비는 특히 부모의 위협이 어떻게 자녀의 애착을 파괴하는지에 관심을 기울였다. 악의였든 무지였든 부모는 자녀를 교육하기 위해 혹은 화가 나서 자녀를 위협한다. 위협적인 언행에는 "사랑하지 않겠다", "갖다 버리겠다", "네가 나쁜 짓을 하면 엄마가 죽어 버리겠다" 같은 협박이 포함된다. 예를 들어, "숙제를 제대로 하지 않으면 기숙사에 집어넣겠다!"는 말도 위협적인 말이다. 볼비(1988b)의 저서에 인용된 나의 임상 사례 하나를 소개하겠다. 아버지는 딸이 하지 말라고 한 행동(예를 들어, 일요일 아침에 아빠 방에 오지 말라고 했는데 자꾸 온다)을 할 때마다 사방에 상어가 우글거리는 외딴 바위섬으로 전학을 보내겠다고 했다(Marrone, 1984).

　슈퍼비전 회기에서 나는 볼비와 함께, 폭력을 휘두르며 싸움을 하던 부모 밑에서 자란 환자에 대해 이야기를 나눈 적이 있다. 볼비는 부모가 싸울 때 무슨 말을 하며 싸웠는지 물어보아야 한다고 조언했다. 환자에게 기회가 되어 이런 질문을 하자 그녀는 엄마는 "당신이 계속 이런 식으로 나가면 딸을 데리고 도망가겠다. 당신은 이제 이 아이를 못 볼 것이다!"라는 말을 자주 했다며 눈물을 흘렸다.

비생산적 비판

어떤 부모(혹은 양육자)는 계속 자녀를 비판하여 자녀의 자존감에 상처를 준다. 이러한 비판에는 거절의 의미가 담긴 메타 커뮤니케이션이 동반된다. 지지적·수용적인 부모는 "나는 너를 좋아한다. 나는 너를 사랑한다. 그러나 너의 행동 중에 이러한 측면은 고쳐야 한다."라고 말한다. 부정적인 커뮤니케이션은 이러한 메시지와는 분명히 다르다. 아동기 때 비생산적인 비판을 받으며 자란 사람은 어떠한 비판(좋은 의도로 하는 비판과 다정한 평가까지도)에도 알레르기 반응을 보이는 경향이 있다.

수치심을 자극한다

어떤 부모는 종종 잔인하고 모욕적인 말로 자녀의 수치심을 자극한다. 경우에 따라서 언어적 모욕은 훈육처럼 보인다. 사회공포증으로 고생하던 한 환자가 있었다. 부모님이 가출했기 때문에 이 환자는 어렸을 때 조부모 손에서 자랐다. 그런데 이 조부모는 남 앞에서 손자를 창피하게 만들고 이를 즐기는 경향이 있었다고 한다.

넘겨짚기와 침범

어떤 부모들은 자녀에게 충분한 심리적 자유를 허용하지 않는다. 이런 가정에서 아동은 부모가 불쑥불쑥 질문을 던지고 해석하는 대상이다. 이렇게 되면 아동은 모두 다 노출되기 때문에 마음속에 간직할 수 있는 것은 아무것도 없다고 생각한다.

진퇴양란 화법

진퇴양란은 첫 번째 말 다음에 모순되는 말을 던지는 화법이다. "그래, 물론 나가서 그 친구와 놀아도 돼. 하지만 내가 그 아이를 싫어하는 건 너도 알고 있겠지!"라는 말은 온건한 진퇴양란 화법이다. 이 화법으로 부모가 노리는 것은 해결 불가능한 심리적 갈등을 유발하는 것이다. 매우 해로운 진퇴양란은 자신은 아무것도 할 수 없고 어떤 것을 하든 자신은 거부당한다는 신념을 심어준다. 종종 진퇴양란 화법은 물리적 · 심리적으로 힘을 지닌 가까운 사람이 사용한다. 진퇴양란은 비상구가 없는 통로와 같다. 복종은 불복종이 된다. 자신은 자신이 아닌 자가 되어야 하고, 자신이 아닌 자가 자신이 되어야 한다. 더욱이 이쪽도 막혀 있고 저쪽도 막혀 있다 (Watzlawick, Helmick & Jackson, 1967). 진지한 대화를 통한 이의제기가 허용되지 않는다. 또한 물러설 수도 없다. 나의 정신과 의사 경험에 비추어보면, 정신병 증상이 있는 환아의 부모들은 자주 이러한 화법을 사용한다. 부모를 분석해보면 이런 화법은 부모의 내적 분열과 양가감정에서 기인한다.

역설법

역설법은 하나의 문장으로 정반대 의미를 동시에 전달하는 방법이다. 그리고 정반대의 의미는 목소리의 톤에 의해서만 전달된다. 화난 목소리로 "그래, 네가 그런 행동을 하니 내가 참으로 기쁘구나!"라는 말은 역설법을 사용한 것이다. 이러한 화법이 그렇게 나쁜 것은 아니지만 경우에 따라 인지적 혼란을 초래할 수 있다.

부정적 비교

이것은 아동을 안 좋은 쪽으로 형제자매나 또래와 비교하는 것이다. "네 누나를 봐라. 누나는 잘하잖니!"라는 부모의 말이 그런 예이다. 이런 식의 비교를 반복하면 아동의 자존감과 자신감이 손상된다. 누구처럼 되라는 부모의 바람에는 너를 거부한다는 함축적 의미가 담겨 있으며 이런 말을 자주 들으면 나중에는 신념이 된다.

반발심을 자극한다

어떤 부모는 자녀가 높은 목표를 달성하지 못할 것이라는 전제하에 막말을 내뱉는다. 예를 들어, "네가 자전거 일주를 한다고! 너는 아마 떠나기도 전부터 힘들다고 할 걸!" 이런 말은 자녀의 자신감에 상처를 준다.

끊임없는 비난

끊임없는 비난은 죄책감을 심어준다. 그러나 이런 언행의 더 중요한 특징은 자녀를 향한 부모의 적대감이다. 어떤 부모는 모든 질병, 특히 부모가 아픈 것이 자녀 때문이라고 한다. 때로는 자녀가 도움을 요청하면 부모는 질책으로 반응한다. 나의 한 환자는 학교 선생님과의 갈등 때문에 힘들었던 사건을 회상하였다. 그때 그의 아버지는 그 사건에 대해 잘 모르면서 "그동안 무슨 짓을 한 거니!"라고 소리를 지르며 야단을 쳤다고 한다.

자녀의 선의를 비하한다

어떤 부모는 자녀의 선한 의도를 비하한다. 이런 부모는 자녀는 항상 말썽만 부리고 제멋대로 하고 솔직히 말해서 아무짝에도 쓸모없다고 가정한다. 이런 부모는 자녀가 뭔가를 잘했을 때 교묘한 말솜씨로 자녀를 조종한다. 좋은 성적을 보고 "공부 좀 잘했다고 이제부터 네 마음대로 하고 싶겠지!"라고 말하는 부모가 여기에 해당된다.

아동의 권리를 무시한다

어떤 부모는 아동에게는 의견을 말할 권리도 없고 아동의 의견은 심각하게 고려할 가치가 없다고 생각한다. 어떤 환자는 부모로부터 "애들이 무슨 말이 그렇게 많아!"라는 말을 자주 들었다고 한다.

부모가 자기 이야기만 한다

자녀가 자기 문제를 이야기하면 부모는 즉시 자기 이야기로 말머리를 돌린다. 한 환자는 엄마가 늘 자기 이야기만 늘어놓았다고 했다. 이 환자는 집에 돌아오는 길에 넘어져서 등을 다쳤다고 말했다. 이 말을 들은 엄마는

"나도 자주 등을 다쳤어."라며 자녀의 말을 무시하고, 자신이 아팠던 일만 늘어놓았다.

쌀쌀맞고 차갑다

어떤 부모는 자녀가 놀라거나 당황하여 부모에게 도움을 요청하면 "다른 애들은 안 그러는데 너는 너무 예민하다."라고(혹은 '네가 이상하다'고) 말하며 야단친다. 친구와 갈등이 생겨 도움을 요청하면, 이런 부모는 "그런 바보 같은 문제로 나를 귀찮게 하지 마라! 네가 알아서 해!"라고 말한다.

과잉반응을 보인다

어떤 부모는 자녀의 불안과 어려움에 부모가 더 극단적인 반응을 보인다. 결과적으로 자녀보다 부모의 정서적 반응이 더 강렬하다. 자주 부모가 과잉반응을 보이면 아동은 미래를 비관적으로 바라본다. 이런 일이 반복되면, 부모 쪽에서도 같은 생각이겠지만, 아동은 부모에게 보호받을 수 없다는 사실을 터득한다.

병리적인 양육의 뿌리

자녀에게 병을 주는 부모는 흔히 적대적, 거부적, 징벌적, 가학적, 통제적이며, 혹은 자녀에게 집착하거나 양가적인 특징이 있다. 경우에 따라 이런 언행은 하루에도 수십 번씩 반복된다. 결과적으로 아동은 자존감과 자신감이 손상되고, 과도한 죄의식과 수치심을 느끼고, 자기 눈과 생각을 의심하고, 인지적으로 혼란스러워진다. 이러한 언행은 학대나 전반적인 방치, 폭력, 심각한 상실, 심각한 분리가 없는 온전한 가정에서도 자주 나타난다.

부모가 자녀에게 이런 언행을 사용하는 것은 다음과 같은 원인에서 기인한다.

- 부모는 죄의식이나 수치심 혹은 부정적인 생각을 자녀에게 투사한다.
- 부모는 성장 과정에 자기 부모를 내면화하여, 부모가 된 후 자신이 부모에게 대우받은 대로 자녀를 대한다.
- 자녀는 부모 둘 다 혹은 어느 한쪽에게 원치 않는 아이였다.
- 가정이 불행한 원인을 자녀에게 돌려 자녀가 희생양이 되었다.
- 부모의 애착 유형이 불안전형이고 이것 때문에 부모는 자녀를 엄격하게 통제하고, 세상을 탐색하려는 자녀를 가로막고, 더러는 부모가 자녀에게 집착한다.
- 재혼 가정에서 이전 부부의 아이를 양어머니 혹은 양아버지가 거부한다.
- 부모가 증오하는 사람(대체로 조부모)과 자녀가 닮았다.
- 남아(혹은 여아)를 기다리던 가정에 반대 성의 아이가 태어났다.
- 부모는 자녀를 자신의 일부로 생각한다. 이런 경우 부모는 자녀를 통해 성공과 명성에 대한 자기애적 욕구를 채우려 한다. 이런 부모는 자녀가 기대에 못 미치면 자녀를 공격한다.

원인을 알 수 없는 두려움

'알 수 없는 공포'는 칸 스테판(1941)이 아동기에 경험하는 극단적인 불안을 설명하기 위해 처음으로 사용한 용어이다. 이것은 본능적 긴장감이 유발된 상태에서 아동이 느끼는 '불능의 공포'이다.[1] 비온(1962b; 1967)은 아동기의 '알 수 없는 불안'에 불능의 공포라는 용어를 사용하였다. 엄마가 아기에게 '아늑한 상태'(말하자면, 아동의 불안에 당황하지 않고 조용히 반응해주는 상태)를 만들어주지 못하면 아동은 알 수 없는 불안을 느낀다. 나의 생각에는 '알

---

1 초기 아동기 때 긴장감이 유발되면 싸움-도주-얼음 반응 중 얼음(freeze) 반응이 나온다. 이것이 아동기 불능의 공포(fear of impotence)와 관계가 있다. (역자주)

수 없는 공포'는 비온의 설명이 정확한 것 같다. 그러나 비온의 개념도 계속 수정되고 확장되었다.

알 수 없는 공포는 주관적으로 느끼는 강력한 불안이지만 무엇이라고 이름을 붙이기 어려운 감정이다. 다시 말해, 이것은 의미를 알 수 없는 불안이나 고통이다. 애착이론에서는 불안의 주된 원천을 불안전한 애착관계로 본다. 더욱이 '알 수 없는 불안'은 의식하기 어렵고, 원인과 의미도 알 수 없다. 그러므로 이런 불안을 알아차리고 성찰하는 것은 불가능하다. 어떤 가정에서는 부모-자식 관계에 대한 성찰적 대화가 어렵거나 불가능하다. 이런 불안을 공감해주지 않으면 아동은 무의식에 억압된 불안을 혼자 끌어안고 살아야 한다. 그러므로 가족들이 과거를 되돌아보며 이야기를 나누는 가정보다 그렇지 않은 가정에서 불안은 아이들에게 더 위협적이다. 나의 한 환자는 "나의 가정에서 느끼는 감정을 어떻게 설명해야 할 지 모르겠다."고 말했다.[2]

흔히 환자들은 말로 표현하기 어려운 정서적 고통 때문에 치료실에 온다. 치료가 진행되면서 이들은 자신이 감정을 표현하고 공감받고 이해받고, 유의미한 방식으로 가족 간의 갈등을 논의하고 해석해본 적이 없음을 깨닫는다.

병리적인 양육 패턴

앞에서 소개한 대화법에도 자녀를 대하는 부모의 전반적인 태도가 반영되어 있다. 임상 장면에서 부모를 관찰해보면 양육 방식에 일정한 패턴이 있

---

2 뇌과학적으로 좌뇌와 우뇌의 기능적 분열이 심한 경우, 우뇌의 감정이 좌뇌의 언어로 표현되지 않는다. 이런 경우는 알 수 없는 강한 감정이 반복된다. 감정을 발산하고 감정을 언어로 옮기면 감정 회로와 언어 회로가 연결되고 연결의 결과로 좌뇌가 우뇌를 통제함으로써 강한 감정이 완화된다. 이것이 누군가에게 마음을 털어놓기만 해도 감정이 완화되는 주된 이유이다. (역자주)

다. 자녀에게 병을 주는 부모의 양육 패턴은 다음과 같다.

아동의 주도성을 존중하지 않는 부모

부모가 아동과 상호작용할 때 부모는, 위니컷(1965)이 말한, '어떤 존재가 되어 가는 과정'을 중시해야 한다. 이 과정은 아동의 내부에 존재하는 자연스러운 경향성이다. 이 경향성을 토대로 과거, 현재, 미래가 연결된 자아감이 발달한다. 부모의 어떠한 '침범'도 아동의 자연스러운 발달을 방해한다. 부모의 침범에 아동은 반작용으로 반응하고, 이 반작용이 어떤 존재가되어 가는 자연스러운 과정을 손상시킨다.

위니컷은 '어떤 존재가 되어 가는 과정'을 방해하는 주범을 '부모의 침범'으로 보았다. 위니컷의 이 개념을 부모-자식 간의 지속적인 관계에 적용해볼 수 있다. 어떤 부모는 아동을 안내하고 감독하면서도 다른 한편으로는 자율성과 주도성이 발달하도록 특히 놀이할 때 아동을 자유롭게 풀어준다. 또 어떤 부모는 아동을 지나치게 통제하고 아동의 주도성을 (어떤 경우에는 심하게) 제한한다.

아르헨티나 정신분석가이며 연구자인 호프만(1944a, 1944b, 1955)은 부모와 자식이라는 이자 관계를 연구하였다. 그에 의하면 생후 6개월경부터 주도성이 발달한다. 부모는 주도성의 발달에 좋은 조건이 될 수도 있고 악조건이 될 수도 있다. 아동에게 순종과 억제와 복종을 요구하는 부모는 주도성 발달의 악조건이다.

아동이 성장하면 아동의 주도성은 부모의 제안이나 계획과 대립할 수 있다. 부모와 아동은 이런 대립을 놓고 협상할 수도 있고 그렇지 않을 수도 있다. 아동이 부모와 협상하면서 자라면 아동에게 주도성을 발휘할 기회가 점점 더 많이 주어지고 아동은 점차 더 복잡한 일을 주도할 수 있다.

충분히 좋은 부모란[3] 아동을 공감해주고, 적절한 시기에 적절하게 반응해주고, 아동의 의견을 존중하고, 자녀와 갈등이 발생할 때 협상할 줄 하는 부모이다.

거절하는 부모

어떤 연유로 힘든 아동기를 보냈거나 결혼 생활이 불행한 부모는 사랑과 보살핌을 요구하는 자녀를 짐으로 여긴다는 증거가 있다(Bowlby, 1980). 그래서 이들은 자녀에게 신경질적으로 반응하고, 자녀를 무시하고, 야단치고, 자녀의 사기를 꺾는다. 어떤 아동은 진실로 사랑하지 않는 새아버지나 새어머니 밑에서 자라기도 한다.

볼비(1988b)의 말대로 이런저런 이유로 자녀는 두 부모 혹은 어느 한 부모에게 원치 않는 아이였고 이런 부모는 아이를 거부한다. 어떠한 경우든 이런 가정에서는 부 혹은 모, 부모, 새아버지, 새어머니, 대리 부모는 거절하는 방식으로 자녀를 대한다. 부모는 거절을 자녀에게 무관심이나 적대감으로 표현한다. 그러나 자녀를 거절하지 않는 부모도 자녀를 적대적으로 대할 수 있다. 적대감 자체가 거절의 표시는 아니다. 거절의 핵심은 사랑과 관심의 요청을 계속 못 본 척하고, 암시적 혹은 명시적으로 자녀가 싫다는 메시지를 보내는 것이다.

어떤 부모는 미숙한 아동에게 미리부터 독립심을 강요한다. 또 어떤 부모들은 자녀에게 냉담하고 자녀를 멀리하며 쌀쌀맞게 대하고 감정이 없다. 어떤 부모는 자녀를 계속 혹은 가끔 혹은 부분적으로 거부한다. 좀 더 심한 경우에 부모는 적극적으로 그리고 지속적으로 자녀를 거부하고 심지어 자녀가 없었으면 좋겠다는 말을 하기도 한다.

---

3 위니컷에 따르면, 좋은 부모는 완벽한 부모가 아니라 충분히 좋은 부모이다. 충분히 좋은 부모는 아동이 견딜 수 있는 적절한 좌절감을 제공하며 양육하기 때문에 아동에게 적응력과 현실감이 발달한다. (역자주)

방임하는 부모

거절과 방임의 공통분모는 애정결핍이다. 때로는 이 둘을 구분하기 어렵다. 자녀를 방치하는 부모는 눈에 띄게 자녀를 거부하지 않지만, 자녀를 우선시하지 않는다. 우울증이 있거나 알코올(혹은 약물)에 중독된 부모는 자녀를 방치한다. 어떤 부모는 장기간 집을 떠나 일에 빠져 있다. 어떤 부모는 자녀를 동반하지 않고 주말을 즐기러 간다. 어떤 부모는 자녀를 집에 두고 휴가를 떠난다. 어떤 부모는 지나치게 오랫동안 부모 역할을 다른 사람에게 위임하거나 다른 양육자(아이에게 낯선 사람)에게 자녀를 맡긴다.

이런 부모는 학교에서의 학부모 활동이나 교사 면담을 기피한다. 이런 부모는 자녀를 혼자 병원에 보내기도 한다. 또한 이런 부모는 자녀를 기숙사에 집어넣고 자주 연락하지도 않고 방문하지도 않는다. 이런 부모는 하나의 개체인 자녀에게 무관심하거나 정서적으로 지원해주지 않는다. 이런 부모는 방과 후 자녀가 어디에 있는지 모를 것이며 자녀를 감독하지 않는다. 어쨌든 이런 부모들은 물질적으로―좋은 음식, 깨끗한 옷, 좋은 교육―풍요롭게 지원함으로써 자녀를 방치한다는 인상을 주지 않으려고 노력한다.

방치된 아동은 자신의 감정을 말로 표현하기 어렵지만, 의식적·무의식적으로 사랑의 결핍감에 허덕인다. 이런 아동은 위기의 상황에서 부모를 불신한다. 이런 아동은 부모의 말에 순종하지 않으면 부모가 자신을 내다 버리거나 더 심하게 방치할까 두려워한다.

좀 더 심한 경우 어떤 부모는 잔인할 정도로 자녀를 방치한다. 실례로 아직 어린아이를 집에 혼자 놔두기도 하고 나이에 비해 너무 긴 시간 동안을 거리에 세워놓기도 한다. 방치의 핵심은 (1) 정서적 온정과 지지가 부족하고, (2) 보호와 적절한 감독이 부족한 것이다.

놀아주지 않는 부모

전반적으로 방치하는 것은 아닐지라도 부모가 자녀와 놀아주지 않는 것도 일종의 방치이다. 대부분의 경우 부모가 자녀와 거리를 둘 때 자녀와 놀아주지 않는다. 어떤 환자는 부모와 놀아본 기억이 없다고 한다. 어떤 환자는 바닥에 앉아 모 혹은 부와 장난감을 가지고 놀아본 기억이 없다고 한다. 이들은 공원에 가서 연을 날려본 기억도 없고 공원에 가 본 기억조차 없다. 이들은 공원을 뛰어다니며 웃거나 놀았던 기억이 없다.

그 대신에 이들이 기억하는 것은 모 혹은 부가 집안일, 사회적 업무 혹은 전문적 직업 때문에 너무 바빠서 자녀들과 함께 한 시간이 없었다는 것뿐이다.

가정을 직접 관찰해보면 실제로 어떤 부모들은 자발적으로 혹은 창의적으로 자녀와 놀이할 줄을 모른다. 이런 부모에 대해 어린 시절 자기 부모가 그랬듯이 같은 방식으로 자녀를 대한다고 설명할 수 있다.

성공주의 부모

어떤 부모는 자녀에게 지나칠 정도로 성적이나 성공을 강요한다. 이런 부모는 있는 그대로의 자녀가 아닌 미래의 성공을 전제로 지금의 자녀를 받아주기 때문에 자녀는 부모에게 거부당하는 기분을 느낄 수 있다. 종종 이런 부모는 자신이 학교 성적이나 스포츠경기, 경연대회에서 패배한 자기애적 상처를 보상하기 위해 자녀를 사용한다.

역할전도 부모

어린 자녀가 부모의 심리적·신체적 안녕을 돌보거나 책임져야 할 때 부모와 자녀의 역할이 전도된 것이다. 역할전도는 지속성과 정도에 따라 여러 유형이 있다. 흔히 부모와 자녀의 역할전도는 자녀의 일생 동안(심지어는 자녀가 성인이 된 다음에도) 유지된다.

역할전도의 이유는 사례에 따라 다르다. 부모가 불안해하는 성격이라면 자녀가 부모의 불안을 받아주어야 한다. 부모의 유기불안 때문에 부모가 자녀에게 매달리기도 한다. 부모가 무능하거나 아플 수도 있다. 어떤 부모는 정신적 공황상태이고, 집안은 혼돈 그 자체이다. 아동은 다음과 같은 경우에 부모의 심리적 안녕을 걱정한다. (1) 부모가 암시적·명시적으로 혹은 진퇴양란 화법을 사용하여 자녀에게 역할전도를 요구한다. (2) 아동이 부모의 질병이나 무능력을 목격한다.

나의 임상적 관찰에 의하면 기본적으로 낮은 수준과 높은 수준이라는 두 가지 유형의 역할전도가 있다.

자녀에게 낮은 수준의 역할전도를 요구하는 부모는 지나칠 정도로 어린애처럼 행동하거나 정신질환이 있거나 무능력하다. 이런 부모는 정신의학적·의학적 질환이 있을 수도 있다. 이런 부모에게 종종 히스테리와 연극성 성격장애가 발견되며 어떤 사건에 대한 부모의 반응은 극단적으로 강하다. 이런 가정에서 자란 아동은 자신의 문제를 부모에게 맡길 수 없다고 생각한다. 왜냐하면—자신의 문제를 부모에게 맡기면—부모가 불안과 분노로 쓰러질지 모르기 때문이다. 이런 부모는 자식들이 부모에게 효도하지 않는다고 불평하여 자식들에게 죄책감을 심어주기도 한다. 이런 가정에서 자란 아동은 자기 문제를 숨겨 부모의 비위를 건드리지 않으려고 노력한다.

높은 수준에서 자녀와 역할이 전도되는 부모는 약한 것이 아니라 너무 강하다. 이런 부모는 자녀를 지나치게 통제하고 억압한다. 이런 부모는 위험이나 재앙으로부터 자녀를 보호하기 위해 자녀의 탐색 활동을 제한한다. 이런 부모의 내면에 아이를 잃을지 모른다는 두려움이 있다. 이런 가정에서 자란 사람을 분석해보면 이들의 의식과 무의식에는 부모에 대한 순종과 강한 원망이 뒤섞여 있다.

역할위임 부모

형제자매가 여럿인 가정에서 맏이가 부모를 대신하여 어린 동생들을 돌보는 경우가 역할위임에 해당된다. 부모가 너무 바쁘거나 정신장애가 있거나 몸이 아프면 제대로 부모 역할을 할 수 없다. 이런 상황에서 부모 역할을 떠맡은 아동은 아동의 권리를 박탈당하고 미숙한 아동이 성숙한 혹은 조숙한 성인의 역할을 수행한다. 성인 중 강박적으로 남을 배려하는 사람이 있다. 이들의 무의식에는 원망이 자리 잡고 있다. 강박적 배려는 아동기 때 부모 역할을 위임받은 결과물 중 하나이다.

일관성 없는 부모

일관성이 부족한 부모는 어떤 때는 자녀에게 민감하게 반응하지만 어떤 때는 그렇지 못하다. 이러한 부모들은 자녀와의 신체적 접촉이나 정서적 접촉을 싫어하지는 않는다. 이런 부모와 자녀의 친밀한 상호작용은 때에 따라 다르다. 부모의 변덕 때문에 아동은 경계심을 늦추지 못하고 항상 과각성상태에 있다.

정신장애가 있는 부모

어떤 부모는 정신적으로 문제가 있다. 부모의 정신장애는 아동을 돌보고 대하는 방식에도 영향을 준다. 어떤 부모는 광장공포증 때문에 집에 갇혀 살고, 어떤 부모는 자주 정신병원에 입원하고, 어떤 부모에게는 우울증과 조증이 주기적으로 교차한다. 여기에서 부모의 모든 정신장애를 다 언급할 수는 없다. 그러나 알코올중독자이거나 폭력적인 부모가 여기에 해당한다는 말만은 꼭 언급해야겠다.

트라우마를 주는 부모

부모의 비일관성, 역할전도, 방치, 거절의 강도는 천차만별이다. 물론 극단적인 경우, 부모가 자녀에게 심한 트라우마를 준다. 부모의 태도를 약간 해로운 수준과 트라우마 수준으로 명확하게 구분하기란 쉽지 않다. '트라우마'의 의미도 불명확하고 합의된 정의가 있는 것도 아니다. 개인이나 집단에게 능력 밖의 일이 발생하여 최선을 다했지만 파국이 발생한 한순간의 극적인 사건을 트라우마 사건이라 한다. 모사드 칸(1963)은 트라우마가 될 만한 부정적인 사건이 반복된 현상에 '누적 외상'이라는 용어를 사용했다.

트라우마 사건은 갑작스럽게 발생할 수 있다. 그러나 많은 환자, 특히 중증 성격장애자의 애착사를 보면 심각한 트라우마가 반복된 것을 알 수 있다.

자녀에게 반복적으로 심한 트라우마를 주는 부모를 '트라우마 양산 부모'라고 한다. 이런 부모는 자녀를 성적 · 신체적으로 학대하거나, 정서적으로 잔인하게 학대하거나, 성인들의 변태적인 성행위에 끌어들이거나, 불필요한 분리나 유기를 반복한다.

폴 랜(2012)은 부모와 아동이 상호작용하는 동안에 아동에게 트라우마를 주는 부모를 연구하였다. 최근에 이 주제에 대한 연구가 점점 증가하고 있다. 이런 부모는 부모가 아동의 강한 감정을 유발하고 아동의 감정을 달래 주지 못하는 특징이 있다.

부모의 모든 병리적인 행동을 상세하게 살펴보는 것이 이 책의 목적은 아니다. 그 대신에 나는 매우 중요하지만, 그동안 정신분석학에서 거의 다루지 않은, 환자의 애착사에 대한 관심을 촉구하고 싶다. 독자들도 관심을 기울이면 병리적인 부모를 쉽게 알아볼 수 있다.

볼비(1988b)는 환자가 직접 언급하지 않더라도 환자의 심리적 문제와 환자의 진술을 고려할 때 트라우마 가능성이 농후한 경우에는 치료사가 환자의 아동기와 청소년기 상황을 좀 더 자세하게 질문하라고 조언하였다.

08

정신분석학으로서의
애착이론

도입

이 장의 목적은 정신분석학의 일부로서 애착이론을 살펴보는 것이다. 이 장에서 정신분석학의 모든 학파를 검토할 수 없다. 다만 애착이론의 일반적인 토대가 된 정신분석학을 살펴볼 것이다.

애착이론은 대상관계이론의 후손이다. 대상관계이론에도 여러 가지 해석이 있고 다양한 버전이 있다. '대상관계'라는 용어는 정의가 불분명하다. 어떤 경우에 대상은 (1) 타인과의 관계를 지칭하고, (2) 어떤 경우에는 좀 더 구체적으로 중요한 타인과 관계를 맺고 있는 자기에 대한 정신적 표상을 가리킨다.

대상관계라는 개념은 원래 프로이트의 본능이론 혹은 충동이론에서 나왔다. 프로이트가 사용한 '대상'은 충동이 향하는 표적이다. 이런 연유로 프로이트가 말한 대상은 근본적으로 충동이론의 일부이다. 그러나 오늘날은 대상관계이론을 채택한 많은 정신분석가가 프로이트의 충동이론을 버리고 대상관계이론과 충동이론을 전혀 다른 것으로 구분하였다.

대상의 개념이 복잡해진 것은 프로이트가 충동이론을 세 차례 수정한 것도 그중 한 원인이다. 국제학술지를 보면 때로는 **충동**과 **본능**이 동의어로 사용된다. 앞에서 언급했듯이 이렇게 된 또 다른 이유는 독일어로 된 프로이트 저서를 영어 표준판으로 번역한 정신분석가 제임스 스트래치(1887~1967) 때문이기도 하다. 스트래치는 독일어의 **충동**(trieb)을 영어의 본능(instinct)으로 번역하였다. 프로이트가 말한 **본능**(instinkt)은 태어날 때 가지고 나온 기본적인 행동이다. 본능이 향하는 대상과 목표는 자연에 의해 결정된다. 본능과 달리, **충동**은 만족감을 주는 대상을 향한 압력으로 작용한다. 암묵적으로 **충동**의 개념은 대인관계 색채를 띠고 있다. 그러므로 충동은 환경의 영향을 받고 사람과 사람 사이에서 작동한다.

첫째 단계로 1901~1905년에 나온 『성욕설에 관한 세 가지 에세이(Three Essays on the Theory of Sexuality)』라는 책에서 프로이트는 **자기보호 본능**과 **성적 본능**을 제안하고 비교하였다. 이때의 성적 본능은 종의 생존과 번식을 위한 것이고 자기보호 본능은 생명을 보호하려는 신체적 욕구이다.

성적 본능의 에너지를 리비도라 한다. 프로이트를 포함한 정신분석가들은 리비도를 확장하여 성적 영역뿐만 아니라 (타인과 애착관계를 맺고자 하는 동기를 포함하여) 인간의 생산적인 에너지를 리비도라 했다.

두 번째 단계로 1920년에 『쾌락원리를 넘어서(Beyond the Pleasure Principle)』 (1920)라는 책에서 프로이트는 두 가지 본능을 수정하였다. 새로운 본능은 삶의 충동과 죽음의 충동이다. 이것이 소위 에로스와 타나토스이다. 많은 정신분석가, 특히 클라인 학파가 '죽음의 충동'을 수용하였으나 그 외의 사람들은 반대하였다. 정신분석가인 아르멘고우(2009)는 스페인의 정신분석적 심리치료사 27%를 만나 '죽음의 충동'에 대해 질문하였다. 그 결과, 대부분의 치료사들이 이 개념이 모호하고 무용지물이라고 응답하였다. 볼비는 이 개념은 과학적 증거가 부족하다고 생각했다.

더군다나 대상은 '전체 대상'(한 사람 전체에 대한 표상)일 수도 있고 '부분 대상'(한 사람의 신체 일부분에 대한 표상)일 수도 있다. 어떤 대상의 이미지는 소극적이고, 어떤 대상은 적극적이거나 주체적이다. 그리고 그러한 대상의 (선한, 악한, 살아있는, 죽어 있는, 가학적인 등의) 특징은 (변화하는) 정신에 끊임없이 영향을 준다. 보통 우리가 사용하는 대상은 만져볼 수 있는 그 무엇이다. 그러나 정신분석에서 말하는 대상은 내면에서 올라오는 환상이 만들어낸 것으로서 상징적이며 만져볼 수 없는 그 무엇이다. 그러나 이것은 쪼개지기도 하고, 파괴되기도 하고, 복구되기도 하고, 재구성되기도 하는 조작 가능한 그 무엇이다.

볼비는—그의 관점에서 볼 때—해석이 다양한 부정확한 개념이라며 대상이라는 용어를 사용하지 않았다. 그는 일차 양육자를 '외부 대상'이라 하지 않고 애착대상,[1] 좀 더 구체적으로 부모(혹은 양육자)라 했다. 또한 타인의 내적 표상인 '내적 대상'이라는 용어를 사용하지 않고 대신에 애착대상의 내부작동모델이라는 개념을 사용하였다.

다양한 대상관계이론의 중요한 특징은 실제 대인관계, 특히 영아와 양육자의 초기[2] 상호작용 경험이다. 이런 맥락에서 대상관계이론을 단 하나의 이론으로 정의하기는 어렵다. 그러나 대상관계이론의 핵심적인 공통점은 대인관계를 중시하는 것이다. 특히 임상 장면에서는 더욱 그렇다. 그러나 대인관계로 대상관계이론을 정의하면 안 된다.

모든 대상관계이론은 대상의 주된 기능을 에너지 방출의 대상이라고 한 초창기 정신분석적 관점을 수용하지 않았다. 그러나 리비도가 갇혀 있을 때 장애가 발생하므로 정신분석적 치료의 목표는 억압을 해제하고 타인을

---

1 애착대상(attachment figures)은 애착욕구가 향하는 대상이다. 사람만이 아니라 장난감, 담요, 인형, 술, 게임, 환상 같은 것도 attachment figures가 될 수 있다. (역자주)
2 정신분석학과 심리학에서 말하는 초기는 출생 후 첫 단계를 말한다. 보통은 처음 0~3세를 의미한다. 볼비는 특히 0~2세는 기억나지 않는 비언어적 시기로 언어적 시기보다 이후 인생에 미치는 영향력이 더 크다고 보았다. 볼비는 인간의 양육기를 사춘기까지로 보았다. (역자주)

에너지 방출의 '대상'으로 사용하는 것이다. 이것이 초창기 이론에서 말하는 대상관계이다. 초창기의 이 관점은 미해결 갈등이 신경증이나 정서적 장애를 일으킨다는 관점과 공존했다. 그러나 그 이후 몇 년에 걸쳐 이 관점은 수정되었다. 쾌락원리와 현실원리의 갈등에서 자아(ego)와 이드(id)의 갈등으로 수정되고, 다시 이 갈등은 죽음의 충동과 삶의 충동의 갈등으로, 다시 이 갈등은 의존 욕구와 자율성 욕구의 갈등으로 수정되었다.

클라인 학파의 핵심은 죽음의 본능과 삶의 본능의 갈등이 타협점을 찾지 못할 때 정신병리가 발생한다는 것이다. 이러한 맥락에서 두 본능이 타협점을 찾지 못할 때 투사, 투사적 동일시, 해리 같은 방어기제가 거짓된 해결책을 찾는다. 클라인 학파는 충동 간 (혹은 본능 간) 협상에 실패했을 때 이런 일이 발생한다고 본다. 그러나 병리적인 사람들뿐만 아니라 정상적인 발달 과정에 대부분의 사람들이 방어기제를 사용한다. 클라인 학파의 관점에서 보면, 처음부터 중요한 타인에 대한 평가는 투사와 분열의 영향을 받는다. 이 과정을 중시하는 클라인 학파는 타인을 왜곡 없이 지각하는 과정에 관심을 기울이지 않았다.

2장에서 살펴보았듯이 볼비는 어떤 것은 그대로 사용하고, 어떤 것은 삭제하며 프로이트의 모호한 메타심리학을 손질하였다. 볼비는 관계를 추구하는 욕구가 인간의 일차적 동기라고 한 페어베언의 아이디어를 받아들었다. 페어베언과 볼비에 따르면, 고전적인 프로이트 이론의 뿌리는 19세기 물리학과 생물학의 모델인 불확정성의 원리이다. 페어베언과 달리, 볼비는 정신분석학의 토대인 생물학 모델을 업데이트하려고 노력하였다. 결국 볼비는 현대 생물학과 동물행동학의 개념을 받아들여 프로이트의 생물학 모델을 수정하였다.

볼비에 따르면, 인간의 삶의 많은 부분은 본능적인 행동 시스템의 영향을 받고 인간의 생리적 기능과 심리사회적 기능은 상호작용한다. 볼비는 심리사회적 기능을 사용하여 생리적 욕구를 해소할 때 가장 중요한 것이 애착 시스템이라고 했다. 진화과정에 애착이 인류의 생존에 가장 큰 기여를 했기 때문에 애착 시스템이 가장 중요한 시스템이 된 것이다. 생명이 경각에 달린 위험한 상황에서 주양육자에게 매달린 아동은 덜 위험하다.

볼비의 관점은 서더랜드(1980)의 '영국 대상관계이론'과도 유사하다. 서더랜드는 밸린트, 위니컷, 건트립, 페어베언의 공통점을 발견하고 이들의 이론을 묶어 멜라니 클라인 학파와 구분하였다. 이렇게 해서 탄생한 것이 영국 대상관계학파이다. 이 학파는 공식적인 단체를 만들지 않았지만 (그리고 어떠한 공동연구도 없었지만) 이들의 이론은 비슷한 방향으로 발전하였다. 이들의 핵심은 진화적 측면과 사회적 맥락을 같이 논하지 않고 정신기능을 이해할 수 없다는 것이다. 영아의 생득적 잠재력은 엄마의 사랑과 공감적 보살핌에 의해 활성화된다. 간단히 말해, 사랑받으며 즐겁게 자란 아기만이 나중에 사랑하고 즐길 줄 아는 사람이 된다는 것이다.

서더랜드(1980)는 클라인의 발달이론은 진화론이라기보다 일종의 생물학이라고 생각했다. 클라인이 대상과의 경험을 토대로 구조가 발달한다고 설명했기 때문이다. 페어베언과 볼비가 본 영아들은 처음부터 일차 애착인물에게 매달렸다. 쾌락은 일차 애착관계가 좋을 때 수반되는 것이지 쾌락추구가 일차적인 동기는 아니다. 초기의 불안(알 수 없는 두려움)은 애착대상과 분리될 때 발생하며, 애착대상과 분리된 영아는 공포에 가까운 불안을 경험한다.

밸린트와 볼비는 (영아가 타인에게 무관심한 채 인생을 시작한다는) '일차 나르시즘'이라는 정신분석적 개념을 거부하였다. 밸린트(1952)는 일차 나르시즘 대신에 '일차적 사랑'을 찾는 영아의 욕구를 가정하고 이것이 인간의 행동을 지배하는 원동력이라 했다. 엄마-영아의 고리가 손상되거나 분리되면 나머지 인생은 이 고리를 복원(때로는 이 일이 더 큰 문제를 만들고 역효과가 발생할지라도)하는 데 바쳐야 한다. 페어베언과 달리, 밸린트는 프로이트의 메타심리학과 충동이론을 상당 부분 수용하였다. 이런 점을 고려하면, 밸린트의 이론은 고전적인 관계에 대한 새로운 개념과 정신분석 이론을 섞어 놓은 것이다. 이것이 볼비와 밸린트가 다른 길을 걷게 된 이유이다. 볼비는 매우 혁신적이었다.

볼비가 애착이론이 정신분석학에서 분가한 것이 아니라고 말한 점을 주목할 필요가 있다. 그 대신이 볼비는 애착이론을 정신분석학의 최신 버전이라 했다. 피터 포네기(2001)는 정신분석학과 애착이론의 관계를 책으로 출판하였다. 그의 이 책은 좋은 정보가 많은 매우 훌륭한 책이다. 나는 이 책을 추천한다. 그러나 포네기는 애착이론의 핵심을 정확하게 이해하지 못했다. 그는 애착이론이 정신분석학에 포함된다고 했다. 그런데 그렇지 않다. 애착이론에 정신분석학이 포함된다. 코디나(개인적 대화, 2003)와 주리(2001, 개인적 대화)는 이점을 계속 강조했다. 여러 해 동안 볼비에게 슈퍼비전을 받으면서 나는 볼비에게 애착이론이 정신분석학의 근간을 수정했다는 말을 자주 들었다. 주리(개인적 대화, 2001)에 따르면, 볼비가 정신분석학의 메타심리학과 충동이론을 업데이트하려고 하자 학계가 강력하게 반발하고 볼비를 변방으로 몰아낸 것이다.

볼비와 위니컷

서더랜드가 검토했던 4명의 영국 대상관계이론가 중에서 가장 유명하고 현대 정신분석학에 가장 큰 영향을 준 사람은 위니컷이다. 볼비처럼 위니컷도 클라인 학파의 훈련을 받았으나 나중에는 이를 멀리하였다. 소아과 의사이며 정신분석가였던 위니컷의 곁에는 늘 엄마와 아기가 있었고 그의 주된 관심사는 엄마와 아기의 관계였다. 복잡하게 얽힌 대인관계 속에서 아동의 자아감이 발달하는 과정에 대해 위니컷은 시적이면서도 설득력 있는 글을 썼다. 그의 표현을 빌자면 엄마-아기의 관계는 생득적인 맥락이고 이 안에서 아동의 성격이 형성된다. 아기가 원하고 바라는 것을 공감해주고 헌신적으로 신속하게 반응해주는 엄마의 능력은 아기의 건강한 발달을 촉진하는 중요한 영양소이다. 그러나 엄마는 아기를 공감하면서 동시에 서로 분리된 존재임을 알아야 하고 아이를 밀어내어 한 개인으로 성장하는 데 필요한 만큼의 거리를 두어야 한다. 이렇게 하면 아기는 자신이 통제할 수 없고 자신의 한계를 벗어난 세상의 실체를 인식하기 시작한다. 이런 이유로 위니컷은 혼자 있을 수도 있고 관계를 맺을 수도 있는 능력의 토대가 되는 접촉과 분리의 미묘한 변증법적 관계를 강조하였다. 이것은 분명히 볼비의 관점과 유사하다. '아기 같은 그런 것은 없다. 양육자-아기의 관계만이 있을 뿐이다'라는 유명한 문장에 위니컷의 핵심이 담겨 있다. 니콜라 다이아몬드(1996)가 말한 대로, 이 말은 존재의 기본 단위는 개인이 아니라 관계임을 시사한다. 이것은 출생 시부터 맥락과 무관한 내부세계가 존재한다고 주장하는 클라인 학파에 도전장을 던진 것이다.

'내부세계'에 대한 매우 극단적인 관점은 마음은 맥락과 상관없이 내면에서 자생적으로 시작된다는 관점이다. 이 관점에서 볼 때 외부세계는 내부세계가 표출된 현상이다.[3] 이보다 덜 극단적인 관점은 맨 처음 내부세계가 자생적으로(생득적으로) 만들어지고, 그다음에 사회가 출현하고, 그 사회의 일부가 내면화된다는 관점이다. 이런 모델에 따르면 내부세계는 순수하게 자생적인 닫힌 시스템이다.

내부세계와 외부세계가 연결되어 있다는 관점은 위니컷에게서 나왔다. 이것은 양육자와 아기가 근본적으로 연결되어 있다는 사실을 토대로 한 것이다. 위니컷의 관점에서 볼 때 버팀목 역할을 하는 엄마에게 공감을 받으면 아기에게 자아가 싹 트고 이 자아는 점차 일관성 있는 성격으로 통합된다. 위니컷의 이 부분은 코헛의 자기심리학에 가깝고 기본적인 틀은 애착이론과 유사하다.

위니컷의 관점에서 볼 때 자신감과 자존감이 발달하고, 친밀한 관계를

---

3 이 과정을 투사라 한다. (역자주)

만들고 유지하고, 죄책감을 느끼고, 고통을 느끼고, 상실에 반응하고, 적절한 때에 놀고 즐길 줄 아는 능력은 미성숙기 동안 아동이 받은 보살핌의 질에 달려있다. 다시 말해, 인간은 영아기와 아동기의 모든 발달을 거쳐 성인이 되었을 때 정신적으로 건강한 사람이 된다. 이 아이디어는 볼비의 사상과도 일치하고, 오늘날 애착 분야의 대가가 된 스로우프의 사상과도 일치한다.

정신분석적 심리치료란 사회적, 발달적 맥락에서 환자의 소통 방식을 탐색하는 것이다. 위니컷(1965b, p. 113)은 다음과 같이 말했다. 환자가 말한 것을 깊이 이해하려면 성장기의 환경을 탐색하는 것이 중요하다고 말만 하면 안 된다. 분석가는 환자와 함께 아동기 때 심리상태를 직접 관찰한 것처럼 완벽하게 재구성해야 한다. 환자들이 말하는 기억에는 의식에서 사라졌기 때문에 외부 환경이 빠져 있다. 그러나 환자의 이야기에는 암묵적으로 환경에 대한 정보가 내포되어 있다. 환자가 초기 기억을 이야기하면 분석가는 환자의 이야기에 계속 환경의 옷을 입혀야 한다.

위니컷은 분석가가 환자에게 민감하게 반응해주고 분석가의 전반적인 태도가 환자에게 도움이 될 때 분석 상황에서 환자는 참자기를 드러낸다고 했다. 치료의 목적은 거짓자기를 깨는 것이다. 그러나 이것은 분석가가 환자를 침범하지 않으면서 환자의 경험을 받아줄 때만 가능하다. (부모가 아동의 참자기를 공감하지 않고 부모의 생각이나 관점을 아동에게 주입하는 것이 위니컷이 말한 침범이다.) 볼비는 위니컷의 이런 아이디어에 전적으로 동의하였다.

애착이론과 자기심리학

하인츠 코헛(1913~1981)은 미국 정신분석학계에서 많은 영향을 준 대가이다. 그의 핵심 아이디어는 아동의 건강한 발달은 부모의 공감 능력과 일관성과 접근성[4]에 달려 있다는 것이다. 정신기능, 정신병리, 심리치료에 대한 그의 관점(코헛이 말한 자기심리학)은 볼비나 위니컷의 관점과 중요한 부분이 일치한다.

코헛의 이론에서 핵심은 자기(self)이다. 그가 말한 자기는 '다양한 인상을 받아들이고, 삶을 주도하는 중앙 센터'이다. 여기에서의 자기는 능동적인 속성이 있다.[5] 그러므로 코헛의 자기는 표상이며 동시에 능동적 행위자이다. 볼비가 말한 자기는 자기 표상이다. 볼비는 행동하고 심리적 항상성[6]을 조절하는 기능과 자기를 구분하였다.

코헛은 양육자와의 상호작용 맥락에서 자기가 출현한다고 보았다. 코헛이 말한 영아기 자기는 미숙하고 원시적이다. 미숙한 자기는 엄마가 공감반응을 해주면 일관성 있고 튼튼한 자기로 발달한다. 코헛은 엄마, 아버지, 애착대상을 지칭하기 위해 **자기대상**(selfobject)이라는 용어를 사용하였다. 자기대상은 자기를 더 많이 공감해주는 특별한 사람을 가리킨다. 자기대상이라는 용어는 약간은 혼란스럽지만 자기대상은 영아의 자기에게 가장 중요한 대상이다(즉 자기대상은 자기의 핵이다). 코헛의 이 개념은 애착이론에서 말하는 **민감한 반응성**과 근본적으로 같다.

코헛에 따르면 영아기에 순차적으로 출현하는 중요한 두 가지 정서적 욕구가 있다. 하나는 부모에게 추앙받고 싶은 욕구이다. 이 욕구가 충족될 때 영아는 '나는 완벽하고, 당신은 나를 숭배한다'라는 느낌이 생긴다. 그다음

---

4 접근성은 영아가 도움이 필요할 때 언제든지 부모에게 도움을 요청할 수 있는 상태를 말한다. (역자주)

5 코헛의 self는 프로이트가 말한 'ego'의 속성을 가지고 있다. 우리말의 자아와 자기는 명확한 구분이 없다. 따라서 이 책에서는 self와 ego를 맥락에 따라 자아 혹은 자기로 번역하였으나 코헛의 self-psychology를 자기심리학으로, 안나 프로이트의 ego psychology를 자아심리학으로 번역하였다. (역자주)

6 염분, 당분, 체온 등의 생리적 상태가 일정하게 유지되는 것처럼 심리적 항상성은 심리적으로 일정한 상태가 유지되는 것이다. 생리적 항상성이 신체 건강에 중요하듯이 정신건강에는 심리적 항상성이 중요하다. (역자주)

에 출현하는 욕구는 부모(혹은 어느 한쪽 부모)를 과대평가하여 우상화하고, 자신이 우상과 하나가 되고 싶은 욕구이다. 이 욕구가 충족되면 '당신은 완벽하고 나는 당신의 일부이다'라는 느낌이 생긴다. 코헛은 이러한 원시적인 욕구를 '대상-자기 전이'라고 했다. 그는 첫 번째 욕구에는 '거울전이'라는 용어를 사용하고 두 번째 욕구에는 '이상화 전이'라는 용어를 사용했다.

자존감에 깊은 상처를 입은 사람은 추앙받고 싶고 우상의 일부가 되고 싶은 환상을 가지고 있다. 이것은 어린 시절의 좌절된 욕구를 보상하는 방법이다. 다시 말해, 자신이 불완전하고 사랑스럽지 못하다는 자아개념을 가지고 있는 사람(부모의 끊임없는 비난과 무관심 속에서 자란 사람)은 확실하게 인정받음으로써 견디기 어려운 고통스러운 느낌을[7] 벗어나려고 필사적으로 노력한다.

볼비에 따르면, 부모는 현명하고 강하고 세상에 잘 대처하는 사람이라는 느낌을 줄 필요가 있다. 그러나 아동이 완벽함을 원한다는 코헛의 관점과 다르다. 자기대상과 전이라는 코헛의 개념이 그의 임상 경험을 토대로 고안한 것일지라도 정상적 영아에게 이런 현상이 있다는 가정은 오류이다. 코헛의 약점은, 다른 분석가처럼, 치료실의 병리적인 성인을 토대로 초기 발달을 추론한 것이다. 볼비는 이러한 기본적인 오류를 피하기 위해 다양한 영아 집단을 직접 관찰하였다. 코헛의 연구 방향은 대체로 옳았지만 그는 현대 발달심리학에 익숙하지 않았다. 이런 이유로 그의 아이디어와 설명에는 왜곡된 측면이 있다. 그러나 코헛은 오늘날처럼 심리학이 번창하지 않는 그 시대에는 선각자였다. 그러나 오늘날의 많은 정신분석가는 발달심리학에 무지하고 이런 무지에 대해 과거보다 변명이 줄었을 뿐 여전히 변명하기 바쁘다.

---

7 애착 문제가 있는 사람에게 자아정체성의 혼란, 자기비하, 외로움, 공허감이 나타난다. 여기서 말하는 '견디기 어려운 느낌'은 이런 감정들을 말하는 것 같다. (역자주)

코헛에 따르면, 일상 속에서 매일매일 공감해주는 부모가 타인과 연결된 튼튼하고 일관된 자아가 발달하는 토대이다. 부모가 가끔 공감하지 못하는 소소한 사건들이 그렇게 치명적인 것은 아니다. 그러나 부모가 지속적으로 공감하지 않는다면 아동에게 정신병리가 발생할 수 있다. 코헛은 부모가 공감하지 못하는 것은 부모의 병리 때문이라고 생각했다. 따라서 정신장애의 대물림에 대한 좋은 모델을 만든 사람은 바로 코헛이다. 부모가 해야 하는 자기대상[8]의 역할이 미흡할 때 아기가 선택할 수 있는 다른 길이 없다. 아기는 역기능적 경로를 선택하고 공격성, 신경증, 성적 일탈, 과대망상 등을 추구한다.

코헛은 치료에 양육이라는 발달적 관점을 도입하였다. 그가 말한 치료는 치료사가 멀리서 환자를 관찰하고 해석하는 것이 아니다. 이와 반대로 치료는 환자에게 대인관계의 장을 만들어주고 여기에서 치료사가 환자의 자기대상이 되어주는 것이다.

메타심리학적 차원에서 코헛은 프로이트의 충동 모델에 의문을 제기하고 새로운 이론체계를 도입하였으나 충동 모델과 자신의 이론체계가 공존할 수 있다고 생각했다. 그러나 볼비는 정신분석 이론의 핵심을 과감하게 수정하였다.

코헛(1971, 1977, 1984)은 새 책을 출판할 때마다 자신의 이론을 수정하고 보완해 나갔고 그 이후 다른 자기심리학자들도 이에 합세하였다. 이렇게 하여 코헛의 패러다임은 계속 수정되고 확장되고 여러 갈래로 퍼져 나갔다. 리히텐버그와 울프(1997)는 자기심리학의 기본 원리를 검토하고 이를 책으로 출간하였다. 이 책에 애착이론과 자기심리학의 공통점이 기술되어

---

8 자기대상(selfobject)은 코헛이 고안한 용어이다. 처음에는 self-object라고 하다가 나중에는 selfobject로 수정하였다. 코헛은 자기애적 욕구가 향하는 대상을 자기대상이라 했다. 자기대상은 프로이트와 말러가 말한 리비도가 향하는 대상이고 볼비가 말한 애착욕구가 향하는 대상과 같은 것이다. (역자주)

있다. 코헛과 볼비 모두 공감과 성찰적 사고를 중시하고, 치료 시에는 일화기억 탐색을 강조하고, 기존의 동기 이론(충동이론)을 수정하였다.

볼비와 안나 프로이트

볼비가 그랬듯이 안나 프로이트도 가족이 아동을 대하는 방식을 관찰하고 올바른 육아 정보를 전파하려고 노력하였다. 그녀는 말년 무렵인 1975년에 수련감독자 세미나에서 다음과 같이 말했다. "아동과 청소년은 홀로 존재하지 않는다. 가족과 정서적인 관계 속에서 아동과 청소년을 바라보고 평가해야 한다."

아서 코치(1995)의 말대로, 안나 프로이트는 거의 60년간 정신분석학에 많은 업적을 남겼다. 그녀는 어린 아동을 자연스러운 장면에서 직접 관찰하고 여기에서 나온 증거를 토대로 정신분석적 발달심리학을 만들어야 한다고 주장하였다. 성인 정신분석에서 이런 흐름이 있었는데 그녀는 아동과 청소년 분석에도 이런 흐름이 필요하다고 역설한 것이다.

볼비는 『애착과 상실(Attoachment and Loss)』(1969)에서 여러 페이지를 할애하여 안나 프로이트의 이론과 애착이론의 관계를 논하였다. 이 부분에 전쟁 중 안나 프로이트와 도로시 벌링엄이 햄스태드 고아원을 운영하며 아이들을 직접 관찰하고 발견한 애착고리에 대한 설명이 나온다. 실제로 안나 프로이트는 잔인하고 적대적인 엄마에게 아이들이 매달리는 모습을 목격하였다. 다시 말해 어린 자녀는 엄마의 성품을 구분하지 못한 채 친숙하다는 이유만으로 엄마에게 매달린다. 안나 프로이트는 초기 아동기의 특수한 애착 욕구를 독특한 욕구로 본 것이다. 볼비는 자신의 저서에 포함된 몇 가지는 안나 프로이트의 것임을 밝혔다. 아동이 선호하는 애착대상은 서열이 정해져 있다는 아이디어도 그중 하나이다.

볼비가 그랬듯이, 안나 프로이트(1972)도 엄마와 오래 분리되었거나 엄마에 대한 신뢰감이 손상된 영아에게 나중에 강한 분리불안이 나타나고 애착 유형이 불안전형이 될 가능성이 있다고 설명하였다.

볼비와 말러

마가렛 말러는 초기 영아와 엄마 관계에 대한 새로운 이론을 내놓았다. 볼비가 그랬듯이 말러도 정신분석학이 실증적 연구를 도입해야 한다고 주장하였다. 말러는 비엔나에서 소아과 의사로 출발하였다. 말러도 위니컷처럼 늘 엄마와 아기를 접하며 살았다. 1930년대에 말러는 미국으로 이주하였고 이때부터 그녀는 실험실에서 아기 발달을 관찰하기 시작했다. 엄격한 실험법을 사용하지 않았고 그의 이론이 검증 불가라는 비판도 있었지만, 그녀는 그 시대의 선각자였다. 그녀의 연구는 그 시대에 가능한 최선의 것이었다. 말러는 초기 발달의 결정인을 부모 행동으로 보았다. 아동의 욕구와 부모의 성격이 상호작용한 결과로 아동이 걸어갈 발달경로가 결정된다. 아기의 지지대가 되어주고, 먹여주고, 미소 짓고, 이야기하고, 지원해주고, 안고 가볍게 흔들어주는 엄마의 모든 반응이 초기 발달을 지휘한다. 아동이 자람에 따라 엄마와 아동 사이의 거리가 좁혀지기도 하고 멀어지기도 하면서 아동에게 분리감이 발달하고 아동은 개별화된다. 분리감이 발달한 아동은 안전한 엄마의 품도 좋아하지만 혼자 세상 속으로 나아가 즐겁게 탐색하고 배우고 싶어 한다. 아동은 세상 속으로 나아갔다가 '재충전'하기 위해 엄마에게 돌아온다. 말러에 따르면, 아기는 엄마의 품으로 들어가 엄마의 성격과 융합되었다가 엄마의 품을 벗어나 분리되었다를 반복하면서 독립된 개체로 성장한다.

말러(1975)는 정상적인 발달을 (1) 정상적 자폐 단계, (2) 정상적 공생 단계, (3) 분리-개별화 단계, (4) 리비도가 향하는 대상(애착대상)의 정착 단계라는 4단계로 구분하였다. 이 단계들은 분리감의 발달 과정에 대한 것이다. 그녀는 이러한 발달이 타인과의 유의미한 접촉을 통해 이루어진다고 보았다. 이 부분은 애착이론의 자기 표상과 중요한 타인 표상과 유사하다. 말러의 이론이 따르면, 표상이 형성되었다 할지라도 실제로 표상의 영향을 받은 행동과 감정이 나타나려면 운동과 인지가 어느 정도 성숙해져야 한다.

말러는 여러 단계 중 분리-개별화의 단계가 가장 중요하다고 보았다. 그 이유는 이 단계에서 자기와 중요한 타인의 안정된 상이 형성되기 때문이다. 그러나 말러에 따르면 개별화를 위해 아동은 다음의 두 가지 두려움을 극복해야 한다. 이를 위해 아동은 (1) 엄마를 멀리 벗어나면 엄마의 사랑을 잃을지 모른다는 두려움과 (2) 재충전을 위해 엄마에게 돌아오면 엄마에게 붙잡히거나 엄마의 품에 빠지거나 공생적 관계에 안주할 것 같은 두려움 사이에서 타협점을 찾아야 한다. 이를 위해 엄마는 민감한 반응성을 발휘하여 발달에 따라 달라지는 아동의 욕구를 충족시켜 주어야 한다.

말러의 이론에서 가장 흥미로운 부분은 (1) 개인의 분리감, (2) 마음이 있는 독립된 개체로 타인을 인식하는 능력, 그리고 (3) 그 타인과 관계를 맺을 수 있는 능력을 설명한 부분이다. 볼비(개인적 대화)는 어떤 측면에서 애착이론과도 유사하고, 오늘날의 애착이론의 핵심 쟁점도 그녀의 연구에 포함되어 있다며 말러의 이론에 찬사를 보냈다. 또한 말러는 정신분석학에 근본적인 변화가 일어날 수 있는 발판을 마련하였다. 그러나 볼비는 다음 세 가지 측면에서 말러의 이론을 비판하였다.

- 말러는 초기 단계를 자기-타인의 미분화 단계(자폐적 공생단계)라고 가정하였다. 그러나 이 가정은 애착 연구의 지지를 받지 못했다.
- 한편에는 탐색 욕구가 있고 다른 한편에는 안전과 애착에 대한 욕구가 있다. 두 욕구의 조정 기간을 말러는 특수한 단계(분리-개별화 단계)로 제한하였다. 그러나 애착인물에게 접근하려는 정서적 · 신체적 충동과 애착인물에게서 벗어나 자율적이고 개별화된 존재가 되려는 충동의 협상은 일생 동안 지속된다.
- 말러는 프로이트의 메타심리학을 수용하고 자신이 관찰한 것을 정신

분석적 용어로 설명하였다. 그 결과 그녀의 이론에 모호함과 모순이
내포되어 있다.

미분화에 대하여

1980년대 초반에 나는 말러의 연구를 놓고 볼비와 이야기를 나누었다. 그
는 나에게 피터프러인트(1978)의 논문을 읽어보라고 권했다. 이 논문에서
피터프러인트는 아동이 타인을 독립된 개체로 인식하지 못하는 미분화 단
계, 즉 자폐적 단계가 있다는 말러의 가정에 의문을 제기하였다. 또한 피
터프러인트는 정신병리학적 용어(특히 성인들의 정신병리)로 초기의 정상적인
발달 단계를 설명한 말러를 강력하게 비판하였다. 미분화기에 영아는 엄
마와 한 몸인 것처럼 생각한다는 생각은 문제가 많고 현대 발달심리학의
지지를 받지 못했다.

스턴(1985)도 말러를 다음과 같이 비판하였다.

> 영아들은 출생 시부터 자기라는 존재를 직감적으로 알고 있다. 영아는
> 자기의 발달 과정을 알아차리도록 선험적으로 설계되어 있다. 영아가
> 자기와 타인을 구분하지 못하는 완전한 미분화 단계는 없다. 영아기의
> 어떤 시점에서도 처음부터 영아는 자기와 타인을 혼동하지 않는다. 또
> 한 영아는 유전적 설계도에 의해 외부의 사회적 사건에 선택적으로 반응
> 할 뿐 어떤 단계에서도 자폐적으로 경험하지 않는다. (p. 10)

피터 홉슨(1993)은 갓난아기도 대인관계와 애착에 참여한다는 많은 실험적
연구와 관찰 연구를 검토하고 다음과 같이 말했다.

> 여러 연구에 따르면, 엄마의 반응과 반응의 타이밍이 평소와 다르면 영
> 아의 정서와 주의가 달라진다. 영아와 엄마의 상호작용은 표정과 음성

과 제스처를 교환하는 일반적인 협력 과정이지만 또 다른 특징이 있다. 영아와 엄마는 상대방에게 정서적으로 반응할 때마다 단단해지기도 하고 약해지기도 하는 독특한 심리적 고리로 연결되어 있다. (pp. 36-37)

로널드 D. 페어베언

1940년 초반에 스코틀랜드 정신분석가인 베어베언은 오늘날 정신분석학의 토대가 된 매우 중요한 정신분석적 이론을 내놓았다. 그 이론의 핵심은 (1) 인간의 기본적인 동기는 대인관계 욕구이며, (2) 내적 정신세계는 관계 경험이 내면화된 것이고, (3) 아동기의 트라우마는 엄마와의 분리에서 시작되고 이 경험이 자아상에 영향을 준다는 것이다. 그의 아이디어는 그 시대의 다른 이론과 전혀 다른 것이었다. 그의 이러한 관점은 수십 년이 지난 후에 정신분석학 전반에 많은 영향을 주었다.

페어베언은 인간이란 생득적으로 대상을 찾고 대상과 연결된 존재라 했다. 그가 생각한 인간의 기본적인 단위는 연결고리를 포함한 타인과 연결된 자기이다. 그는 정신병리를 두 종류로 구분하였다. 하나는 참을성 없이 흥분하는 사람과 관계를 맺은 자기를 경험할 때 나타나고, 다른 하나는 참을성 없이 거절하는 사람과 관계를 맺은 자기를 경험할 때 나타난다. 그의 책에 길게 이 과정이 기술되어 있다. 참을성이 없는 엄마와 상호작용한 영아는 불만족스러운 경험을 내면화하여 분열된 자아상이 형성된다. 아동은 방어기제로 이런 자아의 일부를 무의식으로 밀어 넣는다.

볼비 이론의 많은 부분은 페어베언의 아이디어를 업데이트한 것이다. 예를 들어, 볼비가 (구순욕와 성욕 대신에) 애착관계를 일차적 동기로 본 것과, 박탈과 트라우마가 자아분열의 원인이 되는 **방어적 제거**를 만든다고 한 부분은 원래 페어베언의 것이다. 방어적 제거는 억압, 분열, 해리[9]와 같은 현

---

9 정신적으로 건강한 사람은 다양한 자기 모습을 자유롭게 표현하고, 인식하고, 사용한

상이다. 볼비가 말한 방어적 정보처리는 방어적 제거라는 용어에 뿌리를 두고 있다. 우리의 감각기관은 정보처리 용량이 제한되어 있기 때문에 감각기관에 들어오는 많은 정보 중 상당 부분은 걸러낸다. 그렇지 않으면 정보처리장치는 과부하에 걸린다. 특히 감각기관에 들어오는 정보가 고통과 연결된 것이라면 더욱 과부하에 걸리기 쉽다. 고통스러운 정보는 의식에서 장기간 제거된다. 심한 경우는 영원히 제거된다. 방어적 제거가 작동하면 감각기관에 들어온 정보의 지각을 차단한다. 이미 장기기억에 저장된 정보를 차단하면 그 정보는 기억에서 사라진다. 볼비는 "우리는 고통스러운 것을 잊고 싶어 한다."라고 말했다. 방어적 제거를 오래 사용하면 자아분열 같은 복잡한 결과가 발생한다.

엠마누엘 피터프러인트

엠마누엘 피터프러인트(1924~1990)는 훌륭한 업적을 남겼음에도 불구하고 오랫동안 학계로부터 외면당하는 고통을 겪었다. 그는 시카고 의과대학을 졸업하고 뉴욕정신분석학회에서 수련을 받았다. 또한 그는 마운트 시나이 의과대학의 정신의학과 교수였고 미국정신분석학회 회원이었다. 그는 정신분석 현장에서 나온 자료를 최신 과학 용어로 설명한 혁신적인 패러다임을 내놓았다(1980). 그는 프로이트의 메타심리학을 삭제하고 마음과 정신을 20세기 과학 모델로 설명하였다. 이로 인하여 그도 볼비처럼 학계로부터 외면당했다.

그의 내부작동모델이라는 용어는 볼비의 것과 유사하다. 그의 『정신분석적 치료과정(The Process of Psychoanalytic Therapy)』(1983)이라는 책에 기술된 치

다. 극단적 외상을 경험한 사람은 다양한 자기 중 고통스러운 자기를 회피하고 무의식 속으로 밀어 넣는다. 천장에 붕 떠 있는 소녀가 아래쪽에서 학대당하고 있는 자신을 무덤덤하게 내려다보는 경우가 분열(해리)에 해당한다. 건강한 사람의 인격은 통합되어 있고 병리적인 사람은 인격이 분열되어 있다. 치료는 인격을 '통합'하는 과정이기도 하다. (역자주)

료 방식은 애착이론과 유사하다. 이 책에 기술된 민감한 임상가의 치료전략은 매우 창의적이다. 예를 들어, 임상가는 환자의 자유연상에 공감으로 반응하고 오류를 수정하는 개입은 환자에게 섬세하게 맞춘다.

1980년대에 미국집단치료학회가 코넬대학교 정신의학센터에서 열렸는데 나는 여기에 강의차 참석했다. 그때 볼비가 피터프러인트를 만나보라고 하여 나는 그를 만났다. 볼비는 피터프러인트의 아이디어와 분석 기법이 애착이론과 상당히 유사하며 이 분야의 발전에 도움이 될 것이라고 생각한 것이다.

피터프러인트의 관심사는 환자의 주관적 현실을 포기하게 만드는 방법과 병의 기원이었다. 그는 환자의 주관적 현실이 분석가와 환자가 나눈 이야기로 교체되면서 환자의 삶에 큰 변화가 일어난다고 생각하였다. 피터프러인트는 임상 장면에서 환자를 범주로 분류하면 안 된다고 충고하였다. 환자에게 부여된 범주가 고유한 세계에 대한 탐색을 제한하기 때문이다. 그는 환자를 이해하려면 환자를 분류하지 말고 환자의 고유하고 독특한 세계를 탐색하라고 충고하였다.

AAI 같은 애착 유형 검사를 중시하던 그 당시의 분위기 속에서 많은 임상가들은 환자를 평가하고 환자를 어떤 유형으로 분류하였다. 물론 애착평가가 어떤 측면에서는 유용하지만 환자에 대한 이해를 제한하는 문제점이 있다. 정신분석학은 항상 임상적 평가를 중시하지만 다른 한편으로는 자유연상, 꿈, 이야기, 생활사 같은 방법으로 각 개인의 고유한 세계를 탐색한다. 그는 AAI가 세상에 출시되기 전부터 이런 작업을 하고 있었다. 물론 방법은 자유연상과 전이 분석을 사용했을지라도 그의 아이디어는 애착기반 정신분석 그 자체였다.

그가 사용하는 정신분석적 기법은 애착이론과 유사했다. 간단히 말해서, 분석은 분석가와 환자가 관계를 맺고 그 관계 속에서 전이를 탐색하고 탐색한 것을 내부작동모델과 비교하는 것이다. 자유연상과 초기 기억의 회상은 분석의 필수 과정이다. 분석가는 자신만의 이론적인 틀이 있어야 겠지만 다른 한편으로는 환자가 말하려고 하는 것에 반응하고 환자의 독특한 세계를 공감하고 개방적으로 수용하고 유연해야 한다. 이런 식으로 피터프러인트와의 대화를 통하여 나는 많은 영감을 얻었고 이것이 애착이론에 중요한 영향을 주었다.

로널드 D. 랭

로널드 D. 랭은 스코틀랜드 정신과 의사이며 정신분석가였다. 그의 연구는 논란이 많았으나 그의 저서는 널리 인용되며 많은 영향을 주었다.

심각한 정신장애의 원인과 치료에 대한 그의 관점은 실존주의 철학의 영향을 받았다. 이것은 그 시대의 주류를 이탈한 것이다. 그 당시는 환자의 경험을 타당한 것으로 간주하고 억압된 감정을 표현하도록 도와주는 것이 대세였다.

그러나 랭은 가족의 역기능이 증상의 악화에 영향을 준다고 주장하였다. 랭은 개인이 타인의 기대를 따를 수 없을 때 정신병이 나타난다고 보았다. 사실 랭 이전에 그레고리 베이트슨이 같은 주장을 했다(Bateson, 1972). 랭과 베이트슨 둘 다 치료실보다는 더 큰 대인관계 맥락인 가족의 맥락에서 개인과 증상을 바라보았다. 랭과 베이트슨은 증상을 가족의 역기능 지표로 보았다. 랭은 베이트슨의 유명한 '진퇴양란 화법'을 토대로, 자녀에게 나타난 정신병 증상을 부모의 복잡하고 모순된 메시지나 요구에 반응한 결과물로 보았다.

랭은 자신의 임상경험과 함께 현상학적인 실존주의를 이론적 토대로 삼았다. 랭에 따르면, 사람들이 사회에 동조하는 과정에 자아상이 왜곡되고 이로 인해 자아정체성이 혼란스러워진다.

1956년에 랭은 J. D. 서덜랜드, 존 볼비, 찰스 리크로프트를 만나러 타비스톡 클리닉을 방문했다. 그 후 볼비와 랭은 규칙적으로 만났다. 이렇게 하여 볼비는 가족 역기능에 관심을 기울일 수 있었다. 볼비는 저서의 색인에 랭의 이름을 올리지는 않았지만, 사람과의 대화에서 랭의 도움을 많이 받았다는 말을 자주 하였다(Burston, 2000).

콜린 머리 파크스(1995)는 다음과 같이 말했다.

> 젊은 정신과 의사인 랭은 부모와 양가감정을 느끼는 관계였다. 가족들은 그가 어렸을 때 그에게 상처만 주었다. 이런 영향 때문에 그는 모든 권위자를 의심하는 반골 기질이 있었다. 그는 주저하지 않고 치료에 대한 새로운 이론을 내놓았다. 그의 저서로는 『분열된 자아(The Divided self)』(1960), 『자기와 타인(The self and Others)』(1961), 『정신건강과 정신병과 가족(Sanity, Madness and the Family)』(1964)이 있다. 이런 저서에서 그는 정신분열증 같은 정신장애는 가족의 병리에서 기인한다는 새로운 관점을 내놓았다. 그가 본 정신병원은 가족과 다르지 않았다. 병원은 정신병을 치료한다기보다 더 악화시키는 곳이었다. 병원 종사자들은 그의 이론을 외면하였다. 랭의 거친 아이디어가 비판을 받는 동안 말 그대로 혁명가 그 자체인 볼비는 랭의 천재성을 알아보고 그를 도왔다. 랭은 타비스톡 클리닉에서 일을 할 수 있었다. 여기에서 그는 최고의 성과를 올렸고 상당한 명성을 얻었다. 유명세를 탄 다음에 그는 추락했다. 그의 주변에 지나칠 정도로 비판하던 동료들만 없었더라면 그는 더욱 발전했을 것이다. (pp. 255-256)

슈퍼비전에서 볼비는 가족 역기능에 관심을 기울였고 이 부분은 랭의 업적임을 밝혔다. 랭은 가족의 외상적인 환경만 지나치게 강조한 것이 아니다. 그는 가족 개개인의 자아개념을 파괴하는 독특한 커뮤니케이션 방식을 세상에 알렸다. 이것이 그의 중요한 업적이다.

존 빙-홀과 가족체계이론

존 빙-홀은 정신과 의사이자 가족치료사였다. 그는 타비스톡 클리닉에서 근무한 적이 있다. 엄격하게 말하자면 그는 정신분석가는 아니다. 그러나 그는 여러 정신분석가와 친하게 지냈고 볼비 팀의 일원이었다. 그의 아이디어는 다른 학파의 심리치료사와 정신분석가에게도 많은 영향을 주었다. 빙-홀과 볼비는 많은 생산적인 대화를 나누었다. 그후 애착이론에 기반을 둔 영아 연구는 점차 가족과 정신분석을 연결하였다.

빙-홀에 따르면 가족들은 무의식적으로 가족 각본에 따라 행동하고 가족 각본이 대인관계와 자기파괴적 행동을 만든다. 빙-홀(1995)은 안전기지로서의 가족이라는 새로운 개념을 만들었다.

가족 안에서 안전감을 충분히 느낀 개인은 새로운 세상을 탐색하면서 즉흥적으로 새로운 각본을 만들 수 있다. 빙-홀은 병리적인 애착 패턴이 치료를 통해 어떻게 변화할 수 있는지를 보여주었다.

가족체계이론이 애착이론에 미친 영향을 간략하게 살펴보자. 애착 연구는 그동안 주로 이자관계를 연구했다. 두 개의 중요한 애착검사인 낯선상황절차와 AAI도 기본적으로 이자 관계를 평가하는 도구이다. 그 당시 일부 연구는 삼자 관계와 소그룹에 관심을 기울였지만 애착 연구의 대세는 이자관계였다. 그러나 볼비(개인적 대화)는 가족을 하나의 시스템으로 보았다. 가족 안에서 희생양, 가족 내 소그룹 간 연합, 특정 가족원에 대한 따돌림 같은 현상이 발생한다. 이 모든 것이 볼비의 관심사였다. 가족원의 모든 소통은 가족에 대한 내부작동모델에 저장된다. 가족 안에서 위기와 고난이 발생했을 때 가족이나 배우자가 돌봄과 위안을 주지 않는 상황에 볼비는 특히 관심을 기울였다. 애착이 손상된 사람은 도움이 필요한 결정적 시기에 도움이 필요한 사람을 배신하고 버리는 특징이 있다.

오늘날 가족과 커플에 대한 애착 연구는 점점 증가하고 있다. 애착이론을 적용한 가족치료와 커플치료는 클루로(2000)와 존슨(J2005)을 참조하라.

가족체계와 애착이론을 논하면서 독일 심리치료사인 베르트 헬링거(1925년생)를 언급하지 않을 수 없다. 그는 가족세우기(Family Constellation)라는 유명한 방법을 개발한 사람이다. 헬링거는 애착이론을 접한 적은 없다. 그는 역기능적인 가족의 대물림에 관심이 많았다. 그러므로 그의 이론에는 이미 애착이론이 포함되어 있다. 그의 가족세우기 워크숍에 많은 사람이 참석했고 그는 가족세우기 운동을 일으켰다. 많은 사람이 가족세우기에서 많은 것을 드러내고 강렬한 체험을 하였다. 그러나 그는 가족이라는 단 하나의 원인으로 복잡한 문제를 축소시켰다는 비판을 받아들이지 않았다. 그는 많은 동료들에게 배척당하는 어려움을 겪었다. 그의 이런 측면은 가족과 대물림을 바라보는 볼비의 방식과 다른 점이다.

다니엘 스턴과 보스턴 그룹

다니엘 스턴은 1934년에 뉴욕에서 태어나 2012년 제네바에서 사망했다. 그는 저명한 정신분석가이자 영아발달학자였다. 그의 저서 중 가장 잘 알려진 것은 『영아의 대인관계 세계(The Interpersonal World of the Infant)』(1985)이다. 그는 하버드대학교에서 의학을 공부했고 컬럼비아대학교에서 정신분석학을 공부했다. 그는 오랫동안 제네바에서 살았으나 많은 시간 미국에 머물렀다. 그는 코넬대학교 의과대학 교수였고, 제네바대학교 심리학 교수였다. 그는 소아과 의사이며 정신과 의사였던 나디아 브루쉐베일러-스턴과 공동 저서를 냈다. 그의 주된 관심사는 영아기 자아의 발달이었다. 그의 강연을 들어보면, 그는 애착이론의 간주관과 유사한 용어를 사용한다. 스턴은 애착이론의 내부작동모델에 많은 영향을 주었다. 그는 '함께 도식'이라는 역동적인 구조물이 아동의 주관적 경험을 만든다고 보았다. 콜린 트리바덴이 그랬듯이, 그는 아버지의 역할을 중시하지 않았다. 대신에 그는 엄마와 아기의 관계를 강조했다.

스턴은 내부작동모델이 형성되는 시기의 에피소드를 주목했다. 이 시기의 에피소드에는 독특한 리듬과 음률, 안무, 순서가 있다. 다른 애착 연구와 달리, 스턴은 통계적 방법을 사용하지 않았고 통제적 자료를 인용하지도 않았다. 그러나 그의 방법이 그의 연구의 타당도와 신뢰도를 훼손하지 않았다. 그의 이론은 체계적인 관찰을 토대로 한 것이었다. 그의 방법은 학계에 많은 영향을 주었다. 그는 창의적이고 혁신적이고 구체적인 방법으로 모아 상호작용과 아동 발달을 평가하였다. 스턴은 부모의 표상이 어떻게 아동의 표상에 영향을 주고, 어떻게 부모-자녀의 상호작용이 아동의 표상으로 전환되는지를 연구하였다.

스턴에 따르면 영아기 상호작용은 의도적인 과정이다. 이 시기의 상호작용은 시작과 중간과 끝이 일정한 순서로 진행된다. 이 과정에는 정서 조절의 순간들이 있고, 정서가 조절되는 순간에 아기와 엄마의 욕구가 충족된다. 스턴은 이 과정을 '이야기 치료의 원형'이라고 불렀다.

말을 배우기 전의 아동을 관찰하면서 스턴은 아기가 엄마와 사이에서 어떤 행동이 오고 갈지를 예상하면서 상호작용하는 것을 발견하였다. 상징(비언어)을 사용하기 이전 단계에서는 이러한 예상이 때로는 맞고 때로는 틀린다. 스턴은 이러한 상호작용 능력이 어떻게 발달하는지를 관찰하였다. 툴빙과 샥터, 스타크(1980)는 상호작용이 절차기억에 저장된다고 생각했다. 절차기억은 의식적 요소가 전혀 없는 암묵적 기억이다. 아동기의 반복된 대인관계 경험은 스턴이 암묵적 관계 지식이라고 한 표상에 저장되는 것 같다. 부모는 자녀를 대할 때 이 지식을 사용한다. 이것이 대물림의 중요한 메커니즘이다. 다시 말해 부모는 아동기 때 배운 암묵적 관계 지식을 사용하여 자녀를 양육한다. 스턴은 엄마들이 이런저런 부모교육에 참여하여 자녀 양육법을 배워도 정서조절 경험이 표상에 없다면 충분히 좋은 엄마가 되기는 힘들 것이라고 말했다.

스턴은 치료 장면에 이 아이디어를 도입하였다. 그는 환자와 치료사가 마음이 통하는 순간순간에 암묵적 지식이 수정되고 업데이트되면서 치료가 일어난다고 말했다. 치료사가 언어를 사용하여 개입하는 동안에 변화의 순간은 오지 않는다. 치료사가 온몸으로 매 회기 매 순간 독특한 감정을 탐색하고 견디고 환자와 분석가의 감정이 일치하는 순간이 바로 변화의 순간이다.

스턴은 학계에 많은 영향을 주었다. 그러나 그의 아이디어에 몇 가지 문제가 있다. 앞에서 지적했듯이 그는 모아의 초기 관계를 강조하였다. 그러나 아동의 표상체계에는 간접적인 사회적 네트워크와 아버지의 역할도 녹아있다. 스턴은 아기-애착대상의 관계가 곧바로 성인기의 관계로 이어진다고 말하는 것 같다. 스턴 외에도 많은 연구자가 이렇게 말한다. 그러나 스로우프 등(2005)이 입증하였듯이 아동기가 성인기에 영향을 주는 경로는 매우 복잡하다.

여기에서 스로우프가 주축이 된 미네소타 종단연구를 살펴보려고 한다. 이 연구는 1975년에 시작되어 지금도 진행 중이다. 이 연구는 사회적 관계에 초점을 맞추고 다음의 쟁점들을 연구한다. (1) 사람들은 자신이 경험한 바를 어떻게 해석하는가? (2) 발달의 위험요인과 보호요인은 무엇인가? (3) 발달은 연속적으로 진행되는가? 단계별로 진행되는가?

이 연구의 전반적인 목표는 개인의 발달을 추적하고 일생에 걸쳐 어떤 요인이 좋은 결과로 이어지고 어떤 요인이 나쁜 결과로 이어지는지를 규명하는 것이다. 이를 위해 이 연구는 일생에 걸쳐 발달에 영향을 주는 요인과, 변하는 것과 변하지 않는 것을 구분하였다.

많은 연구자는 정서조절력이 발달하는 민감기가 있다고 생각한다. 볼비는 초기 경험이 중요하다고 생각했다. 그러나 여러 사이클을 거치면서 이어지는 인생길은 매우 복잡하다. 특히 **미성숙기**(아동기와 청소년기)의 발달경로는 복잡다단하다.

이제 보스턴변화과정연구소에서 나온 연구를 소개하겠다. 이 연구소는

1995년에 설립되었다. 주요 멤버는 다니엘 스턴, 칼린 라이온스-루스, 루이 샌더, 나디아 부르스베일러-스턴, 제레미 나움, 알렉산더 모건으로 이들은 모두 정신분석가와 심리치료사이다. 이들은 임상 장면에 발달적 관점을 도입하였다. 이들은 발달적 변화와 치료적 변화가 유사하다고 생각했다.

보스턴변화과정연구소의 멤버 중 가장 잘 알려진 사람은 칼린 라이온스-루스이다. 그녀는 해리엇-와트대학교 석좌교수이며 하버드 의과대학 심리학 교수이다. 그녀는 영아기 애착행동을 연구하면서 아동의 기질이 애착을 결정하는 것이 아니라, 아동의 기질이 부모의 양육 방식과 상호작용한다는 사실을 발견하였다. 라인온스-루스 등은 영아의 병리에 영향을 주는 비정상적인 모성 행동을 평가하기 위해 정교한 척도를 개발하였다. 이 척도의 이름은 '비전형 모성행동 척도(AMBIANCE : Atypical Maternal Behavior Instrument for Assement and Classification)'이다.

기존의 일반적인 검사는 모성 행동을 평가할 때 '온정'이나 '민감성' 같은 문항을 사용한다. 그러나 이러한 검사로는 정서적 조율이 안 되는 정도와 민감한 반응성이 손상된 정도를 정교하게 평가하지 못한다. 엄마의 문제가 아기의 미해결된 공포와 적대감과 불안을 만들고 이것이 애착장애로 이어질 수 있다. 이런 관점에서 AMBIANCE는 엄마와 아기의 정서적 부조화를 평가하고 엄마의 이상행동을 평가한다.

보스턴변화과정연구소의 영향을 받아 비트라이스 비비, 로버트 N. 엠드, 프랑크 M 라흐만, 조셉 리히텐버그, 제럴드 스텍클러, 에드워드 Z. 토로니크가 후속 연구를 수행하였다. 이 그룹의 특징은 치료 장면을 분석가와 환자의 만남의 장으로 본 것이다. 분석가와 환자라는 두 참여자가 주체적으로 마음이 통하는 분위기를 만들고 환자의 이야깃거리를 논한다. 이들은 영아 연구를 토대로 성인의 기능을 이해하고 이를 심리치료에 활용하였다. 나의 생각이지만 이들의 문제점은 영아기부터 성인기까지 점진적으로 형성되는 성격에 대한 설명이 부족하다는 것이다.

다시 보스턴변화과정연구소 이야기로 돌아가자. 보스턴 그룹은 비해석적인 치료에 주목하였다. 최근에 나온 기억 연구에 의하면, 자주 떠오르는 기억은 이미지나 정보로 떠오르는 것이 아니라 행동으로 떠오른다고 한다. 이런 맥락에서 보스턴 그룹은 대인관계 경험의 중요한 부분은 무의식적인 절차기억에 저장된다고 주장하였다. 그러므로 치료의 중요한 메커니즘은 환자와 분석가의 상호작용이다. 극단적으로 말해서 통찰을 위한 언어적 대화가 불필요하다. 그렇다면 피터 포네기가 강조한 '정신화'가 치료와 무관하다는 말인가라는 의구심이 든다.

다시 말해서, 스턴(1995)은 해석 이상의 그 무엇이 있어야 치료가 일어난다고 말했다. 그 '그 무엇'이란 치유적인 상호조절을 말한다. 이것은 치료적 관계가 잘 작동할 때 특히 마음이 통하는 순간에 나타난다.

비트라이스 비비 등(1992, 1997)은 초기 모아 상호작용 과정 중의 타이밍과 리듬을 특히 강조하였다. 영아기의 모아 상호작용에 일정한 순서와 시간 패턴이 있다. 이들은 이것을 그 시기 절차기억의 핵심으로 보았다. 영아기 실제 상호작용 경험은 애착 같은 중요한 발달을 만들고 그 후 자기 조절력이 된다.

아직 부족한 점이 있을지라도 이 분야의 연구는 전 생애에 걸친 연속적 변화와 단계적 변화를 통합하는 성과를 올렸다.

트릴 해리스

트릴 해리스는 뉴욕에 있는 국제애착학회의 창립 멤버이다. 그녀는 성인을 대상으로 하는 개인 치료실을 운영하며, 런던에 있는 킹스대학의 사회정신의학부(여기에서 조지 브라운 교수와 같이 연구함) 연구교수이다. 해리스와 브라운은 정신분석학과 사회의학을 접목하여 브라운-해리스 우울증 모델을 만들었다. 이 모델은 30년간 이들이 공동연구한 결과물이다. 내부세계와 외부세계의 상호작용을 검증하는 과정에 자료가 축적되면서 이 모델이 탄생하였다. 또한 이들은 볼비와 애인스워스의 안전형과 불안전형이라는 애착 범주에 영향을 준 ASI(Attachment Style Interview)를 개발하였다. 이들의 연구에 의하면, 불안전한 애착으로 분류된 사람은 아동기가 불행한 경향이 있고, 이들은 우울증이 발병하거나 차후에 외상적인 생활 사건을 겪을 가능성이 더 크고, 자존감이 낮고, 만성적 신경증에 시달릴 가능성도 더 크다. 볼비 팀의 일원이기도 한 매리 애인스워스에 의하면, 애착이론은 임상적 경험과 과학적인 연구 두 갈래로 진행되었는데 이 두 갈래의 통합에 트릴해리스가 많은 기여를 하였다.

그녀는 볼비(1980, 3권, 21장에 애도 스타일에 따른 치료법이 소개되었음)가 제안한 대로 정교하게 내담자에게 접근하였다. 그녀는 애착 관련 표상이 자기 모델과 타인 모델로 구분되어 있다고 한 볼비(1973)의 아이디어도 반영하고, 자기 보고식 애착 경험을 두 가지 유형(안전형과 불안전형)으로 분류한 바솔로뮤 등의 아이디어를 수용하여 ASI를 만들었다.

바솔로뮤와 호로비츠에 따르면, 안전형은 자기를 **사랑받을 자격**이 있다고 생각하고 **자아상**이 긍정적이다. 안전형은 타인들이 필요할 때 자기를 수용하고 자기에게 반응해줄 것으로 기대한다.

집착형(불안-양가형)은 자기를 **사랑스럽지 않다**고 생각한다. 이들의 자아상은 **부정적**인 반면에 타인상(타인은 강하고 독립심도 강하다)은 긍정적이다.

회피형은 (1) 배척-회피형과 (2) **공포-회피형**으로 구분된다. 배척-회피형은 자기를 사랑스러운 사람으로 생각하고 자아상이 긍정적이다. 공포-회피형은 자아상이 부정적이고 중요한 타인들이 자기를 사랑할지, 필요할 때 자기에게 반응해줄 것인지를 확신하지 못한다. 애인스워스도 ASI의 애착 유형을 사용하여 애착을 연구하였다.

피터 포네기 팀

피터 포네기는 헝가리 부다페스트에서 태어나 런던대학교에서 심리학을 공부하고 런던에서 정신분석 수련을 받았다. 그는 학자이자 임상가로서 많은 훌륭한 저서를 남겼다. 그가 애착이론에 기여한 공로는 특별한 의미가 있다. 포네기는 임상가로서 교수로서 연구자로서 미국, 영국 등 여러 나라에서 활동했다. 그는 런던대학교 정신분석학 교수이다. 그는 또한 런던의 안나 프로이트연구소에서도 활동했다. 그는 캔자스에 있는 메닝거클리닉의 아동가족부 책임자이다.

포네기는 1980년대에 런던대학교에서 하워드 스틸과 미리암 스틸이라는 두 명의 캐나다인을 만났다. 볼비와 개인적 친분이 있던 스틸 부부는 애착이론을 잘 알고 있었다. 포네기는 스틸 부부와 함께 애착이론을 연구하였다(개인적 대화). 오랫동안 포네기와 스틸 부부가 함께 연구한 것은 애착패턴의 대물림에 관한 것이다.

영아가 어떤 애착행동을 할지는 영아가 양육경험을 어떻게 받아들였는가에 달려 있다. 영아의 주관적 평가에 따라 영아는 환경을 안전한 환경이나 위험한 환경으로 지각한다. 영아의 내면에서 작동하는 애착 시스템의 목표는 안전확보이다. 그러므로 애착 시스템은 정서 조절자이다(Sroufe, 1996). 처음부터 감정을 조절할 줄 아는 사람은 아무도 없다. 양육자가 영아의 심리상태에 순간순간 민감하게 반응해준 결과로서 정서 조절 시스템이 발달하기 시작한다. 그러므로 애착 시스템은 양방향 조절 시스템이다. 영아는 양육자가 있을 때는 어떠한 상황이든 감당하기 어려울 정도로 놀랄 필요가 없음을 배운다. 영아를 평형 상태로 되돌려주는 양육자가 곁에 있기 때문이다. 감당하지 못할 정도로 각성 수준이 높아지면 영아는 항상성을 회복하고 위안을 얻기 위해 양육자에게 달려간다. 포네기에 따르면 애착행동의 활성화는 환경에 대한 영아의 주관적인 평가에 달려 있고 그 평가에 따라 영아는 환경을 안전한 환경이나 위험한 환경으로 (주관적으로) 지각한다. 애착 시스템이 하는 일은 첫째도 둘째도 감정을 조절하는 일이다. 자기감정을 스스로 조절하는 능력은 후천적 산물이다. 이 분야를 연구하는 스턴처럼 포네기도 애착행동의 특징 중 다음 두 가지를 강조하였다. (1) 적절한 환경에서 양육자와 아동은 서로를 조절하는 양방향 조절 장치를 만든다. (2) 영아의 행동에는 의도가 있고 영아는 양육자와 어떤 상호작용이 있을지를 예상하면서 행동한다.

전적으로 안전한 부모-영아의 관계에서만 영아는 자율성을 체험할 수 있다. 안전한 환경에서 자란 영아에게 통제감이 발달하고 이제 영아는 내적인 느낌을 스스로 조절하고, 타인뿐만 아니라 자신을 '의도하는 바가 있는 존재'로 바라볼 수 있다. 이제 영아는 생각, 느낌, 신념, 바람 같은 내적 세계에 따라 행동한다.

애착관계의 본질은 대물림되는 경향이 있다. 포네기 등의 연구에 따르면, 안전형의 성인은 자녀도 안전형일 가능성이 더 크다. 어떻게 애착 유형이 대물림되는가? 대물림의 메커니즘은 무엇인가? 앞에서 보았듯이 안전형의 성인은 자녀의 욕구를 더 민감하게 알아차리고 자녀의 정서를 더 잘 조절해준다.

포네기와 스틸의 **성찰기능**(reflective function)이라는 개념은 애착이론에서 매우 중요한 개념이다. 성찰기능은 자기와 타인이 믿고, 느끼고, 소망하고, 생각하는 존재임을 아는 능력이다. 성찰기능을 토대로 점차 아동은 행동의 원인과 의미를 파악하고, 내면을 자각하고, 타인의 행동을 예측하면서 사람들과 상호작용한다. 이런 능력은 인생 초기에 발달한다. 이 기능이 가끔은 실패하고 완벽하지 않을지라도 일생 동안 계속 발달한다. 예컨대, 부부관계에서 감정이 고조되면 우리는 상대방의 속을 알 수 없고 어떻게 상호작용해야 할지 막막할 때가 있다. 포네기 등은 초기에 '성찰기능'이라고 했던 것을 나중에 '**정신화**(mentalization)'라는 용어로 대치하였다. 이들에 따르면, 정신화는 행동을 머릿속으로 생각해보는 능력이다. 이것은 자아의 핵심인 '마음지식'[10]과 유사하다. 이러한 능력은 초기에 사회적 관계 속에서 발달한다. (부모와 아동 모두의) 애착의 질과 성찰기능은 상관관계가 있다. 자녀의 주관적 세계에 민감하게 반응해준 부모 밑에서 자란 아동에게 성찰기능이 발달한다.

포네기는 나중에 매리 타겟, 앤서니 베이트만과 공동연구를 하여 많은 결실을 거두었다. 매리 타겟은 런던대학교 임상심리학과 정신분석학 교수이며, 런던의 안나프로이트연구소의 수련감독자이다. 타겟은 많은 책과 논문을 썼고 피터 포네기와 많은 공저를 냈다. 앤서니 베이트만은 영국국립병원의 정신과 의사이자 정신분석가이다. 그는 **정신화 치료**(MBT : Mentalization Based Treatment) 매뉴얼을 개발했다. MBT는 혁신적인 성격장애 치료법이다. MBT는 기본적으로 성찰기능 증진을 목표로 한다. MBT는 매우 효과적이기 때문에 영국뿐만 아니라 전 세계에 널리 보급되었다.

성찰기능

영국의 정신분석가인 윌프레드 비온(1962)은 자녀의 고통스러운 감정(emotion)을 알아차리고 견딜 수 있는 느낌(feeling)[11]으로 조절해주는 엄마의 능력을 '진정 기능(capacity for reverie)'이라고 불렀다. 포네기가 말한 엄마의 '성찰기능'은 비온의 '진정 기능'과 상당히 유사하다. 자신의 마음속을 들여다보도록 격려하면 아동은 자신의 느낌과 의도와 신념을 발견하고, 타인에게도 그런 것이 있음을 이해한다. 포네기는 잘 통합된 자아가 발달하려면 엄마의 역할이 중요하다고 생각했다. 잘 통합된 자아의 표상에는 자기

---

10 보통은 theory of mind를 마음이론으로 번역하는데 이 책에서는 '마음에 관한 지식'이라는 의미로서 마음지식으로 번역한다.
11 감정은 신체적 반응을 동반하는 조절되지 않은 날 것으로서의 정서이고, 느낌은 인지적으로 조절된 정서이다.

뿐만 아니라 타인의 이미지도 저장되어 있다. 여기에는 양육자와 가족들의 정서와 의도도 저장되어 있고 자기의 의도도 저장되어 있다.[12] 이런 표상체계가 형성된 아동은 좋은 자원을 갖추고 험난한 인생길을 떠날 채비를 한 것이다. 불안전한 애착을 경험한 아동에게는 불신감이 생긴다. 이런 아동은 필요할 때 부모에게 도움을 요청하지 않는다. 이들은 부모에게 공감받기 어렵다고 생각하고, 현실과 동떨어진 환상적인 대상과 상호작용을 할 가능성이 있다.

포네기는 성찰 능력이 부족한 것을 정신병리로 보았다. 이 말은 심각한 정신장애나 범죄자나 경계선 성격장애에 잘 맞는다. 심각한 정신장애가 있는 사람은 흔히 아동 학대를 경험한 역사가 있다. 이러한 환자들에게는 성찰 기회가 없었기 때문에 안정된 자아상이 없다. 이러한 환자들은 충동적이고 감정이 변덕스럽고 자신의 내면을 언어화하지 못한다. 이러한 사람도 일관된 자아상을 만들려고 노력하지만, 이런 노력이 위험할 수도 있고 더 나쁜 결과로 이어질 수도 있다. 이런 사람은 자신이 (분열 없이) 잘 통합되어 기능한다고 착각하는 경향이 있다. 이러한 맥락에서 포네기의 말을 빌자면, 치료의 핵심은 올바른 성찰 과정을 안내하는 것이다.

포네기의 관점은 프랑스 정신분석가인 피에르 마르티(1918~1993)의 관점과 유사하다. 마르티는 파리 심신학회의 수장이다. 1962년에 미셸 드 무장과 같이 쓴 『조작적 사고(Operational Thinking)』라는 책이 출간된 후 그는 대중적으로 유명해졌다(Marty & M'Uzan, 1962). 마르티에 따르면 심인성 질환은 정신화 장애의 결과물이다. 정신화는 정서와 감정을 통제하고 조절한다. 따라서 정신화를 하지 못하면 통제를 벗어난 생리적 기능을 조절하지 못하고 신체가 격정적인 상태에 머문다.

---

12 자아 표상에 자기뿐만 아니라 타인의 정보가 저장되는 것은 타인과 상호작용한 경험이 저장되기 때문이다.

신체화 장애를 논하면서 주의할 것이 있다. '성찰기능'이 '정신화'로 교체되면서 성찰기능을 간과하기 쉽다. 신경생리학적 증상에 (현재 과학에서 입증되었듯이) 성찰 장애가 자주 동반된다. 신체와 정신이 분리되어 있다는 이원론을 토대로 하는 정신화 개념으로 인식론과 신경생리학을 통합하기란 쉽지 않아 보인다. 인간이란 생리적 시스템과 관계 경험이 하나의 단위로 작동하는 매우 복잡한 존재이다. 관계 경험과 생리적 기능이 연결된 하나의 시스템이라면 인간의 특징을 만드는 장치는 이것 외에는 없다. 그러나 정신화 개념은 몸 외의 나머지가 마음이고, 몸과 마음은 분리되어 있고, 성찰은 정신 속에서만 일어난다고 말하는 것 같다. 정신화 개념은 몸과 마음을 하나의 통합체로 보는 현대 과학에 위배된다. 나는 성찰기능이라는 개념을 폐기해서는 안 된다고 생각한다. 간주관적인 맥락에서 출현하고 유지되므로 성찰기능을 공유사고력(co-thinking ability)이라고 하는 것이 더 좋을 것 같다(Dianmond & Marrone, 2003).

나의 관점이지만 성찰 과정(혹은 정신화)을 촉진하는 것이 치료의 열쇠라고 한 포네기의 말이 맞는 것 같다. 볼비는 생활사 맥락에서 감정과 방어기제가 포함된 내부작동모델을 탐색하는 것이 치료과정이라고 했다. 그렇다면 치료에 대한 포네기와 볼비의 정의가 서로 다른 것인가? 나는 치료란 상호보완적으로 한편에서는 내부작동모델(그리고 이것의 역사적인 뿌리를)을 탐색하고 다른 한편에서는 성찰기능을 촉진하는 것이라고 생각한다.

내가 볼비에게 슈퍼비전을 받을 때마다 환자의 과거를 되돌아보고 가족 간 애착관계와 상호작용 방식을 상세하게 재구성하였다. 이것이 모든 치료의 기본이다. 생후 3년의 경험이 중요하지만, 그 기간은 기억나지 않기 때문에 기억을 회상하여 그 시절에 접근하기는 어렵다. 확실히 처음 2년은 기억할 수 없는 것 같다. 그러나 초기 2년의 기억들은 생각나지는 않더라도 심리적 발달에 가장 중요한 역할을 한다. 그러나 볼비는 그 이후 아동기와 청소년기도 중요하다고 말했다. 만 2세 이후에 겪은 트라우마를 보고하는 환자도 있고 부모를 잃었거나 학대를 당했거나 역기능적인 가정에서 자랐다고 보고하는 환자도 있다. 2세 이후의 기억은 의식적 회상이 가능하다.

두 번째로 내가 언급하고 싶은 것은, 나의 경험에 비추어보면, 성찰 능력은 초기 양육자와 아동의 이자관계 뿐만 아니라 전체 가족 안에서도 출현한다는 점이다. 어떤 가정은 가족관계에 대해 마음을 열고 성찰적 대화를 나누고 어떤 가정은 그런 대화가 없다. 특히 외상적인 가정은 성찰적 대화가 부족하다(Diamond & Marrone, 2003). 제니퍼 프리드(1996)는 가족 내의 사건과 정보를 공유하는 가족의 능력에 공유력(shareability)이라는 용어를 사용하였다. 나의 생각이지만 가족의 공유력은 성찰적 대화나 공유사고력과 중요한 부분은 일치한다.

마지막으로 성찰기능을 좀 더 명확하게 정의하자. 포네기의 개념인 성찰기능(혹은 정신화)은 자기 혹은 타인의 심리상태(신념, 의도, 바람, 지식)를 파악하고 다른 사람의 마음이 자기 마음과 다른 것을 이해하는 능력인 '마음지식'과 상당히 중첩된다. 마음지식은 마음속으로 생각해보는 능력 이상의 특수한 개념이다. 마음지식의 선구자는 벨락(1973)이다. 벨락에 따르면, 마음지식은 행동의 원인과 결과를 찾고, 과거와 현재 상황을 연관 짓고, 어떤 사람과 상호작용 시 느껴지는 감정이나 갈등을 알아차리는 능력이다. 마음지식은 트라우마와 가족 역기능과 정신질환을 치유하면 개선된다. 내가 말하고자 한 성찰기능은 넓은 의미에서 마음지식에 가깝다. 또한 성찰기능은 사람들과 대화하는 맥락에서 출현하고 발달한다. 그러므로 나는 성찰기능에 공유사고력 혹은 성찰적 대화라는 용어를 사용하고 싶다.

에릭 레이너와 영국 독립파

나는 런던정신분석연구소에서 분석가 훈련을 받던 시절에 에릭 레이너를 만났다. 그는 1980년대에 분석가 훈련을 받았고 독립파의 세미나에 참석했었다. 나는 그때 그 세미나에서 마거릿 토니스만과 에릭 레이너를 만났다. 세미나 중에 그는 "볼비가 영국 독립파의 창시자 중 한사람이네요. 그런데 볼비는 정신분석학회로부터 거절당했고 평가절하되었어요. 이건 참 모욕적인 일이죠."라고 말했다. 나는 이 말을 듣고 깜짝 놀랐다. 나는 그때 타비스톡 클리닉에서 볼비에게 슈퍼비전을 받던 중이었고 지금은 고인이 된 노만 코헨이라는 정신분석가에게도 분석과 슈퍼비전을 받았다. 코헨은 클라인 사상의 영향을 받았지만 어쨌든 독립파의 일원이었다. 코헨은 내가 볼비에게 슈퍼비전을 받는 것을 싫어했다. 그는 종종 볼비가 정신분석학을 버렸다고 했다. 그는 내가 볼비에게 슈퍼비전을 받는 것은 공격성이 전이된 것이며 분노의 표현이라고 해석했다. 볼비에 대한 그의 부정적인 태도는 생각으로만 그치지 않았다. 그는 정신분석학회 산하의 큰 단체에서 볼비를 향해 공개적으로 적대감을 표하였다. 그는 내가 볼비의 슈퍼비전을 중단하지 않으면 런던정신분석연구소에서 더 이상 수련받을 수 없다고 경고했다. 이런 위기 상황에서 나는 다른 분석가의 도움을 받기 위해 클리포드 요크, 펄 킹, 마틴 밀러에게 슈퍼비전을 받았다. 결과적으로 나와 코헨의 관계는 끝났고, 나는 에릭 레이너를 나의 또 다른 분석가로, 슈퍼바이저로 선택했다.

에릭 레이너는 지금은 은퇴했지만 애착 지향적인 정신분석가이다. 그는 애착이론의 영향을 받았거나 애착이론에 우호적인 분석가이다. 레이너는 몇 권의 저서를 남겼다. 『영국 정신분석학 내에서의 독립적인 정신(The Independent Thinking in British Psychoanalysis)』(1990)이라는 책에 독립파의 핵심적 사상이 잘 기술되어 있다. 그에 따르면 독립파도 각양각색이므로 독립파를 하나의 단체로 보는 것은 큰 오산이다. 그러나 독립파의 공통점은 정신병리의 기원을 실제 대인관계로 본 것이다. 역사를 거슬러 올라가 보면, 볼비, 마조리 브리얼리, 에드워드 글로버, 미카엘 밸린트, 로널드 페어베언, J. 리치만, 도널드 위니컷 등이 초기 독립파에 기여한 사람들이다. 레이너는 정신분석학의 이론과 기법에 기여한 여러 사람의 장점을 취하려고 노력하였다. 이렇게 함으로써 레이너는 다른 이들처럼 볼비를 배척하지 않고 오히려 볼비를 중요한 인물로 평가하였다. 그는 정통 정신분석학과 독립파를 수용하였다. 그와 나는 감정, 추상적 사고, 상징화, 창의성, 꿈, 발달, 정신분석적 치료 같은 주제를 놓고 토론했다. 그는 크리스토퍼 볼라스(1987) 같은 신인의 저서를 인용하였다. 그는 분석가와 환자가 치료적인 분위기를 조성하고 그 안에서 이루어지는 대화를 강조했다. 그는 직면만이 중요한 것이 아니라며 이런저런 기법을 같이 사용하라고 조언했다. 이런 점은 볼비와 비슷하다. 볼비도 환자의 저항을 해석하지 말고 공감, 온정, 수용의 자세를 취하면 쉽게 환자의 협조를 끌어낼 수 있다고 했다.

분석가로서 에릭 레이너는 따뜻하면서도 박식하고, 깨어있으면서도 지혜로운 사람이었다. 그는 분석 시 대화와 성찰에 필요한 편안한 분위기를 만들어주었다. 그는 나의 어린 시절에 관심을 기울였다. 그는 나와 함께 나의 원가족 관계를 탐색하고, 과거와 현재의 연관성을 탐색하고 이해하였다. 부모는 자녀의 성격과 행동에 영향을 주지만 다른 한편으로는 성격의 분열에도 영향을 주기 때문에 그는 특히 부모와의 무의식적인 동일시 과정을 주목했다.

나는 에릭 레이너에게 분석을 받으면서 몇몇 다른 독립파 분석가(특히 펄킹)에게 슈퍼비전을 받았다. 나는 이 과정에 선현들의 사상에 귀를 기울여야 한다는 사실을 깨달았다. 마음을 개방하고 선현들의 핵심 사상을 받아들여야 한다. 나는 분석가로서 이런 자세로 임한다. 레이너(1990)에 따르면, 정신병리의 원인은 내부세계 혹은 내적 갈등[13]이 아니라 개인과 환경의 접경지대에 있다는 것이다. 이것이 독립파의 핵심 사상이다. 생득적인 심신의 씨앗은 환경을 만나 싹을 틔운다. 이 과정에 환경 속의 장애물을 만나

---

13 이것은 내부 세계의 id, superego, ego의 갈등 혹은 drives, needs의 갈등, 혹은 환상을 정신병리의 원인으로 보는 정신분석학의 병인론이다.

면 생득적 가능성은 뒤틀리고, 구부러지고, 다른 것으로 변질되기도 한다. 성인의 정신세계에는 필연적으로 기억이 포함된다. 그 기억을 살펴보면, 초기에 상처받은 흔적이 있고 그 흔적도 왜곡된 것이 많다. 그러므로 정신병리의 주된 원인은 환자의 충동이나 환상이 아니라 실제 있었던 사건에 대한 기억이다.

레이너는 다음과 같이 말했다(1990, p. 283).

> 환경을 주된 병인으로 보는 독립파는 내면을 병인으로 보는 정신분석학에 위협적인 존재이다. 실례로 초기 영아의 상황에 병의 원인이 있다고 한 볼비는 반정신분석가로 비난을 받았다. 그러나 볼비를 반대하던 분석가들은 볼비의 연구에 무지했다. 분석가들은 그렇게 중요한 자료조차 읽지 않은 것이다. 이들은 애착이론의 발견이 분석실 밖에서 나왔기 때문에 볼비의 연구를 들여다볼 가치가 없다고 생각한 것이다.

독립파 중에서 밸러리 시너슨(2010)의 연구를 주목할 필요가 있다. 그녀는 애착 트라우마와 해리의 관계를 이해하는 데 중요한 업적을 남겼다. 그녀는 심각한 해리 증상을 치료하면서 학대(상습적인 강간을 포함함)의 역사 속에서 해리의 원인을 찾았다. 그녀의 많은 연구는 애착이론의 틀에서 바라볼 때 비로소 완전히 이해가 된다.

모듈식-변화 모델

아르헨티나 마드리드 출신 블리츠마 부부는 오랫동안 모듈식-변화를 연구하였다. 이 모델은 모듈식 시스템마다 담당하는 욕구와 소망이 다르다고 가정한다. 각 시스템이 담당하는 욕구는 다음과 같다.

- 자기와 타인 보호(돌봄) 욕구

- 애착 욕구
- 성적 욕구
- 심리적 조절 욕구
- 자기애 욕구 혹은 인정과 지지를 받고 싶은 욕구

이러한 욕구는 욕구가 좌절되거나 충족되지 않으면 **경보 시스템**(불안)과 연결된다. 경보가 울리면 공격성을 포함하여 방어기제가 작동한다(H. Bleichmar, 1997, 1999, 2000; E. Bleichmar). 동기는 이것 위에 저것이 있는 방식으로 위계가 있다. 애착 욕구가 강한 사람은 온갖 모욕에도 불구하고 친밀한 관계를 맺기 위해 자기애와 성욕을 억제하는 경향이 있다. 자기애 욕구가 강한 사람은 애착 욕구를 뒤로 밀어놓고 친밀한 관계를 멀리하고 독립심과 자립심을 뽐내려고 노력한다. 자기보호 욕구가 약한 사람은 불명예와 수치심을 느낄 때 죽음을 선택할 수 있다. 자기보호 욕구나 애착 욕구가 강한 사람은 성욕이나 자기애 욕구를 중시하지 않을 것이다.

블리츠마 부부는 아르헨티나에서 태어나 아르헨티나 정신분석학회에서 훈련을 받은 국제정신분석학회 회원이다. 이들 부부는 둘 다 마드리드에 있는 코미야대학교 교수이며 스페인에서 정신분석가의 수련감독자로 왕성하게 활동 중이다[이들 부부는 또한 스페인 정신분석학 온라인 저널(www.aperturas.prg)의 편집자이다].

블리츠마 부부에 따르면, 동기의 위계적 구조가 개인의 성격 구조이며, 하나 혹은 몇 개가 나머지 동기를 지배한다. 그러나 인생의 시기에 따라 혹은 대인관계 맥락에 따라 우세한 동기는 달라질 수 있다. 더욱이 모듈 구조는 절대적이거나 고정된 것이 아니다. 각 시스템은 변화하고 다른 시스템과 상호작용한다. 그래서 이름이 모듈식 변화 모델이다. 예를 들어 보자. 모듈식 정신 시스템이 자기애 욕구를 자극할 수 있다. 이렇게 되면 그 사람은 웅대한 자아상(예 : 근육맨)을 갖고 싶은 욕심이 생기고 웅대한 자이상을 만들기 위해 노력하는 과정에 성욕이 약해질 수 있다. 이런 사람은 자기애 욕구에 따라 성욕이 강해졌다 약해졌다 할 수 있다. H. 블리츠마(개인적 대화)는 애착을 탐색하려면 애착 하나만이 아닌 나머지 동기도 같이 살펴보아야 한다고 했다.

애착도 그 자체로 시스템이다. H. 블리츠마에 따르면, 볼비 이론의 백미는 아동의 애착욕구를 충족시켜주는 정도에 따라 애착대상의 서열이 정해져 있다고 한 부분이다. 애착욕구는 독립적인 욕구이지만 성욕이나 자기보호 욕구와 연결되어 있고 연결된 다른 욕구로부터 강화를 받는다.

H. 블리츠마(1927)는 환자의 애착사를 탐색하고 재구성하는 것을 치료의 중요한 부분으로 보았다. 애착사를 복원하지 않으면 자신의 역사에 대한 소유권을 부정하는 것이다. 동기 시스템이 출현하고 발달해온 흔적을 추적하는 방식으로 과거를 재구성하면 그 사람이 그렇게 행동하는 이유를 이해할 수 있다. E. 블리츠마(2005)의 마지막 저서는 신경과학과 애착이론과 관계지향적인 정신분석학을 융합한 것이다. 이 책에서 그녀의 애착 지향적인 성향을 엿볼 수 있다.

라틴 아메리카의 연구

아르헨티나, 칠레, 멕시코, 우루과이 같은 라틴 아메리카에서 정신분석적 치료에 애착이론을 적용한 연구가 많이 나왔다. 여기에서 그 연구를 일일이 나열하지 않겠다. 그 대신에 이런 연구가 계속 증가하고 있다는 말만은 하고 싶다.

그중 한 사람이 아르헨티나 정신분석적 심리치료사이며 심리학자인 루이 주리이다. 그는 아르헨티나 정신분석학계에 애착이론을 알린 일등공신이다. 『과학 혁명의 구조(The Nature of Scientific Revolutions)』(1962)라는 책을 쓴 과학 철학자 쿤은 이 책에서 과학자가 패러다임의 교체에 저항하는 이유를 설명하였다. 1장에서 말했듯이, 주리는 토마스 쿤의 아이디어를 빌어 정신분석학계에서 볼비가 외면당한 이유를 설명하였다.

1970년대 정신분석학의 핵심은 내적 충동을 일차 동기로 본 것이다. 그러나 애착이론은 애착을 일차 동기로 본다. 새로운 패러다임의 창시자는 볼비, 페어베언, 코헛이다. 오늘날 정신분석학은 이론적으로나 기법적으로 또 다른 패러다임의 교체를 맞이하고 있다. 최근의 연구자들은 영아 발달심리학을 도입하였다. 이들은 영아와 엄마의 상호작용을 비디오로 촬영하고 이를 분석한다. 기존 학계는 이러한 작은 변화에도 저항한다. 어떤 분석가는 볼비의 이론을 거칠게 공격했고 어떤 분석가는 무시했다. 어떤 학회는 분석가의 훈련 과정에서 애착 부분을 모두 삭제하였고 어떤 학회는 애착 분야를 필수 과목이 아닌 선택 과목으로 만들었다.

주리는 애착이론이 정신분석학과 다른 것이 아니라 정신분석학이라고 주장하였다. 정신분석학은 역동적인 무의식 모델이다. 애착이론도 무의식 모델이지만 과학적·체계적으로 이론을 전개한다. 그러므로 정통 정신분석학이 애착이론을 배격한 것은 무의식이 무의식에 저항한 것이다. 무의식이 무의식에 저항한다는 사실은 정신분석학의 핵심이기도 하다(Laplanche & Pontalis, 1983). 애착이론은 애착을 중심으로 역동적인 무의식을 연구한다. 애착이론이 전통적인 충동이론과 다른 점은 내부작동모델과 여기에 연결된 정서를 연구한다는 점이다.

볼비는 정신분석학의 억압, 분열, 해리 대신에 '방어적 제거'라는 용어를 사용하였다. 볼비(1980)는 방어를 설명하기 위해 정보처리이론을 도입하였다. 정보처리 용량의 한계 때문에 우리의 무의식은 감각기관에 들어오는 정보 중 상당량을 선택적으로 제거한다. 그렇게 하지 않으면 정보처리 과정은 과부하로 오작동한다. 볼비의 수정된 이론에 따르면, 감각기관에 입력된 정보 중 어떤 것은 그다음 단계를 거치기 전에 장기간 혹은 영원히 삭제된다. 방어적 제거의 주된 목적은 정신적 고통을 피하는 것이다. 방어적 제거는 감각기관에 입력된 정보가 지각되지 않도록 차단하는 것이다. 장기기억에 저장된 정보가 방어적으로 제거되면 관련 정보에 대한 기억 상실증이나 해리가 나타날 수 있다. 더욱이 특정한 정보가 장기간 방어적으로 제거되면 여기에 연결된 행동이 나타나지 않을 수도 있고 (인지적으로 단절되어) 관련 행동이 나타났다면 행동의 실제 원인을 인식하기 어렵다.

볼비는 방어적 제거를 정신병리의 주된 원인으로 보았다. 방어적 제거는 프로이트의 핵심인 억압과 같다. 주리는 이 점을 강조하며 볼비가 내적 갈등과 무의식을 무시했다고 주장하는 정신분석가를 반박했다. 볼비는 내적 갈등을 정보처리 모델로 재정의한 것이다.

애착이론은 분석가의 안전기지 역할을 강조한다. 안전기지에서 환자는 자신의 표상 모델과 여기에 연결된 정서를 탐색한다. 애착기반 치료를 비판하는 사람들은 안전기지를 제공하는 것이 치료는 아니라고 주장한다. 볼비의 사상을 잘 모를 때 이런 비판이 나올 수 있다. 치료적인 안전기지는 내면을 탐색하기 좋은 환경일 뿐이다. 안전기지가 없다면 치료는 앞으로 나아갈 수 없다. 안전기지에서 환자들은 사라진 감정과 아이디어를 발굴하고 탐색하고 분석한다. 안전기지는 심리치료의 필수조건이지 충분조건은 아니다.

멕시코 정신분석가이며 애착이론가인 소냐 고자망은 애착이론은 특히 치료 현장에 도움이 된다고 했다(개인적 대화). 임상가의 직관을 체계적·과학적으로 검증하고 이론화한 것이 애착 분야이기 때문이다. 프로이트는 아동기가 인간의 운명이며 부모 같은 중요한 타인과 함께 한 초기 경험이 성격발달에 매우 중요하다고 했다. 물론 프로이트는 이 사실을 임상 장면에서 직접 확인했다. 그러나 훌륭한 임상가라면 초기 관계를 탐색하는 데 그쳐서는 안 된다. 훌륭한 임상가는 현재 그 사람을 관찰하고 현재 그가 하는 이야기를 들어보고 현재의 모습과 초기 관계의 연관성을 찾아야 한다.

소냐 고자망은 환자를 처음 만나면 환자의 신체 언어를 주목한다고 했다. 분석가는 환자가 분석가를 포함한 타인을 어떻게 대하는지 그의 방식과 정서를 느껴보려고 노력한다. 환자와 분석가가 서로에게 익숙해지면 점차 현재를 만든 과거의 흔적을 추적한다. 고자망이 추적하는 것은 애착이론에서 말하는 발달 도식과 같은 것이다.

고자망은 정신분석 중 에리히 포롬(1900~1980) 등이 주축이 된 사회문화학파의 훈련을 받았다. 에리히 프롬은 독일에서 태어나 스위스와 미국, 멕시코에서 살았다. 프롬은 원래 정통 정신분석학의 훈련을 받았다. 그러나 그는 나중에 프로이트의 충동이론을 반대하였다. 충동이론은 어린 아동이 직접 경험한 것을 부정하고 어른들의 잘못을 덮어버리는데, 특히 부모의 잘못된 의도와 행동을 덮어버린다. 프롬은 환자가 보고하는 꿈이나 자유연상은 아동기 때 부모에게 당한 불행한 사건이 위장된 것 같다고 생각했다.

환자의 꿈과 자유연상을 분석하면 어린 시절에 있었던 사건과 기억을 되살릴 수 있다. 이런 식으로 우리는 환자와 함께 아동기의 불행한 사건을 발굴한다. 애착 연구자는 초기 경험에 초점을 맞춘다. 오늘날 우리는 초기의 학대나 상실, 빅 트라우마를 중증 정신질환의 뿌리로 본다. 고자망(개인적 대화)은 다음과 같이 말했다. "어린 시절의 방식이 현재의 삶에 미치는 영향을 분석가가 공감해주면 환자의 증후군이 모습을 드러낸다. 환자가 이렇게 할 수 있으려면 초기 고통은 정서적 흔적을 남긴다는 사실을 이해해야 한다."

남미의 많은 정신분석가(모두 국제정신분석학회 회원임)는 애착이론을 연구하고 가르치고 정통 정신분석학과 애착이론을 통합하려고 노력하였다. 그중에 아르헨티나 정신분석학회 회원인 엘사 볼프강을 언급하고 싶다. 그는 애착 연구에 헌신하고 스페인에서 온라인으로 애착이론을 강의하고, 아르헨티나와 멕시코를 포함한 여러 나라 정신분석가와 공동연구를 하고 있다.

엘리스 밀러

1923년 폴란드에서 태어나 1946년 스위스로 이주하고 2010년에 프랑스에서 사망한 엘리스 밀러를 빠뜨릴 수 없다. 밀러의 많은 저서는 30개국 언어로 번역되었다. 그녀의 책은 대중에게 인기가 있었지만, 학계에서는 외면당했다. 그녀는 정신분석 훈련을 받았지만, 프로이트 사상에 반대했다. 프로이트가 성욕과 오이디푸스 콤플렉스를 중시하고 정신병리의 근원인 정서적 박탈과 트라우마를 간과했기 때문이다. 밀러의 아이디어는 대부분 애착이론과 일치한다. 그녀는 1988년에 국제정신분석학회를 탈퇴했다. 그녀는 아동기 학대를 병리의 근원으로 보지 않는 정신분석학과 타협하지 않았다. 이 점은 볼비와 비슷하다. 그러나 볼비는 국제정신분석학회를 탈퇴하지 않았다.

밀러의 저서는 어려서 학대를 당한 사람이 아무에게도 그 사실을 털어놓지 못하면 나중에 자기 혹은 타인에게 파괴적인 사람이 된다는 비극을 다루었다. 극단적인 고통을 겪은 아동은 극단적으로 잔인한 사람이 되기도 한다. 대표적인 사람이 아돌프 히틀러이다. 밀러에 의하면, 정신질환자, 범죄자, 이단 종교에 빠진 사람들은 어려서 트라우마와 정신적 고통을 겪었지만, 이들의 고통에 민감하게 반응해준 사람이 없었기 때문에 극심한 고통을 처리하지 못한 사람들이다. 밀러는 사회가 허용하는 체벌을 포함한 모든 아동 학대는 후유증이 있다고 보았다. 그녀는 사회가 허용하는 체벌을 '독이 되는 훈육'이라고 불렀다.

밀러는 부모의 체벌이 옳든 그르든 아동에게 부모는 막강한 힘을 지닌 권력자이기 때문에 우리 사회가 부모를 교육해야 한다고 주장했다. 아동기 트라우마와 고통을 탐색하고 치유하지 않은 분석가는 이런 폭력에 합세할 수 있다. 개인의 역사를 무시하고 지금-여기를 강조하는 치료사는 정신적 고통을 회피하라고 환자에게 방어기제를 나눠주는 것이다. 밀러는 제2애착인물을 의미하는 '치료적 목격자'라는 용어를 고안하였다. 치료적 목격자는 상처받은 아이(혹은 내면에 상처받은 아이가 있는 성인)를 공감하고 이해함으로써 점진적 치유를 돕는다. 좋은 치료사는 치료적 목격자의 역할을 한다. 그러나 환자에게 아동기를 탐색할 권리를 주지 않는 치료사는 치료적 목격자의 역할을 하지 못한다. 볼비는 아동기를 치유하지 않는 치료는 거짓자아를 키우고 환자를 거짓자아의 껍질 속에 가둔다고 보았다. 그 당시 영국정신분석학은 아동기 기억을 탐색하는 작업은 치료와 무관하다고 보았다. 이점이 볼비의 사상과 영국정신분석학의 극명한 차이이다.

미국의 연구

보스턴변화과정연구소 외에 애착 분야의 발전에 기여한 미국인은 이루 헤아릴 수 없이 많다. 그중 모리시오 코르티나, 모리스 이글, 엘리샤 리버만, 펫 세이블, 데이빗 월린의 이름만은 언급해야겠다. 피터 포네기(2001)는 미국의 애착 연구를 검토한 바 있다. 더 자세한 내용은 포네기의 논문을 참조하라. 나는 나에게 익숙한 모리시오 코르티나의 연구를 언급하고 싶다. 코르티나는 멕시코 출신의 정신분석가이자 심리치료사이다. 그는 현재 워싱턴에 거주하고 주로 거기에서 활동한다. 코르티나와 나는 『애착이론과 정신분석 과정(Attachment Theory and the Psychoanalytic Process)』이라는 공동 저서를 냈다(Cornina & Marrone, 2003). 미국의 애착 연구자로 앨런 쇼어와 다니엘 시걸을 빠뜨릴 수 없다. 이들은 애착이론과 신경과학과 심리치료를 접목하려고 노력하였다. 애착 연구에 기여한 사람을 여기에서 모두 다 언급할 수는 없다. 반구조화된 면접법과 환자-치료사의 관계 척도에 관한 연구는 앞에서 언급했으니 여기서는 생략한다.

　인간의 기본 동기는 여전히 활발한 논쟁거리이다. 볼비는 프로이트의 충동이론에 의문을 제기하고, 애착욕구를 가장 기본적인 동기로 보았다. 정신분석학 내에서도 많은 이들이 같은 의견을 내놓았다. 충동이론에 반대하는 이들은 임상현장에서 목격한 전 연령대에 나타나는 (원래는 충동이론이 설명한) 무의식적·의식적 전이 현상을 영아기 발달과 연관 지어 설명한다. 이 분야의 미국 내 선구자는 요셉 리히텐베르크(1989 참조)이다. 그의 연구는 모듈식 변형 모델(앞에서 논의했음), 코르티나와 리오티(2010)의 연구, 그리고 나의 연구(Diamond & Marrone, 2003)와 공통점이 있다. 모리스 이글(1984, 1995, 2011)은 임상현장에서 전이 현상을 연구하고 애착과 성욕을 구분하였다.

볼비에 따르면, 아동기의 실제 경험은 표상이 되고, 표상은 성격이 된다. 그리고 성격은 어른이 되었을 때 대인관계와 부모 역할을 안내한다. 성격 패턴(혹은 애착 유형)은 애착 분야의 중요한 주제이다. 그러나 애착 유형에 따라 사람을 분류하고 평가하는 것이 치료에 도움이 되는지는 아직도 뜨거운 논쟁거리이다. 미국에서 애착표상의 연결, 애착 유형, 환자-치료사 관계, 정서 조절력, 애착의 대물림을 연구한 많은 연구가 나왔다. 초기 애착이 회복력과 취약성에 미치는 영향력에 대한 연구는 많은 성과를 거두었다. 그중 특히 관심을 끈 것은 초기 애착 트라우마와 이후 중증 정신장애의 상관관계를 밝혀낸 존 엘런의 연구이다(2001).

정서 조절력

심리학 문헌을 검토해보면, 정서(affect)와 감정(emotion)은[14] 거의 같은 의미로 사용된다. 아기는 자신의 감정을 스스로 조절할 수 있는 능력을 가지고 태어나지 않기 때문에 애착인물이 공감과 민감한 반응으로 아기의 과도한 각성과 감정을 조절해주어야 한다. 아기의 정서를 조절해주는 것은 의심할 것 없이 애착 인물의 가장 중요한 임무 중 하나이다(DeHart, Sroufe & Cooper, 2000, 2004; Sroufe, Cooper, & DeHart, 1996; Sroufe et al., 2005).

매리 애인스워스가 발견한 여러 애착 패턴은 아기가 애착인물의 감정적 반응에 대처한 전략이다. 아동은 자신의 불안을 줄이고 안전을 확보하기 위해 애착인물에게 이런 전략을 사용한다. (스트레스와 슬픔을 과장하거나 축소하는) 아동기 전략은 나중에는 부적절한 전략일지라도 계속 작동한다. 이런

---

14 정서는 순간순간 느끼는 주관적 감정을 말하고 감정은 신체적 상태가 심리적 경험으로 전환된 것을 말한다.

전략이 애착인물에게 반응한 익숙한 방법이며 어느 정도 내적 조절력을 유지시켜주기 때문이다. 매리 메인과 주디스 솔로몬(1986)이 발견한 와해형은 아동기 전략이 순간순간 실패한 것을 의미한다. 엄마의 지원이 필요한 바로 그때 엄마가 아기를 놀라게 하거나 위협해도 아기는 엄마에게 반응해야 한다. 그러므로 와해형의 역사가 정서적 · 행동적 문제의 위험요인이라는 발견은 놀랄 만한 일이 아니다(Main & Hesse, 1990).

트라우마 연구

프로이트 이후 정신분석가들은 트라우마를 연구하였다. 정신분석가 중 이 주제를 연구한 사람으로 샌더 페렌치(1920~1932)를 꼽을 수 있다. 트라우마를 본격적으로 연구한 사람은 볼비가 처음일 것이다. 그 후 애착 트라우마와 정신적 발달 연관성에 대한 무수히 많은 임상적 연구가 나왔다. 트라우마는 개인의 내적 · 외적 자원으로 처리하기 어려운, 인생의 어느 시기에라도 발생할 수 있는 그 무엇이다. 트라우마의 원인이 되는 힘든 상황과 촉발 요인은 다양하다. 트라우마는 자연재해(토네이도, 허리케인, 홍수, 지진 등), 사고, 사랑하는 사람의 갑작스러운 죽음(자살, 타살, 병사, 사고사), 심각한 질병, 팔다리의 절단 등 다양하다. 어떤 것은 개인적 트라우마이고, 어떤 것은 대인 간 트라우마이다. 대인 간 트라우마의 촉발 요인은 사람들과의 상호작용 과정에 발생한 상해이다. 이런저런 학대도 대인 간 트라우마에 속한다. 우리는 사건과 반응을 구분해야 한다. 사건에 대한 반응은 즉각 나타날 수도 있고 조금 지나서 나타날 수도 있고 오랜 시간이 지난 다음에 나타날 수도 있다. 그중에 오랜 시간이 지난 다음에 작동하는 사후작용 트라우마가 발달에 커다란 영향을 준다.

트라우마 사건은 일회적으로 나타났다 사라질 수도 있고 반복될 수도 있다. 애착 연구자는 가까운 사람이나 애착인물(예 : 부모)에 의한 상습적인 트라우마를 주목한다. 트라우마를 폭넓게 정의한다면, 발달의 민감기(영아기, 아동기, 청소년기)는 트라우마에 취약한 시기이며 트라우마는 누적되기 때문에 중요한 문제이다. 폴 렌(2012)과 니콜라 다이아몬드(2013)는 애착의 관점에서 과거의 트라우마가 어떻게 현재에 출현하는지를 연구하였다.

정신분석학의 동향

오늘날의 정신분석학은 변혁기를 맞이하고 있다. 특히 영미 문화권에서 새로운 정신분석학이 등장하고 있다. 애착이론은 이러한 흐름에 순풍으로 작용한다. 오늘날의 정신분석학은 유명인의 저서나 이름으로 학파를 구분하지 않는다.

오늘날 정신분석학은 다방면으로 발전하고 있다. 한편에서는 임상 사례를 집중적으로 연구하고, 또 다른 한편에서는 정신분석학의 여러 학파를 비교하고 일치하는 것과 불일치하는 것을 구분한다. 또한 사회가 개인에게 미치는 영향에 대한 연구도 활발하고 신경과학을 포함한 다른 학문과의 협업도 활발하다. 날로 발전하는 애착이론도 정신분석학에 많은 기여를 하였다.

정신분석학에 큰 두 갈래의 흐름이 있다. 그중 하나는 (1) **충동이론**이고, 다른 하나는 (2) **관계이론이다**(Morris Eagle, 1984; Joan Coderch, 2008). 충동이론은 프로이트의 원래 사상을 계승한 것으로 소위 전통적인 정신분석학 혹은 고전적인 정신분석학이라 한다. 관계이론은 역사적인 산물이다. 관계이론은 페렌치에서 출발하여, 영국 독립파와 미국의 자기심리학을 거쳐, 폴크스의 집단분석과 볼비의 애착이론이 등장하고, 그 후 드디어 미국에서 관계 정신분석학이라는 운동이 일어났다. 스테판 A. 미첼(2000년 54세 나이에 갑자기 사망한 북미 정신분석가)은 '관계 정신분석학'의 탄생을 선포하였다(Mitchell, 1988).

현대 정신분석학의 쟁점들

전통적인 정신분석학은 이드와 슈퍼에고의 갈등, 죽음의 본능과 생의 본능의 갈등 같은, 개인이 다루기 어려운, 내적 갈등을 정신병리의 기원으로 보았다. 반면에 새로 등장한 관계 정신분석학은 발달기에 사랑, 돌봄, 수용, 공감의 결핍을 정신병리의 기원으로 본다.

타비스톡 클리닉에서 볼비와 함께 한 기간 내내 나는 볼비가 내적 갈등을 무시하는 것을 본 적이 없다. 실제로 볼비는 내적 갈등을 중시하였다. 그러나 볼비는 내적 갈등을 생득적인 것이 아니라 애착장애의 결과물로 보았다. 코데르치(바르셀로나 정신분석가)가 말했듯이, 일반적인 의미에서 비타민 결핍증처럼 결핍은 무엇인가에 실패하거나 무엇인가를 잃었다는 말이다. 그러므로 우리가 심리학이나 정신분석학에서 사용하는 결핍이라는 용어는 인생의 어느 단계에서 부모 혹은 양육자에게 받았어야 하는 뭔가가 부족했거나 공급되지 않았음을 의미한다.

코헛은 결핍(혹은 박탈)이 구조적인 손상으로 이어진다고 했다. 코헛은 공감을 정신적 발달의 지휘자라고 했다. 그러므로 성장 과정에 충분히 공감받지 못한 아동은 성격에 구조적 결함이 생길 수 있다. 이와 비슷한 관점에서 애착이론은 애착인물의 민감한 반응성이 회복력을 만든다고 본다. 회복력은 개인의 면역체계와 유사하다. 코데르치는 다음과 같이 말했다. "무엇인가가 결핍되면 필요한 긍정적인 무엇인가가 사라지는 것이 아니라 해로운 부정적인 무엇인가가 출현한다."

애착이론은 회복력이 애착인물의 민감한 반응성에 달려 있다고 본다. 더욱이 애착 트라우마는 심각한 정신병리의 원인이다.

결핍으로 인해 구조적인 결함이 생기면 자아가 분열되고 역경에 취약해진다. 그러므로 구조적 결함은 정서 조절력 장애를 의미한다. 병의 원인을 내적 갈등과 발달기 결핍 중 무엇으로 보는가에 따라 치료 방향이 달라진다. 내적 갈등, 불안, 방어를 병의 원인으로 본다면 해석과 통찰을 통해 환자가 내적 갈등을 관리하도록 돕는 치료가 필요하다. 이와 반대로 발달기 결핍을 병의 원인으로 본다면 치료적 관계 속에서 결핍을 보충하고 수정하는 것이 치료이다.

이 둘(즉 내적 갈등 대 외적 결핍) 중 어느 것을 선택할지는 어떤 이론, 특히 어떤 동기 이론(프로이트의 충동이론 대 현대 발달이론)을 사용하는지에 달려 있다. 또한 문제의 범주와 정도를 고려해야 한다. 내적 갈등이 무엇인지도 고려해야 한다. 내적 갈등이 충동 간의 갈등이라면 관계 정신분석학이나 애착이론은 치료에 부적절한 이론이다. 내적 갈등이 정서적 갈등이라면 초기 애착관계와 발달 과정에서 문제가 발생한 것으로 보고 치료에 관계 모델을 도입하면 된다. 임상 장면에서 환자들은 비밀이 알려질지 모른다는 두려움과 거절당할지 모른다는 두려움 사이에서 갈등한다. 또 다른 중요한 갈등은 참자기와 거짓자기의 갈등이다. 한편에는 내적 통합을 유지하고 싶은 자아(위니컷의 용어로 참자기)가 있고, 다른 한편에는 거절당하는 것을 예방하려고 타인의 기대에 맞추고 순응하는 자아(위니컷의 용어로 거짓자기)가 있다. 애착장애에는 약한 수준에서 심한 수준까지 항상 갈등이 포함되어 있다. 그러므로 결핍 대 갈등의 이분법은 잘못된 것이다. 그러나 인간의 일차적 동기를 성욕과 애착[15] 중 무엇으로 볼 것인지는 통합하기 어려운 평행선이다.

현대 정신분석학의 중심에 초기 애착 표상이 있다. 이것은 피터 프러인트와 볼비의 용어로는 내부작동모델이고, 스턴의 아이디어로는 암묵적 관계 지식과 일반적인 상호작용 표상(RIG)이고, 비비와 동료들의 용어로는 상호작용 구조이고, 미첼의 용어로는 상호작용 방식이다. 이러한 상호작용의 표상 혹은 구조는 언어를 습득하기 전에 형성된다. 이러한 표상과 구조에 자아상이 저장되고 이것은 종종 무의식적으로 작동한다.

---

15 생물학에서 말하는 생명체의 기본적인 목표는 유전자 번식이다. 이를 위한 인간의 장치를 프로이트는 성욕(삶의 본능)으로 보았고, 볼비는 애착으로 보았다. 성욕은 유성생식을 하는 모든 생물에게 있고, 애착은 어미가 새끼를 돌보는 조류 이상의 동물에게 있다. 이 둘 중 어느 것이 인간의 기본 동력인지는 아직도 논쟁 중이다. (역자주)

전이

마리오 마론 & 니콜라 다이아몬드

도입

전이는 애착이론에서 매우 특수한 개념이다. 그러나 애착이론과 초창기 정신분석학에서 사용한 전이는 본질적으로 다르지 않다. 고전적인 정신분석이론에서의 전이는 이 사람에게서 저 사람에게로 감정, 소망, 기대가 향하는 것이기 때문에 대상대치의 형태를 띤다. 프로이트가 『히스테리에 대한 연구(Studies on Hysteria)』(1893~1895)에서 처음으로 사용한 전이는 어린 시절 부모에 대한 감정이 나중에 다른 곳의 다른 사람에게 분출되는 '잘못된 연결'을 의미한다. 프로이트는 감정이 엉뚱한 사람에게 향할 수 있음을 관찰하고 잘못된 연결이라고 한 것이다. 생의 초기에 정서들은 대체로 부모에 대한 것이다. 그러나 나중에 이 정서가 부적절하게 다른 사람에게 혹은 다른 관계에서 표출될 수 있다. 이런 맥락에서 개인이 지금 느끼는 이 감정은 이 사람이 유발한 감정이라고 확신하겠지만 사실은 초기 부모에 대한 감정일 수 있다.

　프로이트는 환자가 부모에 대한 정서를 정신분석 시 치료자에게 느끼는 것을 발견했다. 그러나 이 점은 몇 가지 논쟁을 불러일으켰다. 첫째, 전이가 분석 상황에서만 발생하는가? 아니면 모든 대인관계에서 발생하는가? 둘째, 분석 시의 전이는 특수한 현상만을 가리키는 것인가? 아니면 — 누군가 주장하였듯이 — 분석가와 환자의 모든 상호작용과 의사소통에 폭넓게 적용되는 개념인가?

맨 처음 전이 현상을 발견한 사람은 프로이트가 아니라 비엔나의 의사였던 조셉 브로이어이다. 브로이어는 1880~1882년(프로이트는 1893~1895년에 전이라는 용어를 사용하였음) 안나 O를 치료하는 과정에 전이 현상을 발견했다. 안나 O는 그녀의 아버지에게 (특히 아버지가 불치병에 걸려 있던 동안에) 대단히 집착했었다. 그런데 그녀는 브로이어에게 분석을 받는 동안 브로이어를 열정적으로 사랑하였다. 안나 O는 사랑의 감정에서 그치지 않고 무의식적으로 브로이어의 아이를 임신하는 상상을 했고 이 상상은 상상임신으로 발전하였다. 그녀가 아버지에게 느꼈던 사랑뿐만 아니라 갈등도 브로이어와의 관계에서 재현되었다. 이 사례에서 갈등의 대상이 아버지가 브로이어로 대치된 것이다.

그린슨(1994, p. 151)은 다음과 같이 말했다. "[전이]의 주된 특징은 어떤 사람에 대한 감정이 그와 무관한 다른 사람을 향하는 것이다. 전이는 현재의 이 사람을 과거의 어떤 사람처럼 대하는 것이다." 또한 그린슨(1994 p. 152)은 다음과 같이 덧붙였다. "전이는 대상관계로 구성된다. 즉 전이는 과거의 누군가에 느꼈던게 느낌, 충동, 소망, 공포, 환상, 태도, 아이디어, 방어를 현재의 누군가에게 재경험하는 것이다. 전이의 원천은 초기 아동기 때 우리에게 의미 있고 중요했던 사람들이다."

처음에 프로이트는 전이를 치료의 장애물, 혹은 억압된 기억을 차단하는 저항으로 보았으나(Freud, 1905, p. 116), 나중에는 환자를 이해하고 분석하는 중요한 수단으로 활용했다.

프로이트는 초기 아동기 문제가 치료과정에 다시 출현한 것을 '전이 신경증'이라고 불렀다. 환자의 원래 신경증이 전이 신경증으로 대치된 것이다. 즉 초기 문제가 치료자에게 전이된 것이다. 이런 맥락에서 볼 때 치료란 기본적으로 전이 신경증을 해결하는 과정이다. 프로이트는 경제적·구조적[1]으로 전이 신경증은 원래 증상과 같다고 가정했다.

프로이트는 『유한분석과 무한분석(Analysis Terminable and Interminable)』(1937a)에서 모든 문제는 궁극적으로 해결된다는 아이디어에 의문을 던졌다. 이 책에서 그는 분석의 종착역이 있는지 의구심을 표하였다. 마찬가지로 전이도 종착역이 없을 수 있다. 그러나 분석가가 전이를 활용한다면 환자는 궁극적으로 과거와 현재의 차이를 자각할 것이다.

어떤 사람은 전이가 치료실에서만 발생하는 분석의 산물이라고 주장한다. 예컨대 웰더(1956)는 다음과 같이 말했다. "전이는 치료실에서 아동기를 재현하려는 환자의 시도이다. 분석가와의 관계 속에서 환자는 아동기의 환상과 상황을 재현한다. 그러므로 전이는 퇴행의 과정이다." 이 말은 분석 상황에서만 전이가 발생하는 것을 암시하기 때문에 상당히 혼란스러운 말이다. 프로이트(1905, p. 117)는 자신의 책에서 "정신분석적 치료는 전이를 창조하는 것이 아니라, 숨어 있는 다른 심리적 요소처럼 숨어 있는 과거를 재조명하는 것이다."라고 말했다.

재즈(1963)는 치료실에서 전이를 분석하는 것은 현미경을 이용하여 미생물을 분석하는 것과 같다고 했다. 박테리아는 실험실에만 있는 것이 아니다. 마찬가지로 전이도 치료실에서만 일어나지 않는다.

그러나 치료실에서의 전이는 탐색할 핵심 주제가 될 수 있다. 이런 차원에서 전이는 치료를 방해할 수도 있고 촉진할 수도 있다. 프로이트(1905, 영어 표준판 7권, p. 117)의 말대로 "정신분석의 가장 큰 장애물처럼 보이는 전이

---

1 자아의 '경제적 구분'은 의식과 무의식의 차원을 말하고, '구조적'은 슈퍼에고, 에고, 이드의 차원을 말한다. (역자주)

가 치료의 가장 강력한 도구일 수 있다."

전이에 대한 초기 논쟁

프로이트 이후 전이 개념은 (정신분석학의 각 학파에 따라) 많이 수정되었다. 예를 들어, 전이에 대한 특수한 관점 중 하나는 내면화된 초기 관계가 현재에 외현화된 것이라는 관점이다. 이 점을 감안하여 페어베언(1952)은 전이를 반복과정으로 보았다. 페어베언에 따르면, 내면화되었다가 외현화되는 것은 대상 혹은 대상에 관한 표상이 아니라 대상과 연결된 자기 표상이다.[2] 나중에 살펴보겠지만 이것이 볼비가 말한 전이와 유사하다.

어떤 이들은 (자기와 대상의) 표상이 순수하게 외현화된 것[3]을 전이로 보지 않는다. A라는 사람이 B라는 사람에게 A의 표상에 따라 행동하도록 무의식적으로 압력을 가한다. 그 결과 B는 A의 (자기와 대상에 관한) 표상과 일치하는 방식으로 A와 상호작용한다. 이 과정을 '투사적 동일시(projective identification)'라 한다. 페어베언이 말한 전이는 투사가 아닌 투사적 동일시를 말한다.

전이에 대한 오해

오늘날 널리 퍼져 있지만 잘못된 전이 개념은 치료실에서 일어나는 모든 커뮤니케이션을 전이로 보는 것이다. 예컨대, 에즈리엘(1963)은 분석 시 환자의 모든 모습을 전이로 간주하고 '지금 여기(here-now)에서' 그것들을 해석할 수 있다고 주장했다. 그는 다음과 같은 말을 덧붙였다.

---

2 대상관계이론에서 대인관계는 외부 대상과의 직접적인 관계가 아니라 자기 안에 형성된 내적 대상과의 관계라고 한다. 이것은 상대방을 어떻게 생각하는지가 그 사람과의 상호작용을 지배하고, 과거의 영향도 과거 그 자체가 아니라 과거에 대한 해석에 따라 영향이 달라진다는 의미이다. (역자주)
3 일반적으로 내부세계가 외현화되는 과정은 투사라고 하고, 과거의 패턴이 현재에 반복되는 것을 전이라고 한다. (역자주)

치료 회기 동안 환자가 말하고 행동하는 모든 것 — 예를 들어, 환자의 동작, 제스처, 정확한 혹은 부정확한 기억, 꿈과 상상, 심지어 고의적인 거짓말까지 — 은 치료적 관계 속에서 환자가 자신의 욕구를 표현하기 위해 사용한 일종의 관용어이다. 환자가 과거 혹은 현재의 일을 분석가에게 이야기하는 것은 지금 여기에 존재하는 것처럼 보이는 무의식 속의 사람들과의 대화에 분석가를 능동적인 참여자로 끌어들이는 것이다. (pp. 117-118)

애착이론 관점에서 볼 때 이것은 전이에 대한 환원주의적 관점이다. 이 관점은 환자의 이야기가 사실일 가능성을 배제한다. 이 관점은 전이가 치료실 안이든 밖이든 어디에서든 일어나지만 각 전이의 특수성을 고려하지 않고 암묵적으로 전이가 치료실에서만 일어난다고 가정한다. 그러므로 이 관점을 채택하고 치료하면 환자는 혼란스러워질 수 있다.

펄 킹(개인적 대화)에 의하면, '여기-그리고-지금'의 치료실에서 과거가 재현된다는 아이디어는 원래 릭먼의 것이다. 이 관점은 현재 이 순간과 치료실에서의 전이를 같은 것으로 본다. 이때 분석가는 환자의 역사적·시대적 경험을 분석가와의 사이에서 일어나는 일과 같은 것으로 오해할 수 있다. 과거가 완전히 똑같이 재현되는 지금 여기의 사건은 없다. 현재의 순간적인 경험에도 끊임없이 이어지는 과거가 포함되어 있고 그 과거는 다시 미래를 내다보고 있는 현재와 연결되어 있다. 이런 흐름은 일직선의 과정이 아니라 역동적인 과정이다. 순수한 현재는 없다. 여기에서 말하고자 하는 것은 (1) 전이는 '지금 여기(사회적 역사적 맥락을 벗어난 상황)'에서 과거가 똑같이 재현될 수 없는 특수한 현상이며, (2) 그 사람의 역사적인 상황을 깊이 이해하지 못하는 '지금 여기'는 무의미하다.

그렇다면 특수한 의미(혹은 그때 그 상황에서의 의미)를 지닌 특정한 커뮤니케이션만을 전이 현상으로 보아야 할 것 같다.

더욱이 우리가 환자의 내면에서 벌어지는 일을 중시할 때 외부 현실에 대한 환자의 이야기를 간과하고 탐색하지 않을 수 있다. 종종 우리는 내적 세계는 매우 복잡하고 정교한 상징체계라고 가정한다. 그러나 우리는 외부세계(커뮤니케이션에 사용되는 복잡한 상징체계)에서 벌어지고 있는 개인적 의미를 내부세계만큼 중시하지 않는다.

환자가 말한 모든 것을 (에즈리엘이 그랬듯이) 내면의 외현화로 해석한다면 실제로 일어나는 대인관계는 무엇이 표현된 것인가? 내부세계가 상징의 세계라면 그 세계는 전적으로 개인적 경험을 통해 구축된다. 이 관점은 상징체계의 원료가 사회문화 속에서 언어를 사용한 의사소통임을 간과한다.

널리 사용되지만 부정확한 또 다른 '전이'는 환자가 분석가에게 느끼는 '긍정적'일 수도 있고, '부정적'일 수도 있는 전반적인 감정의 질을 전이로 보는 것이다. 이 관점은 긍정적 · 부정적 전이가 환자의 **내부세계**에서 나온다고 가정한다. 이런 식으로 상호작용하는 환자의 모든 반응을 분석가를 대하는 전반적인 태도라고 축소해석한다. 이 관점은 분석가의 행동이 환자의 태도에 영향을 주고 있음을 간과한다. 다시 말해, '전이'에는 분석가와 환자 사이의 전반적인 질이 반영된다. 치료적 관계를 포함한 모든 관계의 질은 관계에 참여한 사람들과 무관하지 않다. 관계에 참여한 모든 사람은 관계의 질에 영향을 준다.

클라인의 전이

클라인은 환상, 생득적 파괴성, 그리고 출생 직후에 경험하는 불안과 방어를 중심으로 전이를 설명하였다. 클라인의 전이에서 기본이 되는 것은 프로이트의 후기 개념인 삶의 본능과 죽음의 본능이다. 죽음의 본능은 모든 공격성과 파괴성의 원천이다. 본능의 정신적 표현인 환상은 내부에서 자생적으로 만들어진다. 클라인의 전이는 이런 환상이 활성화된 것이다.

클라인(1952)의 관점에서 보면, 과거의 대인관계와 현재의 대인관계는 연결되어 있고 이것이 전이의 출발점이다. 그러나 초기의 불안과 이에 대한 방어 때문에 현재와 과거의 연관성을 알기 어렵다. 클라인이 말한 전이의 뿌리는 '잡아먹힐 것 같은 공포'를 느끼던 초기 발달단계이다(p. 433-437). 이 불안이 외부로 투사되어 아기들은 외부세계를 두려워한다.

초기의 박해불안은 나중에 '부정적 전이'로 외현화된다. 클라인은 부정적 전이뿐만 아니라 긍정적 전이도 탐색해야 한다고 주장했지만 클라인의 영향을 받은 일부 분석가들은 부정적 전이의 탐색에 초점을 맞추는 경향이 있다.

클라인의 관점을 신봉한 분석가들은 환자들이 어린 시절에 겪은 양육자와의 관계를 모를수록 분석에 유리하다고 주장했다. 그러나 엄밀히 말해서 이것이 클라인의 관점은 아니다. 클라인(1952, p. 437)은 "모든 환상에는 실제 경험이 반영되어 있다. 실제든 환상이 만들어낸 것이든 과거를 이해하기 위해 전이를 깊이 분석해야 한다."고 말했다. 그러나 수잔 아이작스(1948)는 분석 시 탐색할 것은 무의식적 환상이라는 클라인의 관점을 지지하며, 모든 정신 활동의 저변에 전이의 주범인 무의식적 환상이 있다고 했다. 이러한 맥락에서 치료의 마스터키는 분석 시 떠오른 즉각적인 환상을 해석하는 것이다.

코헛의 전이

앞에서 언급했듯이(8장 참조), 코헛은 건강한 자기가 발달하려면 애착인물의 공감 반응이 필요하다고 했다. 이것이 코헛 이론의 핵심이다. 자기심리학과 애착이론 둘 다 생애 주기를 따라가면서 '반응해주는 애착인물(responsive attachment figure)'(볼비의 용어) 혹은 '자기대상(selfobject)'[4](코헛의 용어)을 강조한다.

코헛이 말한 전이는 초기 자기대상을 향했던 욕구와 이 욕구의 좌절이 현재 관계 속에서 출현하는 것이다. 이런 맥락에서 현재 '자기대상 전이'로

---

4 여기에서의 자기대상은 초기 주양육자를 말한다. (역자주)

활성화된 것은 자아 방어기제이다. 다시 말해, 초기에 자기대상이 기능을 잘 수행하지 못하면 아기의 자아가 손상되고 손상된 자아는 특수한 방어기제를 사용하고 그 방어기제가 현재 관계에서 출현한다.

코헛의 전이 개념은 그가 나르시스 환자를 치료하면서 임상현장에서 관찰한 것을 이론화한 것이다. 그는 일상생활에서 광범위하게 발생하는 전이를 전이로 보지 않고 특수한 현상만을 전이로 보았다.

코헛에 따르면 자기애 환자의 **중간적인**(transitional) 자기-자기대상[5]이 미성숙한 상태에 있다가 분석 관계에서 다시 출현한다.

정상적인 발달과정에 아동은 자기 마음을 알아달라고 부모를 찾는다. 이때 아동에게 필요한 것이 미러링이다. 미러링은 부모가 아동의 이미지를 말로 되돌려주는 행위이다. '미러링'은 '거울전이'라는 특수한 전이를 지칭할 때도 사용되는 용어이다. 환자가 숭배받고 싶어서 분석가를 찾을 때 거울전이가 발생한다. 거울전이의 무의식적 목적은 자아가 웅대해진 느낌을 경험하는 것이다.

정상적인 발달과정에 아동은 부모를 우상화한다. 그러나 우상화 단계는 그리 오래가지 않는다. 부모는 완벽하지 않기 때문에 우상화를 오래 허락하지 않는다. 아동이 부모에게 실망하고 좌절감을 느끼는 것은 현실적이며 불가피하다. 어떤 환자는 분석가를 자기애적 자기대상[6]으로 만들고 우상화를 경험한다. 이것이 코헛이 말한 '이상화 전이'이다. 이런 전이는 영아기에 양육자와의 공감적 관계가 손상되었을 때 나타난다. 그러므로 이상화 전이와 거울전이를 해석하지 말고, 전에 가능하지 않았던 상호작용이 가능하도록 분석 상황을 조성해야 한다.

코헛은 Z 씨의 사례(1979)를 새로운 관점에서 접근하였다. 코헛은 시기를

---

5 중간적인 자기-자기대상은 자기와 자기대상의 관계가 성숙해지기 전의 상태를 말한다.
6 자기애적 자기대상은 자기애 욕구가 향하는 애착대상을 말한다.

달리하여 Z 씨를 두 차례 분석하였다. Z 씨는 첫 번째 분석을 종료한 후에 좀 더 치료를 받겠다고 코헛에게 다시 돌아왔다. 코헛은 이 환자의 치료를 재개하였으나 이때 아이디어와 기법을 변경하였다. 코헛은 두 번째 분석에서 Z 씨의 문제를 새로운 시각에서 해석하였다.

첫 번째 분석에서 Z 씨는 자기애적 우상화 관계가 필요한 남자 환자였다. 코헛은 이 욕구를 아버지와의 삼각관계 때문에 환자에게 전부였던 어머니를 소유할 수 없었던 (오이디푸스) 현실을 부정하거나 전능성을 느끼고 싶은 욕구로 해석했다. 코헛은 분석가에게 숭배받고 싶어 하는 환자의 욕구를 어머니를 독점하고 싶은 욕구로 해석했다. 이것이 오이디푸스 상황과 관련된 전이에 대한 정통 정신분석적 설명이다. 이것은 또한 내면화된 부모와의 관계가 재현된 것이기도 하다.

코헛은 Z 씨의 두 번째 분석에서 전이를 다르게 보았다. 코헛은 '이상화' 전이와 '거울'전이를 구분하고 이 둘은 의미와 초점이 다르다고 보았다. 코헛은 Z 씨의 이상화 전이를 순수한 내적 현상으로 보지 않았다. 그 대신에 그는 어린 자녀를 자기 마음대로 간섭하고 모든 것을 소유하려고 한 엄마 (영아를 공감적으로 이해해주지 않고 자신의 욕구를 영아에게 주입한 엄마)에 대한 경험이 재현된 것으로 보았다. 코헛은 Z 씨의 어린 시절에 엄마는 해로운 자기대상이었으나 그 중요한 시기에 아버지가 집에 없어 이를 바로잡지 못했음을 발견했다.

자기심리학은 전이의 양극 개념을 제안하였다. 전이의 한쪽 끝에는 영아기 때 경험하지 못한 자기대상을 분석가가 대신해주길 바라는 환자의 욕구가 있다. 이런 상황에서 환자는 정지된 발달을 완성하기 위해 새로운 자기대상을 소망하고 그런 대상을 찾는다. 전이의 다른 한쪽 끝에는 초기에 경험한 부정적인 자기대상이 치료실에서 재현될지 모른다는 환자의 기대와 두려움이 있다. 전이의 양극 개념을 애착이론의 관점에서 살펴보면, 첫째 극은 치료실에서 환자와 분석가가 치료적 관계를 맺고 적극적으로 애착행동을 하는 것이고, 둘째 극은 전형적인 전이이다.

라깡의 전이 [7]

라틴계의 정신분석학은 라깡의 영향을 많이 받았다. 라깡은 서구사회의 정신분석학과 근본적으로 다른 관점을 내놓았다. 이 책에 라깡의 관점을 포함시킨 것이 부적절하고 이상하게 보일 수 있다. 확실히 라깡의 사상은 영국 정신분석학, 애착이론 그리고 우리에게 익숙한 경험적 연구와는 전혀 다르다. 그러나 라깡의 관점이 존재하지 않는 것처럼 완전히 무시할 수는 없다. 더욱이 라깡의 모델(중요한 토론 거리임)은 너무나도 특이하지만 애착 지향 정신분석가들이 참조(많은 차이가 있지만)할 만한 것이 있다. 여기에서 복잡한 라깡의 이론을 모두 살펴볼 수는 없다. 다만 전이와 관련된 부분만을 살펴보자.

처음부터 라깡은 개인의 내면에서 어떤 정서가 발생하고 이것이 외현화된다는 전이 개념을 거부했다. 이와 반대로 라깡은 '구조적 연결'을 전이로 보았다(Evans, 1997, p. 212; Lacan, 1953-1954, p. 109). 두 존재 사이에 교류가 발생하고 서로 연결되면 두 존재의 본성이 변화한다. 다시 말해서 전이는 개인적 현상이 아니다. 전이는 어느 한쪽에 책임이 있는 것이 아니라 두 주체가 상호작용한 관계의 산물이다.

라깡의 전이에서 핵심은 환자가 분석가를 '알도록 예정된 사람'[8]으로 가

---

7 라깡은 전이를 신경증 전이와 정신증 전이로 구분하고, 정신증 전이를 상상적 전이, 신경증 전이를 상징적 전이라 명명했다. 상징적 전이가 발생하려면 주체가 자기와 타인의 대타자(전혀 알 수 없는 영역을 지닌 각자 인간으로서의 타인)를 인식할 수 있어야 한다. 정신증자에게는 대타자가 없고, 세상과 거울관계이므로 상상적 전이만 발생한다. 신경증자는 대타자 개념, 문화적 규칙과 상징을 습득하였기 때문에 치료자와 간주관적으로 상호작용하는 상징적 전이가 발생한다. 상상적 전이는 치료의 방해물이며 상징적 전이는 치료를 촉진한다. 라깡의 전이에 대해 좀 더 자세한 것은 『Jacques Lacan and the Freudian Practice of Psychoanalysis』(Dany Nobus, 2000)를 참조하시오. (역자주)

8 프랑스어로 되어 있는 라깡의 개념인 'Sujet supposé savoir'가 영어로 'the subject (who is) supposed to know' 혹은 'the subject (who is) supposed of knowing'으로 번역되었고 우리말로

정하는 것이다. 에반스(1997, p. 197)가 설명하였듯이 환자들은 분석가가 자신의 말에서 비밀스러운 의미까지 모두 알 것이라고 확신한다. 물론 실제 임상 장면에서 이런 일은 이런저런 방식으로 일어난다. 치료를 시작하기 전부터 환자들은 분석가에게 특별한 힘과 지식이 있다고 생각한다. 이런 일은 치료에 등록하는 순간부터 시작된다. 경우에 따라 이런 전이가 발생하는 데는 약간의 시간이 걸릴 수 있다. 이와 반대로 어떤 환자들은 분석가가 무능하여 자신을 이해할 수 없을 것이라고 기대한다.

그러나 분석가를 불신하는 상황에서도 환자들은 분석가의 어떤 몸짓이나 신호를 은밀한 지식이나 의도로 해석한다. 분석가가 환자를 치료할 수 있는 것은 바로 이 과정 때문일 수도 있다. 이런 식으로 분석가가 힘을 얻으면서 전이가 작동한다(Evans, 1997, p. 197).

가장 중요한 것은 분석가가 이런 전이를 어떻게 다루는가이다. 즉 분석가는 자신에게 주어진 '힘을 거부'해야 한다. 이런 맥락에서 볼 때 환자는 분석가를 세상의 중심이나 의미의 보고로 만들려고 시도(다시 말해, 분석가를 인간이 차지할 수 없는 신의 자리에 올려놓으려는 시도)한다. 이때 분석가가 이에 협조하거나 공모하면 안 된다. 여기에서 몇 가지 라깡의 용어를 살펴볼 필요가 있다. 라깡은 '타자(other)'[9](소문자 o 로 시작하는), '대타자(Other)'(대문자 O로 시작하는), '대상 a(object petit-a)'라는 용어를 사용하였다. 초창기 이론에서 사용된 '타자(other)'는 타인 그리고 다름(otherness)이라는 두 가지 의미를 담고 있다. 그러나 그의 이론이 발전하면서 그는 이를 '타인(other)'과 '대타자(Other)'

는 (환자의 진실을) '알게 되어 있는 주체' 혹은 '알도록 예정된 주체'로 번역되었다. 라깡은 환자가 대타자 개념을 알고 있어야 치료자를 '알게 되어 있는 주체'로 바라볼 수 있고 이것이 대화를 통한 치료의 출발점이라 하였다. (역자주)

9 일반적으로 인문학에서 others는 '타자'로 번역되지만 심리학에서 주로 사람을 가리키는 바, 이 책에서는 '타인'으로 번역하였다. 그러나 others는 예컨대, 사물일 수도 있고, 환상일 수도 있고, 세상일 수도 있기 때문에 '타자'가 더 적절한 번역이다. (역자주)

를 구분하였다. 이때부터 '타자(other)'는 타인을 지칭하고, '대타자(Other)'[10]
는 '다름(otherness)'과 인간의 '실존적 결핍'[11]을 지칭하는 용어가 되었다. 인
간은 모두 다르기 때문에 '나르시스 동일시'로 흡수할 수 없는 차이점이 있
고 인간의 본질적 결핍 때문에 어느 누구도 모든 욕구를 완벽하게 충족시
킬 수 없다.

'대상 a'는[12] 우리가 타인 속에서 찾아 헤매는 욕망[13]의 대상이다. 대상 a
는 뭔가를 찾고 있는 우리의 눈에 (전이에서 흔히 발생하듯이) 숨겨진 가장 값진
대상으로 보일 수 있다. 그러나 대상 a는 결코 발견된 적이 없고, 분석가의
손에는 분명히 없는, 손에 넣을 수 없는 대상이다.

---

10 타인은 나와 분리되어 존재하며, 내가 알 수 있는 부분과 알 수 없는 부분이 있다. 나와
는 다르고 내가 알 수 없다는 의미의 추상적인 타인을 대타자(Other)라 한다. 라깡은 사회문
화적 규칙과 상징을 받아들이지 못한 정신증자에게 대타자 개념이 없고, 자기와 타자가 뒤
섞여 있다. (역자주)

11 라깡의 정신분석학에서 결여는 거세의 결과이다. 여기에서 거세는 구체적으로 페니스
의 상실이 아니라 문화적·상징적 거세이다. 거세로 인하여 모든 인간은 불완전하고 모든
욕구를 채울 수도 없으며 모든 욕구를 충족시켜 줄 대상도 존재하지 않는다. 따라서 사회문
화적 규칙과 상징의 지배를 받는 인간은 누구나 결여된 존재이다. (역자주)

12 대상 a는 프랑스어로 *object petit-a*이고, 영어로 *object a*이다. 우리말로 '부분 대상'이
다. 정신분석학에서 말하는 가장 대표적인 '부분 대상'은 남성의 페니스와 '엄마의 젖가슴'이
다. 부분 대상은 있는 그대로 보지 않으면 환상적인 대상이 된다. 사람들의 숭배와 집착과
갈망은 부분 대상(돈, 권력, 종교)을 향한 것이다. 개인의 주관적 세계에서만 부분 대상은 특
별한 가치와 의미를 지닌다. (역자주)

13 라깡이 말한 욕망을 살펴보면, 우선 주체가 욕구를 표현한다. 그리고 이 욕구가 (필연적으
로) 좌절되면 주체는 요구를 할 것이고, 요구를 해도 (필연적으로) 좌절되는 부분이 욕망을 낳
는다. 그러나 욕구를 느끼는 주체도 자신의 욕구를 있는 그대로 인식할 수도 없고, 왜곡 없이
정확하게 전달할 수도 없고, 받아들이는 사람도 왜곡 없이 있는 그대로 받아들일 수 없다. 그
이유는 인간은 사회문화적 규칙의 지배를 받으며 언어를 사용하여 지각하고, 사고하고, 표
현하고, 소통하기 때문이다. 인간은 모든 욕구를 즉각적으로 충족할 수 없으며 언어는 사물,
생각, 욕구 등을 완전하게 담을 수 없고, 개개인이 사용하는 언어의 의미가 동일한 것도 아
니다. 따라서 욕구에 좌절감이 수반되는 것은 필연적이다. 라깡은 인간의 결핍과 욕망은 죽
음에 이르기 전까지 끝나지 않으며 인간을 움직이는 원동력이라 하였다. 라깡의 욕망에 대
한 좀 더 자세한 것은 『자크 라깡 욕망이론』(권영택, 2003), 『라깡의 재탄생』(김상환 등, 2002),
『Jacques Lacan and Freudian Practice of Psychoanalysis』(Dany Nubos, 2000)를 참조하라. (역자주)

라깡은 표상불가 대상을 이야기했다. 표상불가 대상은 항상 그리운 사라진 대상이다. 이것은 존재한 적이 없지만 손에 넣기를 갈망하는 주관적으로 재구성된 사라진 대상이다. 사실상 인간의 경험의 기본적인 속성은 불만족이다.

전이가 향한 타인은 한 개인에게 불만족(욕망)의 원인이 된 사람일 수도 있고 만족감을 제공한 사람(혹은 분석가)일 수도 있는, 욕망이 향하는 진실한 대상이다. 라깡은 누구도 그러한 자리를 차지할 수 없다고 했다. 누구도 그러한 대타자가 될 수 없으며 대상 a(욕망의 원인이자 모든 욕망을 해결해주는 대상)의 자리를 차지할 수 없기 때문이다.

분석가가 자신의 부족함뿐만 아니라 환자의 부족함도 채워줄 수 있다는 자세를 취한다면 분석가는 자신과 환자의 불가피한 '결여'를 인정하지 않는 오류를 범하는 것이다. 분석가는 환자에 관한 모든 것을 알 수도 없고, 환자에게 모든 정신적 양분을 제공할 수도 없다. 이런 맥락에서 라깡의 초기 사상에서 가장 두드러진 개념 중 하나인 '결여'는 인간의 본질적인 결여를 가리킨다. 결여는 인간에게 본질적인 불완전함을 의미한다. 이러한 부족함을 채워줄 수 있는 대상은 존재하지 않는다(15장 참조).

라깡이 생각한 분석가의 역할은 상상 속에만 존재하는 자리(모든 것을 파괴할 수도 있고 모든 욕구를 충족시켜줄 수도 있는 힘을 지닌 상상 속의 그 무엇)를 차지하는 것이 아니다. 그 대신에 분석가가 할 일은 모든 사람의 내면에 있는 빈 공간을 발견하도록 환자를 안내하는 것이다. 이런 식으로 분석가는 환자가 외면하려고 노력하는 것(즉 불완전함 혹은 결여)을 직면하도록 돕는다. 환자에게 부족한 것은 상실을 직면하는 능력이다. 라깡은 분석가가 전이를 한 발짝 물러서서 바라보고 전이의 실체[14]를 정의해주어야 한다는 관점을 배격하였다. 또한 그는 전이를 해석하는 것만이 전이가 일어났을 때 해야 할

---

14 과거가 지금 반복되고 있음을 해석해준다는 의미이다. (역자주)

모든 것은 아니라고 했다.

볼비의 전이

볼비는 내부작동모델이 현재의 대인관계 상황에서 직접적으로 표현된 것을 전이라 했다. 이런 맥락에서 전이를 해석하는 주된 목적은 저변의 작동모델을 끄집어내어 조사하고—가능하다면—수정하는 것이다. 볼비(1973)는 다음과 같이 말했다.

> 애착이론의 차원에서 정서장애의 치료는 두 가지로 구성된다. 첫째, 환자가 부분적으로 혹은 완전히 자각하지 못할지라도 환자를 지배하고 있는 작동모델을 찾는다. 둘째, 숨겨진 이 모델들이 아직도 쓸 만한 것인지 환자와 함께 조사한다. 이를 위해 환자가 분석가의 행동을 어떻게 지각하고 예측하는지를 살펴본다. 환자의 지각과 예측은 현재의 경험보다는 초기 작동모델과 분석가에 대한 선입관의 영향을 받기 때문에 이 방법은 환자의 삶을 지배하는 작동모델을 드러내는 데 유용하다. 환자가 분석가를 지각하고 예측하는 방식을 흔히 '전이'라 한다. 전이 상황을 해석할 때 분석가가 해야 할 무엇보다 중요한 일은 내부 모델의 성격과 영향력에 초점을 맞추고 이것들이 현재에도 필요하고 계속 사용할 수 있는 것인지 환자와 함께 탐색하는 것이다. (pp. 205-206)

볼비는 다음과 같이 덧붙였다.

> 피아제의 관점에서 보면 전이는 다음을 시사한다. 첫째, 환자들은 초기에 양육자를 예측할 때 사용한 (아마도 무의식적인) 틀로[15] 분석가가 자신에

---

15 여기에서의 '틀'이란 피아제의 용어로 '도식(schemes)'이고 볼비의 용어로는 '내부작동모

게 어떻게 할지를 예측한다.[16] 둘째, 양육자를 위한 틀은 분석가에게 조절되지 않았기 때문에 — 말하자면, 아직 수정되지 않아 — 환자는 분석가의 행동을 예측할 수 없거나 예측이 틀릴 수 있다. (p. 206)

볼비는 환자들이 아동기 때 중요한 타인에게 대우받은 대로 분석가에게 대우받을 것으로 기대하는 경향이 있다고 했다. 흔히 불행한 아동기와 청소년기를 보낸 (말하자면, 유기, 공격, 학대 등의 경험이 있는) 사람은 분석가를 부정적인 사람으로 기대한다. 환자의 이런 기대는 직접적인 방법보다는 상징적 혹은 간접적으로 전달된다. 일단 이런 기대가 형성되면 유지되는 경향이 있다. 실생활에서 기대가 계속 어긋날지라도 혹은 기대가 틀렸다는 확실한 증거가 있을지라도 그렇다. 이러한 기대는 장기적인 분석을 통해서만 수정될 수 있다.

몇 가지 사례

어느 여름 오후 다음의 사건이 발생했다. 세 살 정도 되어 보이는 남자아이가 자갈이 많은 길을 자유롭게 뛰어다니면서 엄마와 함께 걸어가고 있었다. 갑자기 이 아이가 넘어졌고 무릎에서 피가 흐르기 시작했다. 아이는 아프다며 울기 시작하였다. 이를 본 엄마는 아이 얼굴을 주먹으로 세게 후려치며 "항상 바보 같은 짓만 한단 말이야!"라고 말했다.

이 상황에서 이렇게 한 엄마는 다른 상황에서도 비슷하게 행동할 것이다. 이 엄마는 "항상 바보 같은 짓만 한단 말이야!"라고 말할 때 '항상'이라는 단어를 사용했다. 이런 가정에서 자란 아이에게는 자기는 무능한 바보라는 내부작동모델이 형성될 것이다. 이 아이에게 형성된 엄마의 작동모

멜' 혹은 '표상'이다. (역자주)

16 이것은 피아제의 용어로 '동화(assimilation)'이다. 피아제의 관점에서 보면 전이는 과거의 도식을 현재에 사용하는 것이다. (역자주)

델은 동정심이 없고 체벌하는 엄마일 것이다. 결과적으로 이 아이는 장차 남에게 약한 모습을 보이지 않으려고 노력할 것이다.

분석 중에 24세 여성이 어떤 사건을 회상하였다. 그녀는 아버지를 방문했다. 아버지 댁에 머무는 동안 그녀는 아버지에게 심하게 야단을 맞았다. 그런 다음 아버지는 그녀를 버스 정거장까지 데려다주었다. 아버지 댁에서 있었던 나쁜 일을 생각하다가 그녀는 버스를 놓치고 말았다. 그러자 아버지는 딸을 보고 "24살이나 처먹은 것이 버스를 놓치고 길바닥에서 울고 있냐!"라고 소리쳤다.

간혹 오랫동안 전이를 알아차리지 못한다. 다음의 예가 바로 그런 경우이다. 주당 5회기 분석을 받던 환자가 있었다. 이 환자는 시간도 잘 지키고 열심히 참석했다. 그러나 치료가 시작되면 종종 지루해하고 의욕이 없었다. 상당히 오랫동안 치료가 진행된 후 어느 날 이 환자는 분석가에게 친구와 시골에서 주말을 보내겠다며 금요일 분석에 못 나온다고 했다. 그래서 분석가는 즐겁게 지내라고 했고 그녀도 그렇게 받아들였다. 그런데 갑자기, 그리고 놀랍게도 그녀는 울음을 터트렸다. 우리는 이 울음의 의미를 탐색하였다. 그녀는 학창시절에 공부하라고 다그치던 아버지에 대한 이야기를 꺼냈다. 아버지는 집에서 공부를 많이 시켰고 주말과 저녁이면 항상 교과 이외의 다른 활동을 시켰다. 아버지는 그녀가 친구들과 노는 것을 싫어했다. 이 회기에서 새로운 사실이 발견되었다. 그녀는 스스로 선택했음에도 불구하고 무의식 수준에서는 장시간 공부를 시키고 친구들과 노는 것을 금지했던 부모가 주당 5회기 분석을 시킨 것처럼 생각하고 있었다. 정신분석 문헌과 임상 논문을 보면 흔히 투사를 전이로 보기도 한다. 이 관점에서 보면, 환자는 내부 대상 혹은 느낌을 분석가에게 투사한다. 이것이 전이이다. 볼비(1975)는 분석가-피분석자 사이에서 작동하는 이런 식의 전이를 포착했다. 볼비는 분석가들이 치료 회기에서 발생하는 너무 많은 것을 투사로 해석하는 경향이 있다고 지적하였다.

애착기반상담

예컨대, 투사의 개념은 환자의 두려움을 설명할 때도 광범위하게 사용된다. 이런 맥락에서 환자의 두려움을 가학적인 내적 대상의 투사로 해석한다. 이렇게 되면 얼핏 보아서는 알 수 없는 많은 요인이 두려움에 영향을 주었을지라도 환자의 두려움을 환자의 내부에서 비롯된 것으로 해석할 수 있다.

또 다른 투사가 있다. 우리는 자신의 속성을, 특히 자신이 두려워하거나 싫어하는 자신의 속성을 다른 사람 탓으로 돌리기 위해 '투사'를 이용한다.

볼비(1973)는 다음과 같이 말했다.

> 투사의 이런 개념은 거슬러 올라가 보면 멜라니 클라인에게서 시작되었다. 클라인은 버리고 싶은 자신의 속성과 자아를 위협하는 속성을 다른 사람 탓으로 돌리는 과정을 설명하였다. 이 과정은 흔히 정상적인 발달과정 중 첫 번째 단계에서 나타나 그 후 성격에 지속적으로 영향을 준다. 클라인의 관점에서 보면, 생후 1년 동안 영아는 내면의 충동을 부모에게 투사하고 다시 (오귀인으로 인해 뒤틀린) 부모상을 받아들인다. 즉 자신의 일부를 투사하고 이를 다시 내사하여 부모에 관한 내부작동모델을 만든다(투사적 동일시). 이런 관점에서 보면, 아동의 내면에 형성된 적대적이고, 거절하고, 둔감한 부모(내사된 나쁜 대상)라는 부모에 관한 작동모델은 부모가 자녀를 공감하지 않고 힘들게 했기 때문이 아니라 처음부터 아동의 지각이 투사에 의해 뒤틀렸기 때문에 부모를 그렇게 본 것이다. (pp. 172-173)

볼비는 다음과 같은 말을 덧붙였다.

> 가끔 사람들은 누군가 자신을 해치지 않을까 두려워한다. 그러나 다른 사람의 눈에는 그 사람이 다른 사람을 해칠 것 같다. 이런 상황에서 정신분석가는 '타인을 두려워하는 그 사람은, 본인은 부인할지라도, 내면에 존재

하는 적대적 의도를 타인에게 투사하고 타인을 두려워한다'고 설명할 것이다. 분명히 이런 일은 자주는 아니지만 실제로 일어난다. (1973, p. 137)

볼비는 다음과 같은 말로 이어갔다.

지금까지 설명한 투사는 네 가지 방식으로 일어난다. 이 중 하나로 설명이 가능한 것도 있지만 어떤 것은 두 개 이상 필요하다. 다음 중 어떤 것이 알맞은지를 결정하기 전에 증거를 찾아야 한다.

1. 그 사람은 타인의 악의를 정확하게 탐지하며 다른 사람보다 그런 상황에 민감하다.
2. 그 사람은 아동기 동안 중요한 타인이 자신을 미워했다고 주장한다. 그러나 중요한 타인은 그 사람을 다정하게 대해 주었다고 주장하고 실제로 그들은 다정하다. 그러나 그 사람은 어른이 된 지금도, 동화의 과정[17]을 거쳐, 적대적이지 않은 타인도 적대적일 것으로 추측하는 경향이 있다.
3. 그 사람은 자신을 다른 사람의 친구가 될 수 없고 심지어 다른 사람에게 해로운 존재라고 생각한다. 그리고 그 사람은 자신의 나쁜 의도가 다른 사람에게 전달될 것이라고 생각하며 사람들과 상호작용한다.
4. 그 사람은 자신의 나쁜 의도를 자각하지 못한다. 그리고 그 사람은 자기는 다른 사람에게 잘하는데 다른 사람이 자기를 싫어한다고 주장한다. (pp. 173-174)

---

17 동화는 피아제의 용어이다. 이것은 어린 시절에 사용했던 도식을 이용하여 사람들을 이해한다는 의미이다. (역자주)

이 네 가지의 설명 가운데 자신의 나쁜 속성을 다른 사람에게 돌린다는 의미로 투사를 정의한다면 네 번째가 투사이다.

투사를 해석할 때 주의할 점

어떤 분석가는 분석가에 관한 것이든 다른 사람에 관한 것이든 환자가 말한 대부분을 투사로 해석하는 경향이 있다. 너무 많은 것을 투사로 보면 다양한 문제가 발생한다. 첫째, 환자의 의도를 축소할 수 있다. 세계와 상호작용하는 복잡한 환자의 방식을 투사라는 방어기제로만 해석할 수 있다. 더욱이 투사는 내면의 부정적인 자기를 제거하는 방법이기 때문에 환자의 언행을 계속 투사로 해석하면 환자의 모든 나쁜 것이 모두 환자의 것이라는 확신을 심어줌으로써 환자의 자존감에 상처를 줄 수 있다.

둘째, 분석가가 투사를 지나치게 강조할 때 환자의 정확한 지각을 투사로 해석할 수 있다. 환자가 회사에서 상사가 화를 잘 낸다고 말할 때 분석가가 이를 투사로 해석하면 결국 그 상사는 화를 안 내는 사람이 된다. 환자의 말이 사실이라면 환자의 지각을 반박한 분석가가 오류를 범한 것이다.

볼비(1988b)에 따르면, 역기능적 가정에서 부모는 아동이 본 것을 끊임없이 부정하는 경향이 있다. 이런 일이 반복되면 아동은 자신의 지각을 불신할 뿐만 아니라 대인관계 상황에서 위축된다.

투사적 동일시

투사적 동일시는 유용하면서도 임상적으로 중요한 개념이다(Bion, 1957, 1959a, 1959b; Goldstein, 1991; Grinberg, 1956, 1979; Klein, 1975; Ogden, 1982). 볼비가 이 개념을 집중적으로 검토한 적은 없지만 애착관계를 이해하는 데 매우 중요하다(Lieberman, 1992a). 클라인은 투사적 동일시를 내적 과정으로 설명하였다. 반면에 비온을 비롯한 다른 이들은 내부세계와 대인관계가 상호작용하는 지점에서 작동하는 메커니즘으로 보았다. 일반적으로 4단계를 거쳐 투사적 동일시가 발생한다. 1단계에서 투사자는 자기의 일부를 다른 사람에게 투사한다. 2단계에서 투사자와 피투사자의 상호작용이 발생한다. 이때 투사자는 투사에 따라 피투사자가 생각하고 느끼고 행동하도록 적극적으로 압력을 행사한다. 3단계에서 피투사자는 자신에게 가해진 투사자의 압력과 기대에 따라 행동한다. 4단계는, 종종 언급했듯이, 피투사가 투사를 수용하면 그다음에 투사자가 그 투사를 다시 내면화한다. 이런 일은 소그룹(예 : 가족) 내에서도 발생하고 또한 개인과 집단(집단의 일부 혹은 집단의 전체) 사이에서도 발생한다(Marrone, 1982). 어떤 사람이 다른 사람에게 어떤 전략과 어떤 기법을 어떻게 전달하여 투사에 동조하게 만드는지 지금까지 연구된 것은 거의 없다. 다시 말해, 대인관계 차원에서 대인 간 현상으로서의 투사적 동일시를 설명한 연구는 매우 드물다.

초창기 정신분석학은 아동이 엄마에게 투사하는 과정을 연구하였다. 그러나 근래에 나온 많은 연구는 부모가 자녀에게 투사하고 자녀가 부모의 투사에 따라 행동하는 방식을 연구한다(Lieberman, 1992b, p. 560).

치료실에서 분석가가 투사하고 환자가 투사에 따르는 투사적 동일시가 어느 정도 일어난다. 그러나 분석가가 계속해서 투사적 동일시를 사용하면 환자에게는 문제라는 자아개념이 형성될 수 있다. 이런 경우, 분석가는 자신의 문제를 환자에게 투사하여 무의식적으로 자신의 문제를 제거한다.

치료실에서 활성화된 아동기 전략

어린 아동은 위험을 지각하면 애착인물을 찾아 도움을 청하거나 방어기제를 사용하거나 어떤 전략을 사용하여 위험한 상황에 대처한다. 성인이 되어서도 어린 시절의 전략은 유지되고 부모 외 다른 사람과의 관계와 치료실에서도 사용된다.

한 젊은 전문직 여성(마리오 마론에게 분석을 받았음)은 직장에서나 동료들 앞에서 종종 어릿광대짓을 하여 체면을 구겼다. 또한 이 여성은 치료실에서도 종종 그렇게 행동했다. 분석 과정에 그녀가 아동기와 청소년기 때 친구들의 시선을 끌기 위해 가끔 어릿광대짓을 했다는 사실이 드러났다. 그녀는 부모의 무관심을 보상하기 위해 친구들의 시선을 끌려고 노력한 것이다. 성인이 된 환자가 분석가뿐만 아니라 다른 사람과 상호작용할 때 사용하는 역기능적 전략을 이해하는 것은 분석의 중요한 부분이다.

치료사 중심 치료

이제 나는 분석 중인 환자의 삶에서 분석가가 구심점이 되어야 한다는 관점에 문제가 있음을 지적하고자 한다. 분석이 성공하려면 피분석자는 분석에 깊이 몰입해야 한다. 이를 위해 환자에게 '분석 중'이라는 심리상태가 형성되어야 한다. 이런 심리상태에 도달하지 않으면 환자는 조기 종결하거나 다른 문제가 없어도 치료 회기를 줄이거나 분석에 일관된 자세로 깊이 몰입하지 못한다.

또한 피분석자가 분석 중이라는 심리상태에 도달하면 그는 분석가를 자신의 인생에서 가장 중요한 사람으로 생각한다. 분석가의 이런 위치는 피분석자가 부여하지만 분석가가 요구해서는 안 된다. 이런 맥락에서 분석가는 주말 혹은 회기가 오래 중단되었을 때 환자의 반응뿐만 아니라 분석가-피분석자 사이에서 일어나는 변화를 상세하게 분석해야 한다. 그러나 분석가에게 절대적인('절대적'이라는 말을 강조한다) 위치를 부여하는 학파도 있다. 이런 학파는 분석가-피분석자의 상호작용만을 해석한다. 분석가를 분석의 중심에 놓는 것은 분석가가 환자에 대해 항상 가장 잘 안다고 가정하기 때문이다.

런던에서 활동하는 분석가인 N 박사는 분석가가 환자의 정신적 지주이거나 세상을 이해하는 유일한 통로가 되어야 한다고 주장했다. N 박사는 환자가 분석가를 정신적 지주로 삼고 분석에 임하지 않는 것은 환자의 정신이 분열된 증거라고 말했다.

N 박사의 환자였던 Y 씨는 힘든 부부관계를 유지하고 있었다. Y 씨는 N 박사에게 부인도 참여하는 부부치료를 요청했다. 이 말을 듣고 N 박사는 "당신, 나에게 무슨 말을 하는 거예요? 우리 사이에 다른 사람을 끌어들이려고 하는 거예요!"라고 소리를 질렀다.

Y 씨가 분석가에게 부부관계를 이야기하면 N 박사는 이것을 분석 관계로 해석하였다. Y 씨가 부부관계를 이야기할 때마다 N 박사는 "당신이 말하는 부인과의 갈등은 간접적으로 당신과 나 사이의 갈등을 의미하지요." 라고 말했다. 더욱이 N 박사는 Y 씨의 부부 갈등이 Y 씨의 자녀에게 미치는 영향에 무관심하고, 단지 Y 씨의 '내부세계'에만 관심을 기울였다.

그즈음에 Y 씨는 부부관계의 역동성을 이해하고 싶어서 가까운 친구들과 상의했다. Y 씨는 친구들과 대화를 나누면서 분석가에게 부부문제를 이야기할 필요가 있다고 생각했다. 자신의 부부관계를 다루고 싶다고 하자 N 박사는 "지금 무슨 말을 하는 거예요? 그런 이야기를 하고 싶으면 그 친구들한테 가서 해요! 당신과 나 사이에 또 다른 문제를 끌어들이면 안 돼요!"라고 했다. Y 씨는 과거 어머니와의 관계가 부부관계에 영향을 준다는 친구들의 말이 맞는지 N 박사에게 물어보았다. 그리고 Y 씨는 어머니와 자기 사이에 있었던 과거의 사건을 이야기하였다. N 박사는 이 말을 듣고 "나는 뭐라고 말할 수 있는 입장이 아닙니다! 내가 그 자리에 없었잖아요! 나는 단지 지금 여기에서 당신과 나 사이에 일어나는 일만을 분석할 수 있어요!"라고 대답했다.

이런 식으로 N 박사는 환자에게 분석 관계를 벗어난 삶을 허락하지 않았고 분석은 환자를 가둬두는 신성한 우리가 되었다. 이 같은 사례에 애착기반 정신분석가는 다른 식으로 접근한다. 첫째, 애착기반 분석가는 전이만을 탐색하지 않고, 현재의 부부관계와 과거 어머니와의 관계 사이에 중첩되는 부분을 탐색하여 문제의 본질을 깨닫도록 도와준다. 애착기반 분석가는 Y 씨의 부인에게 따로 이해와 지지가 필요한지를 고민해보고 부부

치료의 가능성을 점검할 것이다. 애착 분석가는 환자가 친구들과 대화를 하면서 얻은 통찰력도 치료에 반영할 것이다.

결론

볼비의 전이 개념은 프로이트의 전이(이 장의 앞부분 참조)가 발전된 것이다. 앞에서 언급했듯이 볼비는 프로이트의 전이에 내부작동모델 개념을 추가하였다.

볼비는 자기심리학의 전이 개념에 동의하였다. 코헛에 따르면, 환자들은 초기 양육자와의 문제를 개선하기 위해 분석을 시작하지만, 분석 상황에서 과거의 부정적 경험이 재현될까 봐 불안해한다.

앞에서 논의했듯이 볼비는 분석가가 환자의 인생에 구심점이 되어야 한다는 아이디어를 배격하였다. 분석가는 제한된 자원과 한계를 지닌 특수한 역할을 하는 사람일 뿐이다. 분석가-피분석자 관계의 질은 다양한 요인에 달려 있다. 그중 하나는 분석가의 민감한 반응성이다.

볼비는 전이를 다양한 대인관계 반응 중 하나로 보았다. 타인에 대한 다양한 반응 중 일부만이 전이이다. 특히 전이는 외부에서 자극할 때 모습을 드러낸다. 다시 말해, 과거의 작동모델은 과거의 행동을 유도하는 현재 상황에서 다시 활성화(전이 출현)된다. 예를 들어, 분석가의 긴 침묵에서 환자(엄마에게 무시당했던 환자)는 분석가에게 무시당하는 듯한 느낌을 받을 수 있다.

10

고통의 대물림

요람의 유령들

이 단락의 제목인 '요람의 유령들'[1]은 1975년『미국 소아정신의학 저널
(Journal of the American Academy of Child Psychiatry)』에 실린 한 논문의 제목이다. 이
논문은 수정을 거쳐 1980년 셀머 프레이버그가 편집한『0~1세 영아의 정
신건강에 대한 임상적 연구(Clinical Studies in Infant Mental Health: The First Year of
Life)』라는 책에 수록되었다. 이 책의 공동저자는 셀머 프레이버그, 에드너
애들슨, 비비안 샤피로이다. 이들 중 가장 잘 알려진 사람은 지금은 고인
이 된 프레이버그이다. 프레이버그는 샌프란시스코 캘리포니아대학교 소

---

1 10장의 원서 제목은 'Ghosts on the couch'이고, 첫 단락의 제목은 'Ghosts in the nursery'
이다. 이것을 한국말로 번역하면 'Ghosts on the couch'는 '소파 위의 유령'이고, 'Ghosts in
the nursery'는 '영아기 유령'이다. 동서양을 막론하고 전래 동화에 달걀귀신, 도깨비, 유령,
마귀할멈이 등장하고 아이들을 괴롭히는 새엄마와 새아빠가 등장한다. 신데렐라, 백설공
주, 헨델과 그레텔, 콩쥐 팥쥐가 그런 동화이다. 귀신, 도깨비, 유령, 마귀할멈 등은 아동이
두려워했던 공포를 의미한다. 전래 동화에 나오는 악당과 나쁜 새엄마, 새아빠는 사실상 어
린 자녀를 학대하거나 아동을 겁에 질리게 한 부모를 의미한다. (역자주)

아정신과 아동정신분석 교수이자 샌프란시스코 종합병원 영아-부모 프로그램의 책임자였다. 이 책에 수록된 이 논문은 1970년대 초 미시간대학 정신건강학과에서 실시한 아동발달 프로젝트의 일부이다.

볼비가 강연이나 세미나에서 그리고 슈퍼비전 회기에서 자주 언급한 이 논문은 몇 가지 측면에서 혁신적이다. 첫째, 애착장애의 대물림을 흥미롭게 설명하였다. 둘째, 새로운 형태의 영아-부모 심리치료법을 제안하였다. 셋째, 발달과정에 형성된 표상의 탐색을 좋은 치료법으로 제안하였다.

이 논문에서 말하는 유령은 어른들(지금은 부모가 된 사람들)이 어려서 경험한 고통을 말한다. 예컨대 애착 관계가 단절되거나 불안전한 애착으로 인해 아동이 겪은 고통을 지칭한다. 그 고통은 의식에서 제거되어 어른이 된 지금은 기억하지 못한다. 그러나 고통을 억압하는 방어기제는 자녀를 대하는 태도에 부정적인 영향을 준다. 그리고 이런 영향은 다시 자녀의 발달에 영향을 준다.

프레이버그 등(1980)이 말하는 유령은 기억할 수 없는 부모의 과거가 보낸, 기독교에서 말하는 초대받지 않은 손님이다.

'요람의 유령'에 관한 논문을 인용하면 다음과 같다(Fraiberg, 1980).

> 우리는 영아 정신건강 프로그램에서 손상된 많은 가족과 아기들을 만났다. 어떤 아기는 프로그램에 들어왔을 때 이미 위험한 상태였고 정서적 굶주림, 무덤 증후군 같은 발달장애의 초기 신호가 나타났다. 아기들은 가정이라는 비극의 무대에서 침묵을 지키는 배우가 되었다. 아기가 세상에 나온 순간부터 부모의 비극이 아기를 짓눌렀다. 이런 부모들은 저주받은 듯이 자기 어린 시절의 비극을 자기 아기에게 정확하게 똑같이 반복하는 것 같다. (p. 165)

그러나 '부모의 비극적이면서도 잔인하고 슬픈 역사가 자녀에게 되풀이되지 않는 가정'도 있다. 우리는 자신의 과거가 자식에게 되풀이되지 않기를 바란다고 말하는 부모도 많이 보았다. 어떤 부모는 '자식은 나보다 나은 삶을 살기를 바란다'고 말했다(p. 166).

고통의 대물림은 간단한 공식으로 설명할 수 없는 복잡한 문제이다. 그러나 프레이버그 팀의 임상 연구에 의하면, 심리적으로 건강한 영아의 부모보다 발달상 문제가 있는 영아의 부모가 불안한 애착사를 경험한 비율이 유의미하게 높다.

임상 사례

5세 5개월 된 한 여아는 자신의 주변에 거의 관심이 없었다. 이 아이는 의욕이 없고 조용하고 거의 웃지 않았다. 이 아기는 엄마와 눈맞춤을 하지도 않고 손을 뻗어 자발적으로 엄마에게 다가가지도 않았다. 자연발생적인 옹알이도 거의 없었다.

엄마와 아기가 상호작용하는 순간순간을 녹화한 비디오테이프에서 중요한 단서가 발견되었다. 엄마의 품에서 아기는 절망스럽게 울어대고 깜짝 놀랐을 때도 엄마에게 달려가지 않았다. 엄마는 아기에게 무관심하고 엄마는 자기 욕구에만 몰두했다. 엄마는 아기를 달래거나 편안하게 해주려고 노력하지 않고 그런 노력을 시도하다가 곧바로 중지하고 간간이 허공을 쳐다보았다. 엄마 모습이 보이지 않는 가운데 아기는 5분 동안 계속 악을 쓰며 울어대기도 했다.

이 아기의 엄마도 어렸을 때 방치된 채 자랐다. 이 엄마의 엄마(아기의 외할머니)는 정신장애가 있었다. 이 엄마의 가족에게 모두 한 가지 이상의 심한 정신장애가 있었다. 프레이버그와 동료들은 버려지고 방치되었던 엄마의 과거가 지금 아기에게 심리적으로 반복되고 있다고 말했다(1980, pp. 167-178).

이것이 많은 임상 장면에서 목격되는 패턴이다. 즉 어린 시절에 방치된 채 자란 부모는 자녀를 방치하고, 어려서 학대받은 부모는 다시 자녀를 학대하고, 어려서 변덕스러운 부모 밑에서 자란 부모는 자녀에게 변덕을 부리는 경향이 있다. 볼비는 슈퍼비전 회기에서 '우리는 자신이 대우받은 대로 다른 사람을 대하는 경향이 있다'는 말을 자주 했다.

이러한 사례를 접했을 때 '대물림의 악순환' 고리를 끊기 위해 우리가 할 수 있는 일은 무엇일까? 가장 중요한 것은 부모의 어린 시절에 만들어진 부모의 내부작동모델을 수정하는 것이다. 다른 방법은 아동뿐만 아니라 가족 전체를 치료하는 것이다. 아동 치료를 위해 첫째, 부모에게 안전기지를 제공해야 한다. 이렇게 하면 신뢰가 손상된 부모에게 건강한 신뢰가 싹튼다. 둘째, 고통스럽고 괴로웠던 부모의 어린 시절을 회상하고 기억을 되살리는 것이다. 프레이버그 팀은 흥미로운 사실을 목격하였다. 부모의 어린 시절을 되살리는 것은 아동을 치료하는 충분조건이 아닌 필수조건이었다. 아동의 부모들은 어린 시절에 겪은 상실과 정서적 충격, 누구에게도 말할 수 없었던 아동기의 상처를 털어놓아야 했다. 버림받고 충격받고 상처받고 불안에 떨던 과거의 그 감정을 지금에 와서 다시 느낄 수 있다면 부모에게 중요한 심리적·행동적 변화가 시작된다. 그리고 부모가 쏟아낸 감정을 치료자가 진심으로 수용해줄 때 중요한 변화가 일어난다. 엄마들은 아동기 때의 사건들을 생생하게 회상하였다. 엄마들의 기억에서 사라진 것은 정서적 측면이다. '치료사의 진심 어린 따뜻한 이해는 이들에게 위안이 되었고 이들은 마침내 마음 놓고 울어볼 수 있었다.'(Fraiberg et al., 1980, p. 173)

이러한 상황에서 가장 시급한 것은 아기를 보호하는 일이다. 전통적인 정신분석은 결론에 도달하는 데 몇 년씩 걸린다. 그러나 아기는 기다려주지 않는다. 매일 상처를 받으며 자라는 아기에게 정신분석의 시간표는 너무 느리다. 프레이버그는 어렸을 때의 고통을 기억하지 못하는 부모가 자녀를 학대하는 것을 목격하고, 생각나지 않는 부모의 아동기 고통이 아동

학대의 주범이라고 확신하였다. 그러므로 고통스러운 어린 시절을 감정과 함께 회상하도록 부모를 돕는 것이 치료의 핵심이다.

치료 중인 한 환자는 "그렇지만 지난 일을 말하는 것이 무슨 소용이 있나요? 나는 누구에게도 그때 일을 이야기한 적이 없어요. 나는 잊고 싶어요. 생각하고 싶지 않아요."라고 말했다. 그러자 치료자는 공감해주면서, 기억이 사라진다고 고통이 사라지는 것이 아니라고 설명했다. 치료사는 이들에게 '마음 놓고 두려운 기억과 생각을 나에게 이야기해라. 당신이 그런 이야기를 털어놓으면 고통이 완화되어 더 이상 기억이 당신을 괴롭히지 않는다.[2] 당신은 이제 그 기억을 통제할 수 있다.'라는 메시지를 전달했다.

정상적으로 치료가 진행되면 치료자는 부모들이 무서웠던 이야기를 털어놓으면서 자신이 그 부모처럼 자녀에게 똑같이 하고 있음을 깨닫도록 도와준다. 학대와 방치를 경험한 부모일지라도 어린 시절에 누군가 자신을 보호해주고 받아주고 이해해주었듯이 자녀를 잘 대하는 부모도 있다. 혼란스러운 아동기 때 이들 곁에는 자기 이야기를 들어주는 누군가가 있었다. 두렵고 암울한 어린 시절에 이모, 고모, 이웃 사람, 선생님, 젊어서 요절한 어머니나 아버지 같은 누군가가 곁이 있다면 완전한 붕괴를 피할 수 있다.

「요람의 유령들」이라는 논문에 소개된 임상 연구는 초기에 방치나 학대를 겪은 부모를 연구한 것이다. 이 논문이 제안한 치료법을 적용하면 불행한 과거가 있는 부모의 자녀들이 부모에게 희생되는 것을 막을 수 있다. 볼비는 (정도에 상관없이) 불안전한 애착을 경험한 모든 환자에게 이 기법이 필요하다고 생각하고 이 논문을 주목했다. 내가 여기에서 강조하는 것은 환자의 과거를 상세하게 탐색하는 기법이다. 이 기법은 정신분석적 심리

2　뇌 안에서 어떤 사건을 담당하는 감정 회로와 인지 회로가 연결되면 인지가 감정을 통제하는 구조가 만들어짐으로써 조절 가능한 감정이 된다. 감정을 말로 표현하고 감정에 이름표를 붙이는 것은 인지와 정서를 연결하는 작업이며 감정을 완화시키는 방법이다. (역자주)

치료에서도 기본이다. 그러나 다른 점이 있다. 이 기법은 전이 해석을 배제하지는 않지만 상담실의 모든 것을 전이로 보지는 않는다.

공격자 동일시

프레이버그 등은 병리적인 부모에게서 '놀라울 정도로 유사한' 한 가지 패턴을 발견했다. 이들은 자기 부모와 병리적인 측면이 똑같았다. 그 논문을 더 인용해보겠다.

> 이 패턴에 우리에게도 익숙한 '공격자 동일시'라는 용어를 붙인다면 이 방어기제에 더 이상의 부연 설명이 필요 없다. 문헌을 검토해보면 공격자 동일시에 대한 연구를 찾기 어렵다. 관련 연구가 있다면 안나 프로이트의 연구이다. 그녀는 조작기 아동의 방어기제를 주목하고 공격자 동일시라는 이름을 붙였다. 그러나 이 기제에 대한 임상적 연구가 폭넓게 진행된 적은 없다. 그러므로 공격자 동일시나 적과의 동일시라는 방어기제가 어떤 조건에서 반복되는지 아직 확실하게 밝혀지지 않았다. (1980, p. 194)

그동안 정신분석학에서 타인의 부정적 측면을 닮아 가는 방어기제에 대해 많은 연구가 이루어지지 않았다. 그러나 조셉 샌들러는 『방어 분석(The Analysis of Defense)』(1984)이라는 책에서 이 주제를 흥미롭게 설명하였다. 이 책에는 햄스테드 클리닉에서 안나 프로이트와 조셉 샌들러 등이 나눈 토론이 소개되어 있다. 이 책에서 불안을 유발하는 사람과 같이 있을 때 공격자 동일시가 나타난다고 한 부분이 흥미롭다. 동일시는 모방하고자 하는 타인을 받아들여 자기의 일부로 삼는 것이다. 아동이 공격자를 동일시하면 겁에 질려 있는 사람에서 다른 사람을 위협하는 사람으로 변신할 수 있다.

물론 공격자 동일시는 불안을 경험한 직후 일시적으로 나타날 수 있다. 예를 들어, 분석 중인 6세 아동이 치과 진료를 받았는데 이 아동은 치과의

사가 자신을 공격했다고 생각했다. 치과 치료 후 얼마 지나지 않아 이 아동이 상담실에 왔는데 상담실의 물건들을 공격했다. 그러나 이런 동일시가 어떻게 성격이 되고 그 결과 나중에 무수히 많은 대인관계에서 그런 패턴을 보이는지는 공격자 동일시로 간단하게 설명하기 어렵다. 관련 사례를 검토해보면 초기 발달과정에 불안한 경험이 반복되면 공격자 동일시가 성격의 일부가 되는 것 같다.

"내가 당했던 대로 너를 괴롭히면 너는 벌벌 떨겠지. 나는 이제 더 이상 약하지 않아."라고 하면서 다른 친구를 공격하는 아동은 투사적 동일시를 사용하고 있다.

'공격자 동일시'라는 용어보다 안나 프로이트가 독일어로 '동화(angleichung)'라고 한 '타인의 자기화'라는 개념을 논해야 한다(Sandler, 1985).[3]

프레이버그 등은 다음과 같이 말했다.

> 공격자 동일시는 뭔가를 (무의식에) 억압하는 것이고, 억압이 반복의 동기와 에너지를 제공한다고 말하면 공격자 동일시의 이론적 · 임상적 설명이 명확해진다. 그렇다면 무의식에 갇힌 것은 무엇일까? 다양한 사례를 분석해보면 공격자 동일시는 병리적인 부모가 주로 사용하는 방어기제이다. 이런 부모는 아동기 때 경험한 학대, 폭력, 유기의 장면을 매우 상세하게 기억하고 있다. 그러나 이들이 기억하지 못하는 것은 사건에 대한

---

3 여기에서 identification과 assimilation(독일어로 angleichung)을 다른 것으로 구분하고 있다. 이 장의 맥락을 보면, identification은 밖에서 안으로 장소만 이동한 내면화(internalization)이고, assimilation은 내면화된 것이 자기의 성격의 일부가 된 것이다. 일반적으로 외부에서 내부로 이동한 상태를 총칭하여 내면화라고, 안으로 들어온 외부의 것이 소화가 되어 형체가 없이 사라진 상태를 동화(assimilation) 혹은 함입(incorporation)이라 하고, 안으로 들어온 외부의 것이 형체를 유지하면서 합체되어 잘 작동하고 있는 상태를 동일시(identification)라고 하고, 안으로 들어온 외부의 것이 소화되지 못한 채 문제를 일으키고 있는 상태를 내사(introjection)라고 한다. 그런데 이 책은 내사, 동화, 내면화, 동일시를 곳곳에서 혼용하고 있다. (역자주)

감정이다. (1980, p. 194-195; 고딕체는 원문의 것임)

다시 말해, 많은 사례를 보면 고통스러운 사건을 잊은 것은 아니다. 이들이 잊은 것은 고통 그 자체이다. 프레이버그 등은 다음과 같이 말했다.

> 유령 이야기의 핵심은 아동기 때 경험한 정서이다. 부모가 아동기 때 고통을 회상하고 다시 느껴보는 것이 그 고통을 자식에게 물려주지 않는 가장 좋은 방법인 것 같다. 반면에 사건에서 고통스러운 정서를 떼어내어[4] 무의식 속으로 밀어 넣는 것은 배신자 혹은 공격자 동일시가 발생할 수 있는 심리적 조건이 된다. (1980, p. 195)

세 가지 기억

임상 장면에서 프레이버그는 환자가 아동기 때 고통스러운 장면을 감정과 함께 회상할 때 치유되는 것을 목격하였다. 개인치료와 집단치료에 대한 나의 임상적 경험에 비추어보아도 이 주장은 맞는 것 같다. 고통스러운 사건에 대한 기억을 복원하고 해소되지 않은 감정과 그 기억을 연결해야 한다. 이런 일을 돕는 것이 올바른 치료법이다. 일반적으로 치료자(그리고 집단치료 참가자들)는 환자들에게 신뢰감을 주고 공감하면서 고통스러운 이야기를 들어준다.

　과거 사건에 대한 기억이 떠오르려면 해소되지 않은 과거의 감정과 현재의 감정이 공명해야 한다. 이것이 기억을 회복하는 핵심이다. 예컨대, 환자들은 현재의 힘든 상황을 이야기하다가 갑작스럽게 과거의 사건이 떠올라 깜짝 놀란다. 이렇게 떠오른 과거의 사건은 본질적으로 현재 문제와

4　사건에서 정서를 떼어내어 정서를 무의식 속에 가두는 방어기제의 명칭은 고립화(isolation)이다. 고립화 방어기제를 사용하면 정서둔마(affective flat), 주지화(internalization), 해리, 분열이 일어날 수 있다. (역자주)

연결되어 있다. 임상 장면에서 목격한 이런 현상을 불완전하고 부족할지라도 이론적으로 설명하면 다음과 같다.

『애착과 상실』의 3권에서 볼비는 과거가 두 가지 방식으로 저장된다고 한 툴빙(1972)의 기억이론을 도입하였다. 구체적인 사건에 대한 정보는 자서전적 기억으로 저장된다. 그리고 개인의 과거사를 저장하는 또 다른 방법은 과거 사건을 일반적 가치와 의미와 지식으로 저장하는 것이다. D. N. 스턴(1985)은 과거와 현재의 연결을 설명하기 위해 툴빙의 이론을 도입했다. 스턴의 이런 설명은 볼비의 애착이론과도 잘 맞는다. 스턴은 툴빙의 기억 체계로 과거의 자아 조각들이 통합되는 방식을 설명하였다.

일화 저장고에 들어온 사건의 장면들은 시간 순서대로 저장되거나 시간과 공간의 관계로 저장된다. 예를 들어자. "10살 때 어느 날 우리 가족은 프랑스 남부지방에서 휴가를 보내고 있었다. 내가 아빠와 함께 놀고 있을 때 엄마가 웃으며 다가와 가족과 함께 있으니 정말 좋다고 말했다. 엄마의 그 미소가 생각난다!"라고 말하는 사람은 일화기억에 저장된 정보를 회상하고 있는 것이다.

요약하면, 일화기억은 장면들, 시간순서, 그 순간의 장소로 구성된다. 특히 중요한 것은 그 사건의 경과 중에 경험한 감정을 회상하는 것이다 (Bowlby, 1980). 일화기억은 실제 있었던 일이 비교적 그대로 저장되고 그대로 떠오른다. 그러나 근래에 어떤 학자들은 일화기억이 재창조될 수 있다고 한다. 특히 어린 아동의 일화기억이 그렇다(Crittenden, 1992).

임상현장에서 보면, 일화기억이 사건에 대한 해석의 영향을 받는 것 같다. 그러나 떠오른 일화기억은 대체로 선명하고, 설득력이 있고 어떤 일화는 내담자가 실제로 경험한 사실들이다. 일화기억은 경험의 보따리들이다 (Stern, 1995).

일화기억과 구분되는 의미기억은 자신이 경험을 통해 얻은 것이든 다른 사람에게 얻은 것이든 혹은 이 두 가지가 섞여 있는 세상에 대한 일반적 명제이다. 의미기억은 입력 시 항상 기존의 지식을 이용한다. "내가 어렸을 때 우리 가족은 자주 프랑스에 갔었고 거기에서 좋은 시간을 보냈다."고 말하는 것은 의미기억을 회상한 예이다. 의미기억은 주로 다른 사람에게서 들은 일반적인 정보가 저장되어 있다(Bowlby, 1980). 아동의 의미기억에는 주로 양육자의 관점에서 본 현실이 저장된다.

볼비(1980)는 다음과 같이 말했다.

> 일화 저장고와 의미 저장고의 구분이 명확한 것은 아니다. 그러나 둘 중 하나는 임상적으로 중요하다. 적어도 자기와 부모의 이미지가 의미기억과 일화기억에 따로 저장되는 것은 거의 확실하다. 어떤 사건이 발생했을 때의 말과 행동은 일화기억으로 저장된다. 어머니, 아버지, 자기의 일반적인 특징은 작동모델이라고 하는 의미기억(심상, 명제, 혹은 공식)에 저장된다. 저장고의 구분은 심리적 갈등의 원천이다. 의미기억의 정보가 항상 일화기억과 일치하는 것은 아니다. 그리고 같은 사람이라도 일화기억에 저장된 모습은 의미기억에 저장된 모습과 전혀 다를 수 있다. (p. 62)

프랑스 휴가의 사례는 의미기억과 일화기억이 일치한다. 그러나 두 기억이 불일치하는 경우도 있다. 치료에 들어온 한 환자는 "어렸을 때 데본과 웨일즈에서 멋진 휴가를 보냈다."고 했다. 그러나 치료가 진행되면서 이 환자는 휴가 중에 부모님이 심하게 싸워 무서웠던 많은 사건을 떠올렸다. 치료실에서 많은 환자들은 자신의 어린 시절이 행복하고 만족스러웠다고 보고한다. 그러나 치료가 진행되고 어느 시점이 되면 어렸을 때 부모가 자신을 학대하고 방치한 많은 사건을 회상한다. 이런 경우 일화기억과 의미기억이 불일치하는 것이다.

볼비(1980)는 다음과 같이 말했다.

두 기억의 정보가 불일치하는 이유는 저장고가 다르고 정보의 주된 출처가 다르기 때문이다. 일화기억의 저장고로 들어가는 정보는 많은 부분이 그 사람 자신이 지각한 것이고 작은 부분만이 남에게 들은 것이다. 이와 반대로 의미기억의 저장고로 들어가는 정보는 많은 부분이 남에게 들은 것이고 작은 부분만이 자신이 생각한 것이다. (p. 63)

볼비는 슈퍼비전 회기에서 부모는 자녀에게 좋은 면을 보여주려고 노력한다는 말을 자주 했다. 심지어 자녀들이 부모를 존경할지라도 부모는 자신의 긍정적 측면을 최대한 많이 보여주고 부정적인 측면을 가능한 한 감추려고 노력한다. 부모들은 자녀에서 보이는 것보다 더 좋은 사람으로 포장하려고 노력한다. 부모들은 자신의 행동을 합리화한다. 이런 부모 밑에서 자란다면 아동이 목격한 사건에 대한 기억과 부모의 영향을 받은 의미기억이 불일치할 수 있다. 자식이 구체적으로 경험한 사건과 이에 대해 부모가 말하는 사건이 불일치하고, 자식이 생각하는 부모-자식 간 관계의 질은 부모가 말하는 것과 다를 수 있다.

경우에 따라 힘들었던 사건의 일화기억과 의미기억이 일치할 수도 있다. 나는 임상현장에서 힘들었던 어린 시절을 왜곡 없이 일화기억과 의미기억으로 통합한 환자들을 보았다. 어린 시절 이들 곁에는 힘든 일을 이야기할 수 있는 누군가가 있었다. 볼비(1980)가 두 가지 기억을 도입했을 당시만 해도 툴빙은 새로운 연구를 내놓지 않았다. 그러나 몇 년 후 툴빙(1985)은 제3의 기억인 **절차기억**(procedural momory)을 제안하였다. 이렇게 하여 기억 이론을 이용한 애착이론도 한 단계 더 도약하였다.

크리튼덴(1992)은 다음과 같이 말했다.

절차기억은 자극과 행동의 패턴인 감각운동도식으로 부호화된다. 이러한 감각운동도식(Piaget, 1952)은 전(前)의식 수준에서 작동한다. 감각운동

도식은 생득적인 종 특유의 주의와 반응이 수정된 반응으로 구성된다.[5] 자기와 애착인물의 일반적인 상호작용 방식은 절차기억에 저장된다. 자신과 양육자의 행동에 대한 학습된 기대도 여기에 저장된다. 절차기억은 일생 동안 일상적인 행동을 조절한다. 절차기억에는 상황별 행동과 정서가 저장되어 있다. 이것 때문에 절차기억을 사용하면 현재 조건과 과거 경험을 의식적으로 비교하는 느린 과정을 거치지 않고 무의식적 자동적으로 행동할 수 있다. (p. 577)

각기 다른 정보(행동 순서, 일화, 일반적 사실)가 각기 다른 기억에 저장된다면 현실을 바라보는 관점이 여럿 공존할 수 있다. 그리고 공존하는 관점들은 일치할 수도 있고 불일치할 수도 있다. 초기 발달과정에서 절차기억, 의미기억, 일화기억이 통합된 정도는 이후에 형성되는 자기와 타인에 대한 내부작동모델(혹은 표상)에 영향을 준다.

병리적인 사람은 중요한 타인이 자기에게 주입한 관점과 자신의 관점이 불일치하기 때문에 관점에 일관성이 없다. 이들이 기억을 통합하지 못하는 또 다른 이유는 사건에 대한 고통스러운 감정을 무의식으로 밀어 넣기 때문이다. 심리치료의 목적 중 하나는 기억을 꺼내어 탐색하고 성찰하고 통합하는 것이다.

의미기억과 달리 일화기억은 대체로 무의식 수준에서 작동한다. 무의식 속에 있는 기억을 의식적으로 검토하고 수정하기란 쉽지 않다. 의미기억보다 일화기억은 좀 더 깊이 파묻혀 있다. 특히 불행한 어린 시절을 보낸

---

5 인간은 생존을 위한 장치로 모로반사, 바빈스키반사, 포유반사, 빨기반사 등의 원시반사를 가지고 태어난다. 원시반사는 얼마 후 억제되고 후천적으로 습득한 감각운동도식으로 대치된다. 이것을 원시반사 억제라고 한다. 원시반사가 잔존하면 심리적 신체적 장애로 이어질 수 있다. 원시반사가 잘 억제되어야 상호작용에 필요한 리듬과 타이밍, 사회적 기술, 조절력, 규칙 등을 습득할 수 있다. 원시반사 억제에 중요한 시기는 0~4세이고, 안전한 애착이 형성되어야 원시반사가 잘 억제된다. (역자주)

사람은 더욱 그렇다. 생각나지 않는 일화기억이 있다면 이 일화기억과 연결된 내부작동모델은 무의식적으로 그때 그대로 여전히 작동하고 있다.

나는 애착이론에 익숙해지기 전부터 환자의 과거 사건과 초기 기억을 회상하고 되살리면 치료 효과가 있다고 생각했었다. 나는 예전에 아르헨티나에서 살았는데 그때 거기서 심리극 훈련을 받았다. 심리극은 자유연상의 방법으로 환자('주인공')가 현재를 묘사하는 데서 시작하여 과거를 복원하고 재현하는 쪽으로 이동한다. 그 당시 많은 정신분석가가 심리극 훈련을 받았다. 예를 들면, 피델 모치오, 에듀아르도 파블로프스키, 헤르낭 케셀망, 카를로 마르티네 부케는 심리극 훈련은 받은 정신분석가이다(13장 참조). 이들에 따르면, 무의식은 장면으로 구성되어 있고, 현재 장면(명백한 장면)을 거쳐 과거 장면(잠재하는 장면)으로 들어가는 것이 중요하다. 심리극은 현재 일화에서 시작하여 과거로 거슬러 올라간다. 이런 식으로 현재 사건의 역사적인 뿌리에 접근하면 그 사건의 진정한 의미를 이해할 수 있다. 심리극에서 일화기억을 회상하고 행동화하면 그 효과가 매우 강력하다. 슈퍼비전 회기에서 볼비는 나에게 환자의 과거 일화를 주목하라고 했다. 심리극 경험도 있고 볼비의 영향도 있고, 그래서 나는 과거 장면의 재현을 중시한다. 이 기법은 개인치료, 집단치료, 부부치료, 가족치료에도 유용하다.

치료 시 떠오른 특정 사건은 원 경험이 입력(coding) 시 부호로 전환된 것이다.[6] 그러므로 치료장면에서 회상된 사건은 실제 사건이 어느 정도 변형된 것일 수 있다(Lindsay & Read, 1994). 또한 실제 경험의 부호화는 — 적어도 부분적으로 — 후속 경험의 영향을 받는다. 그러므로 발달과정의 어떤 시점에 있었던 어떤 사건에 대한 기억은 후속 경험과 이 경험에 대한 해석의

---

6 기억이론에 따르면, 같은 사건이라도 입력 시 부호화 방식에 따라 기억은 다르게 저장되고, 입력은 기존의 기억을 활용한다. 기억의 변형은 주로 인출 과정이 아니라 입력 과정에서 일어난다. 기억은 인출되었다 저장되었다를 반복할 때 주로 저장되는 과정에 변형된다. (역자주)

영향을 받아 변형될 수 있다. 이 관점은 정확한 것 같다. 어쨌든 분석은 후속 경험에 의해 변형된 기억을 탐색하는 과정이기도 하다. 과거 기억을 탐색할 때 환자의 반응도 좋은 정보이며, 때로는 이런 정보가 치료에 결정적인 역할을 한다.

양육방식의 대물림

아동기 경험은 아동이 부모가 되었을 때 자녀를 대하는 태도와 행동에 영향을 준다. 양육방식이 대물림되는 기본적인 원리는 많은 애착 연구에서 검증되었다. 대물림은 최소한 조부모, 부모, 자녀 이렇게 삼대를 말한다. 그러나 대부분의 연구는 한 세대에서 다음 세대로의 대물림에 초점을 맞춘다. 그 이유는 자녀에게 미친 부모의 영향과 손주에게 끼친 조부모의 영향을 구분하기 위해서이다. 어쨌든 임상 장면에서 우리는 복잡하게 얽혀 있는 수많은 대물림 현상을 목격하고 있다.

양육방식의 대물림에 유전적 요인도 관여하므로 유전과 심리적 대물림을 구분해야 한다. 유전뿐만 아니라 공유하는 물리적, 사회문화적, 사회정치적 환경도 대물림에 영향을 준다. 같은 지역에 거주하는 것도 대물림의 연속성에 영향을 줄 수 있다. 이 주제에 대한 애착이론의 관심사는 부모의 초기 경험이 자녀를 대하는 태도에 어느 정도 영향을 주는가이다.

크리튼덴(1984)은 대물림의 삼차원 모델을 제안하였다. 첫째, 관찰학습과 모델링이다. 자녀는 부모가 상호작용하는 방식을 관찰하고 부모를 모방한다. 둘째, 자녀가 겪은 부모와의 상호작용 경험이다. 셋째, 아이 돌보는 법을 부모가 자녀에게 코칭한다.

볼비는 부모가 자신이 대우받은 대로 자녀를 대하는 현상을 주목했다. 이것은 동일시를 통한 대물림이다. 아동 학대자 엄마를 위한 프로그램을 운영하고 아동 학대의 대물림을 이론화한 프레이버그를 볼비가 자주 언급한 것은 동일시를 통한 대물림에 볼비도 관심이 많았기 때문이다. 그러나 이것은 애착이론의 일면일 뿐이다. AAI(Adult Attachment Interview, 성인애착면접법)를 이용한 연구는 대물림을 다른 식으로 설명한다. AAI연구는 아동기 경험이 부모가 되었을 때의 양육방식으로 직접 혹은 기계적으로 이동한다고 가정하지 않는다. AAI 연구는 과거가 저장된 표상의 현재 상태가 대물림에 영향을 준다고 본다. 또한 과거에 대한 기억은 일화기억과 의미기억으로 구분되어 있는데 AAI 연구는 이것이 대물림과 관련이 있다고 본다. 많은 연구가 자녀를 출산하기 전에 실시한 부모의 AAI를 가지고 SSP(Strange Situation Procedures, 낯선상황절차)로 평가한 생후 12개월 된 자녀의 애착 패턴을 예측하였다(Fonagy et al., 1995).

관계의 대물림은 내부작동모델과 관련이 있다. 일화기억과 의미기억이 불일치하면 방어적인 내부작동모델이 구축된다(Stern, 2005). 또한 기억 간 불일치는 분열로 이어질 수 있다. 그러나 브리더톤(1990)에 따르면, 부모의 자기 표상이 사랑이 많은 모습으로 수정되면 부모의 불행한 어린 시절이 자녀에게 반복되지 않는다.

벨스키(2005)는 대물림 현상에 관한 연구를 광범위하게 검토하였다. AAI를 이용한 많은 연구를 검토하고 벨스키가 내린 결론은 대물림이 실제로 있다는 것이다. 그는 대물림 현상에 영향을 주는 요인을 다음의 세 가지로 요약하였다. (1) 아동기 때 경험한 애착의 질은 성인기 애착 유형의 강력한 예언인이다. (2) 영아기에 형성된 안전한 애착과 불안전한 애착은 비교적 안정적으로 유지된다. (3) 성인(부부)의 애착 유형은 육아에 영향을 주는 방식으로 자녀의 안전한 애착과 불안전한 애착을 강화한다.

그동안 우리는 부모가 자녀에게 안전한 애착을 제공할 수 있으려면 돌봄과 민감한 반응성과 성찰기능을 계속 개발하고 유지해야 한다는 중요한 사실을 발견하였다. 양육 기술은 혼자서 습득할 수 없으며 책을 읽어 터득할 수 없다. 양육 기술은 (아동기에 습득하거나 이 기회를 놓쳤다면 성인기에) 양육 기술이 있는 사람과의 반복된 상호작용을 통해서만 습득할 수 있다.[7] 그러나 이와 반대되는 연구 결과도 있다. 어쨌든 임상적 경험에 의하면 아동 학대와 폭력의 경향성은 분명히 대물림된다.

부모교육 프로그램

대물림을 끊고 양육 기술을 증진하기 위한, 애착이론에 토대를 둔 부모교육 프로그램이 많이 개발되었다. 어떤 것은 민감한 반응성에 초점을 맞추고 어떤 것은 성찰기능에 초점을 맞추었다.

어떤 프로그램은 가족이나 부모가 아동과 상호작용하는 모습을 비디오로 촬영하고 부모에게 피드백을 해준다. 예를 들어, 전문가가 가정을 방문하여 부모가 영아와 놀이를 하거나 목욕시키는 장면을 비디오로 찍어 이를 토대로 부모에게 피드백을 해준다. 전문가는 녹화된 장면을 보고 부모에게 조언할 것을 준비하고 전문가는 녹화된 내용의 일부를 부모와 같이 보면서 이야기를 나눈다. 이런 식으로 전문가는 녹화된 아동의 신호와 표정을 부모와 같이 보고 이야기를 나눔으로써 부모의 관찰 기술과 공감 능력을 계발한다. 또 다른 프로그램은 부모 혹은 모를 대상으로 애착사를 탐색하고 성찰기능을 증진하는 집단상담을 실시한다.

여기에서 모든 프로그램을 다 소개할 수는 없다. 부모 프로그램만 모아도 책 한 권이 될 것이다. 나도 1990년대 말에 유럽연합 정신건강센터에서 실시한 0~6세 아동 정신건강 증진 프로그램에 참여한 적이 있다. 그 후 어떤 프로그램은 사라지고 또 어떤 프로그램은 다시 생겨났다. 그러나 애착이론의 관점에서 보면 부모교육의 기본적인 원리는 거의 비슷하다.

---

7 기억은 일화기억, 의미기억, 절차기억으로 구분된다. 저자는 양육 기술은 절차기억을 사용하므로 이론 과목이 아니라 실기 과목이라고 주장한다. (역자주)

11

애착기반상담의 기본 원리

도입

애착이론의 차원에서 심리치료는 크게 나누면 다음 두 가지 활동으로 구
성된다. (1) 자기와 중요한 타인에 관한 내부작동모델을 탐색하고 수정하
고 통합한다. (2) 성찰적 사고를 증진한다. 이 말은 증상, 불안, 방어기제를
대인관계 맥락 속에서 탐색한다는 의미이다.

애착이론을 토대로 분석가(혹은 심리치료사)가 회기를 이끌어 가는 방식은
이 분야의 일반적인 치료와 다를 바 없다. 그러나 애착 지향 분석가(혹은 심
리치료사)는 주된 패러다임으로 애착이론을 사용하고 이 이론이 기법과 스
타일에 중요한 영향을 준다.

전이를 해석하고 이해하는 것은 애착기반 치료에서도 중요하다. 우리는
앞에서 전이와 관련된 쟁점을 상세히 논의한 바 있다. 볼비는 분석적 치료
란 환자가 자기 세계를 탐색할 수 있도록 안전기지를 제공하는 것이라 했
다. 치료사는 언제든지 사용할 수 있는 안전기지가 되어 민감한 반응성을
제공하는 사람이다.

볼비는 치료법에 관한 간단한 논문을 쓴 적이 있으나 책을 쓴 적은 없다. 다만 그의 세미나에 참석하거나 슈퍼비전을 받으면서 그의 훌륭한 치료법을 배울 수 있었다. 그 후 애착이론에서 영감을 얻은 많은 정신분석가와 심리치료사들이 개인상담, 집단상담, 가족상담을 위한 치료법을 개발하였다.

영어권에서 애착이론을 토대로 한 개인상담 기법은 (1) 피터 포네기가 개발한 정신화 기반 심리치료와 (2) 보스턴변화과정연구소에서 나온 기법이 가장 유명하다. 스페인어권에서는 휴고와 에밀스 블리치의 기법이 널리 알려져 있다. 여기에 기술된 기법에 대한 코멘트는 내 생각이 아니라 볼비와 엠미누엘 피터프러인트에게 직접 들은 것이다.

민감한 반응성

애착기반 치료는 치료사의 민감한 반응성(sensitive responsiveness)을 강조한다. 민감한 반응성은 치료가 효력을 발휘하기 위한 핵심 조건이다. 존 볼비는 치료사에게 민감한 반응성이 부족하다면 환자의 협력을 끌어낼 수 없다고 했다. 볼비는 슈퍼비전 회기에서 치료사는 환자 입장과 관찰자 입장 사이를 왔다 갔다 할 수 있어야 한다고 조언했다. 그러나 분석가는 환자 입장을 공감하고 이해하려고 노력하는 와중에도 독립적인 관찰자 입장을 계속 유지해야 한다.

자신에게 민감하게 반응하지 못하는 사람은 타인에게도 민감하게 반응하지 못한다. 그러므로 분석가는 분석 중 환자가 분석가(혹은 타인)에게 둔감하게 반응하는 모습을 잘 포착해야 한다. 또한 분석가는 분석가 자신과 환자의 심리상태를 자주 그리고 일관성 있게 해석해주어야 한다.

성인이 애착인물(그리고 치료사)이 되려면 적절한 타이밍에 타인과 신호를 주고받고, 타인의 입장을 이해하고, 관계에 대한 자신의 책임을 다하고, 타인의 어려움을 공감할 수 있어야 한다.

또한 애착기반 치료사(혹은 분석가)는 환자의 성격을 고려해야 한다. 치료사는 환자의 성격에서 방어적 특징과 전략(초기에 도움을 청할 때 사용했던 역기능적 전략)을 주목해야 한다. 환자의 성격은 치료실 안과 밖에서 환자가 보여주는 행동과 말에 드러난다. 치료사는 환자가 자신의 병리적 측면을 직면하도록 도와야 한다. 이러한 맥락에서 치료사가 할 일은 직면과 공감 사이에서 균형을 유지하는 것이다.

일반적 원리

애착기반 치료는 역사적, 발달적, 사회적 차원에서 현재와 과거를 연결하는 작업이다. 치료사는 의미기억과 일화기억의 회상과 통합을 돕는다. 치료사는 환자가 적극적으로 과거 기억을 회상하고 새로운 방법을 연습하도록 격려한다. 또한 치료사는 환자의 반박성 피드백을 수용할 수 있어야 한다.

애착기반 치료사는 대물림되는 비극과 환자와 환자 가족의 고통을 인식할 수 있어야 한다. 애착기반 치료사는 자신의 해석을 가설로 생각하고 이 가설들이 맞는지 환자에게 확인하고 틀렸다면 가설을 수정해야 한다. 애착기반 치료의 특징은 다음과 같다. 치료사는 환자를 건강한 측면과 병리적인 측면이 공존하는 전체적인 인간으로 본다. 치료사는 환자의 정서를 따라가면서 회기 중에 발생한 환자의 심리적 변화를 논의한다. 치료사는 환자의 자유로운 탐색과 자율성과 자기 가치 증진을 격려해야 한다. 완전 중립은 불가능할지라도 분석가는 오염된 해석을 방지하기 위해 항상 자신의 가치관과 편견을 점검해야 한다. 치료사는 개방적인 자세로 환자의 고유한 개인적 의미를 이해하려고 노력한다. 환자가 다른 문화권에서 성장했다면 분석가는 그 문화에 대한 많은 것을 환자에게 배워야 한다. 치료사와 환자는 무엇인가 발굴하기 위해 함께 길을 떠나는 동반자이다. 따라서 애착기반 치료사는 필요할 때 '나' 혹은 '당신'이라는 말보다 '우리'라는 말을 즐겨 사용한다.

치료사의 개방적인 태도는 습관적으로 자신을 노출하거나 경계를 허무는 것과는 다르다. 10년 동안 주 1회씩 볼비에게 슈퍼비전을 받으면서 나는 그의 사생활에 관한 이야기를 들어본 적이 없다. 내가 아는 볼비에 관한 많은 것은 볼비가 사망한 후 그의 부인인 어슐러 볼비와 아들인 리처드에게 들은 것이다. 볼비는 치료사가 쓸데없이 자기 이야기를 환자에게 하면 안 된다고 했다. 치료사가 환자에게 사적인 문제를 이야기하면 환자가 치료사를 걱정하고 이로 인해 분석 관계에서 역할이 뒤바뀔 수 있다. 그러나 나는 분석가 쪽에서도 자기 노출이 필요할 때가 있다고 생각한다. 예를 들어, 환자가 분석가를 정확하게 잘 보았을 때 혹은 환자가 분석가의 마음을 잘 알아주었을 때 분석가의 자기 노출이 필요하다.

과거 탐색

과거의 사건들은 기억나지 않을지라도 우리의 생각과 감정과 행동에 영향을 준다. 볼비는 저항과 방어로 작용하는 과거를 탐색하라고 했다. 기억에서 사라진 장면들은 대체로 (1) 부모가 자녀에게 숨기고 싶어 한 일, (2) 부모가 생각하기 싫을 정도로 고통을 준 사건, (3) 어려서 한 행동이지만 견디기 어려운 수치심이나 죄책감을 느끼는 사건들이다.

특히 부모가 감추려고 했던 장면을 복원하는 것이 중요하다. 부모가 자녀에게 생각하지 말라고 압력을 가하면 아동은 보고 느낀 것을 의식에서 제거한다. 예를 들어, 폭력적인 부모는 자녀가 목격한 부모의 폭력적인 모습을 자녀의 기억에서 지우려고 노력한다.

아동이 알았거나 본 것을 부모가 부인하는 일이 잦다면[1] 아동에게는 인지적 혼란, 타인에 대한 만성적 불신감, 호기심의 억제, 자신의 감각에 대

---

1 아동이 본 것을 부모가 부정하거나 부모가 자주 이중 메시지를 사용하면 아동에게는 정신분열 증상이 나타날 수 있다. 이런 부모를 '정신분열 유발(schizophrenogenic) 부모'라고 한다. 이런 부모는 자녀의 정신건강보다 자기욕구와 자기방어를 더 중시한다. (역자주)

한 의심, 모든 것이 가짜라고 생각하는 습관 등의 치유하기 어려운 문제가
발생할 수 있다.

자유연상

잘 알려져 있듯이 자유연상은 정신분석의 기본이다. 1890년대에 프로이트
가 자유연상을 개발하였다. 자유연상은 치료 회기 동안 환자의 마음에 떠
오른 모든 생각과 모든 느낌을 말로 표현하는 것이다. 이 절차의 첫 번째
목표는 무의식이 좀 더 쉽게 모습을 드러낼 수 있도록 사고와 감정의 의식
적 선택을 자제하는 것이다.

자유연상된 내용을 면밀히 검토해보면 복잡하게 얽혀 있는 다양한 특징
과 콤플렉스[2]를 발견할 수 있다. 자유연상은 최근의 사건들, 먼 과거의 기
억들, 분석가의 말과 해석, 신체 감각, 환상으로 구성된 생각의 흐름이라
는 점을 언급하면서 자유연상에 대한 논의를 시작하겠다.

자유연상은 쉬운 일이 아니다. 어떤 환자는 자유연상이 너무 어렵다고
한다. 어떤 환자의 자유연상은 길고 일관성이 없고 뒤죽박죽이다. 분석가
가 환자에게 자유연상을 독려할 수 있으나 강요해서는 안 된다.

회기 동안 떠오른 생각을 검열하거나 선택하지 않고 모두 이야기하는
것이 환자에게 부담이 될 수 있다. 더욱이 환자는 자유연상을 위해 노력
중이지만 생각나는 것이 없을 때 분석가가 실망할까 봐 미안해하거나 죄
책감을 느낄 수 있다. 특히 정신병 증상이 있는 환자는 현실 검증의 기준
점이 되는 논리가 자유연상에 의해 붕괴될까 봐 불안해진다.

물론 환자만 자유연상을 하는 것은 아니다. 분석가도 초점을 이쪽저쪽
으로 이동하면서 자유연상을 한다. 이 두 사람의 자유연상 사이에서 분석

---

2 심리학에서 콤플렉스는 열등감을 의미하는 것이 아니라 정신세계의 비교적 큰 덩어리
를 의미한다. (역자주)

적 만남이 이루어진다. 그러나 이런 만남은 미친 사람들의 대화가 아니다. 분석적 만남에는 줄거리가 있고 일관성이 있고 목적지가 있다.

음식점과 같은 공공장소에서 음식을 먹을 때 사회공포증과 공황발작을 일으키는 한 환자가 치료를 받으러 왔었다. 그는 회기 중에 "9세 때 기숙사에 입소한 직후 처음으로 불안을 경험했어요. 그 기숙사에 있었던 일은 너무 끔찍해서 생각하기도 싫어요."라고 말했다.

나는 그 환자에게 지금 아홉 살이라고 생각하고 학교 식당에서 처음으로 밥을 먹고 있는 자신의 모습을 상상해보라고 했다. 그는 자신의 등 뒤에 커다란 유리창이 있고 커다란 식당의 구석에 자신이 앉아있다며 그 기숙사의 물리적 환경을 생생하게 묘사하였다. 그다음 그는 다음과 같이 말했다. "나는 분명히 이 방의 이쪽 구석에 있어요. 나는 가슴이 터질 것 같아요. 이 고통을 받아들이기에는 너무 힘들고 너무 끔찍해서 나는 거기에 없는 척하고 있어요…." 이 시점에서 환자도 나도 어디로 가야 할지를 몰랐다. 나는 이 환자의 이야기를 들으며 많은 것을 상상해보았다. 나는 기숙사 생활을 해본 적은 없지만 9세의 나이에 처음으로 엄마와 떨어져서 왜 거기에 있는지도 모른 채 낯선 환경에 불안해하며 인정머리 없는 교사나 친구들에게 놀림당하고 야단을 맞으며 마음을 의지할 곳 없는 기숙사에서 엄마를 그리워하는 아동의 모습을 상상해보았다. 그러나 나는 이 환자의 내면에서 어떤 전쟁이 벌어지고 있는지 알 수 없었다. 이 경우 내가 할 수 있는 일은 환자가 편안한 마음으로 조심스럽게 자신의 과거를 더 깊이 탐색할 수 있도록 도와주는 일뿐이다.

실제로 회기가 진행되면서 이 환자는 "거대한 낯선 장소가 무서웠고 집과 엄마가 해주는 음식이 그리웠고 식사할 때 유리창을 쳐다보면 유리창에 비친 것들이 무서웠다."고 말했다…. 그다음 그는 치료사에게 "당신이 이런 건 문제가 안 된다고 할까 봐 두렵고, 내 입장을 고려하지 않고 나를 비웃을까 봐 두렵다."고 했다.

나는 그 환자에게 "나도 그때 당신을 놀리던 사람으로 보이지요."라고 말했다. 그러자 이 환자는 "종이 울렸군요. 시간이 다 됐어요."라고 말했다. 나는 이 회기를 마치며 그에게 "우리는 지금 어딘가에 들어와 있어요. 이번 회기는 여기서 마쳐야겠어요. 다음에 이 문제를 좀 더 깊이 탐색할 수 있기를 바랍니다."라고 말했다.

확실히 우리는 처음으로 무엇인가를 발견했다. 이 발견은 조금씩 모습을 드러낸 환자와 치료사의 내부작동모델이 상호작용한 결과이다. 그러나 아직은 불확실한 상태이다. 치료사는 이런 불확실성을 참고 기다려 주어야 한다.

치료사의 내부작동모델에는 발달과 애착에 대한 지식이 들어있다. 그러나 자유연상의 생산적 상호작용을 위해 치료사에게는 지식 이상의 것이 필요하다. 치료사는 복잡한 추론을 해야 한다. 나는 환자와 대화할 때 정해진 틀이나 기법을 따르지 않는다. 치료사가 할 일은 자연스럽게 즉흥적으로 환자를 안내하는 것이다. 말하자면 치료사도 (수년간의 개인분석과 집단분석, 슈퍼비전, 이론적 학습, 인생 경험을 통하여 비교적 안정되게 통합된) 자신의 내부작동모델을 사용하여 자유연상을 하면서 환자를 안내한다. 피터프러인트(1983)가 말했듯이, 치료사가 사용하는 것은 '인생 경험이 축적된 내부모델들'이다.

치료사는 가능한 한 오랫동안 환자의 주관적인 경험에 머무르며 환자의 심정을 느껴보려고 노력해야겠지만 객관적 현실을 신속하게 정리해서 환자에게 제시하는 일은 피해야 한다. 치료사는 이론을 토대로 환자의 불안과 갈등, 방어에 대한 가설을 세울 것이다. 그러나 치료사는 환자와 협력하면서 환자에게서 자료를 구하고 이 자료를 토대로 환자를 이해하려고 노력해야 한다. 치료사는 순간순간 환자와 하나가 되어야겠지만 다른 한편으로는 관찰자로서 자유롭게 반응해야 한다.

피터프러인트(1983)는 다음과 같이 말했다.

치료사가 환자의 세계로 들어가는 이유는 환자의 일반적 사고와 사고의 구조를 이해하는 데 필요한 정보—환자가 말한 것일 수도 있고 분석가가 추론한 것일 수도 있다—를 얻기 위해서이다. 분석가가 환자를 이해하는 출발점은 분석가 자신이다. 분석가에게는 환자의 복잡한 내면을 이해하는 데 필요한 자기 모델 외에 다른 모델이 없다. 환자의 세계를 탐색하여 얻어낸 많은 정보는 일시적으로는 혼란스럽고 무질서한 상태이다. 그러나 결국에는 이 정보들이 패턴으로 묶이고, 가설이 도출되고, 도출된 가설이 검증되면서 불확실성은 점차 감소한다. 이제 우리는 비교적 정확하게 환자의 내면을 있는 그대로 이해할 수 있다. (p. 160-161)

참자아와 거짓자아

위니컷(1975)은 방어적 성격을 설명하기 위해 '거짓자아(false self)'라는 용어를 사용하였다. 위니컷이 말한 거짓자아는 영아-부모의 관계 속에서 만들어진다. 위니컷은 다음과 같이 말했다.

엄마로서 자질이 부족한 사람은 아기에게 전능감(omnipotence)[3]을 주지 못한다. 이런 엄마는 계속해서 아기의 제스처를 놓친다. 그 대신에 엄마가 자신의 제스처로 아기에게 신호를 보내고 아기가 이에 반응한다. 이러

---

3 엄마와 자신이 분리된 존재임을 깨닫기 전의 아기는 엄마와 자기가 한 몸이며 자기 마음대로 모든 것을 할 수 있다고 생각(전능감)한다. 무조건적 사랑을 통한 전능감의 경험이 필요한 시기는 초기 2년이다. 그후 점차 적절한 좌절을 경험하며 현실을 배운다. 영아에게 전능감의 경험이 중요한 이유는 다음과 같다.
  인간은 직립보행을 하기 때문에 산도가 좁고 자궁은 작다. 인간은 뇌가 발달하여 머리가 크다. 진화는 직립보행과 발달한 두뇌 둘 다 포기하지 않고 조산이라는 방법을 선택한다. 인간이 다른 포유류처럼 어미를 따라다니며 스스로 젖을 먹을 수 있을 정도로 성숙한 상태에서 태어나려면 아기는 태내에서 24개월 정도를 머물러야 한다. 그러나 모든 인간은 이 기간을 채우지 않고 미숙아로 태어난다. 자궁에 머물러야 하는 기간 중 임신기 9개월을 내부 자궁기라 하고, 생후 15개월은 외부 자궁기라 한다. 애착은 외부 탯줄이고 엄마의 품은 외부 자궁이다. 아기에게 자궁과 같은 조건을 만들어주어야 하는 시기는 자기심리학에서 말하는 '전능감을 경험해야 하는 시기'와도 일치하고, 뇌과학에서 말하는 '초기 우뇌 발달기(0~18개월)'와도 일치하고 애착의 민감기와도 일치한다.

한 순종은 아기에게 거짓자아가 만들어지는 출발점이다. 아기의 욕구를 알아차리지 못하는 엄마의 무능력 때문에 아기의 거짓자아가 만들어지기 시작한다. (1975, p. 145)

위니컷은 거짓자아 뒤에 참자아(true self)가 숨는다고 했다. 참자아는 사실을 사실대로 느끼고 새롭고도 생생한 신체 감각을 느끼는 것에서부터 시작된다. 위니컷(1975)에 따르면, 정신이 출현하는 순간부터 참자아가 발달하기 시작하고 생생한 감각운동이 모여 참자아가 된다.

위니컷의 관점에서 보면 거짓자아는 일종의 성격(위니컷은 이것을 거짓자아 성격이라고 불렀다)으로 대인관계 방식에 영향을 주는 방어적 성격이다. 사람은 누구나 방어를 사용하지만, 방어의 정도와 일관성에 개인차가 있다.

민감한 반응성이 부족한 양육자가 아기의 마음을 무시하고 암암리에 순종할 것을 요구하면 아기에게 거짓자아가 발달한다. 아기가 엄마의 요구에 맞추려면 아기는 생생한 자신의 욕구를 숨겨야 하기 때문이다.

니콜라 다이아몬드(개인적 대화)에 따르면, 거짓자아가 강한 사람은 자기 내면의 욕구를 알아차리지 못할 뿐만 아니라 알아차렸다 할지라도 욕구의 의미를 생각해보지도 않고 표현하지도 않고 무의식 속에 묻어 버린다.

볼비(1980)는 위니컷의 참자아와 거짓자아라는 개념을 받아들였다. 볼비의 관점에서 보면, 가족 간 상호작용 과정에 아기가 자발적으로 표현한 연결의 욕구와 위안의 욕구를 가족들이 무시했을 때 아기에게 거짓자아가 발달한다. 이런 가정에서 아동은 부모의 기대에 따라 자아상을 만든다. 순종이 당연시되기 때문이다. 거짓자아로 무장된 사람은 유능하고 침착하고 자립심이 강하고 좌절에 굴하지 않고 역경을 잘 헤쳐 나가는 사람처럼 보인다. 그러나 이런 사람은 다른 사람과 어울리지 못하고 자기와 타인을 이해하지 못한다. 이들은 종종 공허감과 같은 알 수 없는 고통을 호소하며 심리치료를 찾는다.

이런 사람은 치료사와 라포가 형성되면, 볼비가 말했듯이 외로움과 사랑에 대한 갈증을 호소할 것이다. 이런 경우 치료의 주된 목표 중 하나는 방어의 장벽을 깨는 것이다.

방어 해석

애착이론의 차원에서 불안은 주로 불안전한 애착과 관련이 있다. 불안의 원천이 내부에만 있는 것은 아니다. 대인관계 맥락에도 불안을 유발하는 요인들이 많다. 불안은 견디기 어렵기 때문에 방어를 필요로 한다. 따라서 방어의 출발점은 불안이다.

사람들은 불안에 대응하는 일시적 방법으로 방어기제를 사용한다. 그러나 어떤 방어기제는 성격의 일부로 굳어질 수 있다. 성격의 일부가 된 방어기제는 타고난 성향처럼 행동에 기계적·지속적으로 영향을 준다. 예컨대, 회피 행동과 자신이 전지전능하다고 생각하는 것은 방어의 결과물이다.

어떤 학파는 환자가 분석가에게 사용하는 방어기제의 해석을 강조한다. 물론 그것도 좋은 기법이다. 그러나 불안하고 고통스러웠던 환자의 과거 상황을 이해하지 못한 채 방어기제를 해석하는 것은 위험하다. 이를 좀 더 상세하게 설명하겠다. 분석가는 환자에게 많은 것을 설명해준다. 예를 들어, '당신은 무엇이든 할 수 있다고 생각하는군요' 혹은 '당신은 나와 가까워지는 것을 회피하는군요'와 같은 말은 설명이 아니라 기술(description)이다. 더욱이 환자들이 이런 말을 들으면 자존심이 상할 수 있다. 우선 분석가는 방어의 원천을 탐색하고 과거의 고통을 공감해주고 그다음에 방어를 해석해야 한다. 해석은 적절해야 하고 이해받는 느낌을 주어야 한다. 다시 말해, 한편에서는 분석가가 환자에게 공감적 반응을 보이면서, 다른 한편에서는 저변의 불안과 방어를 해석하고 그다음에 이런 불안이 시작된 초기 부모와의 관계를 탐색하도록 도와주면 환자는 자신의 정신 기능에 대해 더 많은 것을 깨달을 것이다.

병을 주는 심리치료

도입 : 가학적인 심리치료사

어떤 치료사는 내담자에게 해를 끼친다. 의학계에서는 의사가 치료를 잘못하여 생긴 병을 의원성 질환(iatrogenia)이라고 한다. 때로는 좋은 의도로 시행한 치료가 의원성 질환을 만들기도 한다. 쉽게 확인 가능한 방식으로 환자에게 피해를 준 치료(예 : 환자와 치료사의 성관계)는 여기에 해당하지 않는다. 여기에서 논하고자 하는 치료는 치료로 위장된, 환자에게 피해를 주는 치료를 말한다. 어떤 치료사는 은연중에 학대나 놀림의 방식을 사용한다. 그러나 그 치료가 그렇다는 것을 거의 확인할 수 없기 때문에 학회의 윤리위원회에 회부조차 되지 않는다.

메어즈와 홉슨(1977)은 병을 주는 심리치료에 관한 논문에서 심리치료가 이득이 없을 때 효과가 없는 것이 아니라 그 이상의 부작용이 발생한다고 주장했다. 실제로 심리치료는 해로울 수도 있다. 이 장에서는 이러한 주제를 살펴볼 것이다.

1977년 처음으로 메어즈와 홉슨은 병을 주는 심리치료에 대한 논문을 발표함으로써 학계의 주목을 끌었다. 현재 이 분야는 걸음마 단계이다. 치료에 투입된 변인과 치료 효과의 상관관계를 알아보는 연구가 많았고 수년간의 임상적 관찰을 통해 많은 것이 밝혀졌다.

어떤 심리치료는 실제로 병을 만든다. 나는 이런 해로운 기법을 식별할 때에도 애착이론이 유용하다고 생각한다. 임상 현장에서도 이를 뒷받침해주는 몇 가지 증거가 나왔다. 그러나 여기에서는 불이익을 당할 수 있기 때문에 출처를 밝히지는 않겠다.

메어즈와 홉슨의 논문은 치료 중에 학대당하는 느낌을 주는 치료에 초점을 맞추었다. 이러한 치료의 중요한 특징은 다음과 같다.

- 치료사가 환자를 심문하듯이 질문을 자주 던지고 사사건건 해석한다. 고백을 강요하는 것도 여기에 해당한다. 분석가는 흔히 환자의 마음 구석구석을 해석한다. 이 기법은 종종 정교한 이론으로 정당화된다.
- 환자에게 자주 모욕감을 준다. 어떤 치료사는 환자가 통찰하고 직면해야 할 것을 해석해주면서 환자에게 모욕감을 준다. 메어즈와 홉슨은 치료사가 환자에게 자신이 화가 났거나 환자보다 우위에 있음을 넌지시 알릴 때 반말투로 환자의 (성이 아닌) 이름을 부른다고 한다. 치료사의 오만한 태도는 임상 세미나에서도 종종 목격된다. 이런 치료사들은 환자의 건강하고 긍정적인 측면을 무시하고 파괴적 측면과 시기심만을 강조한다.

  어떤 치료사는 교묘하고 심지어 잔인한 방법으로 환자에게 '당신은 나쁜 사람이며 병든 사람이고 이상한 사람'이라는 생각을 주입한다. 이런 치료사는 절대로 치료사라 할 수 없다. 대체로 치료사를 찾는 환자는 정도의 차이가 있을지라도 불안전한 애착의 문제를 안고 있고 이들의 자존감은 손상되어 있다. 따라서 심리치료 중에 치료사가 환자에게 모욕감을 주는 것은 반치료적 행위이다.

- 환자의 경험을 신뢰하지 않는다. 치료사가 환자의 말은 사실로 인정하지 않을 때 이런 일이 발생한다. 치료사는 환자에게 실제 의미는 그것이 아닐 것이라는 암시를 주기도 한다. 심리치료는 심층적으로 탐색하는 작업이기 때문에 흔히 이런 일이 발생한다. 분석은 환자의 자각을 확장하는 과정인데 환자의 주관적 경험을 무시하면서 자각을 확장할 수 없다.
- 거짓 중립 이것은 치료사가 '모호한' 자세를 취하는 것이다. 치료사는 분석관계를 맺고 있는 환자의 간주관적 경험에 어느 정도 영향을 줄 수밖에 없다. 그런데 모호한 자세를 취하는 치료사는 환자로부터 멀찍이 물러서서 전혀 영향을 주지 않는 척한다.
- 메어즈와 홉슨은 치료사가 '혼미를 조장하는 상황'을 지적하였다. 이런 상황은 치료사가 환자의 무기력과 혼란을 조장하여 탐색과 학습을 어렵게 만들 때 발생한다. 또한 치료사가 환자에게 치료과정에 대해 명확하게 설명해주지 않거나, 불가능한 것을 요구하거나, 동시에 대립적인 두 가지 메시지를 전달하거나, 상반된 두 가지 요구를 할 때 이런 상황이 발생한다.
- 마지막으로 치료사와 환자가 '서로를 공격하는 악순환 관계'도 있다. 치료사와 환자 모두 서로를 비난하고 이들 사이에 점차 파괴적인 상호작용이 증가한다. 양가감정이나 증오심이 이들을 지배하고 있으나 누구도 서로를 떠나지 못한다. 치료사가 자신이 옳다고 생각한다면 상황은 더욱 악화된다.

역기능적 치료

역기능적 부모와 역기능적 치료사는 유사하다. 이런 차원에서 한 가지 가설이 가능하다. 안나 프로이트, 셀머 프레이버그, 존 볼비 등이 제안하였듯이 우리는 과거에 중요한 타인에게 대우받은 대로 타인을 대하는 경향이 있다. 그렇다면 분석가도 자신이 대우받은 대로 환자를 대하는 경향이 있다고 가정할 수 있다. 특히 어린 시절 자신의 부모 혹은 양육자와의 상호작용 패턴을 면밀하게 점검하지 않은 분석가라면 더욱 그럴 것이다.

실제로 모욕적인 말을—아동기 혹은 청소년기 때—자주 들었던 분석가는 환자에게 모욕감(일반적으로 도와주기 위한 좋은 의도로 위장되어 있음)을 주는 경향이 있다. 이런 일이 실제로 발생한다는 많은 증거가 있다. 분석가가 대우받은 대로 환자를 대하는 과정은 애착장애 패턴의 대물림과 유사하다. 그러나 치료 장면에서 대물림의 대상이 되는 비극의 주인공은 자녀가 아니라 환자들이다.

오히려 병을 주는 분석가일지라도 이들도 여러 해 동안 훈련을 받았고 치료에 종사해왔다. 이들도 오랫동안 임상경력을 쌓았고 이론적으로 충분히 무장되어 있다. 그러나 이들의 치료 장면을 가까운 곳에서 지켜보면 계속해서 혹은 간헐적으로 환자를(모든 환자를 혹은 일부 환자를) 공감하지 못하거나 민감하게 반응하지 못하는 모습이 자주 목격된다.

환자에게 병을 주는 분석가의 언행을 보면 다음과 같은 특징이 있다.

- 치료사는 투사와 무의식적 환상에 의해 지각이 왜곡된다는 점을 강조하면서 타인(분석가를 포함하여)에 대한 환자의 이야기를 믿지 않는다.
- 환자에게 '당신이 말하는 것이 당신의 실제 느낌이 아니라 당신이 느끼는 것이 당신의 실제 느낌이다.'라고 해석해줌으로써 환자의 주관적 경험을 부정한다.
- 환자에게 진퇴양란 화법을 사용한다. 예를 들어, 치료사가 환자에게 죄책감을 느끼게 만들고 환자의 내부세계가 죄책감으로 가득 차 있다고 한다. 환자에게 미묘한 방식으로 치료사의 생각을 주입하고 자신은 중립적이라고 주장한다. 환자에게 분석 관계가 삶의 중심이 되어야 한다고 주장하고 나중에는 환자가 지나치게 의존적이라고 해석한

다. 환자의 취약점을 부각하고 그 취약점을 병리적 요소라고 한다.

- 환자의 탐색과 자율성을 제한한다. 어떤 치료사는 환자의 자율성을 의존성에 대한 자기애적 방어로 해석하고 환자의 다른 행동은 분노로 해석한다.

- 치료사가 환자를 결점투성이로 만든다. 이런 일은 치료사가 환자의 대인관계 문제나 갈등이 환자의 병리나 무의식의 산물이라는 증거를 찾기 위해 트집 잡는 방식으로 환자를 해석할 때 발생한다. 이런 식으로 환자가 겪는 어려움을 환자의 내적 결함으로 돌린다.

- 어떤 치료사는 너무 엄격하고 권위적이다. 이런 경우 치료사의 해석은 지극히 타당한 공식 같고 치료사의 관점은 의문의 여지가 없는 것처럼 보인다.

- 어떤 치료사는 환자에게 무능력감을 심어준다. 치료사가 위에 기술된 여러 기법을 조합하여 사용할 때 이런 일이 발생한다. 치료사가 이러한 기법을 사용하면 환자는 점점 의사결정, 현실감각, 대인지각, 현실적 선택, 현실적 목표설정, 삶에 대한 통제력 등을 확신하지 못한다. 이렇게 되면 환자는 정서적으로 나약해지고, 자존감을 상실하고, 모든 지혜를 분석가에게 의존하는 무기력한 사람이 된다.

위와 같은 상황이라면 환자는 분석의 덫에 걸려 헤어나지 못한다. 대부분 이런 환자들은 자신은 병들어 쇠약하므로 분석가가 준 목발 없이 살 수 없다고 생각하기 때문에 지극히 오랫동안 분석을 받는 경향이 있다.

병을 주는 분석가에게 몇 가지 흥미로운 공통점이 있다. 첫째, 이들은 환자의 애착사에 관심을 기울이지 않는다. 둘째, 치료사가 환자에게 문제가 많다는 생각을 심어주면서 치료사는 자신의 문제점과 약점을 인식하지 못한다.

이 두 가지 특징―애착사를 중시하지 않고 자기보다 다른 사람에게 문제점과 약점이 더 많다고 생각하는 것 — 은 불안전한 애착(이 유형은 회피형 혹은 배척형)을 방어기제로 숨기는 사람들의 특징이다. 물론 이들이 주로 사용하는 방어기제는 자신이 거부하고 싶은 자신의 것을 다른 사람에게 주입하는 투사적 동일시이다. 이런 행동은 알렌 스로우프가 미네소타 연구에서 분류한 회피형 아동의 행동과 유사하다(4장 참조). 회피형 아동은 거짓된 안전감과 거짓된 우월감이 있다. 이런 아동들은 대체로 긴장되어 있고 자신의 실수를 인정하지 않고 다른 아이들과 갈등이 생긴 상황에서 미안하다는 말을 하기 힘들어한다. 이들은 친구들과 싸움을 하면 피해자보다는 가해자가 되는 경향이 있다. 회피형 아동은 양가형 아동을 위협하여 겁을 주고, 양가형 아동이 나약하기 때문에 공격과 모욕을 당하는 것은 당연하다고 생각한다.

이제 민감한 반응성이 부족한 치료사의 역기능적 언행과 태도에 대해 좀 더 자세히 살펴보자. 그리고 역기능적인 부모의 커뮤니케이션 방식과 어떤 점이 비슷한지를 살펴보자.

온정의 결여는 언어보다 비언어적으로 전달된다. 회기를 시작하거나 끝날 때의 인사말에서도 환자들은 치료사의 차가움을 느낄 수 있다. 해석 시 치료사의 목소리 톤이나 긴 침묵에서도 차가움을 느낄 수 있다. 그러나 치료사의 차가움이 가장 잘 드러나는 때는 환자가 위기를 겪거나 위안이 필요할 때이다. 이럴 때 차가운 치료사는 진솔한 공감 대신 명확하게 해석해준다.

임상 세미나에서 종종 치료사의 냉정함을 정당화한다. 어떤 이들은 분석가의 냉정함이 환자의 '유혹'이나 조종으로부터 분석가를 보호해주는 방패라고 한다. 이런 주장을 하는 사람은 환자가 파괴적이고 골치 아픈 문제를 숨기기 위해 분석가를 유혹하거나 친한 척하고 분석가를 가지고 놀 수 있다고 생각한다.

존 볼비는 분석을 시작하고 종결하는 시점도 환자 입장에서 고려해야 한다고 했다. 이를 위해 분석가에게 필요한 것은 치료 관계에 대한 기본적인 신뢰감, 고통을 겪고 있는 환자에 대한 연민, 환자에 대한 깊은 존경심, 그리고 온정이다. 물론 분석가가 이런 것을 갖추고 있어야 환자의 적대감이나 역기능적 전략을 탐색할 수 있다.

일상생활 속에서도 따뜻한 사람들이 있다. 온정은 성격과도 관련이 있고 문화와도 관련이 있다. 정신병리학적 차원에서 방어적 성격 때문에 온정이 부족한 사람이 될 수 있다. 그러나 여기에서 논하고 있는 온정(혹은 온정의 결여)은 환자를 따뜻하게 대하는 것이 이론적으로도 정당하다고 생각하고, 실제로 환자를 그렇게 대하는 분석가의 태도를 말한다. 온정이 부족한 분석가 때문에 환자 쪽에서는 온정이 부족했던 부모가 떠오를 수 있다. 부모의 온정은 자녀를 수용하고 인정하는 것이기 때문에 이 점은 중요하다 (Franz et al., 1994). 부모와 자식의 관계에서 부모가 보여주는 전반적인 애정은 적대감과 거절에 반비례한다. 엄마가 차갑다면 그 자녀는 아동기를 힘들게 보낸다. 그러나 부모 중 어느 한쪽이라도 따뜻한 부모 밑에서 자란 사람은 나중에 성공할 확률이 더 높고 다시 이 점은 심리적, 대인관계적, 심리사회적 기능에도 긍정적 영향을 준다.

지지와 격려를 배격한다

어떤 분석가는 분석가의 지지와 격려가 불필요하다고 생각한다. 그러나 환자들은 많은 어려움 속에서 살았기 때문에 치료사의 지지를 기대한다. 어떤 분석가는 환자가 지지를 기대하면 이에 대해 "X 씨, 당신이 바라는 모든 것이 지지와 격려입니까!"라며 부정적 반응을 보인다. 애착 분야의 연구는 지지와 격려의 중요성과 비지지적 커뮤니케이션이 정신기능에 미치는 해악에 초점을 맞추었다. 이런 연구에서 지지가 분석과 양립할 수 없다는 가설을 뒷받침해주는 명확한 증거가 나오지 않았다.

지지는 분석가가 환자의 고통을 이해하고 환자의 편에 서고 환자의 관점에서 세상을 바라볼 준비가 되어 있음을 환자에게 알리는 방법이다. 치료사와 환자의 치료동맹관계가 형성되기 위한 필수조건은 치료사의 민감한 반응성과 지지이다. 치료동맹관계가 형성되어야 치료사는 환자가 현실부정, 분열, 지각의 왜곡, 조종, 주의를 끄는 역기능적 전략, 적대감 등을 탐색할 수 있도록 도울 수 있다.

애착 연구는 지지 부족과 비지지 행동을 구분한다. 지지 부족은 도움을 요청하는 환자의 신호에 반응하지 않는 것이다. 비지지 행동은 곤경에 처한 환자를 야단치거나 모욕하는 것이다. 비지지 행동의 한 예를 들어보겠다. 환자가 잘못 판단하여 일이 잘못되었다. 이런 경우에 대체로 그랬듯이 그녀의 엄마는 성난 목소리로 '스스로 무덤을 파고 들어가 누웠구나!' 혹은 '너는 대가를 치러야 한다!'라고 말했다. 비지지 행동의 핵심은 곤경에 처한 환자를 공감하는 것이 아니라 자존감을 공격하는 것이다.

안타깝게도 비지지 행동은 분석 상황에서도 발생한다. 어떤 분석가는 시험에 낙방한 젊은 환자에게 '시험을 망친 것은 당신 자신이죠!'라고 말했다. 환자는 불안과 억압 때문에 실력을 발휘하지 못할 수 있다. 어떻게 보면 분석가의 말이 맞을 수도 있다. 그러나 분석가는 어느 한 면만 보고 복잡한 대인관계 상황에서 발생하는 문제를 그렇게 말한 것이다. 다른 요인을 고려하지 않은 채 문제의 모든 원인을 환자에게 돌린 것이다. 이것이 이제 곧 논의하게 될 환원주의이다.

분석가의 암시적인 혹은 명시적 구박과 모욕은 종종 '해석'으로 위장된다. 자주는 아닐지라도 임상 세미나나 그룹 슈퍼비전에서 분석가의 이런 행동은 그럴듯한 기법으로 정당화된다. 이런 기법에는 다른 말로 하면 '그것은 모두 환자의 잘못'이라는 의미가 담겨 있다.

탈맥락주의와 환원주의

나는 처음에 아르헨티나에서 정신분석 훈련을 받았다. 여기는 블레어와 리비에르의 전통을 이어받은 곳이다. 블레어는 행동은 항상 하나 이상의 요인에 의해 동기화되고 다양한 요인이 함께 작용한 결과물이라 했다. 그는 이것을 일컬어 '다중인과관계'라 했다. 리비에르는 수직선(개인의 역사와 성격)과 수평선(현재의 사회적 상호작용 맥락)의 교차점에서 긴급하게 출현하는 그 무엇이 인간의 행동이라 했다. 이러한 설명은 애착이론과도, 포크스 학파의 개념과도 유사하다. 또한 이 설명은 '내적', '외적' 요인이 상호작용하여 신경증이 만들어진다고 본 프로이트(1916~1917)의 개념과도 유사하다.

이 관점에서 볼 때 분석가는 환자의 심신 상태가 다양한 요인의 결과물임을 깨닫도록 도와야 한다. 다양한 요인 중에서도 사회적 상호작용은 매우 중요한 요인이다. 이 요인을 고려하지 않으면 메타인지에 필수적인 성찰적 사고가 제한된다. 그러나 아직도 어떤 분석가는 '당신이 그렇게 한 이유는…'이라며 해석할 것이다.

종종 어떤 분석가는 환자의 문제가 과거 혹은 현재의 상황 때문일 가능성을 배제한다. 예컨대 어떤 분석가는 종종 환자의 투사적 동일시를 해석하면서 환자가 또 다른 사람의 투사적 동일시의 대상이었음을 언급하지 않는다.

영국에 사는 Y 씨라는 30대 후반의 한 남자 환자는 날씨도 따뜻하고 사람들도 따뜻한 고국을 그리워했다. 그의 분석가인 D 박사는 (환자가 더 좋은 곳에 대한 향수를 말하자) 따뜻한 하늘 아래 따뜻한 사람들과 산다면 우울증이 사라질지 모른다는 생각이 상징적·방어적으로 표현된 것이 향수병이라고 해석했다. 그 후 분석에서 밝혀진 바에 의하면, 이 환자는 고국을 그리워할 충분한 이유가 있었으며 D 박사가 지적한 우울증은 D 박사가 계속해서 환자의 자존감과 자신감을 공격했기 때문에 나타난 것으로 밝혀졌다.

환자의 주관을 무시한다

방금 소개한 Y 씨의 경우, 좋은 기후와 좋은 사람에 대한 그리움은 심리적 치유에 대한 갈망이 상징적으로 표현된 것일 수도 있다. 그러나 분석가는 고국을 그리워할 이유가 없다고 단정했다. 이것은 Y 씨의 주관적 세계를 무시한 것이다.

Y 씨의 부모님은 고국에 살고 있었다. Y 씨는 분석가에게 "나이 드신 부모님께 내가 필요하다. 부모님께 돌아가야 할 것 같다."고 말했다. 그러자 D 박사는 "그렇지 않아요! 부모님께 당신이 필요한 것이 아니라 당신에게 부모님이 필요한 거죠!"라고 반응했다. 이런 식으로 이 분석가는 환자의 의존 욕구가 부모에게 투사되었다고 해석했다.

그 후 다른 분석가와의 분석에서 (1) Y 씨는 부모님의 안위를 걱정하는 자신의 욕구를 정확하게 자각했고, (2) Y 씨는 어렸을 때 강도는 약할지라도 부모와 역할전도 관계에 있었음이 발견되었다. 과거의 이런 경험이 미묘하게 작용했기 때문에 Y 씨는 부모에 대한 책임감을 느낀 것이다. Y 씨의 병리적 측면은 부모에게 투사된 의존욕구(D 박사의 주장대로)뿐만 아니라 정도는 심하지 않을지라도 과거의 역할전도 경험과 관련이 있었다.

메어즈와 홉슨(1977)은 이런 경우에 대해 다음과 같이 말했다.

> 어떤 치료사는 환자란 신기한 암호를 사용하여 커뮤니케이션하는 사람들이며 치료사란 이런 암호를 해석하는 사람이라고 주장한다. 이런 분석 상황에서 환자의 말은 새장에 갇힌 새와 같다. 환자가 새장을 뚫고 나가 자유를 찾으려고 발버둥 치면 치료사는 틀에 박힌 설명이라는 쇠창살 감옥에 환자를 다시 가둔다. (p. 352)

환자는 모든 것을 환자 잘못으로 돌리는 과잉단순화나 환원주의보다 이런 식의 해석에 거부감을 느낀다. 특히 이런 식으로 분석가가 끊임없이 환자의 '무의식'을 해석할 때 더욱 그렇다.

환자가 자신의 느낌은 분석가가 말한 그런 느낌이 아니라고 반박할 때 혹은 환자의 변명을 치료사가 저항으로 해석할 때 환자에게는 좌절감과 비현실감, 즉 자기 생각에서 멀어지는 느낌이 증가한다. 이렇게 되면 환자가 안다고 생각한 것은 모르는 것이 되고 환자가 지각한 현실은 비현실이 된다. 환자는 점점 더 비현실감 때문에 무기력해지고, 혼란스럽고, 절망한다. (p. 352)

틀에 박힌 접근

피터프러인트(1983, 1장)는 '틀에 박힌 치료'란 분석가가 일방적으로 자기 이론에 환자를 꿰어맞추는 것이라고 정의하였다. 정형화된 분석가는 처음부터 그 사례를 잘 이해했고 중요한 단서를 포착했다고 확신한다. 그러므로 이들은 사례를 이론에 꿰어맞추는 경향이 있다. 이런 맥락에서 이들은 의미를 찾는 것이 아니라 추측한다.

이들은 분석을 분석가와 환자가 협력하여 진실을 찾는 상호 투사의 과정이라기보다는 분석가의 정확한 설명을 환자가 알아듣고 수용하는 과정으로 본다. 이들은 환자에게 자유연상을 하라고 하고 환자가 한 많은 이야기 중 분석가의 공식에 맞는 것만 선택하거나 환자의 이야기를 공식에 억지로 꿰어맞춘다. 이들은 다른 해석은 무시하고 다른 해석의 가능성조차 배제한다. 이렇게 되면 분석은 미묘한 방식으로 분석가의 생각을 환자에게 주입하는 과정이 된다.

그다음에 이들은 환자가 분석가의 말을 이해하지 못하거나 수용하지 않으면 저항이라 하고 또다시 그 저항을 정형화된 틀로 해석한다. 설상가상으로 이들은 환자가 분석가의 관점을 이해하지 못하는 것은 환자의 병리 때문이라고 한다. 이렇게 되면 분석이 진행될수록 환자는 점점 더 심각한 환자가 된다. D 박사는 Y 씨를 분석하며 계속해서 "당신에게 근본적인 문제가 있다!" 그리고 "당신은 이런 문제를 전혀 모르고 있다."고 말했다.

이 시점에서 Y 씨는 점점 더 당황하고 절망하고 자신감을 잃었다. 이때 Y 씨는 자신의 분석에 대해 친구들과 이야기를 나누었다. Y 씨의 친구들은 Y 씨를 지지하며 분석가를 바꾸어보라고 충고했다. 물론 Y 씨는 D 박사에게도 이런 이야기를 전했다. 그러자 D 박사는 Y 씨가 분열형 편집증에 걸려 친구들의 말은 모두 옳고 분석가의 말은 모두 틀렸다고 생각한다고 해석했다. D 박사는 Y 씨가 전문직을 수행할 수 없을 정도로 분열되었다며 Y 씨에게 전문인으로서의 야망과 계획을 포기하라고 충고하였다. 이 시점에서 Y 씨는 D 박사와의 오랜 분석을 갑자기 종결하고 다른 분석가를 찾아갔다.

치료사도 틀릴 수 있음을 인정하지 않는다

피터프러인트(1983)는 고정관념이 강한 치료사는 '자신은 진실을 알고 있다' 혹은 '자신에게 환자의 깊은 무의식을 알아내는 특별한 재능이 있다'고 생각하는 경향이 있다고 지적하였다. 이들은 분석과정의 불확실성과 모호함을 참지 못한다. 이들은 독단적으로 치료 공식을 제시한다. 이들은 시간에 따라 의미가 달라지는 복잡한 현상을 도식적으로 해석한다. 물론 환자는 자신에게 일어났거나 일어나고 있는 일의 진실을 규명하는 작업에 거의 참여하지 못한다. 이런 치료사는 환자를 파트너로 보지 않는다. 치료사의 해석을 반박할 수도 있고 수정할 수도 있고 동의할 수도 있고 홀로 깨달음에 도달할 수 있는 대등한 파트너로 생각하지 않는다.

이런 분석가의 해석은 자명한 공식이므로 반박할 수 없고 반박은 병리의 신호로 해석된다. 이런 분석가는 환자와 대화할 줄 모르고 견해차가 발생하면 협상할 줄도 모른다. 또한 이런 치료사는 환자에게 비현실적인 동일시의 모델이 된다. 이런 분석가는 환자에게 건강하고 성숙한 사람이 되려면 자기처럼 독단론자가 되어야 한다는 신념을 심어줄 수 있다.

몇 년 전에 나는 런던심리치료센터에서 〈치료사도 틀릴 수 있다〉라는 제목으로 강연을 한 적이 있다. 이 강연에서 나는 치료사도 때때로 오류를 범할 수 있음을 인정하는 자세가 오류가 없다고 생각하는 자세보다 여러 면에서 유리하다고 제안하였다. 나의 토론자였던 한스 콘은 다음과 같이 말했다.

> 정신분석적 해석은 겉으로 드러난 B에 무의식적 A가 있다고 결론을 내리려 한다. 누군가 치료 시간에 지각했다면 분석가는 저항으로 해석할 것이다. 이 분석이 맞는가? 틀리는가? 지각과 저항 사이에 필연적인 관계가 있는가? 나는 그렇다고 생각하지 않는다. 지각할 만한 여러 가지 이유가 있다. 저항은 그중 하나일 뿐이다. 가장 중요한 원인은 맥락 속에 있다. 내 생각이지만, 해석은 기본적으로 진술문이 아닌 의문문이어야 한다.

나는 종종 환자들에게 다음과 같이 말한다. "당신의 내면에 귀를 기울여 보세요. 나의 내면에서도 이쪽은 이렇게 말하고 저쪽은 저렇게 말하고 있어요. 문제를 해결하기 위해 나의 모든 목소리와 당신의 모든 목소리가 모여 '집단토론'을 벌여야 할 것 같아요."

치료사는 공동 프로젝트의 파트너인 환자에게 정직하고 겸손해야 한다. 이러한 자세가 아니라면 치료사는 치료사의 길을 벗어나 환자를 환자로 만든 역기능적 부모처럼 환자를 대할 수 있다.

아동기 때 역기능적 부모 밑에서 자란 환자들은 분석가에게도 상처받기 쉬운 사람들이다. 어떤 분석가는 미묘하게 위장된 방식으로 계속해서 환자를 학대한다. 이런 분석을 거치면서 환자는 더욱 분열되고, 더욱 위축되고, 거짓자아만 강화된다. 결과적으로 환자는 심층의 근본적 변화 없이 거짓자아의 거짓된 안정감만 획득한다.

해로운 슈퍼비전

민감한 반응성과 공감을 훈련하는 슈퍼비전 회기에서 나는 종종 슈퍼바이저가 공감과 민감성을 반대하고 다른 모델을 적용하라고 지시하여 완전히 망가진 것은 아닐지라도 치료동맹관계가 어려웠다고 호소하는 치료사들을 만난다. 민감한 반응성과 공감을 반대하는 슈퍼바이저가 권하는 모델은 다음과 같은 몇 가지 특징이 있다. (1) 환자의 말을 신뢰하지 않는다. (2) 환자가 어린 시절 부모와의 관계를 이야기하면 이를 무시한다. (3) 상호작용을 전이-역전이의 관점에서 바라본다('지금-여기'에 모든 문제가 출현한다.). (4) 환자의 부정적 행동을 끊임없이 해석한다(즉 환자의 역기능적 전략과 방어적 성격에 영향을 준 맥락을 고려하지 않는다).

한 치료사가 초기 부모와의 관계를 털어놓은 환자의 사례를 슈퍼바이저에게 가지고 갔다. 슈퍼바이저는 "환자가 말한 과거사를 액면 그대로 받아들이면 안 된다. 그 과거가 전이와 역전이 속에서 어떻게 출현하는지 주목해야 한다."라고 조언하였다. 어떤 슈퍼바이저는 치료실 밖의 일(특히 환자의 과거 경험)은 무시하고, 상담실에서 일어나는 일을 가지고 이야기를 나누라고 조언한다. 이 말은 슈퍼비전 밖의 사건(치료사의 상담 회기)에 대한 상담사의 이야기는 왜곡된 것이 아니고, 상담실 밖의 사건에 대한 환자의 이야기는 왜곡된 것이라고 가정한다. 결과적으로 이런 슈퍼바이저는 수련 중인 치료사에게 (1) 환자의 과거 경험을 복원하고 분석하는 것은 임상적으로 무의미하고, (2) 환자들의 ─이들은 환자이기 때문에─ 말은 액면 그대로 받아들이면 안 된다고 주입한다.

두 번째 사례를 살펴보자. 한 치료사는 자신의 환자가 한 번 결석했는데 그럴 만한 이유가 있는 것 같아서 이를 인정했다고 슈퍼바이저에게 보고했다. 이 환자(자녀를 둔 엄마임)는 열이 있는 자녀를 학교에 보내지 않고 집에서 돌봐야 해서 치료에 결석한 것이다. 이런 경우 이 환자가 결석하는 것은 불가피하다. 그러나 이 이야기를 들은 슈퍼바이저는 치료사에게 "당신은 저항을 전혀 해석하지 못하는군요!"라며 호통을 쳤다.

세 번째 사례를 살펴보자. 한 환자는 사회적으로 매우 심한 어려움을 겪고 있었다. 이 환자는 이슬람계 여성 저널리스트였다. 그녀는 (특히 여자가 감히 독립적인 생각을 언론에 발표했다는 이유로) 이슬람 근본주의자로부터 협박과 공격을 당했고 그 후 극심한 공포에 시달리다가 최근에 영국으로 망명했다. 슈퍼바이저는 "혼란스러운 정치적 상황과 맞물려 있다면 성격(성격이라는 말을 주목하라)의 일부인 정신증적 증상에 어떻게 접근할까?"라고 말했다. 이 슈퍼바이저는 이 환자에 대해 잘 알지도 못하면서 이렇게 말한 것이다.

수련 중인 치료사는 종종 슈퍼바이저가 요구하는 기법과 공감 사이에서 갈등한다. 이런 일이 발생하면 치료사는 슈퍼바이저에게 야단맞고, 당황하고, 자신감을 잃고, 치료적 관계에서 일어나는 사건과 환자의 반응을 지나칠 정도로 정교하고 명확하게 분석하고 해석함으로써 환자에게 만족스러운 치료를 제공하지 못한다.

13

애착이론과 집단상담의 접목

이론적 고찰

집단분석과 애착이론의 기본 원리는 같다(Marrone, 1994). 영국 집단분석학회의 창시자인 포크스에 따르면, 이 분야는 기법적·이론적으로 성장하는 독특한 분야이며 사회학 같은 다른 학문과 정신분석학이 접목된 이론적 토대는 계속 확장되고 있다(Marrone & Pines, 1990). 집단분석이 점차 발전하면서 이론적·기법적으로 독특한 분야가 되었다(Marrone & Pines, 1990). 또한 집단분석 분야는 다른 관점과 다른 학문을 받아들이는 역량을 갖추고 있다.

집단분석은 인간이 사회적 존재이면서 개인적 존재라는 점을 토대로 한다. 개인은 가족의 일부이며 사회의 일부이다. 집단과 사회에 네트워크를 타고 전파되는 역동적인 의식과 무의식의 강력한 힘은 우리에게 깊이 영향을 주고 있다. 다시 말해, 하나의 학문인 집단분석의 관심사는 발달적·사회적 맥락이 개인의 정신기능에 어떤 영향을 주는가이다. 니콜라 다이아몬드의 말대로, 집단분석은 일인심리학을 벗어나 다인심리학으로 이동한 것이다. 인간은 항상 타인과 상호작용하고 있기 때문에 관계라는 개념이 필요하다.

포크스(1990)는 다음과 같이 말했다. 심리적 과정은 고립된 개인이 순수하게 혼자 만드는 것이 아니라 상호작용의 네트워크 속에서 만들어지며 사람이 경험하는 최초의 맥락은 가족이다. 개인의 심리적 기능이 가족관계로부터 어떤 영향을 받을지, 각 개인이 어떤 색깔이 될지는 전체 가족의 상호작용 패턴에 달려 있다.

같은 논문에서 포크스는 이처럼 복잡한 인간의 현상을 순수한 개인 내적 현상으로 보는 정신분석학을 비판하였다. 그는 다음과 같이 말했다. "정신분석 상황에서 분석가가 암시를 주는 방법으로 발생하는 상호작용에서 문제를 환자의 내면에서 일어나는 문제로 돌리기 쉽고, 진실한 정신적 실체가 내면에 있다는 믿음을 심어주기도 한다." (p. 282)

포크스와 볼비의 관점은 매우 유사하다. 볼비(1988)는 다음과 같이 말했다.

> 분석가는 아동기의 환자가 부모에게 실제로 어떤 대우를 받았는지 그리고 이런 경험이 내면에 어떤 표상으로 저장되어 있는지를 탐색해야 한다. 우리는 실제 경험과 표상의 상호작용, 즉 내부와 외부의 상호작용에 초점을 맞추어야 한다. 초기 가족관계가 아동에게 미친 영향을 체계적으로 연구하면 실제 경험과 표상의 관계를 파악할 수 있다고 확신하며 나는 이 분야에 집중했다. (p. 44)

집단분석에서의 전이

포크스(1964, 1968, 1975)의 말을 빌자면, 집단분석 시 집단원(지도자 포함)은 서로 전이의 대상이다. 개인분석에서 환자의 전이(엄마, 아버지, 형제 등에 대한 향한 감정)는 지도자를 향한다. 집단은 사람이 많고 자유롭다. 따라서 집단원은 서로 전이의 대상이므로 집단분석 시 온갖 종류의 오귀인(misattribution)이 발생한다. 어쨌든 집단원은 지도자에게 강력하고도 지속적인 전이 반응을 보인다. 어떤 사람에게 지도자는 부모로 보이고, 어떤 사람에게는 저명한 사람으로 보이고, 또 어떤 사람에게는 자기를 보살펴주고 위로해주고 상과 벌을 주었던 사람으로 보일 수 있다. 한 집단원에게 다른 집단원은 형제나 자매로 보이기도 한다. 아가자리언과 피터(1981), 더킨(1964)의 말을 인용하면, 집단에는 어린 시절 감정과 아이디어가 전이될 수 있는 사람이 많기 때문에 전이가 반드시 지도자를 향할 필요는 없다. 대체로 집단에서 전이는 외모와 성격이 어린 시절의 누군가와 비슷한 사람을 향하기 쉽다.

내부작동모델의 활성화와 탐색과 수정

몇몇 사람들이 모임을 만들고 정기적으로 만나 의견을 교환하기로 했다. 이것은 작은 시스템(소그룹)이 탄생하는 가장 전형적인 방법이다. 사람들이 모임을 여는 중요한 이유는 애착이론에서 중시하는 친목 행동 때문이다.

이 같은 방식으로 집단을 구성하면 집단에서 사람들의 내부작동모델이 활성화된다. 집단원은 집단에서 자신이 세계를 이해하고 생각하는 방식과 아이디어를 드러낸다. 이러한 일은 암시적·명시적으로 일어난다. 개인이 집단에서 내보이는 생각과 아이디어 등은 넓은 의미에서 그 사람의 주된 관심사일 수도 있고, 이데올로기일 수도 있고, 지식일 수도 있다.

집단에 사람들이 모여 있으면 사람들의 내부작동모델이 활성화된다. 사람들은 자신의 작동모델에 따라 반응한다. 각자 사용하는 작동모델은 다르다. 집단에는 사람마다 고유한 특징들이 있다. 이러한 차이 때문에 집단에서 직면과 대화와 협상을 통해 개인의 작동모델이 수정되고 개선될 수 있다.

자기와 중요한 타인의 모습은 내부작동모델에 저장되어 있다. 집단에는 지도자, 다른 집단원, 집단 전체 혹은 집단의 일부 등 전이가 향할 수 있는 대상이 다양하다. 집단분석의 중요한 과제는 집단에서 활성화된 내부작동모델(전이)을 탐색하는 것이다(Marrone, 1984).

애착이론을 토대로 한 집단분석은 다음의 일곱 가지 과제를 수행한다.

과제 1

집단원의 친목과 응집력을 강화하여 집단을 안전기지로 만든다. 집단이 안전기지가 되면 이 안에서 자신의 내부세계와 대인관계를 탐색하는 것이 가능하다. 집단원이 거짓자기를 버리고 참자기를 찾을 때 응집력과 동지 의식이 극대화되고 집단은 안전기지가 된다.

과제 2

현재 상황에 대한 탐색을 돕는다. 집단원이 자신은 현재 어떤 상황에서 어떤 역할을 하며, 어떤 사람과 어떤 관계를 맺고, 어떻게 반응하고, 반응에 어떤 결과가 뒤따라오는지에 대한 탐색을 돕는다.

집단 내의 행동에 비추어 집단 밖에서 나올 수 있는 행동을 애착사와 연관 짓는다. 그 결과, 집단원의 애착 패턴이 발견될 것이다.

나는 한 예를 들어 이 점을 간단히 설명하겠다. 나의 한 환자는 30대 초반의 전문직 여성(대기업에 근무하고 있음)이다. 이 여성의 상사도 여자이다. 이 환자는 상사의 태도 때문에 힘들어하였다. 이 상사는 죄책감을 자극하여 자주 부당한 지시에 따르게 했다. 이 상황을 피하려고 이 환자는 회사에 다른 부서로 옮겨달라고 요청했다. 이 환자가 다른 부서로 이동한다는 말을 하려던 날 상사가 놀랄까 봐 걱정되어 차마 말을 꺼내지 못했다. 이 환자는 상사에게 미안함을 느꼈고 상사의 마음을 편안하게 해줄 책임이 자신에게 있다고 생각했다. 집단원들은 이 환자에게 엄마를 대하듯이 상사를 대하는 것이 아닌지 생각해보라고 조언했다. 이 환자는 정도는 심하지 않을지라도 어릴 때 엄마와 역할전도 관계에 있었다. 더욱이 집단 속에서 이 환자가 자신의 욕구를 무시하고 다른 사람을 배려하는 모습이 쉽게 목격되었다.

과제 3

집단원이 타인의 행동(지도자의 행동을 포함하여)을 어떻게 해석하고, 타인에게 어떤 반응을 기대하는지를 깨닫도록 돕는다.

과제 4

과거의 산물인, 과거와 현재를 연결하는 내부작동모델이 현재의 집단 안과 밖에서 일어나는 사건을 해석하고 예측하고 반응하는 데 어떤 영향을 주고 있는지를 깨닫도록 돕는다. 이와 더불어 의미기억과 일화기억의 탐색을 촉진한다. 이를 위해 지도자는 볼비가 '예상 질문'이라는 명칭을 붙인 기법을 사용한다. 예컨대 아동기와 청소년기를 가정이나 학교에서 불행하게 보낸 사람의 문제점을 잘 알고 있는 지도자는 잠정적인 가설을 세우고 가설 검증에 필요한 질문을 던진다. 집단원은 자유연상 방식으로 이야기한 환자의 과거를 따라가면서 과거 사건과 관련된 질문을 던진다. 이런 식으로 지도자는 탐색의 모범을 보이고 집단원도 지도자처럼 다른 집단원이 오래전에 혹은 근래에 있었던 과거 사건을 회상하고 복원하고 사건의 의미를 깨닫도록 서로 돕는다. 그러나 집단원에게 갑자기 과거의 외상적 사건(예 : 강간)을 이야기해보라고 하는 것은 부적절하다. 나는 이 점을 강조하고 싶다. 특히 집단이 심한 갈등 상태에 있거나 긴장 상태에 있을 때는 더욱 그렇다.

과제 5

지도자는 집단원 간 공감이 약해진 조짐을 발견해야 한다. 집단에서 누군가 타인을 공감하지 못한 상태에서 반응하면 이를 지켜보는 다른 집단원은 자신에게도 저런 일이 일어나지 않을까 불안해지기 때문이다. 지도자는 이런 일이 발생할 가능성을 미리 차단해야 한다.

특히 집단의 초기 단계에서 공감하지 못한 채 다른 집단원에게 질문하거나 반응하는 일이 자주 발생한다. 민감한 반응성이 부족한 부모 밑에서 자란 사람이 다른 사람에게 민감하게 반응하기란 쉽지 않다. 그러므로 이런 일은 종종 발생한다. 물론 지도자도 완벽한 사람이 아니다. 때로는 공감하지 못한 채 반응하는 사람이 지도자일 수 있다. 집단원은 지도자의 이런 실수를 잘 알아차린다. 이럴 때 지도자가 할 일은 자신도 집단 속에서 성장하고 배우고 있음을 시인하는 것이다.

과제 6

집단원이 자신의 약점을 부인하는 전략을 사용한다면 이를 자각하고 타인과 가까워지거나 멀어지는 것을 조절하고 자존감을 유지할 수 있도록 돕는다.

과제 7

성찰 분위기를 조성하고 다수가 모인 특성을 이용하여 대인관계 기술을 증진한다.

집단의 자원

지도자의 기법과 스타일은 치료의 중요한 자원이다. 그러나 집단에 지도자 요인만 있는 것은 아니다. 적절한 조건만 갖추어지면 집단에는 근본적인 변화가 일어나는 독특한 그 무엇이 있다.

포크스(1964)는 집단분석의 목표는 진정한 그리고 영속적인 심리적 변화라고 했다. 그리고 임상현장 경험에 비추어보면, 이 목표가 실현되지 않을 이유도 없다. 포크스는 '집단분석의 효과는 집단을 벗어나면 사라지는 집단 내의 어떤 힘 때문'이라고 보았다. 그러므로 집단분석은 비용을 줄이기 위한 개인치료의 대안도 아니고 개인치료를 줄인 것도 아니다. 집단치료는 개인치료와 근본적으로 다른 임상적 기법이다. 지금 우리가 집단치료와 개인치료의 상대적 효과를 논하는 것은 아니다. 집단분석에 참여한 모든 환자가 건강해졌다거나 모든 집단치료가 효과적이라는 말도 아니다. 실제로 많은 환자는 집단분석보다 개인분석이 효과적이다. 개인분석과 집단분석 중에서 어느 것을 선택할지는 중요한 임상적 과제이다. 선택 기준도 이 장의 영역을 벗어난 복잡한 쟁점이다.

내가 여기에서 강조하고 싶은 것은 집단분석은 개인분석에 없는 치료적 요소가 있다는 점이다. 그중 하나는 포크스(1957: 1977)가 말한 '반향'이다. 반향은 사람들의 마음이 물결처럼 집단에 퍼져나가는 특수한 반응과 동지애이다. 포크스에 따르면, 집단원은 동시에 반응하기도 하고 서로 반응을 교환하기도 하고 한 사람에게 전체가 반응하기도 하고 전체가 지도자에게 반응하기도 하고 다시 이런 반응은 전체에 울려 퍼진다. 포크스는 이 과정을 집단의 전의식적 공감(preconscious empathy)이라 했다.

개인치료에서 상담사와 내담자는 역할이 다르다. 일반적으로 내담자는 '관찰당하는' 위치에 있다. 그러나 집단분석에서는 모든 사람의 역할이 동등하고 모든 성원은 개인을 버리고 집단 속에서 함께 경험한다. 집단에서는 대화하고 개방하는 가운데 다른 사람의 마음뿐만 아니라 자기 마음도 탐색할 기회가 주어진다.

성찰 과정

애착이론에서는 자녀의 마음을 이해할 줄 아는 부모의 성찰기능을 부모-자식 관계의 질을 예측해주는 강력한 요인으로 본다. 어렸을 때 이해받으며 자란 사람에게 타인에 대한 이해력과 공감력이 발달한다. 아동일지라도 사람(부모를 포함하여)을 각자 마음이 있는 존재로 생각하는 아동은 자신의 감정을 더 잘 조절하고 부모와 갈등도 적고 자존감에 상처를 덜 받는다.

집단은 성찰기능을 훈련하기 좋은 환경이다. 성찰기능을 요약하면 다음과 같다. (1) 자기와 타인을 각자 감정과 사고를 지닌 존재로 생각한다. (2) 사람의 정신세계는 과거 혹은 현재의 애착 사건의 영향을 받고 있음을 안다. (3) 사람들이 직접 관찰과 추론, 혹은 대리경험을 통하여 대인관계 기술이 발달한다고 생각한다. (4) 자신에 대한 타인의 반응을 예측할 수 있다. (5) 인간 세계는 원인과 결과가 복잡하게 얽혀 있는 가운데 서로 영향을 주고받기 때문에 모든 인간사는 상호작용의 결과물이라고 생각한다. 이와 관련하여 각 개인의 정신과 행동과 태도가 집단분석을 통하여 바뀔 수 있다고 생각하는 것도 성찰 능력에 속한다.

또한 다음 사항을 인식하는 능력도 성찰기능에 포함된다.

- 관찰 가능한 행동은 내적 원인과 대인관계적 원인에 의해 결정되므로 이 두 종류의 원인으로 행동을 충분히 설명할 수 있다.
- 사람들이 표현하는 감정은 그들이 실제로 느끼는 감정과 다를 수 있다.
- 사람들은 의식적 · 무의식적으로 자기 혹은 타인을 속일 수 있다.
- 사람들이 항상 자신의 전략이나 동기를 자각하는 것은 아니다.

포내기 등(1995)은 다음과 같이 제안하였다. "아동은 상대방의 마음을 이해하면서 마음의 본질을 터득한다. 이 과정은 간주관적으로 진행된다. 양육자가 아동의 마음을 이해하고 받아주려고 노력하는 과정에 아동도 양육자의 마음을 알게 된다."

나는 집단분석도 이와 같은 변증법적 과정이라고 생각한다. 집단에서 변증법적 과정을 거쳐 집단원은 자신의 것이든 타인의 것이든 갈등과 고통을 수용하면서 자아가 발달한다.

심리극

야곱 레비 모레노(1884~1974)가 창안한 심리극은 연극을 집단치료에 도입한 기법이다. 심리극에서 집단원들은 자신의 경험을 이야기하고 이야기한 것을 행동으로 옮겨본다. 생각, 느낌, 행동(그리고 상호작용)이 동시에 발생하는 것이 삶이기 때문에 심리극에서도 '가상'의 공간에서 사고, 정서, 행동으로 삶을 재현한다. 모레노는 심리극을 초현실의 세계라고 불렀다. 초현실이란 내면에서 혹은 밖에서 일어나는 일이지만 만져볼 수 없는 차원을 말한다.

루마니아의 부큐레슈에서 태어난 모레노는 비엔나에서 의학을 공부했다. 그는 1925년 미국으로 이주하여 여기에서 (치료과정에 대한 이론과 집단상담 기법이 포함된) 심리극을 개발하였다. 심리극의 이론적 토대는 전이를 포함한 정신분석학의 핵심개념들이다. 그러나 심리극의 이념은 정신분석학과는 다른 독특한 측면이 있다. 포크스처럼 모레노도 인간은 본질적으로 사회적 존재이므로 개인이 몸담은 문화와 과거를 고려하지 않고 인간을 이해할 수 없다고 했다. 모레노는 몇 몇 사람들의 무의식이 맞물려 있다고 생각했다. 그는 이것을 '공유 무의식(co-conscious)'이라고 불렀다. 모레노의 사상은 철학으로부터 영향을 받기도 했는데 그중에서도 인간은 처음부터 대인관계 속에 존재한다는 개념을 받아들였다. 즉 대인관계는 인간의 기본적인 맥락이다. 자아도 대인관계 맥락에서 출현한다. 모레노의 관점은 실존주의에 가깝다(Marineau, 1989).

코헛처럼 모레노도 공감을 심리적 지휘자라 했다. 모레노는 공감을 일컬어 '이심전심(tele)'이라 했다. 이심전심은 타인의 내면을 '통찰하고, 이해하고, 느끼는 능력'이다. 그는 사람들이 공감의 교환과 반영적 상호작용을 통하지 않고는 자신이 누구인지 알 수 없다고 했다. 그는 이 과정을 '나는 당신의 눈으로 당신을 보고, 당신은 나의 눈으로 나를 본다'라는 시구로 표현하였다(Moreno, 1972). 그는 이 개념을 토대로 주인공이 극 중에서 다른 사람과 역할을 바꾸어보는 '역할 교환' 기법을 만들었다. 따라서 심리극에서는 아버지가 아들이 될 수도 있고, 남편이 부인이 될 수도 있고, 사장이

직원이 될 수도 있다.

심리극은 (1) 준비단계, (2) 활동단계, (3) 공유단계로 회기가 진행된다. 준비단계에서 지도자는 활동하거나 연기할 준비가 되어 있지 않은 상태에서 준비된 상태로 집단의 분위기를 조성한다. 활동단계에서 주인공이 된 사람이 한 장면을 연출한다. 다른 사람들은 그 장면에 필요한 '보조자아'를 맡는다. 첫 장면 다음에 이와 연관된 다른 장면을 연기하고 자유연상을 하듯이 점차 주인공의 과거, 꿈, 상상의 세계로 이동한다. 마지막으로 활동이 끝나면 집단원들은 이야기를 나누며 느낌과 생각을 나누는 시간을 갖는다.

심리극은 가상의 세계이다. 심리극 장면은 사실을 상징으로 표현한 것이며 사실 그 자체는 아니다. 주인공이 집단원 중에서 누구를 아빠로 선택했다면 이 사람에게 아빠를 대하듯이 행동하겠지만 실제 아빠가 아닌 것도 알고 있어야 한다. 극을 실제처럼 생각하거나 주인공이 보조자아에게 실제처럼 행동한다면 심리극은 성립될 수 없다.

1940년대에 모레노는 심리극을 훈련하는 공식적인 연구소를 설립하였다. 뉴욕 근처 베이콘에 있는 모레노의 연구소에서 몇몇 프랑스 정신분석가들이 훈련을 받았다. 이때 훈련을 받았던 분석가들은 심리극을 좋은 치료기법이라 생각하고 정신분석과 접목했다. 이렇게 하여 정신분석적 심리극의 프랑스 학파가 탄생하였다. 이 학파를 창설한 사람으로는 므레일 모노, 디디에 앙지우, 세르즈 르보비치 같은 유명한 정신분석가가 포함되어 있다. 여러 병원과 상담실에서 아동, 청소년, 성인을 대상으로 정신분석적 심리극을 활용하였다(Pavlovsky, 1988). 치료실에서 경제적 이유나 정신분열증 같은 임상적 이유 때문에 정신분석을 받지 못하는 사람에게도 심리극은 유용한 기법이다.

아르헨티나에서는 1962년에 정신분석적 심리극이 처음으로 등장하였고 칼로스 마르티네 부케, 피델 모시오, 에듀아르도 파블로프스키가 심리극을 성공적으로 시행하면서 남미의 여러 나라로 확산되었다. 1970년에 이들의 아이디어는 『정신분석적 집단 심리극(Psychoanalytic Psychdrama in Groups)』이라는 한 권의 책(스페인어로 되어 있음)으로 출판되었다. 이 책에는 흥미로운 많은 주제가 논의되었다. 예를 들어, 이 책에서는 행위화와 극화를 다른 개념으로 구분하였다(행위화는 성찰이 필요했지만 회피했던 행동을 실제 행동으로 옮겨보는 것이며, 극화는 분석의 일종으로 연극을 하면서 행위, 동작, 정서를 성찰하는 것이다).

정신분석적 심리극이 관심을 끈 몇 가지 이유가 있다. '가상적인 연극'은 성찰기능이 떨어지는 사람과 말의 의미를 이해하지 못하는 사람에게 특히 도움이 된다. 놀이는 심리상태와 성찰 사이의 빈 틈을 채워준다. 심리극을 통해 잊힌 일화기억이 활성화된다. 종종 잊힌 기억들은 강렬한 감정과 함께 되살아난다. 모레노는 원래 감정과 의미를 동시에 회복하는 행위를 '통합의 카타르시스'라고 불렀다.

종종 심리극에서는 마음의 심층을 이해하기 위해 원래 사건을 유희적인 장면으로 바꾸기도 한다. 예를 들어, 집단에 참가한 한 환자의 어머니는 ─이 환자의 아동기와 청소년기 동안에─ 알코올중독자였다. 이 환자는 엄마가 사다 놓은 술을 아버지와 자신과 언니 오빠가 버리거나 숨겼던 일을 회상했다. 이 집단에서 환자는 기억을 무용으로 표현하였다. 환자의 가족들이 엄마의 주변을 빙빙 돌며 계속해서 엄마의 손에서 술병을 빼앗았고 엄마는 다시 그 병을 빼앗으려고 안간힘을 썼다. 이런 식으로 주인공이었던 환자는 눈물을 흘리며 일화기억을 상징으로 표현하였다.

AAI 집단분석

나는 치료사로 구성된 집단에서 성인애착면접법(AAI) 수정판으로 서로 질문하고 탐색하는 프로그램을 시행하였다. 남미의 여러 나라와 유럽에서 상담 수련생으로 구성된 집단에 이 프로그램을 실시하였다. 결과는 비슷비슷했다. 집단은 8~20명에서 어떤 크기든 가능하다. 이 집단은 반일제 혹은 전일제로 운영할 수 있고 토요일을 이용하면 더욱 좋다. 모임에 사용되는 방은 크고 아늑하고 비밀과 사생활 보호를 위해 외부와 차단되어야 한다.

처음에 집단원은 짝을 지어 교대로 AAI 면접을 실시한다. 집단원이 치료사들이기 때문에 (1) 면접은 임상 장면에서 실시하는 일반적인 면접과 같은 방식으로 실시하지만, (2) 한 개인을 탐색한다기보다는 경험을 통해 배우는 방식으로 실시한다. 상호 면접이 끝나면 면접 과정에서 발견된 것들을 이야기하고, 평가하고, 통합하기 위해 (집단분석의 원칙에 따라) 집단에 모여 자유롭게 토론을 한다.

집단원이 모두 치료사이기 때문에 치료 효과가 정확하게 이 프로그램의 효과인지를 구분하기는 어렵다. 일반적으로 이 집단에 참가한 치료사들은 놀라운 경험이었다고 보고했다. 최근에 이 집단 워크숍에 참여했던 어떤 이는 "나는 몇 년씩이나 분석을 받았는데 그동안 떠오르지 않았던 무수히 많은 중요한 기억들이 오늘에서야 떠올랐다!"라고 말했다.

AAI 집단 워크숍에 참가한 사람들은 인지적 · 정서적 차원에서 다음 사항을 깨닫는다.

- 개인의 내부작동모델을 이해하려면 출생에서부터 (최초의 애착 사건뿐만 아니라) 현재까지의 전체 애착사를 알아야 한다.
- 중요한 타인(특히 부모)과의 병리적인 상호작용은 어린 시절뿐만 아니라 일생 동안 지속된다.
- 애착사를 되돌아보면 애착관계에 대한 일화기억과 의미기억이 종종 불일치한다.
- 과거 사건에 관한 일화기억이 떠오르면 여기에 연루된 감정도 함께 떠오를 가능성이 있지만 의미기억은 그렇지 않다.
- 내부작동모델은 인생을 살아가는 동안 어떤 사건이 발생했을 때 형성되고 여기에 저장된 일화기억이 감정과 함께 떠오를 때에만 수정될

수 있다.

한 번의 워크숍이 수년간의 치료를 대신할 수 없다. 그러나 이 워크숍에 참가했던 사람들은 자기 안에 있던 가장 깊은 주관적 경험을 분출할 수 있었다고 보고했다. 이런 사실을 알리는 것이 이 책의 목적이기도 하다. 다시 말해, 이 책의 목적은 발달적, 사회적, 간주관적 맥락에서의 애착사 복원과 공감적 반응의 치료적 가치를 알리는 것이다.

요약

이 장을 요약하면 다음과 같다.

- 집단분석과 심리극과 애착이론의 이론적 토대는 비슷하다.
- 심리극과 집단분석은 관계가 저장된 내부작동모델을 활성화하고 수정하고 통합하는 매우 좋은 치료 도구이다.
- 집단치료는 성찰적 사고를 증진하는 강력한 도구이다.
- 심리극은 일화기억을 회복하고 의사소통 기술을 연습하는 매우 좋은 치료 도구이다.
- AAI 집단분석을 통해 치료사들은 애착이론도 배우고 애착치료의 인지적·정서적 기법을 체험할 수 있다.

14

애착이론과 정신의학의 접목

도입

정신과 임상 경험에 비추어보면 중증 환자들은 어려서 외상과 학대, 혹사, 가정 파탄, 상실을 경험한 경우가 많다. 의사와 간호사를 포함한 정신과 의료진은 심각한 트라우마와 정신병의 관계를 잘 이해하지 못한다. 그러므로 정신병원에는 환자들이 — 제한적이지만 — 병을 딛고 일어설 수 있는 안전기지가 부족하다.

지난 20년간 아동기와 청소년기의 외상적인 경험과 — 적어도 부분적으로 — 중증 우울증, 정신증, 섭식장애, 경계선성격장애, 해리 증후군, PTSD 같은 심각한 정신장애의 연관성과, 발달과 정신장애의 관계에 대한 많은 연구가 있었다(Allen, 2001). 이런 연구를 검토하는 것은 이 장의 목적을 벗어난다. 그 대신에 정신장애와 발달의 관계에서 고려해야 할 중요한 요인을 살펴볼 것이다. 그리고 일반 정신과 의사 시절 나의 경험담과 함께 몇 가지 사례를 소개하겠다. 그 당시 나는 정신의학계에서 학문적으로 앞서가는 사람은 아니었다. 그러나 그 시절에 애착이론이 심각한 고통 속에 있는 환자를 이해하는 데 큰 도움이 되었다.

환자에게는 신뢰감을 주고 지지하고 민감하게 반응해주는 지속적인 네트워크가 필요한데 이런 면에서 정신병원은 너무나도 열악하다. 이런 문제는 정치적 이유 때문이기도 하고 정신의학의 뿌리가 생물학이기 때문이기도 하다. 생물학 교육을 중시하는 정신의학은 환자의 내적 경험과 생활사보다는 뇌의 신경화학적 변화를 중시한다. 또한 정신병원은 사회적 약자를 배려하기보다는 배제하는 방식으로 운영된다. 토마스 등(Thomas, Romme & Hamellijnck, 1996)이 지적하였듯이, 정신의학은 정치와 떼려야 뗄 수 없는 관계이다. 정신장애와 사회문화의 깊은 연관성을 고려한다면, 정치와 별개로 정신장애를 이야기할 수 없다. 세계의 많은 나라에서 의료제도는 인본주의보다는 경제성을 더 중시한다. 예컨대, 국공립 정신장애자 복지시설은 대체로 중증 정신장애자를 수용할 목적으로 설립된다.

이러한 쟁점들을 상세하게 살펴보는 것이 이 책의 목적은 아니다. 이제 애착이론을 토대로 여러 가지 정신의학적 주제를 살펴보자.

정신증의 원인

이론에 따라 중증 정신장애의 원인과 경과를 다르게 설명한다. 영국을 비롯한 여러 나라의 정신의학은 생물학과 신경화학에 뿌리를 두고 있다. 그동안 정신병원은 주로 생물학적 · 신경화학적으로 접근하였지만, 점차 발달적 · 사회적 영향과 애착의 중요성을 인식하기 시작하였다. 실례로 성인일지라도 특정한 애착인물의 지지와 지원이 끊기면 만성적 우울증이 발생할 수 있다는 연구결과가 계속 보고되고 있다(Brown & Moran, 1994; Brown et al., 1994).

많은 정신과 의사들은 치료 효과를 과학적으로 검증할 수 없다며 중증 정신장애(정신증, 우울증, 성격장애와 같은)의 정신분석적 심리치료를 반대한다. 그러나 많은 발달적 연구(대체로 정신분석적 설명과 유사함)에서 초기 애착장애와 이후 정신병리의 연관성이 입증되었다(Cicchetti et al. 1990; Kahn & Wright, 1980;

Patrick et al. 1994; Toth, Manly & Cicchetti, 1992).

정신증의 심리치료

문헌을 검토해보면 정신증을 포함하여 중증 정신장애를 정신분석과 집단분석으로 치료한 사례는 무수히 많다. 그동안 많은 연구는 출생 후 첫 단계의 불안을 (불안을 창조하기도 하고 증폭하기도 하는 초기 경험보다는) 잡아먹힐 것 같은 공포와 파괴될 것 같은 공포에 대한 방어기제로 설명하였다. 애착이론은 초기 불안을 이해하고 적절한 심리치료를 선택하는 데 매우 유용하다.

　많은 정신과 의사들은 대부분의 중증 환자들에게 심리치료가 금기 사항은 아니지만 비효율적이라고 생각한다. 치료자와 치료동맹관계를 맺을 수 없고 서로 간에 마음을 읽으며 대화를 할 수 없기 때문에 중증 환자가 일반적인 심리치료에 참여하기 어려운 것은 사실이다. 그러나 중증 환자를 돌보아주는 안전한 환경(중증 환자들이 안전한 환경에서 병원의 스테프들을 신뢰하면 깊은 곳에 억압된 감정과 아이디어를 표현할 수 있음)이 정신증 심리치료의 핵심이다.

정신건강 정책

정신병원은 정부와 건강 전문가와 병원관계자들이 수립하는 정책을 기반으로 운영된다. 그러므로 정신건강 분야의 정책을 수립하는 관계자도 애착이론을 알아야 한다.

정신의학 분야의 심리치료

정신의학에서는 일부 환자에게만 심리치료가 도움이 된다고 한다. 그리고 병원은 심리치료 대상을 정신병리 스펙트럼상 경증 환자로 제한한다. 이 장에서는 정신병원에서 정신병리 스펙트럼의 극단에 속한 (정신증이 있는) 중증 환자에게 애착기반 치료를 적용하여 치료한 임상 사례를 소개함으로써 애착기반 치료가 심각한 정신증에도 효과가 있음을 알리고자 한다.

정신증의 증상은 다양하다. 정신병의 증상을 예측해주는 한 가지 변인은 환자의 환경(특히 가정) 속에서 발생한 사건들이다. 어떤 경우에는 가족치료가 필요하다. 어떤 경우든지 간에 자존감 향상과 사회적 기술 증진이라는 상담목표는 항상 포함되어야 한다.

나는 11년 동안(1980~1991) 외래 환자와 입원 환자에게 창의적인 기법을 도입할 수 있는 성인 정신병동에 근무했다. 이 병원은 1934년에 허트호프셔에 설립된 센리병원이다. 이 병원은 처음부터 증상의 치료보다는 완화를 목적으로 설립되었다. 1962년에 이 병원은 산후우울증이 있는 여성을 치료하기 위해 엄마와 아기가 함께 입원하는 방식으로 바꾸었다. 이 병원이 엄마와 아기가 함께 입원하는 첫 번째 병원이었다. 조현병에 대한 유명한 연구가 이 병원에서 나왔다. 이 병원은 남아프리카 출신 데이비드 쿠퍼 박사 팀이 조현병 치료를 실험한 곳이기도 하다. 쿠퍼 박사 팀은 21개의 방을 가정집처럼 꾸민 임시 거주지에서 심리치료를 실시하고 심리치료에 반대하는 의료진에게 효과를 보여주었다. 그 후 많은 기관이 이 병원과 같은 방식으로 쉼터를 운영하였다. 센리병원의 의사는 대부분 정신분석가였다. 간호사, 사회복지사, 심리학자들도 정신분석 훈련을 받았으며, 다른 심리치료사들은 융의 기법과 집단분석 기법을 훈련받았다. 많은 성과에도 불구하고 이 병원은 1998년 2월에 마지막 환자를 다른 곳으로 보내고 문을 닫았다. 이 병원은 재개발 업체에 팔렸다.

센리병원에는 많은 치료진이 있었다. 나는 간호사, 임상심리사, 사회복지사와 함께 팀을 이루어 활동했다. 나는 이 팀에서 유일한 정신과 의사였다. 이 팀에는 원더 어원과 팀 루트라는 두 명의 사회복지사가 있었다. 이들은 애착이론을 잘 알고 있었다. 나는 이들과 긴밀하게 협조하였다. 우리는 정신증 증상에 따라 환자마다 다른 치료를 계획했다. 치료를 계획할 때 환자의 현재 증상도 고려했지만, 가족치료가 필요한지도 고려하였다.

우리는 무수히 많은 정신증 환자가 심리치료로 치유되는 것을 목격했다. 분노, 폭력, 조증 흥분, 극단적 퇴각이 심하지 않은 환자들에게 심리치료가 특히 효과적이었다.

이제 우리가 시행했던 몇 가지 치료과정을 간략하게 소개할 것이다. 이 무렵 나는 볼비에게 주 1회 슈퍼비전을 받았기 때문에 이때 시행된 치료는 상당 부분 볼비의 영향을 받은 것이다. 개인적인 사생활을 보호하기 위해 임상적으로 중요하지 않은, 이름 같은 세부사항은 바꾸었다.

드 끌레랑보 증후군

드 끌레랑보 증후군은 '정신병적 열애(psychose passionalle)'로 알려진 병으로 일반적으로 여성에게 나타난다(de Clerambault, 1942; Enoch & Trethowan, 1979). 이 증후군이 나타난 여성에게는 어떤 남자(거의 혹은 접촉한 적이 없는 사람)가 자기를 사랑한다는 망상적인 신념이 있다. 선택된 남자는 만날 수 없는 사람이다. 망상적 신념이 환자의 정신세계를 지배한다. 이 증후군은 다른 정신병의 일부로 나타난 것이 아니다. DSM-IV는 이 증상을 '망상장애'로 정의한다. 이 증상은 만성으로 발전하는 경향이 있으며 항정신병 약물이 잘 듣지 않기 때문에 치료가 매우 어렵다.

린다는 금발 머리에 몸매가 호리호리한 미모의 28세 영국 여성이었다. 이 여성의 남편은 엄격하고 징벌적인 사람이었다. 그녀의 직업은 비서였는데 놀랍게도 발병 후에도 비서직을 유지하고 있었다. 그녀에게 어린 자녀가 하나 있었는데 이 아이는 주로 시부모님이 키웠다.

그녀는 처음에 외래 환자로 왔기 때문에 그녀와 나의 첫 대면은 환자 대기실에서 있었다. 그녀는 두 손으로 머리를 잡고 마치 나뭇잎이 나풀거리듯이 인사를 했다. 그녀는 진료실로 들어오자마자 지방에서 야채 가게를 하는 로저라는 사람이 자기를 사랑한다는 이야기를 늘어놓았다. 그녀는 자신은 유부녀이기 때문에 로저의 사랑을 받아줄 수 없다고 했다. 그러자 로저는 린다에게 사랑을 알리기 위해 — 수백 명의 사람이 필요한 — 어떤 계획을 세웠다. 로저가 계획한 것은 차량 번호판에 암호로 그녀에게 메시지를 보내는 것이다. 예를 들어, 'RLY'라는 글자는 '로저가 너를 사랑한다(Roger loves you)'는 말이며, 'LLM'는 '린다가 나를 사랑한다(Linda loves me)'는 말이다. 린다는 이 사람에게 극심한 시달림을 당하고 있었다. 그녀는 실제 사건이 벌어진 양 불안한 상태에 있었다.

린다는 그전에 2명의 다른 의사를 찾아갔었는데 효과가 없었다고 했다. 그녀가 처음으로 찾아갔던 X 의사는 그녀에게 항간질약을 주었고 그녀는 그 약을 마지못해 먹었다. 이 약은 그녀에게 추체외로 증후군[1]을 유발하였고 박해불안은 개선되지 않았다. X 의사는 그녀에게 로저에 관한 이야기는 말도 안 되는 상상이라며 일축했다. 린다는 X 의사가 자신을 이해하지 못한다고 생각하고 B 의사에게 상담을 신청하였다.

B 의사는 그녀의 추체외로 증상을 다스리기 위해 디시팔의 양을 늘리고 항파킨슨약을 함께 처방해주었다. B 의사는 그녀의 말에 공감하며 이야기를 들어주었다. 그러자 린다는 "내 말이 맞으면 정신과 의사인 당신이 경찰서에 가서 내가 미치지 않았고 로저를 가두어야 한다고 말해주세요!"라고 말했다. B 의사는 이 요구를 들어줄 수 없다고 하자 린다는 실망하고 더 이상 정신과 의사를 만나지 않기로 결심했다. 그러나 그녀는 그녀가 신뢰하던 정신 간호사인 앰바 비테의 정기적인 가정방문을 수락했다.

점차 린다는 우울증이 심해져 자살을 시도했다. 이 시점에서 앰바는 내가 린다와 치료동맹관계를 맺을 수 있다고 판단하고 나에게 의뢰했다. 린다는 병원의 외래로 가서 한 번만 더 새로운 의사를 만나보라는 간호사의 말에 동의하였다.

초기 면담에서 린다의 협력을 끌어내는 것이 급선무였다. 나는 단호한

---

1 추체외로 증후군은 항정신병약이 도파민 수용체를 막기 때문에 나타나는 약물 부작용이다. 파킨슨 증상, 정좌불능, 급성 근육긴장이상증이 대표적인 증상이다. (역자주)

어조로 그녀의 생각은 망상도 아니고 쓸데없는 것도 아니라고 말해주었다. 이것이 그녀의 마음을 움직였다. 이때 나에게 모레노의 심리극이 생각났다. 나는 그녀의 망상에 동조하지도 않고 부정하지도 않으면서 정신증을 다스릴 목적으로 심리극을 도입하였다. 나는 정신증 세계와 현실 세계를 이어주는 심리극의 '가상적' 공간에서 현실과 망상 사이에 연결고리가 형성될 것으로 기대하였다.

환자는 나에게 "당신은 X 의사나 B 의사의 의견에 동의하세요?"라고 물었다. 나는 다음과 같이 대답했다. "나는 누구에게도 동의하지 않아요. 나는 단지 로저가 당신을 사랑하는 상황에 대해 좀 더 자세히 알고 싶어요. 정보를 얻기 위해 연극을 하려고 해요. 당신, 그리고 나, 몇몇 의료진이 배우가 되는 거예요. 당신의 이야기가 연극이 된다면 어떻게 해야 하는지 말해주세요. 도와줄 수 있죠?" 환자(린다)와 다섯 명의 의료진이 심리극을 만들었다. 여기에 원더 어윈이 포함되어 있었다.

첫 번째 심리극 회기가 있던 날도 린다는 처음 만났을 때처럼 심한 불안과 패닉 상태에 있었다. 이 회기가 시작되자 우리가 예상했던 대로 린다는 로저와 로저의 계획에 대해 이야기하고 싶어 했다. 나는 연극을 어떻게 시작해야 하는지 모든 것을 그녀에게 물어보았다. 그녀는 "어느 날 로저의 가게에서 …"라며 이야기를 시작했다. 어느 날 그녀가 로저의 가게에 과일과 채소를 사러 갔는데 그가 술을 마시러 가자고 했고 그녀는 이 제안을 거절했다. 그때부터 상처받은 로저가 그녀를 괴롭힐 계획을 세웠다.

나는 린다에게 로저의 가게를 장면으로 꾸며보자고 제안하였다. 린다는 남자 간호사에게 로저 역을 하라고 했다. 린다는 남자 간호사에게 자신을 향해 성적 관심을 보이라고 했다. 이 시점에서 나는 역할을 바꾸어 린다가 로저 역을, 로저가 린다 역을 해보라고 제안하였다. 그런데 놀랍게도 린다의 불안이 완전히 사라졌다. 린다는 육감적이고 생기 있고 성적으로 유혹하는 로저 역을 즐겼다.

그다음 린다에게 "이번에는 당신 자신의 역할로 돌아가 보세요. 다시 당신은 린다예요. 이제 로저의 제안을 수락해보세요."라고 말했다.

린다는 "안 돼요, 나는 결혼했어요!"라고 말했다.

그러자 나는 이렇게 말했다. "자, 보세요. 린다, 심리극에서는 무엇이든 가능해요. 여자가 남자가 될 수도 있고, 남자가 여자가 될 수도 있고, 젊은 이가 노인이 될 수도 있고 노인이 젊은이가 될 수도 있어요. 죽은 사람이 부활할 수도 있고 태어나지도 않은 사람이 살아 있을 수도 있어요. 이것은 단지 연극일 뿐이에요! 그러니까 당신은 미혼인 척하고 로저를 좋아하고 그와 연애를 시작한다고 생각하고 연기를 하면 돼요."

린다는 나의 제안을 받아들였다. 새로운 이 장면에서 그녀는 즉흥적으로 한 남자의 연인이 되어 긴장을 풀고 관능적인 연기를 하였다. 그녀는 자신의 일부를 보여줄 수 있는 순간적인 자유를 즐겼다. 이런 반응을 통하여 나는 투사와 반동형성이라는 두 가지 방어기제가 그녀의 망상을 만들었다는 단서를 발견하였다. 다음 단계는 저변의 불안을 탐색할 차례였다. 그러나 나는 그 회기를 마치고 이틀 후에 다시 병원에 오라고 했다.

그 후부터 우리는 주 3회씩 10주 동안 만났다. 심리극을 통하여 우리는 린다를 분석 작업에 끌어들일 수 있었다. 우리가 계획한 10주간의 치료가 끝난 후 린다는 외래 환자로 구성된 주 1회의 집단분석에 합류했다. 이 집단 치료는 5년 동안 계속되었다. 이 집단에서 간간이 결혼 문제도 다루었다.

린다의 부모님은 슬하에 자녀를 7명이나 둔 농부였다. 린다의 어머니는 종종 우울하였고 자녀에게 무관심하고 가끔 때리거나 야단을 쳤다. 장녀인 린다는 어린 동생들을 돌보아야만 했다. 그녀에게는 놀 시간이 없었다. 그녀는 박탈감을 느꼈고 어머니를 원망했다. 그러나 동생들을 돌보는 것만이 엄마로부터 인정받는 길이었다. 린다는 반항하고 싶은 생각들을 억눌러야만 했다.

그녀의 아버지는 가정을 방치했다. 린다가 10세 때 아버지는 그녀를 강간했고 이런 일은 15세 때까지 계속되었다. 그녀는 아버지의 사랑과 관심을 끌 수 있는 유일한 방법은 아버지와의 성관계뿐이라고 생각했다. 그녀는 이 일을 누구에게도 말할 수 없었다.

린다에게는 친구도 없었고 마음을 의지할 사람이 아무도 없었다. 린다에게는 자신의 과거를 뒤돌아보며 지나간 일을 털어놓고 이야기할 사람이 아무도 없었다. 그녀는 자신이 근본적으로 나쁜 사람이라고 생각하였다. 그녀는 자신이 나쁜 짓을 했기 때문에 자신에게 나쁜 일이 일어나는 것은 당연하다고 생각했다. 논리적으로 설명할 수 없는 이런 감정은 로저에게 괴롭힘을 당할 때만 줄었다. 로저의 '악'은 린다의 악이 투사된 것이다.

한편 린다가 아버지를 배려하던 행위와 섹스를 찾던 행위는―아버지와의 과거 경험 때문에―무의식적으로 연결되었다. 그녀의 성적 환상은 정서적 박탈감을 보상해주었으나 근친상간의 성격을 띠고 있었기 때문에 곧 억압되었다.

19세 때 린다는 런던으로 왔고 여기에서 지금의 남편을 만났다. 남편은 그녀가 친밀감을 느낀 유일한 사람이었다. 그녀의 남편은 질투심이 많고, 엄격하고, 성적 즐거움도 모르고, 공감해줄 줄도 모르고 즐길 줄도 몰랐지만 항상 린다 곁에 있었기 때문에 겉으로 보기에는 그녀에게 안전기지였다.

린다는 5년 동안 내면을 천천히 개방하는 집단분석에 참여하였다. 이 집단에서 그녀는 유일한 정신증 환자였다. 집단의 다른 사람들은 그녀를 차별하지 않고 그녀가 애착사를 되돌아보고 탐색할 수 있도록 적극적으로 도왔다. 그녀는 집단을 잘 활용하였다. 그녀가 집단을 떠날 즈음에 망상이 사라졌고 망상이 그녀의 정서에 영향을 주지 않았다. 그녀는 침착해졌고 자신을 성찰하는 사람이 되었다.

망상이 있는 정신증

쉴라는 나이가 20세인 영국 여성이고 발음이 분명하고 머리카락은 붉은색이며 키가 크고 마른 편이며 얼굴은 예쁜 편이었다. 쉴라는 유명한 런던 병원의 간호학과 학생이었다. 간호사 교육을 받던 중 자신이 세상에서 가장 못생긴 여자라는 신념이 생겼다.

그녀가 훈련을 받던 병원의 교수와 동료들이 그녀를 이상하게 생각했다. 어떤 교수가 그녀에게 상담을 받아보라고 권유했다. 이렇게 하여 쉴라는 나의 동료 의사에게 왔고 이 의사가—나의 관심 영역을 알고—그녀를 나에게 의뢰했다.

쉴라는 1980년대 초반에 나에게 왔고 그 당시 나는 젊은 입원 환자의 심리치료를 담당하고 있었다. 쉴라는 입원하고 18개월 동안 주당 3회의 개인치료를 받았다. 그밖에도 쉴라는 예술치료뿐만 아니라 주 2회의 집단상담에도 참여했다. 그 후 1년 동안 쉴라는 외래로 내원하여 주 1회 개인치료를 받았다.

나는 존 볼비와 이 환자에 대해 이야기를 나눈 적이 있었다. 볼비는 다음과 같이 말했다. "마리오, 나는 정신증에 대해 잘 알지는 못해요. 내가 생각하기에 유전적 요소, 신경화학적 문제, 초기 발달이 상호작용하여 정신증을 만들어내는 것 같아요. 그러나 이 환자의 어린 시절을 탐색하며 일화기억을 되살릴 필요가 있다고 생각해요. 이 과정에서 증상의 특징을 발견할 수 있을 거예요."

볼비의 충고를 듣고 나는 환자의 일화기억에 초점을 맞추었다. 쉴라는 외동딸이었다. 그녀가 6살 때 엄마가 사망했다. 엄마의 죽음에 대해 질문하자 마지못해 머뭇거리며 대답했는데 답한 내용도 부정확했고 기억이 별로 없다고 했다. 그녀의 아버지는 홀아비 경찰관이었다. 아버지는 재혼하지 않았다. 위험한 직업 때문에 아버지는 항상 긴장감 속에서 살았고 집에서 폭력적으로 행동했다. 아버지는 쉽게 흥분하는 성격이었다. 특히 쉴라가 음식을 하거나 청소할 때 깔끔하지 못하거나 정해진 곳에 물건을 놓지 않으면 몹시 화를 냈다.

폭력과 역할전도가 아버지와 딸의 관계를 지배하고 있었다. 쉴라는 겁에 질려 있었고 아버지를 세상에서 가장 추악한 사람이라고 생각했다. 그러나 그녀는 이런 생각을 표현할 수 없었다.

쉴라가 눈물을 흘리며 어려서 겪은 일을 생생하게 기억해냈다. 그녀가 그때 느꼈던 두려움과 모욕감, 억울함도 함께 떠올랐다. 그녀는 다음과 같이 그때 일을 생생하게 묘사하였다. "방과 후 나는 혼자 있었고 실수로 식탁에 우유를 엎었어요. 엎지른 우유를 닦아야 하는데 깜빡 잊었어요. 아버지가 퇴근한 후 식탁 위의 우유 자국을 보았어요. 아버지 얼굴이 갑자기 벌겋게 변했어요. 아버지는 소리를 지르며 우유병을 내 머리 위로 던졌어요. 병은 벽에 부딪혀 산산조각이 났어요. 나는 너무 무서웠어요. 나는 죄송하다고 빌었어요."

치료가 끝날 때까지도 못생겼다는 생각이 완전히 사라진 것은 아니었다. 그러나 이 생각에 대한 집착이 때로는 약해지고 때로는 강해지는 기복이 있었다. 그녀는 나와 함께 있는 것을 편안해하였고 나와 친해졌다. 또한 그녀는 종종 멋진 농담을 던지며 나를 놀리곤 했다.

만성 우울증

에일린은 59세의 외국인 노동자였다. 그녀는 차갑고 비지지적인 남자와 결혼하였으며 자녀가 없었다. 에일린은 남편에 대해 양가감정이 있었다. 그녀는 정신과의 다른 의사에게 치료를 받다가 나에게 의뢰되었다. 에일린은 수년간 반복되는 우울증을 앓고 있었다. 나에게 오기 전 2년 동안 그녀에게 정신증 증상이 없이, 약해졌다 심해졌다 하는 우울증에 머물러 있었다. 그녀는 일찍 깨어나고 아침에 기운이 없고 식욕도 없고 무망감을 느끼는 주관적 우울감을 호소하였다. 그녀의 직업은 학교 청소부였다. 그녀는 야간에만 근무했다. 저녁에는 학교 청소를 하고, 낮에는 대체로 TV를 보거나 침대에 누워있었다. 그녀에게는 친한 친구가 없었고 남편과의 사이도 좋지 않았다. 그전의 의사는 그녀에게 항우울증제를 처방했으나 별 효과가 없었다.

나는 주 1회 에일린을 상담하였다. 어느 날 그녀는 다음과 같은 이야기를 하였다. "박사님, 저는 당신을 신뢰합니다. 당신에게 저의 비밀을 이야기하려고 해요. 이것은 제가 50년 동안 간직해온 비밀이에요. 지난 며칠 동안 박사님께 말을 해야 할지 말지를 고민했어요. 제가 박사님께 이 비밀을 이야기하지 않는다면 이 상담을 모욕하는 것이라고 생각했어요. 아홉 살 때 저는 한 아이를 죽였어요."

그다음 그녀는 말을 이어갔다. 그녀가 고향에서 살던 어느 화창한 오후, 하굣길에 친구와 함께 강둑에서 놀이를 하였다. 그때 그녀는 실수로 친구를 밀었고 친구가 강에 빠져 익사했다. 그다음 며칠 동안 지방 신문에 이 사건이 보도되어 널리 알려졌고 학교에도 알려졌다. 그녀는 거리의 순찰차를 볼 때마다 자기를 잡으러 올 것 같은 생각이 들었다. 그녀는 누구에게도 이런 말을 하지 못했다. 그녀는 오랫동안 두려움과 죄의식 속에서 살았다. 20세가 되었을 때 그녀는 체포될까 두려워 고향을 떠나기로 결심하고 런던으로 왔다. 죄의식은 그림자처럼 그녀를 따라다녔다.

에일린은 부모를 신뢰하지 못했다. 그녀의 아버지는 엄했고 거리감이 느껴지는 사람이었다. 엄마는 항상 그녀를 야단쳤다. 어린 시절부터 그녀는 자기 마음속에서 일어나는 감정과 고민을 누구에게도 말하지 않는 것에 익숙해져 있었다. 에일린은 남편에게도 이런 이야기를 털어놓은 적이 없었다. 그녀가 자기 마음을 털어놓은 것은 이번이 처음이었다.

상담이 진행되면서 점차 그녀의 기분이 좋아졌고 우울증은 가라앉았다. 내 생각에 그녀가 좋아진 주된 요인은 그녀를 이해해주고 그녀에게 믿음을 주는 치료적 관계를 맺은 것이었다. 이런 관계는 그녀가 전에 전혀 경험해보지 못한 것이었다.

해리성 둔주

메리는 72세 때 '해리성 둔주'라는 진단을 받고 병원에 입원했었다. 그녀는 키가 크고 호리호리하고 허리를 곧게 세워 위엄을 갖추고 있었다. 그녀는 혼자 살았다. 어느 날 밤에 그녀는 잠옷 차림으로 현관문을 열어 놓은 채 외출했다. 그녀는 멀리 있는 기차역까지 걸어가 에딘버러 행 기차표를 샀다. 그녀가 기차를 타려고 하는 순간, 한 경찰관이 잠옷 차림인 것을 보고 그녀에게 다가갔다. 그녀가 어디를 가려고 하는지 분명하게 설명하지 못하자 그 경찰이 우리 병원에 정신 감정을 의뢰하였다. 입원한 다음 날 병동에서 그녀와 나와의 첫 대면이 있었다. 그때 그녀는 둔주 이전의 상태로 돌아왔고 입원하게 된 사건을 기억하지 못했다.

초기 면접에서 메리는 자신에게 일어난 일을 모른다고 했다. 그녀가 급성 병동에 머무는 동안 나는 그녀를 매일 상담했다. 회기가 진행되면서 그녀는 최근에 남편을 잃었다고 했다. 그녀는 남편과 50년 동안 함께 살았고 슬하에 자녀가 없었다. 이들 부부는 항상 같이 있었다. 그녀의 결혼생활은 평온했다고 한다. 이들 부부는 이상적으로 잘 어울렸고 한 번도 싸운 적이 없었다. 이들 부부는 완전히 서로를 위해 살았고 다른 친구는 없었다.

볼비(1980)는 이런 부부를 메티슨과 싱클레어(1979)가 명칭을 붙인 대로 '숲속의 밥'이라 불렀다. 콜린 머리 파크스(1996)는 숲속의 밥 부부 중 한 사람과 이별하거나 사별하면 남아있는 파트너는 급격하게 무너진다고 했다. 볼비는 스탠젤(1939. 1943)의 연구를 인용하며, 이러한 병리적 배회를 가리키며 죽은 사람을 무의식적으로 찾아다니는 현상이라고 설명했다. 메리의 경우도 이 설명이 적절한 것 같다.

왜 어떤 부부는 숲속의 밥처럼 살아갈까? 이들이 어느 한쪽을 잃으면 남은 사람에게 병리적 문제가 발생하는데 그 이유는 무엇일까? 메리의 경우 부정적인 감정을 처리하지 못하는 것이 문제였다. 메리의 어린 시절 가정

환경을 살펴보면 문제는 부모님과도 관련이 있었다. 메리에 따르면, 메리의 부모님도 부정적인 감정, 특히 가정에서 발생한 부정적인 감정을 견디고 받아들이고 처리하는 능력이 부족했다.

며칠 후 메리는 퇴원을 했고 외래 환자로 나에게 주 1회 상담을 받았다. 그녀의 해리성 둔주는 더 이상 재발하지 않았다. 애착사를 탐색하려고 했을 때 처음에 그녀는 협력하지 않았다. 그러나 점차 그녀는 자신의 어린 시절이 항상 좋았는지 뒤돌아보기 시작하였다. 메리의 피상적인 행복감은 가정의 안과 밖에서 발생한 갈등이나 문제를 부인한 대가로 얻은 것이었다.

나는 그녀의 해리 현상에 즉각 심리치료를 도입했다. 그녀에게 심리치료는 효과적이었다. 나는 이런 식의 대처가 적절했다고 생각한다. 다른 정신과 의사였다면 약물로 치료했을 것이다. 정신분석가에게 의뢰되었다면 전체 치료과정이 너무 길어졌을 것이다. 나는 그녀와 단 몇 시간 동안 그녀의 애착사에 관한 이야기를 나누면서 그녀를 어떻게 도와야 할지 실마리를 찾았다. 나는 이 사례에서 애착사의 탐색을 강조하고 싶다.

환청이 있는 정신증

앤서니는 40대 초반으로 키가 작고 뚱뚱하고 불우한 사람이었다. 그는 정신분열증 진단을 받았다. 그는 돈도 직장도 없이 누추한 집에서 살았다. 앤서니는 여자를 사귀어 본 적이 없으며 "박사님! 나에게는 미래가 없어요. 나는 너무 망가졌어요!"라는 말을 자주 했다. 나는 일주일에 한 번 외래 환자로 앤서니를 상담했고 입원한 동안에는 자주 만났다. 나는 그에게 항정신병 주사를 처방해주었다. 그는 나에게 슈퍼비전을 받던 원더 어윈과 팀 루트가 이끄는 주 1회 집단치료에도 참석했다. 이 집단은 정신증 외래 환자로 구성되어 있었다. 가끔 앤서니는 입원을 요청했고 특히 나를 비롯하여 루트와 어윈이 휴가를 떠나는 8월이나 크리스마스 시즌이 다가오면 더욱 그랬다.

루트와 어윈의 집단상담은 현재와 과거의 상세한 애착관계를 탐색하는 데 초점을 맞추었다. 우리는 정신증 환자가 외래로 집단상담에 합류하면 재입원이 현저하게 감소하는 것을 목격했다.

앤서니는 역기능적 가정에서 어린 시절을 보냈다. 그는 부모에게 원치 않는 아이였다. 그는 10살 때 부모에게 쫓겨났고 한 매춘부가 그를 구해주었다. 그 매춘부는 그에게 자신의 집에서 같이 살자고 했다. 그녀는 앤서니에게 거리에 나가서 손님을 물어오는 조건으로 같이 살자고 했지만 선택을 강요한 것은 아니었다. 앤서니는 그 후 부모를 만난 적이 없고, 오랫동안 이 여인과 함께 살았다. 앤서니는 이 여인이 자신의 인생에서 어떤 존재였는지 갈피를 잡지 못했다. 어떻게 생각하면 그녀는 그를 돌봐준 사람이었고 어떻게 생각하면 그를 착취한 사람이었다.

19세가 되었을 때 정신병 증상이 나타나기 시작했다. 그는 정신병원에 입원했다가 젊은 정신장애자 보호소로 이송되었다. 앤서니는 사회복지시설을 거쳐 최종적으로 아파트식으로 운영되는 작은 쉼터에 머물렀다. 그는 이곳에서 오랫동안 외롭게 살았다.

낙담과 암울, 불쾌, 절망이 일상적인 그의 기분이었다. 그의 자아개념의 핵심은 부적절감과 무가치감이었다. 그는 환청을 경험하였다. 환청이 그에게 복종하라고 명령하였다. 앤서니에게는 부모가 자기 몸 안에 갇혀 있기 때문에 만날 수 없다는 망상이 있었다. 언젠가 환청이 부엌칼로 배를 가르고 몸 안에 있는 부모를 풀어주라고 명령하였다. 그는 실제로 그렇게 하였고 그 결과 그는 꽤 오랫동안 외과 병동에 입원했다. 이 같은 사고는 루트와 어윈이 이끄는 집단상담에 합류하기 전에 다시 발생했다. 앤서니의 몸에는 여기저기 상처가 있었다.

놀랍게도 앤서니의 말은 상당히 일관성이 있고 자신이 경험한 바를 분명하게 설명하였다. 그러나 그는 부모와 가끔 분출하는 충동적인 정서를 연결하지 못했다. 그는 주 1회 집단상담에 참석하였고 외래 환자로 병원을 방문하여 정기적으로 상담을 받았다. 몇 년 동안 우리는 그가 그전에 경험하지 못한 진솔한 관계를 맺을 수 있었다. 어린 시절부터 그가 겪은 모든 상처를 없던 일로 만들 수는 없었으나 우리는 그를 공감해주었고 이를 토대로 그는 자신의 기분과 충동을 조절할 수 있었으며 판단력, 현실검증력도 향상되었다. 공감에는 그가 어린 시절에 어떻게 버림받았고 어떻게 거절당했으며 그 당시의 기분은 어땠는지 이해하는 것이 포함된다. 몇 년 후 어느 날 앤서니는 심장마비로 사망했다.

결론

나의 임상 경험에 의하면, 보호자가 환자에게 민감하게 반응해주고, 이해해주고, 지속적으로 배려해주면 중증 정신장애의 경과가 긍정적인 방향으로 수정된다. 이런 맥락에서 볼 때 정신증 환자에게 (다양한 형태의 심리치료를 포함하여) 특수한 개입이 필요하다. 개인상담소에 비하면 병원은 중증 환자를 수용하고 도울 수 있는 풍부한 자원이 있다. 그러므로 병원은 심리치료 대상을 늘려야 한다.

이러한 맥락에서 사례의 특수성을 고려하여 어떤 사례는 장기 치료가, 어떤 사례는 단기 심리치료가 적합하다. 집단치료가 효과적일지라도 목적과 특수성을 고려하지 않고 모든 환자에게 집단상담을 실시하면 안 된다. 환자에게 어떤 치료를 하든지 간에 사례의 특수성을 고려해야 한다. 애착기반 개입은 민감한 반응성과 지속적인 배려를 제공하고, 외상과 박탈을 해소하는 데 초점을 맞추고, 성찰적 사고를 촉진한다. 정신증 치료 분야가 앞으로 풀어야 할 중요한 과제는 초기 애착표상이 어떤 정신병 증상에 영향을 주는지를 규명하는 것이다.

15

통합적 심리치료로서의
애착기반상담

이 장에서 우리는 정신분석, 집단상담, 사이코드라마를 포함한 각종 심리
치료에 애착이론이 어떻게 적용되고 있는지를 살펴볼 것이다. 그동안 애
착이론을 적용한 치료는 개인치료에 국한되었다. 나는 심리치료와 정신분
석, 집단상담, 사이코드라마의 훈련을 받았고 그중 한두 가지를 조합하여
사용한다. 나는 내담자의 욕구와 경제적 여건, 임상적 조건, 실용성을 고
려하여 상담 기법을 선택한다. 나는 존 볼비에게 슈퍼비전을 받으면서 정
신분석가인 그가 다른 기법을 사용하는 것을 자주 보았다. 볼비는 대화기
법과 집단분석을 주로 사용하고 가끔 가족치료를 사용하였다. 그 당시 영
국의 분석가들은 가족치료를 잘 몰랐었다. 이런 점을 고려하면 볼비는 가
족치료의 선구자이기도 하다.

　심리치료에는 각양각색의 학파와 기법이 공존한다. 병원에도 다양한
형태의 치료가 공존한다. 내가 여러 해 근무한 센리병원도 다양한 기법을
사용했다. 병원뿐만 아니라 상담센터에도 다양한 기법을 사용한다. 치료
실뿐만 아니라 훈련 장면에도 다양한 기법이 공존한다. 그러나 이런저런

기법을 섞어 사용하는 것이 **통합적 심리치료**(integrative psychotherapy)는 아니다 (Norcross, 2005 참조). 대부분의 치료사는 특정 학파의 기법을 집중적으로 훈련을 받고 여기에 다른 학파의 기법을 배워 섞어서 사용한다. 정신분석적 사이코드라마(아르헨티나와 프랑스 정신분석가들이 개발함)가 바로 그러한 예이다. 어떤 치료사는 여러 이론을 조합하고 이를 토대로 새로운 기법을 만든다. 어떤 치료사는 여러 학파를 조합하고 거기에 새로운 이름을 붙이고 새로운 기법으로 발표한다. 어떤 치료사는 여러 기법뿐만 아니라 여러 이론을 섞어 사용하면서 자신의 주된 기법을 **절충적 심리치료**(eclectic psychotherapy)라고 한다. 절충적 치료사는 자신의 치료 스타일, 자신의 관심, 내담자의 특징을 고려하여 기법을 선택한다. 또 어떤 치료사는 다양한 이론을 섞어서 자신의 이론적 토대로 사용한다. 이런 사람은 치료 효과뿐만 아니라 이론적 토대를 고려하여 기법을 선택한다.

그러나 통합적 심리치료란 역사와 이론적 맥락이 다른 모델들을 조합하는 것이다. 나와 스페인 정신분석가인 마리아 무노 그랑드는 통합적 치료를 지칭하기 위해 **중다양식심리치료**(intermodal psychotherapy)라는 용어를 고안하였다. 이 명칭은 다양한 학파의 기법을 사용하지만 각 학파의 특징을 유지하는 치료를 일컫는다. 그러나 우리가 추구해야 하는 것은 통합이 아니라 타가수정[1]이다.

나는 스페인 엘체에서 **가족간치료센터**(CIT : Center for Interfamily Therapy)를 운영한다. 가족간치료가 바로 타가수정 치료의 예이다. 내가 운영하는 CIT에서 가족간치료를 이끄는 리더는 정신치료, 집단상담, 가족치료의 훈련

---

1 타가수정(cross-fertilization)은 자가수정(self-fertilization)에 대응되는 말이다. 꽃을 예로 든다면, 자가수정은 하나의 꽃 안에 있는 암술과 수술의 꽃가루가 만나 씨앗을 만드는 것이고, 타가수정은 다른 꽃의 암술과 수술의 꽃가루가 만나 씨앗을 만드는 것이다. 여기에서 말하는 타가수정 심리치료란 이질적인 기법들을 혁신적으로 접목한 새로운 기법을 말한다. 애착기반상담(ABT)은 정신분석학과 애착이론의 고유한 특징을 유지한 채 접목시킨 타가수정 기법이다. (역자주)

을 받은 셈페레 박사이다. 그는 프엔잘리다, 메사, 호다다 등의 동료들과 함께 가족간치료를 이끈다. 가족간치료는 가정의 독특한 문제를 극복하기 위해 여러 가족을 하나의 집단으로 묶어 집단상담을 하는 것이다(Sempere, 2012; Sempere et al., 2012). 이 모델의 원래 개발자는 아르헨티나에서 활동하는, 정신분석가이며 심리치료사인 바다라코이다. 그가 처음에 이러한 집단상담에 붙인 명칭은 다가족정신분석이다(Garcia Badaracco, 2006). 이러한 집단은 영국에서 활동하는 마레와 동료들에 의해 개발된 대집단과 유사하다(de Mare 등을 참조). 영국에서 이러한 방식을 사용한 대표적인 치료사는 아센과 미솔츠이다. 집단정신분석가 쪽에 가까운 셈페레는 가족이 상호 치료의 주체라는 점을 강조하기 위해 이 방식을 가족간치료라고 불렀다. 여러 가족으로 구성된 집단 속에서 각 가족은 가족의 독특한 역기능과 순기능을 드러내고 가족의 역사를 탐색하고 서로 반영적인 대화를 나누어 줌으로써 통찰과 치료를 돕는다. 나의 경우, 가족간치료에 개입할 때 정신분석과 집단분석 경험을 활용하고, 개인분석에서는 가족간치료에서 얻은 지식을 활용한다. 가족간치료에서 자주 발견되는 흥미로운 패턴 중 하나는 초등학생이나 청소년이 포함된 문제 가정에 아동학대의 역사가 있다는 사실이다. 학대당한 아이들이 10대, 20대, 30대, 심지어 40대가 되면 나르시스 성격이나 사이코패스 모습이 나타난다. 이들은 다른 사람을 조종하고 공격하고 착취하고 요구하는 특징이 있다. 이들은 가족간치료에도, 개인분석에도 참여하지 않는다. 이들은 부모에게 정서적 고통만 표출한다. 이런 가정의 부모들은 자녀의 초기 발달에 무엇이 잘못되어 이런 결과가 발생했는지를 이해하지 못한다. 자녀 학대의 뿌리에 대한 체계적인 연구가 필요하다.

애착이론은 종종 이자관계에 관심을 기울인다. 성인애착면접법(AAI)은 성인이 어렸을 때 부모와 상호작용한 흔적을 평가한다. 그러나 중요한 애착 관계는 복잡한 시스템(특히 가족체계) 속에서 작동한다. 볼비(개인적 대화)는 가족과 사회적 시스템에 애착이론을 적용하려고 노력하였다. 또한 볼비는 대물림되는 애착 패턴에 관심을 기울였다. 그는 애착 패턴이 사회적 네트워크 속에서의 이자관계에도 영향을 주고, 가족관계와 친척관계에도 영향을 준다는 사실을 발견하였다. 그러므로 애착이론은 가족간치료에도 매우 유용하다.

최근에 어떤 치료사는 명상(마음챙김)을 애착기반상담에 도입하였다. 명상은 연인이나 부부 같은 친밀한 사람에 대한 민감한 반응성을 높이는 매우 좋은 도구이다. 애착이론과 마음챙김의 연관성이 분명하게 규명된 것은 아니지만 몇몇 신경과학연구에서 안전한 애착과 규칙적인 명상은 비슷한 신경회로를 사용하고, 뇌에 비슷한 효과가 있다는 사실이 밝혀졌다. 월린(2007)과 시걸(2010)은 마음챙김과 애착기반 개인상담을 비교하였다. 이 연구에서 마음챙김, 안전한 애착, 효과적인 개인상담이라는 세 종류의 인간적인 경험은 안녕감을 증진하는 동일한 효과가 있었다.

포렌식 심리치료(forensic psychotherapy)는 자기 혹은 타인에게 파괴적인 행위를 한 사람 중 정신장애가 있는, 대개 성격장애나 정신증의 진단을 받는 사람에게 적용하는 (기소 가능성이 있는 사람을 돕는) 심리치료이다. 볼비부터 오늘날까지 이어진 애착 연구를 검토해보면, 폭력과 파괴 행위는 항상 초기 애착 외상에 뿌리를 두고 있다. 이런 사실 때문에 포렌식 심리치료에서는 치료의 중요한 이론적 토대로 애착이론을 사용한다(Pfaffin & Adshead, 2004).

앞에서 살펴보았듯이, 볼비가 처음 애착이론을 내놓았을 당시 대부분의 정신분석가들은 애착이론을 외면했지만, 볼비의 아이디어는 정신분석학을 벗어난 적이 없다. 볼비는 정신분석적 심리치료의 중요한 과제를 환자에게 안전기지를 제공하는 것으로 보았다. 치료사가 제공한 안전기지를 발판삼아 환자들은 중요한 타인과 관계를 맺고 이 안에서 자신의 내적 세계를 탐색한다. 내담자가 탐색하는 내적 세계에는 내부작동모델(혹은 표상), 억압된 감정과 불안, 그리고 (불안과 고통스러운 감정에 대처하는) 방어기제가 포함된다. 이 과정에 사적인 영역에 대해 질문하는 **예상질문기법**(informed inquiry)[2]이 사용된다. 이 기법은 유년기 때 혼란스러웠던 가족과 발달에 관한 정보를 탐색하고 이를 토대로 내담자의 이야기를 재구성하는 방법이다. 이 기법에는 자유연상도 포함된다. 이 기법은 부부치료, 가족치료, 집단치료에도 유용하다.

애착이론은 급부상하는 분야인 부모-아동(특히 걸음마기 영아와 부모의) 관계 치료의 이론적 토대이기도 하다. 영아의 안전한 애착이 손상되었다면 부모영아의 관계 치료는 애착고리를 회복하는 좋은 방법이다. 이 기법은 부모, 아동, 치료자라는 세 사람의 애착관계를 요구한다.

오늘날의 상담사 양성 제도에는 치료사가 지켜야 할 윤리 규정이 포함되어 있다. 어떤 치료사는 내담자와 성적 접촉을 금하는 윤리 규정을 위반한다. 윤리 규정은 근본적으로 내담자를 보호하기 위한 것이지만 치료사의 오명을 예방해주므로 치료사를 위한 것이기도 하다. 내담자에게 병을 주는 심리치료도 있다. 이런 일은 대체로 치료사의 좋은 의도와 신념 때문에 발생하고, 치료사가 내담자에게 병을 주었다는 명백한 증거가 없고 인과관계도 명확하지 않다. 그러나 병을 주는 치료사는 대체로 자기 부모의 병리적인 모습을 무의식적으로 내담자에게 반복한다. 다시 말해, 이들은 어렸을 때 자신이 부모에게 대우받은 대로 내담자를 대함으로써 치료실에서 애착의 역사를 반복한다. 치료사가 자신의 초기 애착에 세심한 주의를 기울이지 않는다면, 내담자(치료사가 되려고 교육분석을 받고 있는 내담자를 포함하여)에게 치유되기 어려운 병을 줄 수 있다.

최근에 애착에 관한 많은 논문과 책들이 출판되었다. 이러한 출판물 중 상당수는 심리치료에 기여한 볼비의 정신을 무시하고 잘못된 애착기반 심리치료를 소개한다. 애착기반 심리치료가 더욱 발전하기를 기대하지만 (비

---

2 예상질문기법이란 검사 혹은 상담 과정에 사생활에 대한 질문이 있을 것임을 상담사가 내담자에게 알리고 내담자의 동의하에 사생활이나 과거를 탐색하는 기법을 말한다. (역자주)

판적인 연구일지라도) 연구자는 반드시 치료에 관한 볼비의 아이디어를 숙지해야 한다. 애착이론이 왜곡되는 상황은 볼비가 치료 기법에 관한 글을 많이 남기지 않았고, 애착기반 치료에 기여한 사람들이 볼비에게 슈퍼비전을 받지 않았기 때문이다. 볼비 이후에 나온 애착 관련 저작물을 읽으면서 나는 애착이론이 심리치료에 새로운 창을 달아주었다고 생각한다. 이 새로운 창은 심리치료가 나아가야 할 나침반이다.

　나는 언젠가 정신분석가 모임에서 임상적 토론을 나눈 적이 있다. 그때 만난 어떤 분석가가 애착을 연구한다고 했다. 나는 이 사람과 어떤 내담자에 대해 토론을 하다가 그에게 주된 기법을 물어보았다. 그는 나에게 이렇게 말했다. "마리오, 당신이 나를 오해한 것 아니요? 나는 애착이론을 연구하지만 임상 장면에서는 클라인 기법을 사용하고 있소." 그때 나는 애착이론을 선호하는 분석가라도 애착 치료를 사용하지 않을 수 있음을 알았다. 나는 런던에 거주하는 티릴 해리스에게 일관된 틀 안에서 애착이론과 심리치료를 통합하는 방법을 배웠다. 아르헨티나에서 활동하는 루이 주리는 애착이론은 정신분석학과 연결된, 정신분석과 다르지 않은, 정신분석학의 일부라고 말했다. 나도 그렇게 생각한다. 그러나 애착이론을 정신분석학의 일부로 볼 수 있지만 다른 형태의 심리치료, 즉 **중다양식 접근법**(intermodel approach)[3]으로 볼 수도 있다.[4] 정신분석학으로서의 애착이론은 정신건강뿐만 아니라 사회복지와 교육 분야에 있어서도 매우 유용한 모델이다.

3　여기에서 말하는 중다양식 접근법은 통합적 접근법과 같은 것이다. (역자주)
4　혹자는 애착기반상담을 정신분석학의 지류라 하고, 혹자는 애착이론과 정신분석학이 접목된 새로운 기법이라 한다. (역자주)

16

볼비의 유산

니콜라 다이아몬드[1]

볼비와 정통 정신분석학의 갈등

볼비는 이론적·임상적으로 중요한 사실들을 발견하였다. 그렇지만 수십 년 동안 정신분석학계는 그의 업적을 인정하지 않았다. 아리타 슬래이드 (1998)가 지적하였듯이 1955~1980대 말에 나온 정신의학과 정신분석학 문헌을 훑어보면 볼비의 이름과 애착이론은 거의 나오지 않는다. 이 기간 동안 영국 정신분석학계의 대다수는 볼비를 외면했다.

볼비는 정통 정신분석학의 기본원칙에 반기를 들었는데 그의 표현은 직접적이면서도 분명했다. 이런 점 때문에 정통 정신분석학과 볼비 사이에 오해가 있었다. 예를 들어, 볼비는 환상에 대한 클라인의 개념을 거부한 것인데 학계에는 그가 환상의 역할 전체를 거부한 것으로 알려졌다.

볼비는 그 당시 정신분석학의 폐쇄성을 비판하며 전혀 다른 이론적·임

---

1 니콜라 다이아몬드는 이 장의 집필에 도움을 준 마리오 마론과 말콤 파인즈, 그리고 「실제 경험에 대한 존 볼비의 관점(John Bowlby's Concern with the Actual)」(1988)이라는 논문의 인용을 허락해준 한스 콘에게 감사를 표하였다.

상적 관점을 내놓았다. 실제로 볼비는 정신분석학의 기본 가정에 의문을 제기하면서 정통 정신분석학을 이탈하였다. 볼비는 그 당시에 널리 통용되던 정신분석학의 개념과 용어에 동의하지 않았다. 그는 자신이 문제를 제기한 정신분석 용어와 개념을 과감하게 버리고 새로운 전제와 용어를 도입했다. 그는 타협하는 사람이 아니었다. 그의 글과 생각은 솔직하고 명쾌했다.

그의 이런 면모 때문에 그가 정신분석학의 핵심 가정을 완강히 거부한 것처럼 보였을 수 있다. 그는 애착을 일차 동기로 보고 성욕을 부수적인 동기로 밀어냈다.[2] 이것이 볼비와 정통 정신분석학의 근본적인 차이이다. 볼비는 오이디푸스 갈등을 거의 해석하지 않았다. 볼비는 애착이 일차 동기이며 애착을 구순욕이나 성욕과 별개의 동기로 보았다. 이것은 볼비가 정신분석학의 기둥인 프로이트와 클라인에게 도전장을 던진 것이다.

볼비는 프로이트 시대의 낡은 생물학을 거부했다. 그는 특히 프로이트 이론 중 역동적인 에너지(의식, 무의식) 개념은 근거가 없다고 생각했다. 그는 또한 본능 충족을 인간의 기본적인 동기로 보는 관점도 거부하였다. 그가 이렇게 한 이유는 이러한 관점이 낙후한 19세기 물리학의 에너지 보존 법칙을 토대로 한 것이기 때문이다. 볼비는 혁신적인 현대 과학으로 눈을 돌렸다. 그는 자신의 이론에 현대 생물학과 진화론, 동물행동학, 사이버네틱스, 정보처리이론을 도입하였다. 볼비에 따르면 아기는 특수한 대상에게 매달리는 특수한 장치를 가지고 태어난다. 아기는 이 장치 때문에 양육자에게 매달리고 관계를 맺고 상호작용한다. 볼비는 이러한 애착관계가 아동의 생리적, 정서적, 행동적 반응을 조절한다고 결론을 내렸다.

---

2 정신분석학의 기본적인 토대는 생물학이다. 생물학에서 생명체의 원동력을 유전자 전파로 본다. 유성생식을 하는 생물은 유전자 전파를 위해 암수 교배가 필요하다. 이런 이유로 생물학에서 생명체의 원동력을 'sexuality'라고 한다. 프로이트가 말한 'sexuality'는 단순히 성욕이 아니라 꽃과 씨앗을 향해 나아가는 생명체의 원동력이다. (역자주)

볼비와 정신분석학이 결별하게 된 중요한 계기는 1897년에 나온 프로이트의 저서를 볼비가 비판하면서부터이다. 프로이트의 초기 이론은 아동기 성적 경험을 정신병리의 원인으로 보았는데[3] 1897년 저서에서는 이를 거부하고 아동기 성적 경험은 실제 경험이 아니라 환상이라고 했다.[4] 볼비는 프로이트의 이런 관점에 반발한 것이다.

볼비는 다음과 같이 말했다.

> 프로이트를 유명하게 만든 1897년 저서는 나의 관점에서 볼 때 재앙에 가까울 정도로 문제가 많다. 프로이트는 정신병리의 중요한 원인으로 보았던 아동기 성적 경험이 환자의 상상일 뿐 아무것도 아니라고 했다. 그 당시는 실제 경험을 정신병리의 원인으로 보는 사람은 시대적 흐름에 뒤떨어진 사람이었다. (1986, p. 78)

그 당시 실제 경험을 정신병리의 원인으로 보는 사람은 윗글에 나온 '시대적 흐름에 뒤떨어진 사람'이라는 평가보다 더 혹독한 평가를 받았다. 프로

---

3 프로이트는 고통스러운 증상의 이면에 어린 시절의 충격적인 사건, 특히 6세 이전의 성적 경험이 있음을 발견하였다. 그 사건들의 공통점은 아동이 성적 유혹을 당한 것이었다. 그는 이를 토대로 신경증은 유아기 성적 유혹에서 시작된다는 가설을 세웠다. 이것이 유혹설(seduction theory)이다. (역자주)

4 프로이트는 1897년 저서에서 '유아기 성적 유혹'은 실제 있었던 사건이 아니라 아동이 성적 유혹을 소망한 것에 대한 기억이라며 유혹설을 환상설로 수정하였다. 유혹설은 정신병리의 원인을 '유아기 실제 사건'으로 보고, 환상설은 '아동의 마음에 의해 만들어진 사건'을 병리의 원인으로 보았다. 프로이트는 자기 분석을 토대로 유혹설을 환상설로 수정했다고 밝혔지만 이런 변화는 시대적 흐름과도 관련이 있다. 그 당시에 유아기 성폭력이나 성추행을 보고하는 사람이 믿을 수 없을 정도로 많았고 그런 기억은 파편화되었고 환자들의 보고가 그 시대의 남성 중심 가치관에 맞지 않았다. 그러나 여성학이 발전하면서 1970년대 초반에 인류 역사 속의 무수히 많은 성폭력이 확인되었고 1980년대 초반에 Diana Russell의 역학 조사에서 여성의 강간 경험은 4명 중 1명, 여성의 아동기 성적 학대 경험은 3명 중 1명의 비율로 확인되었다. 환자들의 기억이 파편화된 것에 대해서는 오늘날 PTSD 증후군과 해리장애로 설명한다. (역자주)

이트의 환상설은 새로운 정통 정신분석학이 되었고 널리 유포되었다. 그리하여 1897년은 정통 정신분석학의 기본원칙이 탄생한 중요한 순간이었다. 이때부터 환상과 '심리적 현실'의 탐색이 정신분석의 기본원칙이 된 것이다. 이런 이유로 영국정신분석학은 종종 환상의 탐색과 내면에서 벌어지는 일의 탐색을 같은 것으로 본다.

프로이트는 다음과 같이 말했다.

> 나 자신을 깊이 탐색하면서 나는 올바른 결론을 내릴 수 있었다. 다시 말해, 신경증은 실제 사건이 아닌 소망이 담긴 환상의 산물이다. 신경증이 심리적 현실에 의한 것이라면 심리적 현실이 물리적 현실보다 중요하다. (1925, 프로이트 표준영문판 20권, p. 34)

프로이트 이론에서는 심리적 현실은 외적 현실보다 더 중요하다. 볼비는 심리적 현실을 강조하는 관점이 이론적 차원에서는 부정확하고 임상적 차원에서는 비생산적이라고 했다. 볼비는 "실제 사건의 영향을 고려하지 않고 환상의 분석을 강조하는 정신분석에는 해결해야 할 문제가 많다."(1986, p. 78)라고 지적했다. 이 말은 실제 사건보다 환상을 중시하는 정신분석학의 신성한 원칙을 모독한 것이다. 이로 인하여 볼비는 프로이트의 초기 유혹설로 되돌아갔다는 비판을 받았다.

그러나 아동과 가족의 분석가로서 볼비가 중시한 것은 개인과 환경의 상호작용이다. 그리고 볼비가 가장 중시한 것은 부모의 정서적 문제였다. 그는 역기능적인 부모의 문제가 (애착관계의 형성과정에) 아동의 정서적 문제로 이어지고 궁극적으로는 아동의 정신병리로 이어지는 것을 목격했다. 볼비는 부모와의 관계를 강조하고 아동의 생득적인 정신세계가 정신병리의 원천이라는 관점을 거부했다.

사회학, 심리학과 같은 인문과학이 폭발적으로 성장하던 19세기의 시대적 상황을 살펴볼 필요가 있다. 이 시기는 다양한 분야가 고유한 지식 체계를 갖춘 학문적 정체성을 놓고 각축을 벌이던 시기였다. 이로 인하여 학문은 양극화되었다. 이때부터 심리학은 개인을 연구하고 사회학은 사회적 사실을 연구하였다. 이때부터 정신분석학의 고유한 연구 대상은 내적 심리 세계가 되었다. 이것이 심리학과 구분되는 정신분석학의 고유한 특징이 되었다. 학문의 정체성을 지키려는 학계의 투쟁이 학문의 엄격한 경계를 만든 것이다.

몇 가지 쟁점

많은 정신분석가가 프로이트의 초기 모델인 에너지 모델을 비판했다. 볼비도 이 모델을 비판적 시각에서 검토하였다. 볼비가 읽은 프로이트 서적은 제임스 스트레치가 영어로 번역한 것이거나 이 번역물의 영향을 받은 것이다. 마리오 마론이 지적했듯이 (이 책의 2장에서) 독일어의 *instinkt*(본능)와 *triebe*(충동)의 번역은 논란이 있었다. 프로이트 저서 곳곳에 등장하는 *triebe*를 스트레치는 '충동(drive)'대신에 '본능(instinct)'으로 번역하였다. 스트레치의 실수로 프로이트 용어는 더욱 혼란스러워졌고 영문판 프로이트 저서는 원본보다 생물학적 환원주의 색채가 더 강해졌다.

프로이트는 인간의 행동을 기술할 때 *instinkt*(본능)라는 말을 거의 사용하지 않았다. 프로이트가 사용한 *triebe*(충동)는 어떤 행동을 하게 하거나 '대상'을 향하게 하는 멈출 수 없는 압력이다. 프로이트(Freud, 1905, p. 168)가 말한 본능(영어로 번역된 본능)은 정신과 신체 사이에 있다. 그리고 충동이 표상이 되는 방식도 같다. 이 방식으로 영아는 눈에 보이지 않는 대상을 (상징을 사용하여) 마음속으로 떠올린다.

엄마(양육자)의 젖가슴이 사라지면 사라진 그 젖가슴을 마음속으로 떠올리는 능력이 영아에게 발달한다. 이때 상실감을 보충하기 위한 충동이 발생한다. 충동은 사라진 '대상'(존재하지 않는 대상)에 대한 갈망이 된다. 리비도만으로는 생리적 욕구와 표상 사이의 분리 불가능한 연결고리를 설명할 수 없다.

프랑스어판 프로이트 저서는 충동을 본능으로 번역하지 않았고 충동의 의미를 제대로 표현하였다. 프랑스어판 프로이트 역서는 심혈을 기울여 번역했기에 영어판에서와 같은 문제가 발생하지 않았으나 이런 문제를 논의하는 것은 이 책의 범위를 벗어난다.

볼비 사상의 또 다른 핵심은 애착을 우선시하고 성욕을 두 번째 자리에 놓은 것이다. 볼비는 애착을 고유한 시스템에 의해 작동하는 일차적 동기로 만든 자신의 목적을 달성했지만, 그의 의도와는 달리 성욕과 애착이 별개의 것으로 구분되는 결과가 발생했다. 볼비도 성욕을 좀 더 깊이 탐색할 필요가 있다고 생각했다. 그러나 그는 인간의 행동에 중요한 모든 것을 연구하는 것은 비효율적이라고 생각하고 애착에 초점을 맞추었다. 그러나 오늘날까지도 성욕과 애착의 관계가 분명하게 규명된 것은 아니다.

애착을 독립적인 시스템으로 본 볼비의 관점을 그 당시의 맥락 속에서 이해해야 한다. 오늘날에는 알이 먼저냐 닭이 먼저냐의 논쟁에서 닭에 집착하지 않는다. 인간의 발달에서 애착과 성욕은 별개의 현상이 아니다. 애착의 맥락 속에서 발달하는 영아에게 성욕이 출현하는 것만은 분명하다. 기본적으로 애착과 성욕은 맞물려 있고 중첩된다. 발달은 시간상 일직선으로 진행되지 않고 발달의 내용물도 단 하나가 아니다. 발달은 다양한 측면이 맞물려 돌아가는 복잡한 시간표를 따른다.

애착이론에서도 성욕은 중요한 주제이다. 이 장의 뒷부분에서 이 주제를 좀 더 자세히 살펴볼 것이다.

환상에 대하여

앞에서 언급했듯이 또 다른 논란거리는 볼비가 환상의 개념을 거부한 것이다. 어떤 사람은 그가 정신분석학의 기본원칙을 무시한 것은 정신분석학을 제대로 이해하지 못했기 때문이라고 비판했다.

그러나 볼비가 거부한 것은 환상에 관한 클라인의 개념이다. 즉 볼비는 환상이 무에서 출발하여 개인의 내부에서 자생적으로 만들어진다고 한 개념에 반대하였다. 클라인은 환상이 생득적인 경향성에서 출현한다고 주장했다. 그러나 볼비는 이 주장을 근거 없는 것으로 보았다.

볼비는 공식 석상(예 : 집단분석학회)에서 환상의 개념을 강력하게 비판했지만, 슈퍼비전 회기에서는 온건한 태도를 취하였다(Marrone, 개인적 대화). 볼비는 환상에 대한 클라인의 개념을 거부하면서 환상은 마음을 이해하는 하나의 길일 뿐이라고 말했다. 그는 환상을 일컬어 정신의 2차 가공물이라 했다. 환상은 자존감을 방어하는 한 가지 방법이다. 분명히 자존감이 손상되면 소원이 성취되는 상상과 백일몽이 증가한다.

그 당시에 대인관계 요인을 무시한 클라인의 관점을 비판한 사람은 볼비 말고도 더 있었다. 격렬한 논쟁이 진행되던 기간(1941~1945년; 1장 참조)과 그 후 여러 학회에서 여러 정신분석가가 대인관계 요인을 강조하였다. 예컨대, 프로이트-클라인의 주제를 놓고 토론하는 과정에 에워드 글로버, 실비아 페인, 포크스 같은 정신분석가와 수잔 아이작 사이에 논쟁이 있었다. 이 논쟁의 핵심은 경험이 환상에 영향을 준다는 것이었다.

수잔 아이작에 따르면 환상은 신체 감각의 전언어적 표현이며 우리는 환상을 통해 본능적인 욕구를 정신적으로 경험한다. 여기에서 신체 감각은 안에서 자생적으로 만들어진다. 그렇다면 신체 감각은 환경으로부터 어떻게 영향을 받는지에 대한 명확한 설명이 없다. 에드워드 글로버는 환상은 좌절에 대한 반응이며, 실제 경험에 대한 반응으로 환상이 유발되기 때문에 환상의 전제 조건은 경험이라고 강력하게 주장하였다. 글로버는 '환상 이전에 경험이 있어야 한다'고 주장했다. 더욱이 경험 이전에 환상이 있으려면 기억이 없어야 한다. 감각 기억에 흔적을 남기는 실제 경험이 없어야 환상이 경험에 선행한다고 말할 수 있다(Hayman 1994, p. 351).

글로버의 관점에서 보면, 감각 경험은 안에서 자생적으로 만들어지는 것이 아니다. 우리는 실제 경험이 있어야만 감각을 느낄 수 있다. 실제 세계(예 : 실제 수유)를 접촉할 때 감각을 느끼고 이 느낌은 기억에 흔적은 남긴다. 환상을 만드는 원료는 과거 경험과 연결된 기억의 흔적들이다.

글로버가 말한 '실제 수유' 경험도 오늘날의 발달적 관점에서 보면 실제 수유 그 자체를 경험하는 것이 아니다. 왜냐하면 동일한 사건도 관계의 질에 따라 — 때로는 실제와 다르게 해석되어 — 다른 경험이 되기 때문이다.

1969년에 영국정신분석학회는 '시기와 질투'를 주제로 심포지엄을 개최하였다. 이 심포지엄에서 위니컷을 포함한 여러 사람(미출간 논문에서)이 환경을 배제하고 환상만으로 발달을 설명한 멜라니 클라인을 비판하였다. 위니컷은 클라인 후학은 클라인의 업적을 계승할 뿐만 아니라 (클라인이 부정한) 분명히 존재하는 환경의 실질적인 영향을 설명해야 한다고 주장했다.

지금까지 나는 'f'보다는 'ph'가 들어있는 '환상(phantasy)'이라는 단어를 사용했다. ph가 들어있는 환상은 무의식적 과정이라는 의미를 함축하고 있다(Isaacs, 1943). 그러나 볼비가 사용한 환상은 f를 사용한 단어이다.

볼비의 관점에서 보면 인생의 첫 단추부터 문제가 되는 것은 부모의 아동에 대한 환상이다. 물론 이 환상들은 부모의 작동모델에서 나온 것이다. 자녀에 대한 환상은 자녀의 반응과 무관하게 부모의 과거가 보내온 선험적 생각들이다. 아동과 접촉하기도 전에 부모의 환상은 아동의 자아개념에 직접적으로 영향을 준다.

환상은 외부 현실을 반영한다. 그러나 외부 현실은 직접 경험할 수 있는 구체적인 현실은 아니다. 언어와 문화와 가치관에 따라 의미가 부여되는 대인관계의 장에서 외부 현실은 재구성되어 경험된다. 기존의 작동모델과 해석방식도 언급할 필요가 있다. 환상은 대인관계 맥락에서 출현한다. 그러므로 환상은 커뮤니케이션의 일부이다. 세대를 건너 전수되는 환상도 있다. 이런 환상은 전언어적이고 — 심지어 의미를 알 수 없고 — 말로 표현되지 않을지라도 대인관계(특히 부모와 자식의 관계)에 강력한 영향을 준다.

클라인은 많은 저서에서 양육의 질과 환경의 영향을 자세히 설명한 바 있다. 이런 사실에 비추어볼 때 클라인이 외적 요인을 무시했다는 말은 사실과 다르다. 클라인은 다음과 같이 말했다.

> 영아기에 불쾌한 경험이 많고 즐거운 경험이 부족하다면, 아이가 사랑하는 사람을 만나지 못하거나 사랑하는 사람과 행복하게 지낼 수 없다면, 아이에게 양가감정은 증가하고, 신뢰감과 희망은 감소하고, 안에서 생기는 잡아먹힐 것 같은 공포와 밖에서 오는 박해불안이 강해진다. 더욱이 이러한 환경은 내적 안전감을 만드는 유익한 과정을 지연시키거나 영원히 가로막는다. (1988, p. 347)

이 글에서 알 수 있듯이 클라인은 부정적인 대인관계 경험이 불안과 양가감정을 창조한다기보다 증폭한다고 말했다. 그녀는 암묵적으로 양육자와의 부정적인 관계 속에서는 불안과 양가감정이 해소되지 않는다고 말하는 것 같다. 이 부분은 볼비도 동의할 수 있는 내용이다. 그러나 볼비와 차이가 있다면 클라인은 맨 처음 정신병리가 내적 요인에서 출발한다고 가정한 것이다. 볼비는 양육자와의 부정적인 관계가 아동의 정신장애를 만든다고 했다. 볼비는 아동의 정신장애를 만드는 역기능적인 가족과 부모를 상세하게 규명하려고 노력하였다.

클라인의 전통을 이어받은 비온(1959b, 1962b, 1967)은 영아의 정서를 받아주고 처리하는 양육자의 능력과 양육자-영아의 관계를 연구하였다. 그러나 볼비는 아동기를 넘어 전 생애에 걸친 상호작용을 더 중시하였다. 볼비가 비판한 정신분석학파(대인관계보다 내부세계의 분석을 중시한 학파)는 지금도 정신분석과 심리치료에 영향을 주고 있다.

클라인 학파와 프로이트 학파 어느 쪽에도 속하지 않은 한 분석가가 임상 세미나에서 다음과 같이 말했다. "우리는 환자가 이야기한 부모와의 관계가 사실인지 아닌지 알 수 없다. 우리는 단지 환자를 통해 이야기를 들었을 뿐이다!" 이렇게 말한 분석가는 환자의 파괴적 의도를 가정하고 있다. 그러나 이 분석가는 이 가정을 가정이 아닌 의문의 여지가 없는 사실인 것처럼 이야기했다. 이 분석가는 환자의 말보다 분석가의 거친 육감을 더 신뢰하는 것 같았다. 이것은 말도 안 되는 예일 수 있다. 그러나 분석 상황에서 이런 일은 일상적으로 벌어지고 있으며 무엇이 정신분석의 오류인지를 잘 보여준다.

과거 탐색

마리오 마론이 볼 때 볼비는 과거 탐색을 중시하였다(12장 참조). 이 주제는 프로이트에서 시작된 정신분석의 복잡한 측면과 관련이 있다. 프로이트가 말한 과거 탐색은 고고학자가 땅에 묻혀 있는 유물을 발굴하듯이 과거를 '복원'하는 것이다(Freud, 1937b).

프로이트의 저서를 검토해보면 그는 과거 탐색에 대한 관점을 여러 차례 수정하였다. 말년에 나온 논문((Freud, 1937b)에서 프로이트는 과거 탐색을 회고라 했다. 이것은 볼비의 관점과 유사하다.

이 논문(Freud, 1937b, p. 259)에 분석가와 피분석자는 과거의 흔적들은 "조합하고 보완함으로써 과거를 재구성해야 한다."라고 나와 있다. 프로이트는 과거 탐색을 창의적 과정으로 보았다. 분석가와 피분석자는 함께 이야기를 재구성하고 성찰한다. 이것이 회고적 재구성과 사후 작업이다. 이 말은 지금-여기에서 작동하는 과거를 탐색한다는 의미이다. 과거 사건이 오랜 시간이 지난 다음에 효과가 나타나는 것을 '**사후작용**(nachträglichkeit)'[5]이라

---

5 프로이트의 'nachträglichkeit'를 프랑스어권에서는 'aprèscoup'으로 번역하고 영어권에서는 'deferred action'으로 번역하였다. 우리나라에서는 'nachträglichkeit'를 '사후성'으로 번역하고 'deferred action'을 '사후작용' 혹은 '지연된 행위'로 번역하였다. 이 책에서는 'deferred

한다. 사후작용은 프로이트가 시간이 흐른다는 점을 강조하기 위해 사용한 용어이다. 우리는 시간이 흐르는 가운데 과거를 회고한다. 결과적으로 재구성된 과거는 재구성된 시기에 따라 달라진다. 다시 말해, 과거에서 재료를 끌어오는 능동적인 회상은 '사후작용'이다. 이것은 직선적 과거 결정론에서 현재 결정론으로 관점이 이동한 것을 의미한다. '사후작용'은 과거를 회고하는 것이다. 회고가 본래의 정신분석 기법은 아니지만 분석적 대화의 일부로 조심스럽게 사용하면 유용하다.

이보다 더 중요한 것은 시간을 어떻게 경험하는가이다. 시간은 시계가 알려주는 시간이나 정지된 점(순간순간의 시각)의 행렬이 아니라 흐르고 있는 순간적인 과정의 연속이다. 따라서 과거는 정지된 것이 아니라 움직이고 있으며 미래의 가능성이 내포된 현재의 경험 속에서 과거는 다시 만들어진다. '사후작용'을 촉진하는 현상학적 철학이 발전하면서 시간에 대한 이런 관점이 등장한 것이다.

아동기 사건이 환자를 지배한다면, 환자는 환자가 그 사건을 이해한 대로 영향을 받는다. 따라서 환자가 영향을 받는 그 사건 속에는 환자가 지금까지 만들었고 지금도 만들고 있는 이야기가 포함되어 있다. 그리고 타인에게 어느 정도 이해받으며 자랐는가에 따라 자신의 경험에 부여하는 의미도 달라지고 과거 사건을 해석하는 능력도 달라진다. 이것은 애착이론에서도 강조하는 핵심이다. 또 주목해야 할 것은 자기 이야기이다. 피터 포네기 등에 따르면, 자기가 말하는 자기 이야기는 경험이 재구성된 것으로서 실제 경험뿐만 아니라 성찰 능력이 반영된다(6장 참조).

여기에서 트라우마의 재출현을 의미하는 좀 더 특수한 '사후작용'을 논해야겠다. 라플랑쉬와 퐁탈리스(1983, pp. 112-113)는 용어사전에서 외상(trauma)을 '그 당시 이해와 수용이 어려웠던 사건'이라고 정의하였다. 이 관

---

action'이 'nachträglichkeit'에서 출발하였으므로 둘 다 '사후작용'으로 번역하였다.

점에서 볼 때 트라우마를 경험한 사람은 좀 더 복잡한 발달을 거친 다음에 (성적, 생리적으로 성숙해지고 과거의 기억을 재해석할 수 있을 때) 그 사건에 반응할 수 있다. 다시 말해, 그 당시는 그 사건을 소화할 수 없었기 때문에 아무런 반응도 하지 않았지만 그 사건의 의미를 이해할 때쯤 외상적 반응이 나타날 수 있다.

나는 8세 때 동성애 남자에게 성폭력을 당했던 12세 소년을 치료한 적이 있다(Diamond, 1992a 참조). 12세 때 이 소년은 성폭력 사건을 기억하지 못했다. 그러나 (이제 성에 대해 눈을 뜬 청소년으로서) 이 소년은 13세 때 에이즈 비디오를 본 첫날 과거 성폭력에 대한 외상적인 반응이 나타났다. 다양한 신체적 증상(신체적 증상에 대해서는 Diamond, 1992a를 참조)이 나타나서 결국 이 소년은 정신병원에 입원하였다.

볼비의 저서를 살펴보면 그는 치료 장면에서 나타나는 회상과 재구성이 매우 복잡한 현상임을 충분히 고려하지 않은 것 같다. 그러나 볼비는 분석 시 환자가 말한 관계의 맥락에서 일어난 과거 경험을 분석가가 부정하면 안 된다고 했다.

마리오 마론이 앞에서 이미 언급했듯이, 환자(과거의 장면을 이야기하는 환자)에게 "나는 모르겠소, 내가 그 자리에 없었으니, 지금 당신과 나 사이에 벌어지고 있는 일 이외에 내가 알 수 있는 것은 없소!"라고 말하는 것은 분석가가 환자의 경험을 부정하는 극단적인 예이다. 볼비는 분석가에게 '환자의 말을 옹호하는 자세를 취하라'고 조언하였다. 예컨대 분석가는 환자에게 '당신은 뭔가를 알고 있고 나는 그것을 당신에게 배운다'라는 메시지를 전해야 한다(Mario Marrone, 1988b).

애착이론의 철학

여기에 애착이론의 철학을 독립된 단원으로 만든 것이 이상하게 보일 수도 있다. 볼비는 생물학과 행동과학을 도입하여 혁신적인 이론을 만들었다. 그는 또한 인간의 본성과 기능에 대한 기본적인 가정을 놓고 거듭 고심했다. 이렇게 하여 그는 애착이론의 철학적 토대를 만들었다. 그는 자신이 의구심을 품었던 정신분석 패러다임에서 벗어나 다른 이론으로 신속하게 이동하였다. 지금까지 우리가 논의한 볼비의 관점은 다음의 수려한 문장에 잘 요약되어 있다. 이 글은 볼비의 핵심을 다시 생각해보는 계기가 될 것이다.

> 1937년 내가 정신분석가 자격증을 땄을 당시, 영국정신분석학회 회원들은 성인과 아동의 환상을 탐색하는 데 몰두하고 있었다. 그리고 실제 경험을 체계적으로 탐색하는 것은 정신분석의 취지를 벗어난 부적절한 분석이라 했다. 1897년경 프로이트가 히스테리에 대한 논문을 발표했을 당시에 아동기의 실제 경험이 히스테리의 원인이라고 주장했다면, 지금도 그렇겠지만, 아마 뭘 모르는 사람이라는 소리를 들었을 것이다. 그 당시 분석가들은 외부세계에 관심이 많은 사람은 내부세계 탐색을 소홀히 한다고 생각했다. 실제로 그런 사람은 그런 경향이 있다. 생물학자인 나는 환경과 유기체의 구분, 내부세계와 외부세계의 구분은 무의미하다고 생각한다. 더욱이 아동과 가족을 분석하는 정신과 의사인 나는 부모의 정서적 고통이 자녀에게 어떤 영향을 주는지를 매일매일 목격하며 살고 있다. (1988b, p. 142)

볼비는 개인이 주된 분석 단위인 일인심리학을 벗어났다. 이렇게 하여 그는 데카르트 모델을 버렸다. 데카르트는 개인과 세계를 갈라놓는다. 이 분열에는 마음과 신체의 구분도 포함된다. 데카르트는 개인을 타인에게 속하지 않고 그 자신에게만 속한 독립된 개체로 보았다. 사회적 세계와 다른 '심리적 현실(intrapsychic reality)'에 대한 개념도 데카르트 가정을 토대로 한 것이다. 말하자면 데카르트의 생각하는 사람은 물리적 세계와 분리되어 존재한다.

데카르트의 이론에서 이러한 구분은 불가피하다. 데카르트가 마음, 세계, 신체를 연구하기 위해 특정 영역에 초점을 맞춤으로써 각 영역이 분리되는 결과가 발생하였다. 이러한 구분은 너무 명확하여 영역 간의 어떠한 연결도 허락하지 않았다. 데카르트는 이 구분을 가리켜 존재하고 경험하기 전의 **선험적 구분**(priori distinction)이라 했다.

데카르트의 이런 구분은 미묘한 방식으로 정신분석학을 포함한 서구 사상에 여과 없이 스며들었다. 경험이 내면에서 자생적으로 만들어진다는 아이디어와 내부세계와 외부세계가 구분되어 있다는 정신분석적 관점은 데카르트의 영향을 받은 것이다(Diamond, 1996).

볼비는 다른 관점에서 출발하였다. 볼비 입장에서 정신분석의 대상은 사람과 사람을 이어주는 연결고리 그 자체이다. 분리는 없고 절대적으로 중요한 것은 사람과 사람 사이에서 일어나는 일이다.

이 말은 **내부세계와 외부세계**에 관한 모든 것이 항상 관계 속에 존재한다는 의미한다. 내적 경험은 본질적으로 내부에만 존재하는 사적 세계가 아니다. 내적 경험은 기본적으로 소통과 연결된다. 이것은 내적 경험(혹은 내적 경험의 재료) 혹은 환상에 대한 철학적 변화를 의미한다. 즉 한 개인의 내적 경험(혹은 환상)은 세상 속에서 뭔가를 경험하기 전부터 존재하는 것은 아니다. 내적 경험은 전적으로 사람과 사람이 상호작용하는 맥락 속에서 발생한다.

볼비가 '**간주관**(intersubjectivity)'이라는 용어를 사용한 적은 없지만, 그가 말한 것은 바로 간주관이다. 간주관이라는 개념은 현상학적 철학에서 나왔다. 발달심리학자와 정신분석가(특히 미국 정신분석가)도 이 용어를 사용하지만 간주관의 철학적 의미가 때로는 왜곡되거나 오용된다.

철학에서 간주관은 실존의 기본조건이다. 간주관은 발달을 통하여 습득되는 것이 아니다. 간주관은 관계를 맺은 상태도 아니고 관계를 맺으려는 경향성도 아니다. 간주관은 정신분석적 기법도 아니고 접근법도 아니다.

간주관은 세상 속에 존재하는 생득적인 상태이다.

간주관은 함께 거주하고 서로에게 마음을 열고 상호작용하는 공간을 모사한 것이다. 간주관의 개념이 없다면 정신분석도 불가능하다. 간주관이 없다면 이 사람에 속한 감정이 저 사람에게로 어떻게 전해질지를 생각할 수 없기 때문이다. 개인이 사적인 세계에 거주하는 독립된 개체라면 개인의 세계가 폐쇄된 타인에게 어떻게 전달되는지를 설명할 방법이 없다.

그동안 정신분석학은 내면화, 투사, 투사적 동일시 같은 개념으로 사람과 사람, 내부세계와 외부세계를 연결하려고 노력하였다. 기본적으로 연결되어 있지 않다면 우리는 — 존재론적 관점에서 볼 때 — 사람과 사람 사이의 불가피한 해협을 점프하듯이 넘나들어야 한다(Diamond, 1996).

철학적 차원에서 이 문제는 유클리드 기하학에서 사용하는 공간 개념과 유사하다. 유클리드 기하학에서 각 개인은 측정 가능한 거리를 사이에 두고 공간상에 물리적인 한 점으로 존재한다. 각 개인의 심리적 공간도 이와 같은 기하학적인 물리적 공간에 비유할 수 있다. 개개인의 '마음의 내용물(inner content)'을 컵에 담긴 물에 비유할 수 있다. 어떤 컵의 물을 어떤 절차를 거쳐 다른 컵으로 옮길 수 있다. 그러나 우리가 일정한 거리를 두고 배치된 단순한 물리적인 신체라면 우리는 서로 연결되어 존재하지 않는다 (Heidegger, 1962, p. 79-80). 우리는 함께 살고 있다. 간주관의 관점에서 볼 때 우리는 정서가 교류되는 공유 공간에 존재한다. 즉 사람과 사람 사이에는 기본적인 중첩이 있다.

토마스 옥덴(1982, 1994)의 말대로, 대인관계의 본질을 고려하지 않고 투사를 설명할 수 없다. 투사가 일어나려면 이 사람이 어떤 감정을 보내면 저 사람이 받는 (그리고 처리하는) 간주관적 소통이 필요하기 때문이다.

분명히 '투사', '투사적 동일시' 같은 임상적 용어를 주목할 필요가 있다. 여기에서 강조하고 싶은 것은 투사와 투사적 동일시가 일어나는 공식이다. 다시 말해, 투사와 투사적 동일시의 토대는 간주관이다.

지금까지 생각하는 주체와 그 나머지 세상이라는 데카르트식 이분법(우리는 데카르트 이분법을 전제로 이 세상 속에 존재하고 행동하는 사람과 분리되어 존재하는 정신세계를 내성적으로 탐색한다. 이것은 여전히 정신분석학을 지배하고 있는 중요한 명제이다)을 탈피하기 위해 어떤 철학적 변화가 필요한지를 살펴보았다.

현상학을 창시한 훗설은 '의도(intentionality)'라는 개념을 도입한 그의 스승, 브레타노의 영향을 받아 "생각은 항상 그 무엇을 생각하는 것이다."라고 주장하였다. 생각은 생각 밖에 있는 그 무엇을 향한다(Cohn, 1997, pp. 10-11). 생각이 그 무엇을 향하는 것으로 생각의 방향을 돌려놓은 사람은 하이데거(Heidegger, 1962)이다. 생각은 타인 또는 세상과 연결된 것이다.

프랑스 현상학자인 메를로-퐁티는 「타인과 아동의 관계(The Child's Relations to Others)」(1964)라는 논문에서 정신은 그 개인만이 접근할 수 있다는 관점에 의문을 제기하였다. 한 개인은 자생적으로 발생하는 내부에 존재하는 것이 아니라 밖에, 즉 타인과 함께 하는 세상 속에 존재한다. 메를로-퐁티는 동족인 다른 인간과 공유 공간에 거주하는 영아가 타인을 향해 신체적인 신호를 주고받으며 타인에게 마음을 여는 초기 발달과정을 연구하였다. 메를로-퐁티 같은 철학자가 철학과 발달심리학을 연결했다는 점도 흥미롭다.

영아 발달에 관한 메를로-퐁티의 연구

메를로-퐁티는 영아들이 제스처와 의미 속에서 어떻게 살아가는지를 기술하였다. 그는 생각하는 능력이 생기기 전부터 영아가 타인의 신체 부위와 동일한 자신의 신체 부위를 짝짓는 것을 주목했다. 영아는 타인의 몸짓과 얼굴표정을 즉각 모방한다. 닉 크로슬리(1996)가 지적하였듯이 메를로-퐁티의 이 개념은 오늘날에 와서 신생아 모방(Melzoff & Moore, 1977, 1983, 1991 참조)이라는 연구로 다시 등장하였다. 영아에게는 성인의 제스처를 모방하는 능력과 동기가 있다. 태어난 지 42분 된 아기도 혀를 내미는 동작을 모방할 수 있다.

크로슬리(1996, p. 51)는 다음과 같이 말했다.

신생아의 모방은 생각하는 능력이 생기기 전부터 영아의 신체가 다른 사람의 신체와 간주관적으로 짝지어져 연결되어 있다는 증거이다. 영아는 다른 사람이 혀를 내밀면 자기에게 혀가 있음을 알지도 못하는 상태에서 혀를 내밀어 응답한다. 이것은 영아들이 발달의 첫 단계부터 타인과 자기의 같은 신체 부위(당신의 혀/나의 혀)를 알고 있다는 증거이다.

영아는 타인의 제스처에서 자신이 해야 할 제스처를 본다. 도널드 위니컷 (1971)은 영아가 엄마의 미소를 떠올리는 방식을 연구하였다. 또한 피터 홉슨(1993, p. 232)은 다음과 같이 말했다. "메를로-퐁티(1964)는 … 그는 나의 표정 속에서 살고, 나는 그의 표정 속에서 살고 있다는 간단한 사실을 발견한 선각자이다."

근래의 발달연구에서도 영아와 양육자 사이에 신체적 교환[6]이 이루어진다는 증거가 나왔다. 영아에게는 능동적으로 타인과 상호작용할 수 있는 잠재력이 있다. 지금까지 이러한 상호작용에 대해 많은 사람이 연구를 해왔다. 그중 이 분야의 연구자로 베리 브레즐튼, 버트랜드 크레머, 린 머리, 대니얼 스턴이 잘 알려져 있다. 나는 특별히 콜윈 트레바덴의 연구를 소개하고 싶다. 트레바덴은 생물학자이며 심리학자이다. 그는 간주관이라는 현상학적 용어를 발달심리학에 처음으로 도입한 사람이다.

---

6 생후 일주일 된 아기도 어른이 입을 크게 벌리면 자기도 입을 벌리고, 어른이 미소를 지으면 자기도 미소를 짓는다. 갓 태어난 원숭이도 이 같은 모방을 할 수 있다. 이런 행동을 신생아 모방(neonatal imitation)이라고 한다. 이런 행동을 만드는 메커니즘은 거울신경이다. 거울신경은 무리 지어 생활하는 조류 이상의 동물에게 있다. 영아의 애착행동을 만든 생리적 기제도 거울신경이다. 애착행동과 사회적 상호작용이 어려운 자폐증은 거울신경의 결함과 관련이 있다. (역자주)

트레바덴(1979)은 '일차 간주관'과 원시적 대화를 연구하였다. 일차 간주관적인 원시적 대화는 얼굴표정과 신체 동작을 흉내 내는 영아와 양육자의 신체적 교류를 말한다. 일차 간주관적인 원시적 대화는 의도의 전달에서 의미의 교환으로 발전한다. 아기와 어른은 상대방의 제스처를 흉내 낸다. 어른은 아기에게 되돌려줄 때 아기의 제스처와 소리를 약간 과장하며 흉내 낸다. 영아는 어른의 동작과 소리에 무언가를 덧붙이면서 따라 한다. 이런 교환을 통하여 이해력과 의사소통 능력이 발전한다. 어느 한쪽만이 상호작용을 주도하는 것은 아니다.

트레바덴과 허블리(1978)는 6~12개월경에 발달하는 '이차 간주관'을 설명하였다. 이때 영아는 사람과도 연결되고, 동시에 대상과도 연결된다. 이런 식으로 의미를 지칭하는 준거를 타인과 공유한다. 이때부터 영아는 끝음이 같은 단어를 가지고 놀이를 할 수 있다. 이 무렵 영아에게 주도성이 증가하고 (그 문화에 통용되는 상징적 의미를 알아야 가능한) 농담이 나타나고 입을 삐죽이는 화난 표정도 나타난다. 이 시기 영아는 자신을 행위자로 생각할 수 있고, 놀이 파트너로서 자신의 거울상[7]을 읽을 수 있다(Reddy et al., 1997). 12개월정도 된 영아는 타인의 정서와 의도를 알아차리고 타인에 대한 민감성이 증가한다.

트레바덴은 이후에 나타나는 모든 소통의 저변에 전언어적 간주관이 있다고 했다. 그는 또한 사람과 가까워지려는 욕구를 영아기의 주요동기로 보았다. 9개월 미만의 영아는 낯익은 어른들과의 상호작용이 증가한다. 영아는 여러 애착대상 중 하나의 대상에게 초점을 맞추고 특별한 동지를 만들려고 고군분투한다(Reddy et al., 1997, pp. 247-274).

인간은 기본적으로 연결되어 존재한다. 이 상태를 지칭하는 철학적 용어가 간주관이다. 영아 발달심리학에서 간주관은 특수한 형태의 상호작

---

7 '자신의 거울상을 읽는 것'은 타인이 나를 어떻게 생각하는지를 아는 것이다. (역자주)

용을 일컫는다. 결과적으로 발달심리학에서 말하는 간주관은 특수한 의미가 첨가되어 일반적인 철학적 개념과 다른 것이 되었다. 발달심리학에서 흔히 간주관은 영아와 양육자가 서로에게 맞추고 경험을 공유하는 독특한 관계를 말한다(Stern, 1985, pp. 128-133). 간주관을 연구한 트레바덴은 이차 간주관은 서로를 이해하는 것이라 했다. 트레바덴은 간주관적 교류의 손상도 연구하였다. 간주관적 교류가 손상되면 서로에게 맞추지 못하고 서로를 이해하지 못한다.

　애착의 관점에서 볼 때 영아에게 민감하게 반응해야 하는 양육자에게 정서적 결함이 있다면 영아와의 간주관적 대화가 손상된다. 엄마(혹은 아버지)와 아기가 면대면으로 상호작용하는 정상적인 과정 중에 엄마가 잠깐 무표정한 얼굴을 하면 아기는 퇴각 반응을 보인다. 2~3개월 된 아기도 같은 상황에서 같은 반응을 보인다(Murray & Trevathen, 1985; Tronick et al., 1978). 대니얼 스턴은 초기의 간주관적 장애를 '상대방의 발을 밟는 댄스'와 같다고 했다(Stern, 1977, p. 71). 간주관적 소통을 방해하는 양육자는 자극을 줄여 달라는 영아의 신호와 자극이 너무 부족하다는 신호를 놓친다. 이런 양육자의 손에서 자란 사람은 상호작용의 흐름을 끊는 사람이 된다. 린 머리 등(1992, 1996)은 엄마의 산후 우울증이 영아의 불안전한 애착과 인지적 결함에 영향을 준다는 사실을 발견하였다. 영아기 정신기능의 손상은 일반적으로 간주관적 교류에 필요한 양육자의 심리적·인지적 결함에서 기인한다. 애착장애와 간주관 장애의 형태는 다양하지만 이런 장애를 유발한 양육자는 비슷하다. 이들은 아기의 정서를 알아차리는 데 어려움이 있다.

　간주관은 개인적 발달이 이루어지는 맥락이다. 그러므로 개인의 모든 내적 경험은 항상 타인과의 상호작용으로부터 영향을 받는다.

애착과 생리적 기능

트레바덴과 에잇큰(1994)의 생물학적 연구에 따르면, 영아는 타인과 관계를 맺고 의도적으로 타인과 접촉하고 교류하려는 경향성을 가지고 태어난다. 타인과 상호작용하고 타인의 정서에 반응하는 신경생리학적 장치가 영아의 뇌에 준비되어 있다. 멜조프와 무어(1977, 1991)는 타인과 자신의 신체 부위를 짝짓는 능력이 생득적이라는 증거를 내놓았다.

다시 말해, 인간 영아는 생득적으로 사회화를 향하고 이를 위한 생리적 장치가 마련되어 있다. 영아에게 사회화를 향한 생물학적 경향성이 있다면 천성/양육의 이분법은 수정되어야 한다.

볼비(1986, p. 7)는 "건강한 신생아라면 초보적인 형태의 사회적 상호작용에 참여할 준비가 되어 있다."고 하였다. 볼비의 관점에서 보면 유기체는 항상 환경과 상호작용한다. 그렇다면 생득 대 습득의 이분법은 완전히 잘못된 것이다(Bowlby, 1969). 외형, 신체, 행동 같은 생물학적 특성도 유기체가 환경과 상호작용한 결과물이다. 진화의 산물은 안정적이다. 진화의 산물이 아닌 것은 불안정하고 문화적 영향에 의해 변경되고 수정된다.

1960년대에 나온 로버트슨의 연구에 의하면 아동이 양육자와 오래 떨어져 있으면 아동에게 감염 가능성이 증가한다. 즉 아동이 오랜 분리를 경험하면 질병에 대한 면역성도 떨어지고, 잘 자라지 않고, 병에 걸리거나 일찍 죽는다(Taylor, 1987). 마찬가지로 근래에 나온 애착 연구에서도 영아기의 불안정한 양육과 빈번한 분리가 생리적 이상에 영향을 준다는 사실이 발견되었다(de Zulueta, 1993). 마리오 마론(4장 참조)의 말대로 생리적 기능은 애착관계에 따라 달라진다. 애착관계는 일생 동안 중요하지만 특히 영아기에는 결정적으로 중요하다.

볼비는 정신분석학과 현대 생물학을 접목했다. 그러나 정신분석학에 생물학이 포함되어 있음을 언급해야겠다. 프로이트는 신생아의 기본적인 신체 기능이 생리적으로 미숙하고, 이런 미숙함 때문에 인간은 다른 포유류보다 더 오랫동안 부모에게 의존한다고 했다. 이것은 생물학적 욕구를 충족해야 하는 영아가 양육자에게 종속되어 있음을 의미한다. 프로이트(1985,

p. 315)는 양육자를 커뮤니케이션을 제공하는 사람이라고 했다. 프로이트는 영아에게 커뮤니케이션을 제공하는 일을 양육자의 가장 중요한 이차 기능이라고 했다.

라플랑쉬는 생존의 열쇠인 생리적 과정(소화, 배설, 항상성 등)이 영아에게 미숙하고 불완전함을 주목했다. 라깡(1966)은 이를 가리켜 '생리적 결함'이라 했다(Evans, 1997. pp. 85-86). 라플랑쉬(1985, p. 60)는 미숙한 기능이 다른 사람을 거쳐 관계의 맥락에서 발달하는 과정을 연구하였다(Diamond, 1992b, pp.22-25 참조). 이러한 연구 결과에 의하면 환경은 아동의 발달에 깊이 결정적인 영향을 준다.

마음과 신체와 환경은 복잡하게 연결되어 있다. 오늘날의 생물학은 더 이상 전통적인 방식으로 마음과 신체를 구분하지 않는다. 폴 마틴(1997)은 사고와 정서가 면역성 같은 신체적 기능에 어떻게 영향을 주는지를 연구하였다. 그는 뇌와 면역체계가 사회적 환경 속에서 어떻게 작동하는지도 조사하였다. 로버트 다마지오와 제럴드 에델만이라는 유명한 신경생리학자들은 마음이 뇌가 아닌 온몸에 종족되어 있다는 명확한 증거를 내놓았다(Damasio, 1994; Edelman, 1992).

물론 '마음'은 맥락에 따라 다르게 사용된다. 정신분석학에서 말하는 마음은 생각하는 능력이다. 즉 마음은 경험을 상징화하고 정서와 인지를 성찰해보는 능력을 말한다. 어떤 의미에서 (우리가 논하고 있는 마음이 대인관계적 개념일지라도) 독립적인 마음이 있는지 의심스럽다. 이런 이유로 나와 마리오 마론은 성찰 과정에 정신화라는 명칭을 붙이려면 더 많은 논의가 필요하다고 제안한다.

정신분석학에서 언어란 언어로 정신을 표현하는 능력을 말한다. 나는 언어의 형태가 다양하다는 사실을 강조하고 싶다. 트레바덴이 말한 영아의 '원시 대화'도 일종의 언어이다. 의미는 언어 이전의 소통에서도 창조된다. 영아는 말을 배우기 전부터 양육자와 제스처와 동작, 옹알이를 사용하여 소통한다. 비언어적 소통이 간단하게 언어가 되는 것은 아니다. 사고와 행동은 같이 발달한다.

애착과 성욕

애착의 관점에서 볼 때 성욕은 한 사람의 몸 안에 있는 충동에서 파생된 것이 아니다. 관계 속에서 애착 고리가 발달하는 것을 보면 성욕도 관계 속에서 작동한다. 애착은 궁극적으로 한 개인의 내면을 빠져나와 타인과 상호작용하는 성욕으로 발달한다.

애착 고리가 심각하게 손상되면 성적 능력을 포함한 다양한 발달이 심각하게 손상된다. 초창기 애착 연구부터 살펴보자. 할로우는 연구 대상이었던 원숭이를 추적하였다. 새끼 원숭이가 우리에서 살아있는 어미를 접하지 못한 채 자라면 사춘기가 지나도 그 원숭이는 성행위를 할 수 없다.

살아있는 어미를 만나보지 못한 채 성장한 수컷은 다른 수컷이 교미하는 장면을 보여주어도 관찰을 통해 교미하는 방법을 배우지 못했다. 살아있는 어미를 만나보지 못한 채 자란 암컷은 교미하려는 수컷을 받아들여 성기 삽입을 허용했으나 교미 시 암컷이 해야 할 능동적인 역할을 하지 못하고 힘없이 바닥에 주저앉았다. 이런 암컷은 새끼를 낳더라도 자기 새끼를 신체적으로 학대하고 거절하는 등 어미 역할을 하지 못했다(Harlow & Zimmerman, 1959; McKinney, 1975; Scharff, 1982).

원숭이 연구를 토대로 인간을 추론해보면, 사랑을 주고받는 능력은 초기 영아기 때 경험한 정서적 신체적 애착 경험에서 출발한다. 그러나 그 이후 관계의 질도 초기 애착의 결과에 더 나쁜 쪽으로 혹은 더 좋은 쪽으로 영향을 줄 수 있다.

성욕을 유대감으로 이어가는 인간의 능력은 애착의 질에 달려 있다. 애착 관계의 질은 성욕의 방향에 결정적인 영향을 준다. 애착 고리의 질에 따라 성욕은 '부분 대상'에 집중될 수도 있고, 상대방에 대한 진정한 사랑이 될 수도 있다.

실제 성적 경험은 애착 행위일 수도 있고, (성폭행이나 성추행처럼) 성적 일탈일 수도 있다. 성욕을 성적 일탈에 사용한 사람은, 피린치의 용어를 사용하면 애정과 열정을 구분하지 못한다. 이런 사람은 파트너에 대한 강압적인 침범과 다정한 터치를 혼동한다.

좀 더 세분하면 과소자극 혹은 과잉자극의 상황이 발생할 수 있다. 방치에 가까울 정도의 과소자극은 감각적인 접촉과 교류가 부족한 것이다. 반면에 (간지럼 게임이 성적 흥분으로 이어질 수 있을 정도의) 과잉자극 환경에서 자란 아동은 극도의 흥분상태에서 자란다. 초기 애착의 질은 성적 느낌을 포함한 신체적 느낌과 연결되어 있다. 이 분야는 더 많은 연구와 논의가 필요하다. 앞으로 프로이트 이론과 애착이론을 연관 지어 연구하면 좋은 성과를 거둘 것이다.

영아기 애착장애는 성인기에 성적 파트너와의 불편한 관계로 이어질 수 있다. 하잔과 쉐이버(1987)의 연구에 따르면, 아동기의 작동모델(기억)은 성인기 성적 파트너와의 상호작용 방식에 결정적인 영향을 준다. 이 연구에서 발견된 것은 다음과 같다. 성인기에 안전형으로 분류된 사람은 어린 시절 부모에게 따뜻한 보살핌을 받았다고 보고한다. 성인기 안전형은 타인과 친하게 지내는 것을 편안해하고 타인을 신뢰하고 의지할 줄 안다. 이와 반대로 회피형 성인은 타인과 가깝게 지내는 것을 불편해하고 파트너를 받아들이거나 의지하는 것을 꺼린다. 불안-양가형의 성인은 파트너에게 친밀감을 느끼고 친밀감을 표현하지만, 이 감정에는 버림받을지 모른다는 두려움과 사랑이 부족하다는 느낌이 섞여 있다. 그러나 하잔과 쉐이버는 불안전한 유형이 안전형과 사랑하면 긍정적인 쪽으로 변하는 것을 발견하였다.

성인들의 연인관계에서 성욕이 변질되기도 한다. 예컨대, 연인 간의 친밀감이 성적 흥분이 될 수 있고 불안한 집착이 성적 흥분이 될 수 있다. 성적 흥분은 영아기 애착장애에서 비롯된 정서적 불안을 방어하는 수단이 될 수도 있다. 이런 경우 성욕은 절박하게 사랑을 찾거나 사랑받고 싶은 간절한 욕구가 되고, 성관계는 가장 중요한 사랑의 수단이며 성관계를 갈망한다.

프로이트의 용어인 '의탁 대상 선택'은 자신을 보호해주고 보살펴주던 부모와 비슷한 사람을 성적 파트너로 선택하는 것이다. 연인이나 배우자를 의탁 대상으로 삼는 사람은 파트너를 자기를 돌봐주는 사람으로 생각한다. 의탁 대상 선택은 앞에서 언급한 애착 문제와 관련이 있다(Freud, 1901 -1905, p. 222; 1914-1916, p. 87).

의탁은 프로이트가 사용한 특수한 용어이다. 갓난아기는 생명 유지와 자기보존을 위한 중요한 생물학적 기능을 부모에게 맡기는데 자기보존 기능에서 성욕이 출현한다(Diamond, 1992). 이것이 성욕에 대한 라플랑쉬(1985)의 설명이다. 그리고 그는 성욕이 출현하는 이 방식을 가리켜 의탁(anaclisis)이라 했다. 라플랑쉬는 아기가 엄마에게 의지하는 모습이 어디서든 목격될지라도 아기가 엄마에게 의지하는 것과 의탁은 다른 것이라고 주장했다 (Laplanche, 1985, p. 16). 내가 지금 프로이트 용어에 대한 라플랑쉬의 해석이 틀렸다고 지적하는 것은 아니다.[8] 나는 아기가 엄마에게 항상 의지한다는 점을 강조하고 싶다. 양육자와 (간주관적으로) 상호작용하는 가운데 아기의 자기보존 욕구가 모두 충족되는 것도 아니다. 의지하는 모습이 자기생명을 보존하려는 모습(예 : 수유)보다 더 자주 목격된다. 아기가 부모에게 의지하는 맥락에서 부모와 아기 사이에 애착관계가 형성된다. 의탁은 볼비가 말한 애착과 다른 것이다. 어쨌든 아기는 '생리적 욕구'와 성욕을 애착관계 속에서 충족하고 이 애착관계는 상호작용 맥락에서 발달한다.

---

8 라플랑쉬는 성욕을 자기보존을 위한 생리적 욕구와 구분하였다. 아기는 자기보존을 위해 부모에게 의탁하는데 이 과정에 성욕이 출현한다고 보았다. 이 장의 저자인 다이아몬드는 성욕과 생리적 욕구를 하나의 욕구로 묶고 애착을 이 욕구를 충족하기 위한 장치로 보았다. (역자주)

실제로 연인을 사귀지 못하거나 친밀감을 느끼지 못하는 사람도 있다. 이런 사람은 성적 흥분과 유혹을 이용하여 불안정한 연인관계를 유지하고 보완하려고 노력한다. 육체적 사랑과 정신적 사랑이 분리된 경우, 성행위는 친밀감과 무관한 것이다. 이런 사람은 친밀감을 꺼리면서 성관계를 탐닉할 수 있다. 또한 성관계와 사랑을 모두 회피하는 사람도 있다.

애착장애는 사랑의 방식뿐만 아니라 성행위 시의 느낌에도 영향을 준다. 성행위 시 오르가즘을 느끼지 못하거나, (상대방이 떠날지 모른다는 생각에) 성욕을 참거나, (상대방에게 실수할지 모른다는 두려움이 없어 안전한) 자위행위를 더 좋아하는 것은 분명히 애착장애와 관련이 있다.

부모가 아동을 느끼고 생각하는 독립된 주체로 대하지 않았다면 이 아동이 자랐을 때 자기 혹은 타인을 대하는 방식에 심각한 문제가 발생한다. 앞에서 살펴보았듯이 애착 연구에 따르면, 아동이 양육자에게 이해받는 가운데 자기감정을 인식하는 능력이 발달한다.

피터 포네기 등이 말했듯이, 아동은 타인의 마음속에서 자기를 발견한다(Fonagy et al., 1995, p. 257). 즉 부모가 참을성 있게 아동을 수용해주고 이해해줄 때 아동은 부모의 마음속에 있는 자기를 발견하면서 자기에 대한 이미지를 만들어 간다. 이런 일은 자녀와 부모가 (간주관을 토대로) 상대방의 주관적 세계로 들어갈 때 가능하다.

부모가 자녀의 감정을 이해하지 못하면 자녀에게도 같은 문제가 발생한다. 이런 아동은 자기와 타인의 주관적 정서를 알아차리지 못한다. 이런 아동이 성인이 되면 자기와 타인에게 민감하게 반응하지 못하고 이해하지 못하고, 사람을 고유한 감정이 있는 독립된 주체로 대하지 못한다. 물론 이런 문제는 성관계에서도 나타난다.

이런 상황은 더 악화될 수 있다. 아동기 때 계속 학대를 당했거나 극단적인 무관심 속에서 자란 사람은 성인이 되었을 때 자신이 대우받은 대로 자신의 성적 파트너를 대한다. 이렇게 되면 성적 파트너에게 감정이 없다

고 착각하거나 심지어 도착증자처럼 파트너를 물건 취급할 수 있다. 애착
장애가 도착증으로 발전하는 과정은 매우 복잡하다. 초기 애착장애와 성
행위의 연관성은 더 많은 연구가 필요한 중요한 분야이다.

성적 흥분은 아동기 외상이 되살아난 것일 수도 있다. 로버트 스톨러
(1986)는 어떤 상황에서 적대감이 성적 흥분이 될 수 있다고 주장하였다. 여
기에서 성적 흥분으로 이어진 적대감(다른 사람을 해치고 싶은 욕구)을 아동기 외
상에 대처하는 한 가지 방식으로 이해해야 한다. 트라우마를 겪은 사람은
완전히 무기력하고 참담한 감정을 다른 사람에게 물려주어 자신의 고통을
털어버리려 한다. 이런 사람이 느낀 성적 쾌감은 정복감 혹은 현재 사건에
대한 '완벽한' 통제감이다.

성적 파트너의 선택에도 손상된 애착 패턴이 반복된다. 예를 들어, 잔인
한 아버지(혹은 어머니) 밑에서 자란 사람은 같은 패턴을 반복하며 항상 잔인
한 파트너를 선택하는 경향이 있다. 통제적인 어머니(혹은 아버지) 밑에서 자
란 사람은 통제적인 연인을 선택하여 유아적인 무력감을 다시 경험한다.
이러한 사례들이 틀에 박힌 말 같아도 여전히 임상적으로 중요하다.

고전적인 정신분석학은 오이디푸스 관계와 이 문제의 해결을 중시한다.
오이디푸스 갈등이 해소되려면 성기적 성욕이 성숙해져야 한다. 애착이론
의 관점에서 보면, 정신적 사랑과 성기적 성욕이 나란히 발달하는 것은 아
니다. 사랑하는 마음과 배려심 없이 성기적 성욕만 발달한 사람도 있다.

이를 토대로 성적 대상에 대해 다음과 같이 가정할 수 있다. 사람이 성
장함에 따라 성욕이 성기로 집중되듯이 성욕을 해소하는 바람직한 방법은
이성애인 것 같다. 그러나 이성애에도 다양한 문제가 발생할 수 있다. 나
는 가장 중요한 것이 파트너를 대하는 방식이라고 생각한다. 상대방에게
행한 성행위보다 더 중요한 것은 '관계의 질'이다.

관계의 질에 대한 이런 말이 성행위에 대해 도덕적 판단을 내리고, 올바
른 성행위의 기준을 제시하는 것처럼 들릴 수도 있다. 나는 여기에서 성관

계 시 파트너의 감정과 생각을 완전히 무시한다면 윤리적으로 문제가 있다는 점을 강조하고 싶다. 이러한 윤리적 문제는 도덕성보다는 인간에 대한 존엄성과 책임감과 관련이 있다. 이것은 성욕이 다양한 방법과 다양한 형태로 표출될 수 있다고 주장하는 것도 아니고 부정하는 것도 아니다.

엄마의 역할

예전에 패미니스트들이 볼비의 애착이론을 비판했다면 주로 여성에게 부여한 엄마 역할 때문이다. 패미니스트의 눈에 볼비는 '여성은 자연스러운 엄마이므로 직업과 독립심을 포기하고 가정의 감옥에 머물러야 한다.'고 선전한 사람으로 보였을 것이다. 또한 볼비의 관점이 모든 정서적 병리를 엄마 탓으로 돌린 정신분석학의 변종으로 보였을 것이다. 볼비는 생물학적 새끼를 키우는 어미 역할과 여성을 진화론적 고리로 연결하였다. 더욱이 어떤 애착이론가는 엄마만을 따로 떼어 연구하고 양육자로서의 엄마 역할을 당연시한다. 아기를 낳고 키우는 맥락에 엄마가 꼭 있어야 하고 주로 여성이 주양육자이기 때문에 엄마 역할을 강조한 것이다.

그러나 전반적인 볼비의 관점은 패미니스트가 비판한 것과 다르다. 오늘날의 애착 연구에서는 맥락에 속해 있는 엄마에게 관심을 기울이며 아버지 같은 다른 애착인물의 역할도 중요시한다. 혼란을 피하기 위해 볼비가 말한 엄마와 패미니스트의 주장을 간략하게 살펴보자.

볼비의 「엄마와 아동을 연결해주는 고리의 본질(The Nature of the Child's Tie to His Mother」(1958)이라는 초기 논문을 두고 많은 논쟁이 있었다. 볼비는 젖을 빨고 엄마에게 매달리고 따라다니고 우는 아기의 본능적인 반응을 연구한 것이다. 볼비는 아기의 애착 행위를 인간의 생존율을 높이는 진화의 산물로 보았다. 이 논문에서 그는 엄마를 아기의 일차 애착대상이라 했다. 엄마를 향한 아기의 본능적인 행동 덕분에 엄마가 아기 곁에 머물고, 아기는 약탈자로부터 보호받을 수 있다. 아기의 애착행동은 인류의 조상이 물려준 진화의 유산이다.

이와 달리, 나중에 나온 볼비의 저서를 보면 강조점이 변화하였다. 예를 들어, 『안전기지(A Secure Base)』(1988b)라는 책은 초기 엄마-영아의 상호작용도 언급했지만 주로 엄마와 아빠를 포함한 부모 역할을 다루고 있다. 더 나아가 그는 부모 중 어느 쪽이 애착인물의 역할을 해도 상관이 없다고 했다. 또한 그는 종종 '엄마' 대신에 '양육자(caregiver)'라는 용어를 사용했다. 그는 관점을 확장하여 다양한 애착인물의 역할과 가족관계를 조명하였다. 그는 또한 부모 역할은 진공 속에서 이루어지는 것이 아니라 사회적 영향을 받는다고 했다. 우리 사회에서 엄마는 여전히 주양육자이다. 중요한 것은 아동 보호 차원에서 엄마에게 부과된 책임을 나누고 엄마를 지원하는 것이다. 이 점을 간과하면 안 된다.

패미니즘의 역사적인 흐름을 살펴볼 필요가 있다. 1970년대의 많은 패미니스트는 여성의 종속을 정당화하는 데 이용되었다며 모든 생물학적 근거를 부정하였다. 패미니스트는 남성보다 여성이 본질적으로 열등하고, 남녀관계가 바뀔 가능성이 없다고 한 생물학을 부정하였다. 물론 패미니스트들은 아직도 남성보다 여성이 자연적으로 열등하다는 관점을 거부한다. 그리고 여성이 남성보다 열등하다는 일반적 근거도 없다. 그러나 패미니스트도 이제는 생물학적 성차를 인정하고 더 이상 생물학을 필요악으로 생각하지 않는다.

이러한 관점의 변화는 생물학의 변화와도 관련이 있다. 오늘날의 생물학은 천성과 양육의 대립은 더 이상 무의미하고 환경과 유기체의 상호작용이 유기체의 생물학적 변화를 결정한다고 본다. 생물학을 정치적 관점과 연관 지을 필요가 없다. 오늘날의 패미니즘은 신체와 사회적 신체를 중시하는 현대 철학의 영향을 받아 더 이상 신체적 성차를 부정하지 않는다(Gatens, 1983; Young, 1990). 여성에게 고유한 특징은 임신, 출산 그리고 많은 사람이 선택하는 엄마 역할도 포함된다. 이런 변화와 함께 패미니즘에서도 이제는 여성의 신체적 경험과 육아를 연관 지어 생각하며 육아를 더 이상 미천한 일로 보지 않는다. 그러나 엄마 역할을 여성에게 떠넘겨서도 안 되고 여성의 일을 육아로 제한해서도 안 된다.

지금까지 패미니즘의 주장을 살펴보았다. 이제 볼비의 진화론을 비판적 시각에서 살펴보자. 볼비는 아동과 엄마의 생리적 욕구가 맞물려 있다고 생각했다. 그러나 오늘날의 진화론(Trivers, 1974 참조)은 부모와 자녀의 관계를 유전적 갈등 관계로 본다. 이제 볼비의 진화론적 설명 중에는 수정될 부분이 있다. 원시사회에서는 문화와 가치관이 여성보다 남성에게 불리했다. 원시사회에서 남성은 가정을 책임져야 하고, 남성에게만 부과되는 사회적 역할(예 : 사냥)이 있었다. 오늘날의 우리 사회에서는 더 이상 종족을 보존하기 위한 개체의 생존이 긴급하면서도 유일한 일차적인 동기는 아니다. 이런 변화도 오늘날의 아동 양육 방식에 영향을 주고 있다.

더 좋은 모델은 볼비가 제안한 유전과 환경의 상호작용 모델이다. 이 모델에 의하면 애착행동은 부분적으로 유전의 영향을 받을지라도 아동의 신호에 누가 반응하는지, 주양육자가 아동에게 어떻게 반응하는지에 따라 아동의 애착행동은 달라질 수 있다. 원칙적으로 아버지(혹은 아동을 양육하는 다른 사람)도 주양육자가 될 수 있다. 더욱이 이 책의 전반에 걸쳐 논의되고 있듯이, 볼비는 인생의 가장 중요한 시기를 전체 미성숙기(영아기부터 청소년기까지)로 보았다. 아동이 자라는 동안 타인의 영향을 받는 것은 불가피하다. 이러한 사회적 네트워크에서 문화적 요인을 소홀히 하면 안 된다.

애착이론의 발전을 위하여

볼비의 전반적인 연구를 훑어보면 그는 안전애착이 정신건강과 안녕의 열쇠라고 말한다. 애착이론은 영유아의 건강한 발달을 가능케 하는 초기 관계에 살을 붙이는 것이 그 이후의 발달이라 한다. 애착이론은 인간의 발달을 이해하는 데 큰 기여를 하였다. 분명히 이 분야는 앞으로도 계속 발전할 것이다. 그러나 애착이론은 이런저런 반론을 수용하지 않는다면 ─ 모든 접근이 이런 문제점을 안고 있듯이 ─ 핵심 공식에 안주하는 폐쇄적인 이론이 될 것이다.

나는 정신분석적 관점을 언급하고 싶다. 정신분석학은 내면세계와 자아 개념이 파편화되기 쉽다고 한다. 이것은 정신분석학에 다양한 형태로 존재하는 중요한 사상이다. 프로이트 개념 중에서 영어권과 불어권에서 가장 차이가 나는 것은 주관적 세계에 대한 이해이다.

좀 더 비판적 시각에서 애착이론을 검토해보면 애착이론은 모든 것을 편안해하고 확신하는 안전한 애착이 정신건강의 이상향이라고 말하는 것 같다. 그러나 애착이론의 관점에서도 부모는 불완전할 수밖에 없고 부모-자식 간의 상호작용에서 불협화음이 발생하는 것은 불가피하다.

유명한 위니컷의 말을 인용하면, 우리가 기대하는 최선의 환경은 '충분히 좋은' 환경이다. 비교적 안전감이 잘 발달했을지라도 주관적 세계는 항상 안정과 불안정이 교차한다. 심리적 자원이 풍부한 사람은 심리적 불편감이 있다면 이를 인정하고 무엇이 문제인지를 성찰한다.

실증적인 후속 연구가 이어지면서 애착 분야는 안정된 학문으로 자리를 잡았다. 경험적인 애착 연구가 없었다면 애착이론은 지금처럼 강력한 이론이 될 수 없었을 것이다. 그러나 어떤 학문이든 경험적 연구에는 한계가 있다. 경험적 애착 연구는 정신분석적 연구가 없다면 중요한 축이 사라진 객관적 측정법에 머물렀을 것이다. 볼비는 자신의 연구에 해석적 접근이 필요하다는 점을 놓치지 않았다. 볼비의 마지막 저서인 다윈의 자서전에서도 해석적 관점이 발견된다(Bowlby, 1991).

볼비는 자신의 패러다임에 인문학과 사회과학을 통합하였다. 그에게는 과학에 대한 열정이 있었다. 그러나 볼비에게는 경험적 과학자보다는 사실주의자라는 호칭이 더 어울린다. 사실주의는 과학적 방법을 신봉할지라도 관찰 외에 선택, 해석, 이론적 추측도 허용한다. 사실주의를 토대로 우리는 과학적 진실을 발굴하고, 명백하게 검증된 사실이 아닐지라도 엄연히 존재하는 사실들을 연구할 것이다. 사실주의자가 인간의 상호작용을 연구한다면 해석적인 방법으로 의미 있는 행동을 해석할 것이다. 다시 말해, 사실주의는 순수한 경험주의보다 더 정교해진 과학적 접근이다.

볼비가 신봉한 과학적 방법은 좀 더 정확히 말하자면 사실주의이다. 그러나 그는 인간의 경험과 관계를 이해하기 위해 현상학과 발달학을 접목했다. 이 점은 앞으로 더 많은 탐색과 논의가 필요한 우리의 숙제이다.

애착과 간주관의 신경과학

앨런 쇼어(1994, 1994a, 2000a, 2000b)는 애착이론에 정신분석학, 발달심리학, 신경과학을 접목하였다. 유기체와 환경의 직접적인 상호작용을 연구한 쇼어의 연구를 살펴보자. 쇼어(2000b)에 의하면, 정서와 사회성에 대한 기존의 신경과학적 연구는 개인의 뇌 안에서 일어나는 현상에 초점을 맞추었다면, 최근의 연구는 뇌와 뇌의 상호작용을 탐색한다. 이 사람의 뇌에서 저 사람의 뇌로 뇌끼리 직접 정서적 소통을 하는데 특히 우반구는 상대방의 심리적 생리적 상태를 조절한다. 이 사람과 저 사람의 우뇌끼리 소통이 간주관의 신경생리학적 토대인 것 같다.

부모의 뇌 안의 정서 회로는 면대면 상호작용을 하는 영아의 얼굴에 표정을 만들고, 영아의 뇌 안의 정서 회로는 부모의 얼굴에 표정을 만들기 때문에 (그리고 일생에 걸쳐 성인들의 뇌가 뇌끼리 직접 상호작용하기 때문에) 더 이상 뇌 기능이 뇌 안에만 머문다고 생각하면 안 된다. 트리바덴(1993)은 영아가 부모와 신체적 신호를 주고받는 과정에 부모의 뇌에서 영아의 뇌로 신호가 오가는 것을 발견하였다. 요약하면, 영아의 대인 간 소통은 주로 비언어적이고, 뇌와 신체를 같이 사용한다. 양육자와 영아의 간주관적 연결은 영아기의 주된 발달 과제인 정서 발달에 결정적인 역할을 하며 일생 동안 사용할 정서적 소통의 기본적인 형태를 결정한다.

참고문헌

Agazarian, Y. and Peters, R. (1981) *The Visible and Invisible Group.* London: Routledge & Kegan Paul.

Ainsworth, M.D.S. (1967) *Infancy in Uganda: Infant Care and the Growth of Love.* Baltimore: Johns Hopkins University Press.

Ainsworth, M.D.S. (1969) 'Object relations, dependency and attachment: a theoretical review of the infant–mother relationship.' *Child Development 40*, 969–1025.

Ainsworth, M.D.S., Blehar, M.C., Waters, E. and Wall, S. (1978) *Patterns of Attachment: A Psychological Study of the Strange Situation.* Hillsdale, NJ: Erlbaum.

Allen, J.G. (2001) *Traumatic Relationships and Serious Mental Disorders.* Chichester: Wiley.

Asen, E. and Scholz, M. (2010), *Multi-Family Therapy: Concepts and Techniques.* London: Routledge.

Bakermans-Kranenburg, M.J. and Van Ijzendoorn, M.H. (1993) 'A psychometric study of the Adult Attachment Interview: reliability and discriminating validity.' *Developmental Psychology 29*, 870–879.

Balint, M. (1952) *Primary Love and Psycho-Analytic Technique.* London: Tavistock.

Bartholomew, K. and Horowitz, L. (1991) 'Attachment styles among young adults: a test of a four-category model.' *Journal of Personality and Social Psychology 61*, 226–244.

Bartrop, K., Luckhurst, E., Lazarus, L., Kiloh, L.G. and Perry, R. (1977) 'Depressed lymphocyte function after bereavement.' *Lancet 1*, 834–836.

Bateson, G. (1972) 'Double Bind, 1969.' In *Steps to an Ecology of the Mind: A Revolutionary Approach to Man's Understanding of Himself.* Chicago: University of Chicago Press.

Beebe, B., Jaffe, J. and Lachmann, F. (1992) 'A Dyadic Systems View of Communication.' In N. Skolnick and S. Warshaw (eds) *Relational Perspectives in Psychoanalysis.* Hillsdale: The Analytic Press.

Beebe, B. and Lachmann, F. (1994) 'Representation and internalization in infancy: three principles of salience.' *Psychoanalyic Psychology 11*, 2, 127–165.

Beebe, B. and Lachman, F. (2002) *Infant Research and Adult Treatment: Co-constructing Interactions.* London: Analytic Press.

Beebe, B., Lachmann, F. and Jaffe, J. (1997) 'Mother-infant interaction structures and presymbolic self and object representations.' *Psychoanalytic Dialogues 7*, 2, 133–182.

Bellak, L., Hurvich, M. and Gediman, H.K. (1973) *Ego Functions in Schizophrenics, Neurotics and Normals.* New York: John Wiley & Sons.

Belsky, J. (2002) 'Developmental origins of attachment styles.' *Attachment and Human Development 4*, 22, 166–170.

Belsky, J. (2005) 'The Developmental and Evolutionary Psychology of Intergenerational Transmission of Attachment.' In C.S. Carter, L. Ahnert, K.E. Grossman, S.B. Hardy, M.E. Lamb, S.W. Porges and N. Sachser (eds) *Attachment and Bonding: A New Synthesis.* Cambridge, MA: MIT Press.

Benedek, T. (1938) 'Adaption to reality in early infancy.' *Psychoanalysis Quarterly 7*, 200–214.

Bifulco, A.T. and Brown, G.W. (1996) 'Cognitive coping response to crises and onset of depression.' *Journal of Social Psychiatry and Psychiatric Epidermiology 31*, 163–172.

Bifulco, A.T., Brown, G.W. and Harris, T. (1994) 'Childhood experience of care and abuse (CECA): a retrospective interview measure.' *Child Psychology and Psychiatry 35*, 1419–1435.

Bifulco, A.T., Moran, P., Ball, C. and Bernazzoni, O. (2002) 'Adult Attachment Style I: Its relationship to clinical depression.' *Social Psychiatry and Psychiatric Epidemiology 37*, 50–59.

Bifulco, A.T., Moran, P., Ball, C. and Lillie, A. (2002) 'Adult Attachment Style II: Its relationship to psychosocial depressive vulnerability.' *Social Psychiatry and Psychiatric Epidemiology 31*, 60–67.

Bifulco, A.T., Moran, P., Brown, G.W. and Ball, C. (1997) 'Cognitive coping and onset of depression in vulnerable London women.' Unpublished ms.

Bifulco, A.T. and Thomas, G. (2013) *Understanding Adult Attachment in Family Relationships: Research, Assessment, Intervention.* London and New York: Routledge.

Bion, W. (1957) 'Differentiation of the psychotic from the non-psychotic personalities.' *International Journal of Psycho-Analysis 38*, 266–275.

Bion, W. (1959a) *Experiences in Groups.* New York: Basic Books.

Bion, W. (1959b) 'Attacks on linking.' *International Journal of Psycho-Analysis 40*, 308–315.

Bion, W.R. (1962a) *Learning from Experience.* London: Heinemann.

Bion, W.R. (1962b) 'A theory of thinking.' *International Journal of Psycho-Analysis 43*, 306–310.

Bion, W. (1967) *Second Thoughts.* London: Heinemann.

Blatz, W.E. (1966) *Human Security: Some Reflections.* Toronto: University of Toronto Press.

Bleichmar, E. (2005) Manual de psicoterapia de la relación entre padres e hijos. Barcelona: Paidós.

Bleichmar, H. (1997) *Avances en psicoterapia psicoanalítica. Hacia una técnica de intervenciones específicas.* Barcelona: Paidós.

Bleichmar, H. (1999) 'Del apego al deseo de intimidad: las anguistas del desencuentro.' *Aperturas Psicoanaliticas 2.* Electronic journal, available at www.aperturas.org.

Bleichmar, H. (2000) 'Aplicacion de enfoque modular transformacional al disgnostico de los trastornos narcisistas.' *Aperturas Psicoanaliticas 3.* Electronic journal, available at www.aperturas.org.

Bollas, C. (1987) *The Shadow of the Object.* London: Free Association Books.

Bowlby, J. (1940) 'The influence of early environment in the development of neurosis and neurotic character.' *International Journal of Psycho-Analysis 1*, 154–178.

Bowlby, J. (1944) 'Forty-four juvenile thieves: their characters and home life.' *International Journal of Psycho-Analysis 25*, 1–57 and 207–228. Reprinted (1946) as monograph. London: Bailiere, Tindall and Cox.

Bowlby, J. (1951) *Maternal Care and Mental Health.* World Health Organization Monograph Series (No. 2). Geneva: World Health Organization.

Bowlby, J. (1953) *Child Care and the Growth of Love.* Baltimore, MD: Pelican Books.

Bowlby, J. (1958) 'The nature of the child's tie to his mother.' *International Journal of Psycho-Analysis 39*, 350–373.

Bowlby, J. (1960a) 'Separation anxiety.' *International Journal of Psycho-Analysis 41*, 89–113.

Bowlby, J. (1960b) 'Grief and mourning in infancy.' *The Psychoanalytic Study of the Child 15*, 3–39.

Bowlby, J. (1960c) 'Ethology and the development of object relations.' *International Journal of Psycho-Analysis 41* (parts II–III), 313–317.

Bowlby, J. (1965) *Child Care and the Growth of Love*, 2nd edn. London: Penguin Books.

Bowlby, J. (1969) *Attachment and Loss. Vol. 1: Attachment.* London: Hogarth Press.

Bowlby, J. (1973) *Attachment and Loss. Vol. 2: Separation.* London: Hogarth Press.

Bowlby, J. (1975) 'Attachment theory, separation anxiety and mourning.' In D.A. Hamburg and H.K. Brodie (eds) *American Handbook of Psychiatry*, 2nd edn, vol. IV. New York: New Psychiatric Frontiers.

Bowlby, J. (1977) 'The making and breaking of affectional bonds (I: Aetiology and psychopathology in the light of attachment theory; II: Some principles of psychotherapy).' *British Journal of Psychiatry 130*, 201–210 and 421–431.

Bowlby, J. (1980) *Attachment and Loss. Vol. 3: Loss, Sadness and Depression.* London: Hogarth Press and New York: Basic Books.

Bowlby, J. (1982) 'Attachment and loss: retrospect and prospect.' *American Journal of Orthopsychiatry 44*, 9–27.

Bowlby, J. (1985) 'The Role of Childhood Experience in Cognitive Disturbance.' In M.J. Mahoney and A. Freeman (eds) *Cognition and Psychotherapy.* London and New York: Plenum.

Bowlby, J. (1988a) 'Developmental psychiatry comes of age.' *American Journal of Psychiatry 145*, 1–10.

Bowlby, J. (1988b) *A Secure Base. Clinical Applications of Attachment Theory.* London: Routledge.

Bowlby, J. (1990) *Charles Darwin: A New Life.* London: Hutchinson.

Bowlby, J. and Durbin, E. (1939) *Personal Aggressiveness and War.* London: Kegan Paul.

Bretherton, I. (1985) 'Attachment Theory: Retrospect and Prospect.' In I. Bretherton and E. Waters (eds) *Growing Points in Attachment Theory and Research.* Monograph of the Society for Research in Child Development 50, (Serial No. 209).

Bretherton, I. (1990). 'Communication patterns, internal working models, and the intergenerational transmission of attachment relationships.' *Infant Mental Health Journal 11*, 3, 237–251.

Bretherton, I. (1991) 'The Roots and Growing Points of Attachment Theory.' In C.M. Parkes, J. Stevenson-Hinde and P. Marris (eds) *Attachment across the Life-Cycle.* London: Routledge.

Brown, G.W. and Harris, T.O. (1993) 'Aetiology of anxiety and depressive disorders in an inner-city population. 1. Early adversity.' *Psychological Medicine 23*, 143–154.

Brown, G.W. and Moran, P. (1994) 'Clinical and psychological origins of chronic depressive episodes (I: A community survey).' *British Journal of Psychiatry 165*, 447–456.

Brown, G.W., Harris, T.O., Hepworth, C. and Robinson, R. (1994) 'Clinical and psychosocial origins of chronic depressive episodes (II: A patient enquiry).' *British Journal of Psychiatry 165*, 457–465.

Burston, D. (2000) *The Crucible of Experience: R. D. Laing and the Crisis of Psychotherapy.* Cambridge, MA and London: Harvard University Press.

Byng-Hall, J. (1985) 'The family script: a useful bridge between theory and practice.' *Journal of Family Therapy 7*, 301–305.

Byng-Hall, J. (1986) 'Family scripts. A concept which can bridge child psychotherapy and family therapy thinking.' *Journal of Child Psychotherapy 12*, 2, 3–13.

Byng-Hall, J. (1988) 'Scripts and legends in families and family therapy.' *Family Process 27*,

167–179.

Byng-Hall, J. (1991) 'The Application of Attachment Theory to Understanding and Treatment in Family Therapy.' In C.M. Parkes, J. Stevenson-Hinde and P. Marris (eds) *Attachment across the Life Cycle*. London: Routledge.

Byng-Hall, J. (1995) *Rewriting Family Scripts*. New York: Guilford Press.

Byng-Hall, J. (1995) 'Creating a secure family base: some implications of attachment theory for family therapy.' *Family Process* 34, 45–58.

Carlson, V., Cicchetti, D., Barnett, D. and Braunwold, K. (1989) 'Disorganised/disoriented attachment relationships in maltreated infants.' *Developmental Psychology 25*, 525–531.

Cicchetti, D. and Bukowski, W.M. (1995) 'Developmental processes in peer relationships and psychopathology.' *Development and Psychopathology 7*, 587–589.

Cichetti, D., Cummings, M., Greenberg, M. and Marvin, R. (1990) 'An Organizational Perspective on Attachment Theory beyond Infancy: Implications for Theory, Measurement and Research.' In M. Greenberg, D. Cicchetti and M. Cummings (eds) *Attachment in the Preschool Years*. Chicago: University of Chicago Press.

Clulow, C. (2000) *Adult Attachment and Couple Psychotherapy: The 'Secure Base' in Practice and Research*. London: Brunner-Routledge.

Cohn, H. (1997) *Existential Thought and Therapeutic Practice*. London: Sage.

Coie, J., Terry, R., Lennox, K., Lochman, J. and Hyman, C. (1995) 'Childhood peer rejection and aggression as predictors of stable patterns of adolescent disorder.' *Development and Psychopathology 7*, 697–713.

Colin, V.L. (1996) *Human Attachment*. Philadelphia: Temple University Press.

Corderch, J. (2008) *Una evolución de la teoría y en la praxis del pensamiento psicoanalítico: del conflicto al déficit*. Talk given on 4 October at the Instituto de Estudios Psicosomaticos y Psicoterapia Medica of Valencia (Spain).

Cortina, M. and Liotti, G. (2010) 'Attachment is about safety and protection, intersubjectivity is about sharing and social understanding: the relationships between attachment and intersubjectivity.' *Psychoanalytic Psychology 27*, 4, 410–441.

Cortina, M. and Marrone, M. (2003) *Attachment Theory and the Psychoanalytic Process*. London: Whurr.

Couch, A. (1995) 'Anna Freud's adult psychoanalytic technique: a defence of classical analysis.' *International Journal of Psycho-Analysis 76*, 153–171.

Craik, K. (1943) *The Nature of Explanation*. Cambridge: Cambridge University Press.

Crittenden, P.M. (1984) 'Sibling interaction: evidence of a generational effect in maltreating infants.' *Child Abuse and Neglect 8*, 433–438.

Crittenden, P. (1992) 'Treatment of anxious attachment in infancy and early childhood.' *Development and Psychopathology 4*, 575–602.

Crossley, N. (1996) *Intersubjectivity*. London: Sage.

Crowell, J. and Owens, G. (1998) *Manual for the Current Relationship Interview and Scoring System*. Version 4. Available at www.psychology.sunysb.edy/attachment/measures/content/cri_manual.pdf.

Cummings, M.E. and Davies, P.T. (1994) 'Marital conflict and child adjustment: an emotional security hypothesis.' *Psychological Bulletin 116*, 3, 387–411.

Damasio, A.R. (1994) *Descartes' Error*. New York: Crosset Putnam.

Davies, P.T., Woitach, M. and Winter, M.A. (2008) 'Children's insecure representation of the interparental relationship and their school adjustment: the mediating role of attention difficulties.' *Child Development 5*, 1570–1582.

de Clerambault, C.G. (1942) *Les Psychoses Passionelles. Oeuvre Psychiatrique*. Paris: Presses Universitaires.

de Maré, P., Piper, R. and Thompson, S. (1991) *Koinonia: From Hate through Dialogue, to Culture in the Large Group*. London: Karnac.

DeHart, G., Sroufe, L.A. and Cooper, R. (2000) *Child Development: Its Nature and Course*, 4th edn. New York: McGraw-Hill.

DeHart, G., Sroufe, L.A. and Cooper, R. (2004). *Child Development: Its Nature and Course*, 5th edn. New York: McGraw-Hill.

de Zulueta, F. (1993) *From Pain to Violence*. London: Whurr.

Diamond, N. (1992a) 'Sexual abuse: the bodily aftermath.' *Free Association 25*, 71–83.

Diamond, N. (1992b) 'Biology.' In E. Wright (ed.) *Feminism and Psychoanalysis: A Critical Dictionary*. Oxford: Blackwell.

Diamond, N. (1996) 'Can we speak of internal and external reality?' *Group Analysis 29*, 303–316.

Diamond, N. (2013) *Between Skins*. Oxford: Wiley-Blackwell.

Diamond, D., Clarkin, J., Levy, K., Levine, H., Kotov, K. and Stovall-McClough, C. (1999) *The Patient Therapist Adult Attachment Interview (PT-AAI)*. Unpublished manuscript, The City University of New York, Department of Psychology.

Diamond, N. and Marrone, M. (2003) *Attachment and Intersubjectivity*. London: Whurr.

Dozier, M. and Kobak, R.R. (1992) 'Psychophysiology in attachment interviews: converging evidence for deactivating strategies.' *Child Development 63*, 1473–1480.

Durkin, H.E. (1964) *The Group in Depth*. New York: International Universities Press.

Eagle, M. (1984) *Recent Developments in Psychoanalysis*. Cambridge, MA: Harvard University Press.

Eagle, M. (1995) 'The Developmental Perspectives of Attachment and Psychoanalytic Theory.' In S. Goldberg, R. Muir and J. Kerr (eds) *Attachment Theory: Social, Developmental and Clinical Perspectives*. New York: Analytic Press.

Eagle, M. (2011) *From Classical to Contemporary Psychoanalysis: A Critique and Integration*. London: Routledge.

Edelman, G.M. (1992) *Bright Air, Brilliant Fire*. New York: Basic Books.

Enoch, M.D. and Trethowan, W.H. (1979) *Uncommon Psychiatric Syndromes*. Bristol: John Wright & Sons.

Evans, D. (1997) *An Introductory Dictionary of Lacanian Psychoanalysis*. London and New York: Routledge.

Ezriel, H. (1963) 'Experimentation within the Psycho-Analytic Session.' In L. Paul (ed.) *Psychoanalytic Interpretation*. New York: Free Press of Glencoe.

Fairbairn, W.R.D. (1952) *Psychoanalytic Studies of the Personality*. London: Routledge & Kegan Paul.

Feeney, J.A. (1999) 'Adult Romantic Attachment and Couple Relationships.' In J. Cassidy and P.R. Shaver (eds.) *Handbook of Attachment: Theory, Research and Clinical Applications*. New York: Guilford Press.

Fonagy, P. (1991) 'Measuring the ghost in the nursery: a summary of the main findings of the Anna Freud Centre/University College London Parent Child-Study (with M. Steele, G.S. Moran, H. Steele, and A. Higgitt).' *Bulletin of the Anna Freud Centre 14*, 115–131.

Fonagy, P. (1996) 'Discussion of Peter H. Wolff's paper "Irrelevance of infant observation for psychoanalysis".' *Journal of the American Psychoanalytic Association 44*, 2, 404–422.

Fonagy, P. (2001) *Attachment Theory and Psychoanalysis.* New York: Other Press.

Fonagy, P., Higgitt, A., Moran G., Steele, H. and Steele, M. (1991) 'Measuring the ghosts in the nursery: a summary of main findings of the Anna Freud Centre–University College London Parent–Child Study.' *Bulletin of the Anna Freud Centre 14*, 115–131.

Fonagy, P., Steele, M., Kennedy, R., Mattoon, G., Leigh, T., Steele, H., Target, M. and Gerber, A. (1996) 'The relation of attachment states, psychiatric classification and response to psychotherapy.' *Journal of Consulting and Clinical Psychology 64*, 22–31.

Fonagy, P., Steele, H. and Steele, M. (1991) 'Maternal representation of attachment during pregnancy predicts infant–mother attachment at one year.' *Child Development 62*, 891–905.

Fonagy, P., Steele, M., Steele, H., Leigh, T., Kennedy, R., Mattoon, G. and Target, M. (1995). 'Attachment, the Reflective Self and Borderline States: the Predictive Specificity of the Adult Attachment Interview and Pathological Emotional Development.' In S. Goldberg, R. Muir and J. Kerr (eds) *Attachment Theory: Social, Developmental and Clinical Perspectives.* Hillsdale, NJ: Analytic Press.

Fonagy, P., Steele, M., Steele, H., Moran, G. and Higgitt, A. (1991) 'The capacity for understanding mental states: the reflective self in parent and child and its significance for security of attachment.' *Infant Mental Health Journal 13*, 201–218.

Fonagy, P., Steele, M., Steele, H. and Target, M. (1997) 'Reflective-Functioning Manual (version 4.1) for application to Adult Attachment Interviews.' Unpublished manual. Sub-Department of Clinical Health Psychology, University College London.

Foulkes, E. (ed.) (1990) *S.H. Foulkes, Selected Papers: Psychoanalysis and Group Analysis.* London: Karnac.

Foulkes, S.H. (1964) *Therapeutic Group Analysis.* London: George Allen & Unwin.

Foulkes, S.H. (1968) 'On interpretation in group analysis.' *International Journal of Group Psychotherapy 18*, 432–434.

Foulkes, S.H. (1974) 'My philosophy in psychotherapy.' *Journal of Contemporary Psychotherapy 6*, 109–114. Reprinted in S.H. Foulkes (1990) *Selected Papers.* London: Karnac.

Foulkes, S.H. (1975) *Group Analytic Psychotherapy.* London: Interface.

Foulkes, S.H. (1977) 'Notes on the Concept of Resonance.' In L.R. Wolberg and M.L. Aronson (eds) *Group Therapy 1977: An Overview.* New York: Stratton.

Foulkes, S.H. and Parkin, A. (1957) 'Out-patient psychotherapy: a contribution towards a new approach.' *International Journal of Social Psychiatry 3*, 44–48.

Fraiberg, S., Adelson, E. and Shapiro, V. (1980) 'Ghosts in the nursery: a psychoanalytic approach to the problems of impaired mother–infant relationships.' In S. Fraiberg (ed.) *Clinical Studies in Infant Mental Health: The First Year of Life.* London: Tavistock.

Franz, C.E., McClelland, D.C., Weinberg, J. and Peterson, P. (1994) 'Parenting antecededents of adult adjustment: a longitudinal study.' In C. Perris, W.A. Arrindell and M. Eisemann (eds) *Parenting and Psychopathology.* Chichester: Wiley.

Freud, A. (1972) *Problems of Psycho-Analytic Technique and Therapy.* London: Hogarth Press.

Freud, S. (1893–1895) *Studies on Hysteria.* SE 2. In J. Strachey (ed.) (1956–1974) *The Standard Edition of the Complete Psychological Works of Sigmund Freud.* London: Hogarth Press.

참고문헌

Freud, S. (1895) *Project for a Scientific Psychology* SE 1. In J. Strachey (ed.) (1956–1974) *The Standard Edition of the Complete Psychological Works of Sigmund Freud*. London: Hogarth Press.

Freud, S. (1901–1905) *Three Essays on Sexuality*. SE 11. In J. Strachey (ed.) (1956–1974) *The Standard Edition of the Complete Psychological Works of Sigmund Freud*. London: Hogarth Press.

Freud, S. (1905 [1901]) *Fragment of an Analysis of a Case of Hysteria*. SE 7. In J. Strachey (ed.) (1956–1974) *The Standard Edition of the Complete Psychological Works of Sigmund Freud*. London: Hogarth Press.

Freud, S. (1911) *Formulations on the Two Principles of Mental Functioning*. SE 12. In J. Strachey (ed.) (1956–1974) *The Standard Edition of the Complete Psychological Works of Sigmund Freud*. London: Hogarth Press.

Freud, S. (1914–1916) *On Narcissism: An Introduction*. SE 14. In J. Strachey (ed.) (1956–1974) *The Standard Edition of the Complete Psychological Works of Sigmund Freud*. London: Hogarth Press.

Freud, S. (1916–1917) 'Some thoughts on development and regression.' In *Introductory Lectures on Psycho-Analysis*, Part III. SE 16. In J. Strachey (ed.) (1956–1974) *The Standard Edition of the Complete Psychological Works of Sigmund Freud*. London: Hogarth Press.

Freud, S. (1920) *Beyond the Pleasure Principle*. SE 23. In J. Strachey (ed.) (1956–1974) *The Standard Edition of the Complete Psychological Works of Sigmund Freud*. London: Hogarth Press.

Freud, S. (1925) *An Autobiographical Study*. SE 20. In J. Strachey (ed.) (1956–1974) *The Standard Edition of the Complete Psychological Works of Sigmund Freud*. London: Hogarth Press.

Freud, S. (1926) *Inhibitions, Symptoms, and Anxiety*. SE 20. In J. Strachey (ed.) (1956–1974) *The Standard Edition of the Complete Psychological Works of Sigmund Freud*. London: Hogarth Press.

Freud, S. (1937a) *Analysis Terminable and Interminable*. SE 23. In J. Strachey (ed.) (1956–1974) *The Standard Edition of the Complete Psychological Works of Sigmund Freud*. London: Hogarth Press.

Freud, S. (1937b) *Constructions in Analysis*. SE 23. In J. Strachey (ed.) (1956–1974) *The Standard Edition of the Complete Psychological Works of Sigmund Freud*. London: Hogarth Press.

Freyd, J.J. (1996) *Betrayal Trauma: The Logic of Forgetting Child Abuse*. Cambridge: Harvard University Press.

García Badaracco, J. (2006) 'Psicoanálisis Multifamiliar, para curar la enfermedad mental desde la virtualidad sana.' *Revista de Psicoanálisis 62*, 4, 919–936.

García-Castrillón Armengou, F. (2009) 'The death drive: Conceptual analysis and relevance in the Spanish psychoanalytic community.' *International Journal of Psychoanalysis 90*, 2, 263–289.

Gatens, M. (1983) 'A Critique of the Sex/Gender Distinction.' In J. Allen and P. Patton (eds) *Beyond Marxism? Interventions after Marx*. Sydney: Intervention Publications.

George, C., Kaplan, N. and Main, M. (1985) *Adult Attachment Interview* Unpublished manual. Department of Psychology, University of California, Berkeley.

Gerhard, S. (2010) *The Selfish Society*. New York: Simon & Schuster.

Goldstein, W.N. (1991) 'Clarification of projective identification.' *American Journal of*

Psychiatry 148, 2, 153–161.

Greenson, R.R. (1994) *The Technique and Practice of Psychoanalysis*. London: Hogarth Press.

Gribbin, J. (1985) *In Search of Schrodinger's Cat*. London: Corgi Books.

Griffin, D. and Bartholomew, K. (1994) 'The Metaphysics of Measurement: The Case of Adult Attachment.' In K. Bartholomew and D. Perlman (eds) *Attachment Processes in Adulthood: Advances in Personal Relationships*. London: Jessica Kingsley Publishers.

Grinberg, L. (1956) 'Sobre algunos problemas de tecnica psicoanalitica determinados por la identificacion y contraidentificacion proyectiva.' *Revista de Psicoanalisis 13*, 507–511.

Grinberg, L. (1979) 'Projective Counteridentification and Countertransference.' In L. Epstein and A. Feiner (eds) *Countertransference*. New York: Jason Aronson.

Grosskurth, P. (1987) *Melanie Klein: Her World and Her Work*. Cambridge, MA: Harvard University Press.

Hamilton, V. (1985) 'John Bowlby: An Ethological Basis for Psychoanalysis.' In J. Reppen (ed.) *Beyond Freud: A Study of Modern Psychoanalytic Theorists*. New York: Analytic Press.

Harlow, H. (1958) 'The nature of love.' *The American Psychologist 3*, 673–685.

Harlow, H.F. and Harlow, M.K. (1966) 'Learning to love.' *American Scientist 54*, 244–272.

Harlow, H.F. and Zimmerman, R.R. (1959) 'Affectional responses in infant monkeys.' *Science 130*, 421–432.

Harris, T. (1992) 'Some Reflections on the Process of Social Support and the Nature of Unsupportive Behaviour.' In H.O.F. Veiel and V. Bauman (eds) *The Meaning and Measurement of Social Support*. Washington: Hemisphere Publishing.

Harris, T.O. and Bifulco, A. (1991) 'Loss of Parent in Childhood, and Attachment style and Depression in Adulthood.' In C.M. Parkes and J.S. Hinde (eds) *Attachment Across the Life Cycle*. London: Tavistock and New York: Routledge.

Harris, T., Brown, G.W. and Bifulco, A. (1990) 'Loss of parent in childhood and adult psychiatric disorder: a tentative overall model.' *Development and Psychopathology 2*, 311–328.

Harris, T.O., Brown, G.W. and Robinson, R. (1999) 'Befriending as an intervention for chronic depression among women in an inner city. I: Randomised controlled trial and II: Role of fresh-start experiences and baseline psychosocial factors in remission from depression.' *British Journal of Psychiatry 174*, 219–233.

Harwood, I.N.H. and Pines, M. (1998) *Self Experiences in Group*. London: Jessica Kingsley Publishers.

Hayman, A. (1994) 'Some remarks about the "Controversial Discussions".' *International Journal of Psycho-Analysis 75*, 2, 343–358.

Hazan, C. and Shaver, P. (1987) 'Romantic love conceptualised as an attachment process.' *Journal of Personality and Social Psychology 52*, 511–524.

Heidegger, M. (1962) *Being and Time*. Oxford: Blackwell.

Hinde, R. (1982) *Ethology*. Glasgow: Fontana Paperbacks.

Hobson, P. (1993) *Autism and the Development of Mind*. Hove, East Sussex: Lawrence Erlbaum Associates.

Hoffer, M.A. (1984) 'Relationships as regulators: a psychobiologic perspective on bereavement.' *Psychosomatic Medicine 46*, 3, 183–197.

Hoffman, M. (1994a) 'Le role de l'initiative dans le developpment emotionel precoce.'

Psychiatrie de l'enfant 37, 1, 179–213.

Hoffman, M. (1994b) 'De la iniciativa a la experiencia.' *Clinica Psicologica 3*, 249–261.

Hoffman, M. (1995) 'Espejamiento.' *Revista de la Asociacion Argentina de Psicologia y Psicoterapia de Grupo 18*, 1, 81–115.

Hopper, E. (1981) *Social Mobility: A Study of Social Control and Insatiability.* Oxford: Blackwell.

Isaacs, S. (1948) 'The nature and function of phantasy.' *International Journal of Psycho-Analysis 29*, 73–97.

Issroff, J. (with contributions by Reeves, C. and Hauptmann, B.) (2005) *Donald Winnicott and John Bowlby: Personal and Professional Perspectives.* London: Karnac.

Johnson, S. (with B. Bradley, J.L. Furrow, A. Lee, G. Palmer, D. Tilley and S. Woolley) (2005) *Becoming an Emotionally Focused Couple Therapist: The Workbook.* New York: Brunner /Routledge.

Juri, L. (1999) *El Psicoanalista Neutral: Un Mito.* Rosario: Homo Sapiens.

Juri, L. (2011) *Teoria del Apego para Psicoterapeutas.* Madrid: Psimatica.

Kahn, J. and Wright, S. (1980) *Human Growth and the Development of Personality*, 3rd edn. London: Pergamon.

Karen, R. (1990) 'Becoming attached.' *The Atlantic*, February, 35–70.

Karen, R. (1994) *Becoming Attached.* New York: Warner Books.

Khan, M. (1963) 'The concept of cumulative trauma.' *Psychoanalytic Study of the Child 18*, 283–306.

King, P. and Steiner, R. (1991) *The Freud–Klein Controversies 1941–45.* London: Tavistock.

Klein, M. (1952) 'The origins of transference.' *International Journal of Psycho-Analysis, 33*, 433–438.

Klein, M. (1975) 'Notes on Some Schizoid Mechanisms.' In M. Klein, *Envy and Gratitude and Other Works: 1946–1963.* New York: Basic Books.

Klein, M. (1988) *Love, Guilt and Reparation.* London: Virago.

Kohut, H. (1971) *The Analysis of the Self.* New York: International Universities Press.

Kohut, H. (1977) *The Restoration of the Self.* New York: International Universities Press.

Kohut, H. (1979) 'The two analyses of Mr. Z.' *International Journal of Psycho-Analysis 60*, 3–27.

Kohut, H. (1984) *How Does Analysis Work?* Chicago: University of Chicago Press.

Kraemer, G.W. (1985) 'Effects of Differences in Early Social Experience on Primate Neurobiological-Behavioural Development.' In M. Reite and T. Field (eds) *The Psychobiology of Attachment and Separation.* London: Academic Press.

Kuhn, T.S. (1962) *The Structure of Scientific Revolutions.* Chicago: University of Chicago Press.

Lacan, J. (1953–1954) *Le Seminaire. Livre 1. Les ecrits techniques de Freud, 1953–1954.* Paris: J.-A. Miller. *The Seminar. Book I. Freud's Papers on Technique, 1953–1954* (translation and notes by John Forrester). Cambridge: Cambridge University Press, 1987.

Lacan, J. (1954–1955) *The Seminar. Book II. The Ego in Freud's Theory: 1954–1955*, translation by Sylvana Tomasell, notes by John Forrester). New York: Norton, 1988.

Lacan, J. (1966) *Ecrits.* Paris: Sevil.

Laing, R.D. (1960) *The Divided Self.* London: Tavistock.

Laing, R.D. (1961) *The Self and Others.* London: Tavistock.

Laing, R.D. and Esterson, A. (1964) *Sanity, Madness and the Family.* London: Hogarth

Press.

Laplanche, J. (1985) *Life and Death in Psychoanalysis* (translated and introduced by J. Mehlman). Baltimore and London: Johns Hopkins University Press.

Laplanche J. and Pontalis, J.B. (1983) *The Language of Psycho-Analysis*. London: Hogarth Press.

Lichtenberg, J. (1989) *Psychoanalysis and Motivation*. Hillsdale: The Analytic Press.

Lichtenberg, J. and Wolf, E.S. (1997) 'On self-psychology.' Paper presented at the meeting of British independent psychoanalysts and American self-psychologists, London, July.

Lieberman, A. (1992a) 'Attachment Theory and Infant–Parent Psychotherapy: Some Conceptual, Clinical and Research Considerations.' In D. Cicchetti and S. Toth (eds) *Models and Integrations: Rochester Symposium on Developmental Psychopathology*. Rochester, NY: University of Rochester Press.

Lieberman, A.F. (1992b) 'Infant–parent psychotherapy with toddlers.' *Development and Psychopathology 4*, 559–574.

Lindsay, D.S. and Read, J.D. (1994) 'Psychotherapy and memories of childhood sexual abuse: a cognitive perspective.' *Applied Cognitive Psychology 8*, 281–338.

Locke, J. [1693] (1964) 'Some Thoughts Concerning Education.' In P. Gay (ed.) *John Locke on Education*. New York: Bureau of Publications, Teacher's College, Columbia University.

Lorenz, K. (1952) *King Solomon's Ring*. London: Methuen.

Lyons, R.K. (1998) 'Caregiving contributions to infant disorganized attachment: helpless and hostile stances in parent-infant affective communication.' Keynote speaker at the annual spring retreat of the Developmental Psychobiology Research Group, University of Colorado Health Sciences Center.

Lyons, R.K., Connell, D., Zoll, D. and Stahl, J. (1987) 'Infants at social risk: relationship among infant maltreatment, maternal behaviour and infant attachment behaviour.' *Development and Psychopathology 23*, 223–232.

Mahler, M.S., Pine, F. and Bergman, A. (1975) *The Psychological Birth of the Human Infant*. New York: Basic Books.

Main, M. (1991) 'Metacognitive Knowledge, Metacognitive Monitoring, and Singular (Coherent) vs Multiple (Incoherent) Model of Attachment: Findings and Directions for Future Research.' In C.M. Parkes, J. Stevenson-Hinde and P. Marris (eds) *Attachment across the Life Cycle*. London: Routledge.

Main, M. (1995) 'Recent Studies in Attachment: Overview, with Selected Implications for Clinical Work.' In S. Goldberg, R. Muir and J. Kerr (eds) *Attachment Theory: Social, Developmental and Clinical Perspectives*. Hillsdale, NJ: Analytic Press.

Main, M. and Goldwyn, R. (1985) 'Adult Attachment Scoring and Classification System.' Unpublished scoring manual. Department of Psychology, University of California, Berkeley.

Main, M. and Hesse, E. (1990) 'Parents' Unresolved Traumatic Experiences Are Related to Infant Disorganised Attachment Status: Is Frightened and/or Frightening Parental Behaviour the Linking Mechanism?' In M. Greenberg, D. Cicchetti and E.M. Cummings (eds) *Attachment in the Preschool Years*. Chicago: University of Chicago Press.

Main, M. and Solomon, J. (1986) 'Discovery of a New, Insecure–Disorganized–Disoriented Attachment Pattern.' In T.B. Brazelton and M. Yogman (eds) *Affective*

Development in Infancy. Norwood, NJ: Ablex.

Main, M. and Solomon, J. (1990) 'Procedures for Identifying Infants as Disorganized/ Disoriented during the Ainsworth Strange Situation.' In M. Greenberg, D. Cicchetti and E.M. Cummings (eds) *Attachment in the Preschool Years.* Chicago: University of Chicago Press.

Main, M. and Stadtman, J. (1981) 'Infant response to rejection of physical contact with the mother: aggression, avoidance and conflict.' *Journal of the American Academy of Child Psychiatry 20*, 2992–3007.

Main, M. and Weston, D. (1981) 'The quality of the toddler's relationship to mother/ father: related to conflict behaviour and the readiness to establish new relationships.' *Child Development 52*, 932–940.

Marineau, R.F. (1989) *Jacob Levy Moreno 1989–1974.* London: Tavistock.

Marris, P. (1991) 'The Social Construction of Uncertainty.' In C. Murray Parkes, J. Stevenson-Hinde and P. Marris (eds) *Attachment across the Life Cycle.* London: Routledge.

Marris, P. (1996) *The Politics of Uncertainty: Attachment in Private and Public Life.* London: Routledge.

Marrone, M. (1982) 'Notas acerca del nivel proyectivo en analisis de grupos.' *Acta Psiquiatrica y Psicologica de America Latina 28*, 319–327.

Marrone, M. (1984) 'Aspects of transference in group analysis.' *Group Analysis 17*, 3, 179–194.

Marrone, M. (1994) 'Attachment Theory and Group Analysis.' In D. Brown and L. Zinkin (eds) *The Psyche and the Social World.* London: Routledge.

Marrone, M. and Pines, M. (1990) 'Group Analysis.' In I.L. Kutash and A. Wolf (eds) *Group Psychotherapist's Handbook.* New York: Columbia University Press.

Martin, P. (1997) *The Sickening Mind.* London: Harper Collins.

Martinez Bouquet, C., Moccio, F. and Pavlovsky, E. (1970) *Psicodrama Psicoanalitico en Grupos.* Buenos Aires: Kargieman.

Marty, P. and M'Uzan, M. (1962) 'La Pensée opératoire.' *Revue Française de Psychoanalyse 27*, 345–356.

Mattinson, J. and Sinclair, I.A.C. (1979) *Mate and Stalemate: Working with Marital Problems in a Social Services Department.* Oxford: Blackwell.

McKinney, W.T. (1975) 'Psychoanalysis revisited in terms of experimental primatology.' In E.T. Adelson (ed.) *Sexuality and Psychoanalysis.* New York: Brunel Mazel.

Meares, R.A. and Hobson, R.F. (1977) 'The persecutory therapist.' *British Journal of Medical Psychology 50*, 349–359.

Meltzoff, A. and Moore, M. (1977) 'Imitation of facial and manual gestures by human neonates.' *Science 198*, 75–78.

Meltzoff, A. and Moore, M. (1983) 'Newborn infants imitate adult facial gestures.' *Child Development 54*, 702–709.

Meltzoff, A. and Moore, M. (1991) 'Cognitive Foundations and Social Functions of Imitation and Intermodal Representation in Infancy.' In M. Woodhead, R. Carr and P. Light (eds) *Becoming a Person.* London: Routledge.

Merleau-Ponty, M. (1964) *Phenomenology of Perception.* London: Routledge and Kegan Paul.

Mitchell, S.A. (1988) *Relational Concepts in Psychoanalysis.*

Moreno, J.L. (1972) 'Psychodrama.' In H.I. Kaplan and B.J. Sadock (eds) *Sensitivity through Encounter and Marathon.* New York: E.P. Dutton and company.

Murray, L. (1992) 'The impact of postnatal depression on infant development.' *Journal of Child Psychology and Psychiatry 33*, 543–561.

Murray, L., Fiori-Cowley, A., Hopper, R. and Cooper, P. (1996) 'The impact of post-natal depression and associated adversity on early mother–infant interactions and later outcome.' *Child Development 67*, 2512–2526.

Murray, L. and Trevarthen, C. (1985) 'Emotional Regulation of Interactions between 2 Month Olds and their Mothers.' In T.M. Field and N.A. Fox (eds) *Social Perception in Infants.* Norwood, NJ: Ablex.

Music, G. (2010) *Nurturing Natures: Attachment and Children's Emotional, Social and Brain Development.* London: Taylor Francis.

Norcross, J. C. (2005) 'A Primer on Psychotherapy Integration.' In J.C. Norcross and M.R. Goldfried (eds) *Handbook of Psychotherapy Integration*, 2nd edn. New York: Oxford University Press.

O'Connor, M.J., Sigman, M. and Brill, N. (1987) 'Disorganization of attachment in relation to maternal alcohol consumption.' *Journal of Consulting and Clinical Psychology 55*, 831–836.

Ogden, T.H. (1982) *Projective Identification and Psychotherapeutic Technique.* New York: Jason Aronson.

Ogden, T.H. (1994) *Subjects of Analysis.* London: Karnac.

Owen, M. and Cox, M.J. (1997) 'Marital conflict and the development of infant–parent attachment relationships.' *Journal of Family Psychology 11*, 2, 152–164.

Ozer, D.J. (1993) 'The Q-sort method and the study of personality development.' In D. Funder, R. Parke, C. Tomlinson-Keasy and K. Widaman (eds) *Studying Lives Through Time: Personality and Development.* Washington, DC: America Psychological Association.

Parkes, C.M. (1991) 'Attachment, Bonding and Psychiatric Problems after Bereavement in Adult Life.' In C.M. Parkes, J. Stevenson-Hinde and P. Marris (eds) *Attachment across the Life Cycle.* London: Routledge.

Parkes, C.M. (1995) 'Edward John Mostyn Bowlby 1907–1990.' *Proceedings of the British Academy 87*, 247–261.

Parkes, C.M. (1996) *Bereavement: Studies of Grief in Adult Life*, 3rd edn. London: Routledge.

Patrick, M., Hobson, P., Castle, D. Howard, R. and Maugham, B. (1994) 'Personality disorder and the mental representation of early social experience.' *Development and Psychopathology 6*, 375–388.

Paulley, J.W. (1982) 'Pathological mourning: a key factor in psychopathogenesis of auto-immune disorders.' Paper presented at the 14th European Congress on Psychosomatic Research.

Pavlovsky, E. (1988) 'Psicodrama analitico. Su historia. Reflexiones sobre lôs movimientos frances y argentino.' *Lo Grupal 6*, 11–54.

Pearson, J.L., Cohn, D.A., Cowan, P.A. and Pepe Cowan, C. (1994) 'Earned and continuous-security in adult attachment: relation to depressive symptomatology and parenting style.' *Development and Psychopathology 6*, 359–373.

Perris, C. (1994) 'Linking the Experience of Dysfunctional Parental Rearing with Manifest Psychopathology: A Theoretical Framework.' In C. Perris, W.A. Arunell and M. Eisemann (eds) *Parenting and Psychopathology.* Chichester: John Wiley &

Sons.

Peterfreund, E. (1978) 'Some critical comments on psychoanalytic conceptualizations of infancy.' *International Journal of Psycho-Analysis 59*, 427–441.

Peterfreund, E. (1980) 'On information and systems models for psychoanalysis.' *International Review of Psychoanalysis 7*, 327–345.

Peterfreund, E. (1983) *The Process of Psychoanalytic Therapy*. Hillsdale, NJ: Analytic Press.

Pettingale, K.W., Hussein, M. and Tee, D.E.H. (1994) 'Charges in immune status following bereavement.' *Stress Medicine 10*, 3, 145–150.

Pfafflin, F. and Adshead, G. (2004) *A Matter of Security: The Application of Attachment Theory to Forensic Psychiatry and Psychotherapy*. London: Jessica Kingsley Publishers.

Phares, V. and Compas, B.E. (1992) 'The role of fathers in child and adolescent psychopathology: make room for daddy.' *Psychological Bulletin 3*, 3, 387–412.

Piaget, J. (1952) *The Origins of Intelligence*. New York: International Universities Press.

Piaget, J. (1954) *The Construction of Reality in the Child*. New York: Basic Books.

Quinton, D. and Rutter, M. (1976) 'Early hospital admission and later disturbances of behaviour: an attempted replication of Douglas' findings.' *Developmental Medicine and Child Neurology 19*, 447–459.

Rapaport, D. (1960) 'The structure of psychoanalytic theory.' *Psychological Issues*. Monograph 6. New York: International University Press.

Rayner, E. (1990) *The Independent Mind in British Psychoanalysis*. London: Free Association Books.

Reddy, V., Hay, D. Murray, L. and Trevarthen, C. (1997) 'Communication in Infancy: Mutual Regulation of Affect and Attention.' In G. Bremmer, A. Slader and G. Butterworth (eds) *Infant Development: Recent Advances*. Hove, East Sussex: Psychology Press.

Renn, P. (2012) *The Silent Past and the Invisible Present: Memory, Trauma and Representation in Psychotherapy*. New York: Routledge.

Robertson, J. (1953) *A Two-Year-Old Goes to Hospital*. Film. University Park, PA: Penn State Audio Visual Services. Ipswich, UK: Concord.

Robertson, J. and Robertson, J. (1967) *Kate, Aged Two Years Five Months, in Foster Care for Twenty-Seven Days*. Film. Young Children in Brief Separation Film Series. University Park, PA: Penn State Audio Visual Services. Ipswich, UK: Concord.

Robertson, J. and Robertson, J. (1968) *Jane, Aged Seventeen Months, in Foster Care for Ten Days*. Film. Young Children in Brief Separation Film Series. University Park, PA: Penn State Audio Visual Services. Ipswich, UK: Concord.

Robertson, J. and Robertson, J. (1969) *John, Aged 17 Months, for Nine Days in a Residential Nursery*. Film. Young Children in Brief Separation Film Series. University Park, PA: Penn State Audio Visual Services. Ipswich, UK: Concord.

Robertson, J. and Robertson J. (1971) *Thomas, Aged Two Years Four Months, in Foster Care for Ten Days*. Film. Young Children in Brief Separation Film Series. University Park, PA: Penn State Audio Visual Services. UK, Ipswich: Concord.

Robertson, J. and Robertson, J. (1973) *Lucy, Aged Twenty-One Months, in Foster Care for Nineteen Days*. Film. Young Children in Brief Separation Film Series. University Park, PA: Penn State Audio Visual Services. Ipswich, UK: Concord.

Robertson, J. and Robertson, J. (1989) *Separation and the Very Young*. London: Free Association Books.

Rousseau, J.J. [1762] (1948) *Emile, or Education* (translation by B. Foxley). London: J.M.

Dent and Sons.

Rutter, M. (1981) *Maternal Deprivation Reassessed*, 2nd edn. London: Penguin.

Rutter, M. (1995) 'Clinical implications of attachment concepts: retrospect and prospect.' *Journal of Child Psychology and Psychiatry 36*, 4, 549–571.

Sandler, J. (with Anna Freud) (1985) *The Analysis of Defense: The Ego and the Mechanisms of Defense Revisited*. New York: International Universities Press.

Scharff, D.E. (1982) *The Sexual Relationship*. London: Routledge.

Schleifer, S.J., Keller, S.E., Meyerson, A.T., Raskin, M.D., Davis, K.L. and Stein, M. (1983) 'Lymphocyte function in major depressive disorder.' *General Psychiatry 42*, 129–133.

Sempere, J. (2012) 'Nexos del modelo de psicoanálisis multifamiliar con otros enfoques terapèuticos. Consideraciones acerca de una nueva epistemología.' *Teoría y práctica grupoanalítica 2*, 1, 11–20.

Sempere, J., Fuenzalida, C. *et al.* (2012) 'Análisis del modelo de terapia grupal multifamiliar aplicado en instituciones del sureste español.' *Teoría y práctica grupoanalítica 2*, 1, 109–122.

Shaver, P. and Mikulincer, M. (2002) 'Attachment-related psychodynamics.' *Attachment and Human Development 4*, 2, 133–161.

Schore, A. (1994) *Affect Regulation and the Origin of the Self*. Hillsdale, NJ: Lawrence Erlbaum Associates.

Schore, A. (2000a) 'Attachment and the regulation of the right brain.' *Attachment and Human Development 1*, 23–48.

Schore, A. (2000b) *Affect Regulation and the Repair of the Self*. New York: Guilford Press.

Shmueli-Goetz, Y., Target, M., Fonagy, P. and Datta, A. (2008) 'The child attachment interview: a psychometric study of reliability and validity.' *Developmental Psychology 44*, 4, 939–956.

Siegel, D. (2010) *Mindsight: The New Science of Personal Transformation*. New York: Random House.

Sinason, V. (2010) *Attachment, Trauma and Multiplicity*. London: Routledge.

Slade, A. (1998) 'Representation, symbolization and affect regulation in a concomitant treatment of a mother and child: attachment theory and child psychotherapy.' *Psychoanalytic Inquiry 19*, 797–830.

Slade, A. (2003) 'Intersubjectivity and maternal reflective functioning.' *Psychoanalytic Enquiry 23*, 521–529.

Slade, A. (2005) 'A review of Daphne de Marneffe's *Maternal Desire: On Children, Love, and the Inner Life*.' *Journal of the American Academy of Child Psychiatry 44*, 201–202.

Slade, A., Belsky, J., Aber, J., Lawrence, P. And June, L. (1999) 'Mothers representations of their relationships with their toddlers: links to adult attachment and observed mothering.' *Developmental Psychology 35*, 3, 611–619.

Smith, P.B. and Pederson, D.R. (1988) 'Maternal sensitivity and patterns of infant–mother attachment.' *Child Development 59*, 1097–1101.

Spitz, R.D. (1950) 'Anxiety in infancy: A study of its manifestations in the first year of life.' *International Journal of Psycho-Analysis 31*, 138–143.

Spratt, M.L. and Denney, D.R. (1991) 'Immune variables, depression and plasma cortisol over time in suddenly bereaved patients.' *Journal of Neuropsychiatry and Clinical Neuroscience 3*, 299–306.

Spreker, S.J. and Booth, C.L. (1988) 'Maternal Antecedents of Attachment Quality.' In

J. Belsky and T. Nezworski (eds) *Clinical Implications of Attachment*. Hillsdale, NJ: Lawrence Erlbaum Associates.

Sroufe, L.A. (1988) 'A developmental perspective on day care.' *Early Childhood Research Quarterly 3*, 283–291.

Sroufe, L.A (1996) *Emotional Development: The Organization of Emotional Life in the Early Years*. New York: Cambridge University Press.

Sroufe, L.A. (1997) Lecture at St George's Hospital, London.

Sroufe, L.A. and Waters, E. (1977) 'Attachment as an organizational construct.' *Child Development 48*, 1184–1189.

Sroufe, L.A., Cooper, R. G. and DeHart, G. (1996). *Child Development: Its Nature and Course*, 3rd edn. New York: McGraw Hill.

Sroufe, L.A., Egeland, B., Carlson, E. and Collins, W.A. (2005). *The Development of the Person: The Minnesota Study of Risk and Adaptation from Birth to Adulthood*. New York: Guilford Press.

Steele, H. and Steele, M. (2008) *Clinical Applications of the Adult Attachment Interview*. New York: Guilford Press.

Stengel, E. (1939) 'Studies on the psychopathology of compulsive wandering.' *British Journal of Medical Psychology 18*, 150.

Stengel, E. (1943) 'Further studies on pathological wandering.' *Journal of Mental Sciences 89*, 224.

Stephen, K. (1941) 'Aggression in early childhood.' *British Journal of Medical Psychology 18*, 178–190.

Stern, D.N. (1977) *The First Relationship*. Cambridge, MA: Harvard University Press.

Stern, D.N. (1985) *The Interpersonal World of the Infant*. New York: Basic Books.

Stern, D.N. (1988) 'Affect in the context of the infant's lived experience: some considerations.' *International Journal of Psycho-Analysis 69*, 233.

Stern, D.N. (1995) *The Motherhood Constellation*. New York: Basic Books.

Stern, D.N. (2005) 'The Psychic Landscape of Mothers.' In S.F. Brown (ed.) *What Do Mothers Want?* Hillsdale, NJ: Analytic Press.

Stoller, R.J. (1986) *Perversion: The Erotic Form of Hatred*. London: Karnac Books.

Sutherland, J.D. (1980) 'The British object relations theorists: Balint, Winnicott, Fairbain, Guntrip.' *Journal of the American Psychoanalytic Association 28*, 4, 829–860.

Szasz, T.S. (1963) 'The concept of transference.' *International Journal of Psycho-Analysis 44*, 432–443.

Taylor, G.J. (1987) *Psychosomatic Medicine and Contemporary Psychoanalysis*. Madison, WI: International University Press.

Thomas, P., Romme, M. and Hamellijnck (1996) 'Psychiatry and the politics of the underclass.' *British Journal of Psychiatry 169*, 401–404.

Toth, S.L., Manly, J.T. and Cicchetti, D. (1992) 'Child maltreatment and vulnerability to depression.' *Development and Psychopathology 4*, 97–112.

Trevarthen, C. (1979) 'Communication and Co-Operation in Early Infancy. A Description of Primary Intersubjectivity.' In M. Bullara (ed.) *Before Speech: The Beginning of Human Communication*. London: Cambridge University Press.

Trevarthen, C. (1993) 'The Self Born in Intersubjectivity: The Psychology of an Infant Communicating.' In U. Neisser (ed.) *The Perceived Self: Ecological and Interpersonal Sources of Self Knowledge*. New York: Cambridge University Press.

Trevarthen, C. and Aitken, K.J. (1994) 'Brain development, infant communication and empathy disorders: intrinsic factors in child mental health.' *Development and Psychopathology 6*, 597–663.

Trevarthen, C. and Hubley, P. (1978) 'Secondary Intersubjectivity: Confidence, Confiding and Acts of Meaning in the First Year.' In A. Lock (ed.) *Action, Gesture and Symbol: The Emergence of Language*. London: Academic Press.

Trivers, R.L. (1974) 'Parents-offspring conflict.' *American Zoologist 14*, 249–264.

Tronick, E., Als, H., Adamson, L., Wise, S. and Brazelton, T.B. (1978) 'The infant's response to intrapment between contradictory messages in face-to-face interaction.' *Journal of Child Psychiatry 17*, 1–13.

Troy, M. and Sroufe, L.A. (1987) 'Victimisation among preschoolers: Role of attachment relationship theory.' *Journal of the American Academy of Child and Adolescent Psychiatry 26*, 166–172.

Tulving, E. (1972) 'Episodic and Semantic Memory.' In E. Tulving and W. Donaldson (eds) *Organization of Memory*. New York: Academic Press.

Tulving, E. (1985) 'How many memory systems are there?' *American Psychologist 40*, 385–398.

Tulving, E., Schacter, D.L. and Stark, H.A. (1982) 'Priming effects in word-fragment completion are independent of recognition memory.' *Journal of Experimental Psychology: Learning, Memory, and Cognition 8*, 4, 336–342.

Urban, J., Carlson, E., Egeland, B. and Sroufe, L.A. (1991) 'Patterns of individual adaption across childhood.' *Development and Psychopathology 3*, 445–460.

Van Dikjken, S. (1998) *John Bowlby: His Early Life*. London: Free Association Books.

van Ijzendoorn, M.H. (1995) 'Adult attachment representation, parental responsiveness and infant attachment: a meta-analysis of the predictive validity of the Adult Attachment Interview.' *Psychological Bulletin 117*, 3, 387–403.

Waddington, C.H. (1957) *The Strategies of the Genes*. London: Allen and Unwin.

Waelder, P. (1956) 'Introduction to the discussion on problems of transference.' *International Journal of Psycho-Analysis 37*, 366–367.

Wallin, D.J. (2007) *Attachment in Psychotherapy*. New York: Guilford Press.

Watzlawick, P., Helmick B. and Jackson, D.D. (1967) *Pragmatics of Human Communication*. New York: W.W. Norton.

Weiner, H. (1984) 'Human relationships in health, illness and disease.' Paper presented at the Fourth Stockholm Conference on Person–Environment Interaction, Sweden.

Weiss, R.S. (1975) *Marital Separation*. New York: Basic Books.

Winefield, H.R., Tiggemann, M. and Winefield, A.H. (1994) 'Parental Rearing Behaviour, Attributional Style and Mental Health.' In C. Perris, W.A. Arrindell and E. Eisenn (eds) *Parenting and Psychopathology*. Chichester: John Wiley & Sons.

Winnicott, D.W. (1965) *The Maturational Process and the Facilitating Environment*. London: The Hogarth Press.

Winnicott, D.W. (1971) *Playing and Reality*. New York: Basic Books.

Winnicott, D.W. (1975) *Through Paediatrics to Psycho-analysis: Collected Papers*. Philadelphia: Brunner/Mazel.

Young, I.M. (1990) *Throwing like a Girl and Other Essays in Feminist Philosophy and Social Theory*. Bloomington: Indiana University Press.

찾아보기

찾아보기

이민희 tree4519@naver.com

중앙대학교 심리학과 석·박사 졸업

현재   희망숲심리상담센터 소장

중앙대학교 미래교육원 강사

저서   임상심리사 1급 단기완성(희망숲, 2018)

로샤검사 완전정복(희망숲, 출간중)

DSM-5 완전정복(희망숲, 출간중)

역서   비로소 나를 사랑하는 방법(공역, 솔과학, 2017)

나의 상처는 내가 치료한다(희망숲, 2017)

뇌 기반 상담심리학의 이론과 실제(시그마프레스, 2012)

애착장애의 이해와 치료(시그마프레스, 2011)

창의성과 영재성(공역, 학지사, 2010)

과학적인 리더십(시그마프레스, 2010)

애착이론과 심리치료(시그마프레스, 2006)

발달심리학 거장들의 핵심 이론 연구(공역, 학지사, 2005)

자격증   상담심리사1급(한국상담심리학회)

임상심리사1급(산업인력관리공단)

청소년상담사1급(여성가족부)

기업상담전문가(한국상담심리학회)

홈페이지 www.hope119.info